财务共享理论与实验教程

主 编 马 施

中国财经出版传媒集团
中国财政经济出版社
·北京·

图书在版编目（CIP）数据

财务共享理论与实验教程 / 马施主编. -- 北京：中国财政经济出版社，2025. 3. -- ISBN 978 - 7 - 5223 - 3904 - 7

Ⅰ. F232

中国国家版本馆 CIP 数据核字第 2025F998W2 号

责任编辑：李瑞荣　　责任校对：胡永立

封面设计：卜建辰　　责任印制：史大鹏

财务共享理论与实验教程

CAIWU GONGXIANG LILUN YU SHIYAN JIAOCHENG

中国财政经济出版社 出版

URL：http：//www. cfeph. cn

E - mail：cfeph@ cfeph. cn

社址：北京市海淀区阜成路甲 28 号　邮政编码：100142

营销中心电话：010 - 88191522

天猫网店：中国财政经济出版社旗舰店

网址：https：//zgczjjcbs. tmall. com

涿州汇美亿浓印刷有限公司印刷　各地新华书店经销

成品尺寸：185mm × 260mm　16 开　27. 75 印张　502 000 字

2025 年 3 月第 1 版　2025 年 3 月河北第 1 次印刷

定价：68. 00 元

ISBN 978 - 7 - 5223 - 3904 - 7

（图书出现印装问题，本社负责调换，电话：010 - 88190548）

本社图书质量投诉电话：010 - 88190744

打击盗版举报热线：010 - 88191661　QQ：2242791300

前言
Preface

当今世界正经历百年未有之大变局，数字经济浪潮席卷全球，云计算、人工智能、区块链等新技术、新理念推动着企业财务管理模式的深刻变革。财务共享服务作为财务数字化转型的核心引擎，已从早期的“降本增效工具”演化为驱动企业战略升级的“智慧大脑”。在这一背景下，财务人员的能力需求正从传统核算向数据治理、流程优化与战略协同跃迁。如何培养既懂技术应用、又具业务洞察、更善价值创造的复合型人才，成为会计教育改革的迫切命题。

本书立足中国企业管理实践，以“数智赋能、业财融合、知行合一”为核心理念，构建“场景化、模块化、阶梯化”的教学体系，致力于破解高校教学与企业实践的“最后一公里”难题。本书具有以下三个特点：一是突出应用性。本教材以金蝶 EAS 在集团企业广泛应用的财务共享服务平台为基础，提取了典型企业的真实业务场景，着力培养学生的应用能力；二是内容全面。内容涵盖财务共享概述、企业财务共享服务的建设等财务共享理论，并结合真实案例场景介绍了应收共享、应付共享、费用共享、固定资产共享、出纳共享、总账报表共享等日常业务处理流程。三是将理论解释和技术应用有机地结合起来。通过大量精选的实例诠释枯燥的理论，融知识传授、能力培养、素质教育于一体，科学地处理理论与实践、技能培养与素质教育等之间的关系。

本书适用于高校会计学、财务管理、信息管理等专业的本科与研究生教学，也可作为企业财务共享中心从业者的岗位培训手册。

财务共享的星辰大海已然启航，期待本书能成为读者探索数智化财务世界的罗盘，助力每一位学习者在这场财务革命中锚定方向、破浪前行。由于编者水平有限，疏漏之处恳请学界同仁与业界专家不吝指正。

编　者

2025 年 2 月于北京

目录
Contents

第一章　财务共享理论概述

第一节

企业集团

一、企业集团财务管理的特点

（一）企业集团

企业集团是在社会化大生产的基础上出现的一种新型企业组织形式。一般地，集团公司是指由一个或多个实力强大、具有投资中心功能的大型企业为核心，以若干个以资本、产品、技术等作为联结纽带，由一批具有共同利益并在某种程度上受核心企业影响的多个企业联合组成的稳定的、多层次的、产权网络化的法人联合体。

（二）企业集团财务管理的特点

企业集团财务管理的特点表现为：在组织结构的形式上，企业集团往往表现为以大企业为核心、诸多企业为外围、多层次的特点；在联合的纽带上，表现为以经济技术或资本经营联系为基础、实行资产、资本联合的高级的、深层次的、相对稳定的企业联合组织；在联合体内部的管理体制上，表现为企业集团中各成员企业，既保持相对独立的地位，又实行统一领导和分层管理相结合的制度，由此建立了集权与分权相结合的权力领导体制；在集团联合体的规模和经营方式上，表现为规模巨大、实力雄厚，往往跨部门、跨地区，甚至跨国度多元化经营；在经营内容的结构上表现出多元化，企业集团一般都会采取多元化经营战略通过经营业务的内容结构及层次多样化产生规模经济效应，并不断增强整体风险的抵御能力。企业集团由于成员企业众多，因此在组织运行的协同性上要求较高，为此，需要在战略目标的统领下，通过统一规范的制度体系来协调各成员企业的有序运行、协同发展①。

二、企业集团财务管理面临的挑战

企业集团可以实现规模效应，优势互补，提升管理效率和降低成本费用，但随着企业集团规模的扩大，对企业集团财务管理也提出了新的挑战。

（一）传统财务难以满足企业战略的需要

传统财务的主要职能为财务核算，通过对过去发生的交易和事项的确认、计量、记录和报告，反映企业的财务状况和经营成果。随着企业业务的不断扩展和多元化，企业迫切需要通过掌握的供应商、客户、政府部门、社交网络以及企业自身的相关数据，对市场变化、商业机遇、发展方向、增值机会等进行更准确的分析，同时对未来的市场变化、潜在的市场风险有较准确的预判。显然传统的财务核算方式已经无法及时、准确地提供上述决策支持的信息。这使得财务信息在决策过程中显得滞后，无法有效支持企业的战略规划和执行。

（二）财务组织分散，效率低、成本高

企业集团往往包含多个子公司和分支机构，各自独立进行财务管理和核算。这种分散的财务组织形式导致信息孤岛现象严重，各子公司和分支机构的财务数据各自为政，缺乏统一的标准和规范，无法实现财务信息的集中和共享。这种情况不仅影响了企业集团对整体财务状况的全面了解和实时监控，也阻碍了各部门之间的信息交流与合作，导致管理决策时缺乏准确、及时的数据支持。

此外，各单位独立的财务管理方式也增加了管理成本。每个子公司和分支机构都需要配备独立的财务团队，进行独立的财务系统维护和管理，这不仅导致人力资源的浪费，还增加了系统开发和维护的费用。由于缺乏统一的财务管理平台，各单位之间难以进行有效的协同和资源共享，重复性工作较多，工作效率低下。

（三）会计信息系统重核算轻管理

会计信息系统目前存在重财务轻业务、重核算轻管理的问题，这种局限性无法满足企

① 张庆龙、潘丽靖、张羽瑶，《财务转型始于共享服务》，中国财政经济出版社，2015。

业集团发展的需要。

传统的会计信息系统主要侧重于财务数据的记录和核算，而对业务数据和业务流程的关注较少。这种“重财务轻业务”的特性，导致财务系统与业务系统之间缺乏紧密的集成和互动，难以反映业务活动的全貌。财务数据虽然完整，但无法与业务数据进行有效关联，从而无法提供有针对性的业务分析和决策支持。例如，销售数据和生产数据未能及时反映在财务报表中，企业在制定战略和进行资源配置时，缺乏全局视角和详细的业务洞察。

传统会计信息系统重核算轻管理，主要集中在财务数据的收集、分类、记录和报告上，而忽视了对财务管理和控制的支持。这种模式下，财务系统虽然能确保财务数据的准确性和合规性，但在管理层进行预算控制、绩效评估和风险管理等方面却显得力不从心。核算数据虽然详尽，但缺乏对经营活动的深度分析和预测功能，难以为企业管理层提供全面的决策依据。例如，成本控制、利润分析和资金管理等关键管理活动，无法通过财务系统获得及时、准确的信息支持，从而影响企业整体管理效率和经营效益。

在当今快速变化和竞争激烈的市场环境中，企业集团财务需要全面转型，既要及时准确记录和核算财务数据，又能深入整合业务流程，提供全面的管理支持。不仅能够实时反映企业的财务状况，还应具备强大的数据分析和预测功能，帮助企业识别市场趋势、优化资源配置和制定科学的经营策略。通过引入先进的信息技术和管理工具，企业可以打破财务与业务之间的壁垒，实现财务数据和业务数据的无缝融合，从而提升整体运营效率和竞争力。

三、企业集团财务转型

（一）财务转型的思路——业务型财务、战略性财务

经济全球化、新常态市场经济因素以及信息技术的蓬勃发展，使企业集团财务管理体系难以适应管理的需求，财务转型成为必由之路。财务转型的核心思路是在原有会计核算工作的同时，将重心转移到管理决策支持、预算管理、税务筹划、财务分析、业财一体化监督等工作中，降低成本、增强管控能力的同时，明确财务在企业集团价值链管理中的正确定位，努力为企业价值创造服务。

（二）财务转型的路径——共享、融合、智能

财务转型始于共享服务，财务共享服务中心基于流程再造、信息系统整合，将会计基础核算等低附加值、标准化的工作集中起来，集中精力从事业务财务和战略财务，推进财务、业务、战略一体化。通过财务共享优化财务职能，实现财务数据在更广范围的集中化

管理，打破集团横向和纵向的信息壁垒，是财务转型的重要引擎。

（三）财务转型的内容——组织、人员、技术

财务转型是个系统工程，应包括组织转型、人员转型和技术转型，只有相互协同配合，才能实现转型的目标。

第一，技术转型。信息技术的发展为财务管理带来了前所未有的机遇。企业应积极引入和应用最新的财务软件和系统，如 ERP 系统、财务共享服务中心等，提升财务信息化水平。通过技术手段，优化财务流程，增强数据的实时性和准确性，从而为企业的决策提供有力支持。

第二，组织转型。财务转型不仅仅是技术的革新，还需要组织结构的调整。企业应重新设计财务部门的职能和流程，使之更加灵活和高效。通过扁平化管理和团队协作，打破部门之间的壁垒，实现信息和资源的高效流动，从而提升整体财务运作的效率。

第三，人员转型。财务人员需要不断提升自己的专业技能和知识储备，适应新的技术和管理模式。企业应为员工提供持续的培训和学习机会，鼓励他们主动拥抱变化，提升自身的核心竞争力。只有拥有一支高素质的财务团队，才能顺利推动财务转型的各项举措。

第二节

财务共享

随着全球经济一体化进程的加快和我国企业走出去战略的实施，企业集团不断涌现并蓬勃发展，由此给企业管理和财务管理带来了巨大的挑战。为了克服企业集团财务信息链条过长、时效低、成本高等问题，20 世纪 80 年代，美国一些大型企业集团开始尝试运用财务共享服务。21 世纪初，我国的中兴通讯、四川长虹等企业集团也相继开展了财务共享服务的实践。

一、财务共享的发展

财务共享服务（FinancialSharedServices）的概念最早起源于 20 世纪 80 年代，最初是由一些大型跨国公司为了解决内部财务管理效率低下、成本高昂等问题而提出的。其发展历程可以大致分为以下几个阶段：

（一）萌芽阶段

在20世纪80年代，一些跨国企业发现其分散的财务管理模式存在效率低、成本高的问题。为了优化财务管理流程，降低运营成本，提高管理效率，一些公司开始探索将分散在不同地区和部门的财务职能集中起来处理。这个阶段的财务共享服务主要集中在基本的财务操作，例如应付账款、应收账款、总账等。技术手段较为落后，依赖于基础的计算机和办公自动化设备。

（二）发展阶段

随着信息技术的快速发展，尤其是ERP系统（如SAP、Oracle）的广泛应用，企业实现财务数据的集中化和标准化成为可能。这一阶段的财务共享服务逐渐成熟，涵盖的业务范围不断扩大，从最初的基本财务操作扩展到包括预算管理、财务分析、资金管理等在内的更广泛的财务职能。同时，财务共享服务的模式也逐步从单一的企业内部共享向跨国、跨区域共享发展。这一阶段的特点主要体现在流程优化与再造、组织的灵活化、分工的专门化。

（三）成熟阶段

随着云计算、大数据、人工智能等新兴技术的发展，财务共享服务进入了一个全新的阶段。财务共享服务不仅仅局限于传统的财务职能，还融合了更多的智能化和自动化元素。例如，利用大数据技术进行财务数据的深度分析，借助人工智能实现财务预测和风险控制等。财务共享服务的范围进一步扩大，包括更多的管理服务和支持服务，如人力资源、采购、IT服务等。越来越多的企业开始在全球范围内设立财务共享中心，通过标准化和集中化管理，实现全球财务数据的统一和透明，提升全球财务管理水平。

在数字化转型的浪潮中，财务共享服务也在不断进化。企业希望通过数字化手段，进一步提升财务管理的智能化水平，优化业务流程，增强决策支持能力。企业开始更多地应用机器人流程自动化（RPA）、机器学习、区块链等技术，实现财务流程的全自动化和智能化。同时，通过数据分析和挖掘，为企业提供更具前瞻性的财务管理和决策支持。

随着技术的不断进步，财务共享服务将更加智能化、自动化和个性化，企业将能够更好地应对复杂的全球财务管理挑战，实现更高效的财务运作和更准确的财务决策。

总体来看，财务共享服务的发展历程充分体现了技术进步和管理理念演变对企业财务管理模式的深远影响。从最初的财务职能集中化，到如今的智能化、数字化转型，财务共享服务在不断为企业创造价值，提升竞争力。

二、财务共享的价值

（一）提高财务效率

在效率方面，财务共享中心可以提高财务处理效率和财务服务满意度。财务共享服务以其标准化、专业化的服务向内、外部用户提供品质高、效率快的财务业务核算及决策资询等支持服务。经过流程改造和组织架构调整，企业集团下辖的所有分、子公司业务都统一在服务中心作业，达到规模效益，把业务处理拆解得更加详细，并分配给专业人才负责，服务品质和效率得到大幅提升。

（二）降低运营成本

在成本方面，财务共享中心可以很好地降低人工成本和运营成本。实行财务共享服务之前，各个分、子公司都需要配备建制完整的会计人员及对应的业务支持人员，导致岗位重复且分散。当财务共享中心建立后，各分、子公司中的财务、支持人员得到整合，只需要较少人力资源的投入就能对该管辖区域内的所有业务进行集中处理，从而降低了人工成本，获得规模效益。此外，财务共享中心通过业务流程再造，使企业集团内部分工更加细化，内部组织管理方式得到优化，重复的工作流程被简化，企业业务处理的标准化流程被建立，运营成本大大降低。

（三）提升管理质量

在价值管理方面，财务共享中心可以有效支撑公司战略、加大集团整体管控力度、促进财务人员由“账房先生”向“军师参谋”转型、统一标准及规章制度，从而保证工作高品质、高效率、高强度地完成。财务共享服务中心通过即时的数据收集与管理、定期的报告与反馈、变事后检查与稽核为事前参与和事中控制，强化了对下属企业的管控力度，降低了企业在规模扩张和经营中存在的风险，提高了集团财务管理的质量。

三、财务共享实施的影响

财务共享服务的实施是对传统财务会计的工作方式的颠覆，是对原有财务流程的重组，是对企业财务会计工作的重大变革，也将对财务人员产生新的要求。

（一）财务共享的实施对财务工作的影响

财务共享服务的实施将对传统财务产生重大的影响，表现在：第一，财务工作的内容重点将从财务核算向财务管理转化；第二，财务工作的职能将从核算和监督向预测、决策、分析、评价、控制等职能转移；第三，财务技术将从会计电算化向会计云、大数据等信息技术转变。

（二）财务共享的实施对财务人员的影响

第一，对财务人员需求数量的变化。财务共享服务以互联网为依托，通过对财务工作流程的重新组合，降低重复的工作，实现服务的共享和效率的提高。Bob（2000）对世界500强实施财务共享服务的企业集团进行案例研究，发现福特构建了财务共享服务模式，将分布于全球的财务人员从14 000名降低到3 000名，通用电器将其在美国的交易人员降至原来的四分之一。中兴通讯成立财务共享中心以后，基础业务处理人员从87人减少到43人，减少了二分之一。德勤咨询和国际数据公司（2000）通过对50家《财富》500强企业的调查，财务共享服务项目员工人数可以减少26%，大大降低了成本，提高了财务工作效率和信息质量。由此可见，财务共享服务的实施会大大减少对财务人员，尤其是基础核算财务人员的需求。

第二，对财务人员需求类型的变化。目前企业中，财务人员的类型呈金字塔结构：60%—80%的财务人员从事的是以核算为主的财务会计工作，20%—30%的人员专职或兼职从事财务分析等财务管理工作，不到10%的财务人员从事战略财务工作（唐勇，2016）。

财务共享服务的实施将使企业战略与企业财务、企业业务与企业财务相融合，为企业集团提供更为相关的、实时共享的精细化信息，从而为企业可持续地创造价值创造条件（何瑛，2013）。财务共享服务下企业财务工作的转型升级，必然带来财务人员的转型需求。财务人员类型的变化主要有以下特征：第一，以从事财务会计为主的核算型财务人员需求大大降低，从事财务管理、战略决策的管理型财务人员需求增加；第二，从事单一类型工作的财务人员需求大大降低，“财务＋分析”“财务＋业务”“财务＋计算机”等复合型财务人员的需求增加；第三，从事后反映、报表编制的后端型财务人员的需求大大降低，从事预算规划、业务控制的前端财务人员的需求增加。

第三，对财务人员需求能力的变化。根据上海国家会计学院2021年“影响中国会计从业人员的十大信息技术的评选”，财务云、电子发票、会计大数据分析与处理技术、电子会计档案、机器人流程自动化（RPA）、新一代ERP、移动支付、挖掘、智慧数据中台、数据流程自动化（IPA）名列前十。财务技术的发展创新，为财务共享服务的实施创造了条件，也对财务人员的能力提出了新的要求。

一是管理决策能力。传统的财务人员主要工作是对企业已经发生的经济事项进行反映和监督，随着财务共享服务的实施和电子发票、电子档案的应用，传统的财务工作大部分将被共享服务替代，财务人员从财务会计向管理会计转型，需要对现有财务数据进行分析、整合并据此为企业管理提供建议和作出决策，因此要求财务人员具备管理决策的能力。

二是综合分析能力。财务共享服务的实施，使财务工作重心将逐步转向预测、决策、分析、评价、控制等，并将实现财务、业务乃至战略的一体化，这一发展趋势要求财务人员具有综合的分析能力。一是要善于从业务数据中提取数据，进行财务分析、预测和控制；二是要善于运用先进的技术方法，对基础财务数据进行深度挖掘和分析；三是要善于将财务数据与企业业务数据、宏观经济数据相结合，提升财务的预测、规划职能，增强企业的核心竞争力，服务于企业的发展。

三是职业判断能力。伴随着互联网+时代的到来，财务共享服务逐渐扩展，许多传统的财务工作都可以通过共享完成，但是会计实际工作中会遇到很多会计政策、会计估计需要进行选择和判断，这就需要财务人员发挥主观能动性，运用专业的视角，职业的经验进行分析和判断，因此在财务共享服务模式下财务人员的职业判断能力应不断提高。

第三节

金蝶 EAS 财务共享平台

一、金蝶 EAS 架构理念

金蝶 EAS 为相关多元化集团、无关多元化集团、产业集团企业提供全面集团管控方案，全面覆盖全面预算、财务共享、管理会计、资金管理、集团供应链、销售电商、采购电商、人力资源管理、多工厂制造、装备制造等管理领域，并以自主创新的商业操作系统（BOS、移动 BOS）满足集团企业随需应变的创新与发展需求，帮助企业敏捷应对日益复杂的商业环境变化、提升整体运作效率，实现效益最大化。

金蝶 EAS 财务共享服务打破财务组织界限，实现集团业务在同一平台、不同业务类型的专业化分工处理。通过任务池管理、角色管理、门户及工作流管理、多组织操作等平台，为客户、供应商、员工、伙伴提供各种自助服务。集成影像系统，完成单据影像扫描与存储，实现电子流与实物流的完美结合。帮助集团企业提高财务管理水平及效率，降低运营成本，构建核心竞争力。金蝶 EAS 财务共享中心功能主要包括员工自助服务门户、财务共享服务业务、集成影像系统、共享服务平台等，如图 1－1 所示。

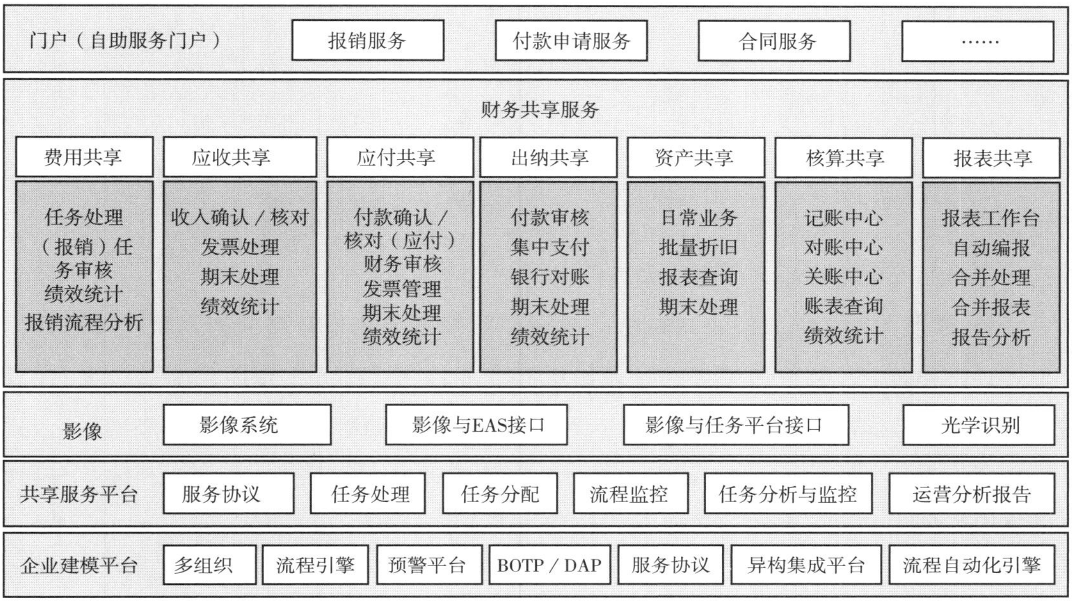

图 1－1　金蝶 EAS 财务共享中心功能图

二、金蝶 EAS 财务共享平台系统架构

金蝶 EAS 平台是基于金蝶 BOS 平台搭建的云管理的实践，平台核心的架构体系包括云计算架构、SOA 架构、企业社交化架构和移动计算架构。

金蝶 EAS 平台整体架构分为多层，分别关注不同的架构特性：

最底层是云计算架构层，保障 EAS 在大规模并发下系统的性能与稳定性，并且可以根据业务规模的变化进行硬件扩充，提升系统的伸缩性；云计算架构层上是 SOA 架构层，提供面向服务的基础设施、服务总线、基础业务服务以及业务应用框架，让业务系统基于服务组装构建，能更灵活高效地适应业务的变化；社交化架构为现有的企业提供了 ERP 与社交网络“云之家”集成，让传统的以流程为核心的企业应用提升为以人员协作为核心的社交化的企业应用；最上层的接入架构提供用户多种访问企业应用的通道，包含了 Web、CUI、Mobile 等成用框架，适应不同角色用户在不同场景的接入需求。

第四节

案例实践：建立集团

环球日化集团是一家制造企业，创始于1993年，公司性质是股份制，总部位于广东省深圳市，全国员工近80 000人。环球日化在日用化妆品市场上的知名度相当高，以卓越管理、科学创新、体贴服务和优良业绩著称于业界，其产品包括洗护用品、化妆品、婴儿护理用品、妇女卫生用品、织物、家居护理、个人清洁用品等。

随着TT技术的快速发展，环球日化集团面临的竞争环境日趋激烈。在这种形势下，企业管理必须转变，从部门管理向企业级协同管理转变，财务工作的思路也应当与时俱进。环球日化集团决定采用统一的ERP系统来管理企业的财务业务数据。经考察、评估后，集团于2016年购买了金蝶EAS系统，并准备于2017年1月正式启用，2019年开启财务共享服务模式。

按照软件供应商的要求，上线前要先行整理集团的一些资料，如组织架构、人员等。环球日化集团下设环球日化集团本部、环球日化深圳销售有限公司和环球洗涤用品深圳有限公司三个法人组织。环球日化集团本部负责处理集团所有相关业务，下设集团总经办和日化研发中心两个部门；环球日化深圳销售有限公司作为公司主要的直销渠道，负责销售业务，下设营销中心、人事部、行政部；环球洗涤用品深圳有限公司主要负责原材料采购和产品生产，下设采购部、生产部、计划部。

该集团的组织架构如图1－2所示。

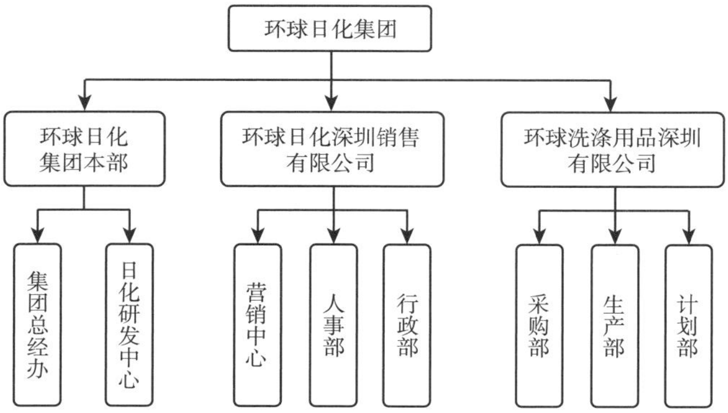

图1－2　环球日化集团组织架构图

案例一：搭建组织

习近平总书记指出："数字技术、数字经济是世界科技革命和产业变革的先机，是新一轮国际竞争重点领域。"党的二十届三中全会进一步提出，"支持企业用数智技术、绿色技术改造提升传统产业"。

◎ 应用场景

为了处理环球日化集团和各个下属公司的业务，需要在系统中创建环球日化集团子管理单元，并在环球日化集团下搭建组织单元及部门架构。

◎ 实验步骤

使用信息管理员康路达（kld + 学号）登录金蝶 EAS，新建集团组织单元。

- 新建管理单元
- 维护超级管理员组织范围
- 维护管理单元属性
- 新建管理员
- 新建组织

◎ 实验前准备

- 使用教师提供的数据中心

◎ 实验数据

环球日化集团的管理单元信息和管理员信息如表 1－1 至表 1－4 所示。

表 1－1　　环球日化集团组织单元信息

环球日化集团 编码：h01. 学号 名称：环球日化集团 + 学号	行政组织	上级行政组织：环球集团； 组织层次类型：集团； 独立核算：勾选；
	财务组织	上级财务组织：环球集团； 基本核算汇率表：基本核算汇率表； 会计期间类型：大陆会计期间类型； 本位币：人民币
	采购组织	上级采购组织：环球集团
	销售组织	上级销售组织：环球集团
	库存组织	上级库存组织：环球集团
	成本中心	上级成本中心：环球集团
	利润中心	上级利润中心：环球集团

表 1－2　　环球日化集团本部组织单元信息

环球日化集团本部 编码：h0101. 学号 名称：环球日化集团本部＋学号	行政组织	上级行政组织：环球日化集团＋学号； 组织层次类型：公司； 独立核算：勾选；
	财务组织	财务实体组织：勾选； 上级财务组织：环球日化集团＋学号； 基本核算汇率表：基本核算汇率表； 会计期间类型：大陆会计期间类型； 本位币：人民币
	成本中心	上级成本中心：环球日化集团＋学号
	利润中心	上级利润中心：环球日化集团＋学号
集团总经办 编码：h0101.01. 学号 名称：集团总经办＋学号	行政组织	上级行政组织：环球日化集团本部＋学号； 组织层次类型：部门； 记账委托财务组织：环球日化集团本部＋学号
	成本中心	上级成本中心：环球日化集团本部＋学号； 成本中心实体组织：勾选；
日化研发中心 编码：h0101.02. 学号 名称：日化研发中心＋学号	行政组织	上级行政组织：环球日化集团本部＋学号； 组织层次类型：部门； 记账委托财务组织：环球日化集团本部＋学号
	成本中心	上级成本中心：环球日化集团本部＋学号； 成本中心实体组织：勾选；

表 1－3　　环球日化深圳销售有限公司组织单元信息

环球日化深圳销售有限公司 编码：h0102. 学号 名称：环球日化深圳销售有限公司＋学号	行政组织	上级行政组织：环球日化集团＋学号； 组织层次类型：公司； 独立核算：勾选；
	财务组织	财务实体组织：勾选； 上级财务组织：环球日化集团＋学号； 基本核算汇率表：基本核算汇率表； 会计期间类型：大陆会计期间类型； 本位币：人民币
	采购组织	上级采购组织：环球日化集团＋学号
	销售组织	上级销售组织：环球日化集团＋学号
	库存组织	上级库存组织：环球日化集团＋学号
	成本中心	上级成本中心：环球日化集团＋学号
	利润中心	上级利润中心：环球日化集团＋学号
营销中心 编码：h0102.01. 学号 名称：营销中心＋学号	行政组织	上级行政组织：环球日化深圳销售有限公司＋学号； 组织层次类型：部门； 记账委托财务组织：环球日化深圳销售有限公司＋学号

续表

营销中心 编码：h0102.01. 学号 名称：营销中心＋学号	销售组织	销售实体组织：勾选； 上级销售组织：环球日化深圳销售有限公司＋学号； 记账委托财务组织：环球日化深圳销售有限公司＋学号
	成本中心	成本中心实体组织：勾选； 上级成本中心：环球日化深圳销售有限公司＋学号
	利润中心	上级利润中心：环球日化深圳销售有限公司＋学号
人事部 编码：h0102.02. 学号 名称：人事部＋学号	行政组织	上级行政组织：环球日化深圳销售有限公司＋学号； 组织层次类型：部门； 记账委托财务组织：环球日化深圳销售有限公司＋学号
	成本中心	成本中心实体组织：勾选； 上级成本中心：环球日化深圳销售有限公司＋学号
行政部 编码：h0102.03. 学号 名称：行政部＋学号	行政组织	上级行政组织：环球日化深圳销售有限公司＋学号； 组织层次类型：部门； 记账委托财务组织：环球日化深圳销售有限公司＋学号
	成本中心	成本中心实体组织：勾选； 上级成本中心：环球日化深圳销售有限公司＋学号

表 1－4　　　　环球洗涤用品深圳有限公司组织单元信息

环球洗涤用品深圳有限公司 编码：h0103. 学号 名称：环球洗涤用品深圳有限公司＋学号	行政组织	上级行政组织：环球日化集团＋学号； 组织层次类型：公司； 独立核算：勾选；
	财务组织	财务实体组织：勾选； 上级财务组织：环球日化集团＋学号； 基本核算汇率表：基本核算汇率表； 会计期间类型：大陆会计期间类型； 本位币：人民币
	采购组织	上级采购组织：环球日化集团＋学号
	销售组织	上级销售组织：环球日化集团＋学号
	库存组织	上级库存组织：环球日化集团＋学号
	成本中心	上级成本中心：环球日化集团＋学号
	利润中心	上级利润中心：环球日化集团＋学号

续表

采购部 编码：h0103.01. 学号 名称：采购部+学号	行政组织	上级行政组织：环球洗涤用品深圳有限公司+学号； 组织层次类型：部门； 记账委托财务组织：环球洗涤用品深圳有限公司+学号
	采购组织	采购实体组织：勾选； 上级采购组织：环球洗涤用品深圳有限公司+学号
	成本中心	成本中心实体组织：勾选； 上级成本中心：环球洗涤用品深圳有限公司+学号
生产部 编码：h0103.02. 学号 名称：生产部+学号	行政组织	上级行政组织：环球洗涤用品深圳有限公司+学号； 组织层次类型：部门； 记账委托财务组织：环球洗涤用品深圳有限公司+学号
	库存组织	上级库存组织：环球洗涤用品深圳有限公司+学号； 库存实体组织：勾选；
	成本中心	成本中心实体组织：勾选； 上级成本中心：环球洗涤用品深圳有限公司+学号
计划部 编码：h0103.03. 学号 名称：计划部+学号	行政组织	上级行政组织：环球洗涤用品深圳有限公司+学号； 组织层次类型：部门； 记账委托财务组织：环球洗涤用品深圳有限公司+学号
	成本中心	成本中心实体组织：勾选； 上级成本中心：环球洗涤用品深圳有限公司+学号

◎ 操作指导

1. 维护组织单元属性

双击安装后生成的桌面快捷图标“金蝶 EAS 客户端”，打开 EAS 登录界面，切换语言至简体中文，选择数据中心（老师提供，实训平台练习任务可查看数据中心），以信息管理员康路达身份登录，用户名：kld+学号，无密码，单击【登录】按钮，进入 EAS 系统管理界面，如图 1-3 所示。本案例以学号为 2001 的学生为例进行操作。练习时请替换本人的姓名和学号。

点击【应用中心】—【企业建模】—【组织架构】—【组织单元】—【组织单元】进入组织单元查询界面，如图 1-4 所示。

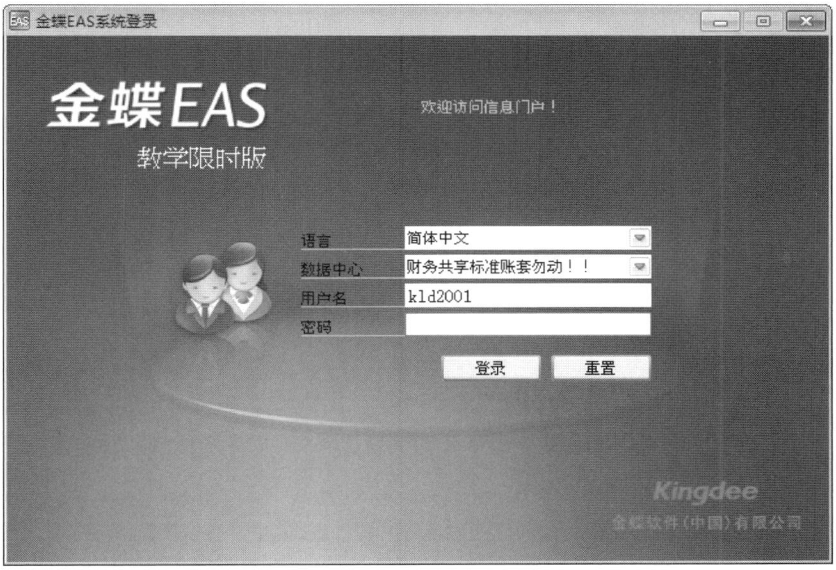

图 1－3　EAS 系统登录

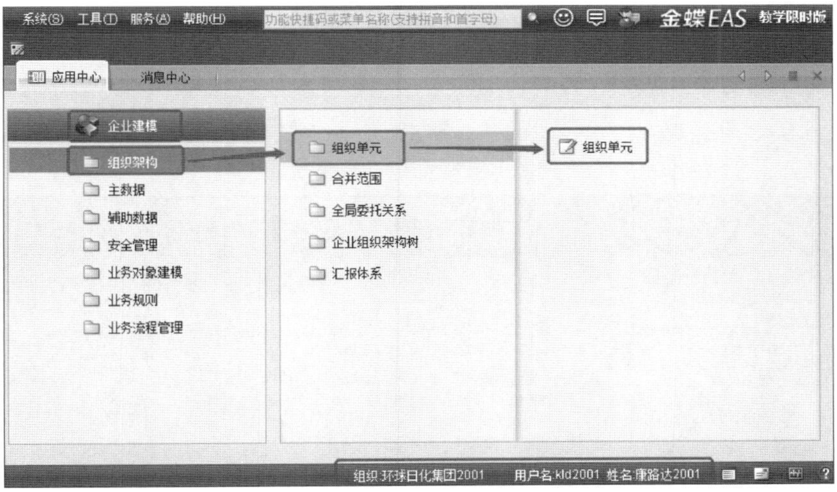

图 1－4　组织单元查询

进入组织单元后，可以看到已搭建的环球日化集团的部分组织架构，组织层次为：集团、公司、部门。其中环球日化集团为管理单元，下属环球日化集团本部、环球日化深圳销售有限公司、环球洗涤用品有限公司及下级部门为组织单元，如图 1－5 所示。

在本案例中，已将环球日化集团、环球日化集团本部、环球日化深圳销售有限公司、环球洗涤用品有限公司的组织单元类型及属性设置完成。请参照组织单元信息

图 1－5　组织单元架构

表 1－2 的内容，依次完善环球日化集团本部下级部门“集团总经办”“日化研发中心”的组织类型及属性。

以“集团总经办”为例，在列表中选中“集团总经办＋学号”，点击【修改】按钮，进入组织单元修改界面，如图 1－6 所示。

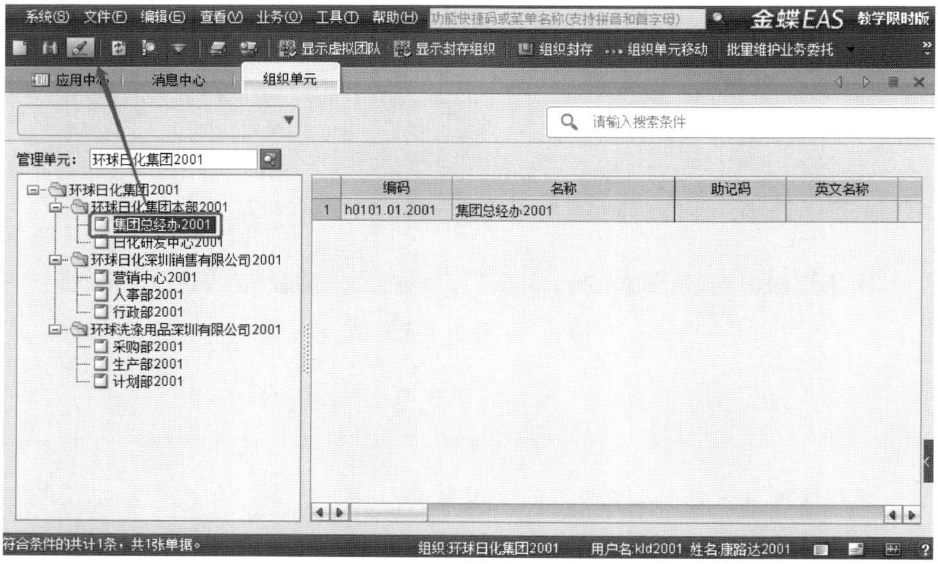

图 1－6　组织单元维护

根据表 1 - 2，组织类型依次勾选行政组织、成本中心，并依次点击各个类型页签，完善属性设置。“集团总经办”行政组织—基本信息页签设置完成后如图 1 - 7 所示。

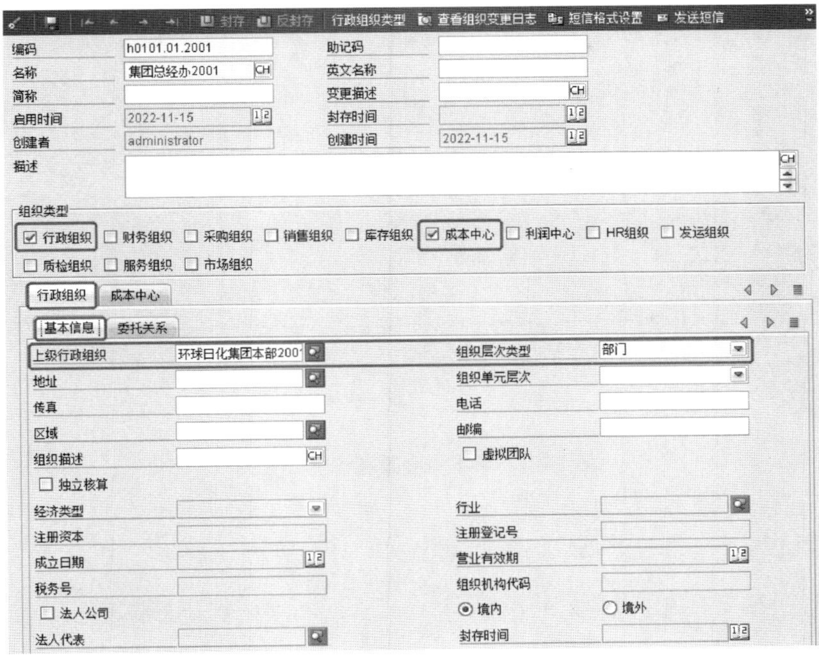

图 1 - 7　行政组织—基本信息页签

“集团总经办”行政组织—委托关系页签设置完成后如图 1 - 8 所示，注意记账委托财务组织为上级组织“环球日化集团本部”。

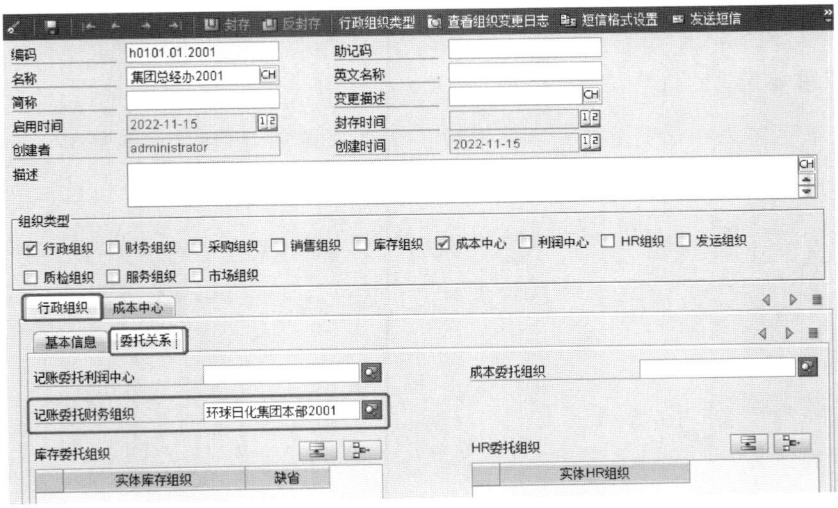

图 1 - 8　行政组织—委托关系页签

"集团总经办"成本中心页签设置完成后如图1-9所示，注意勾选成本实体组织。

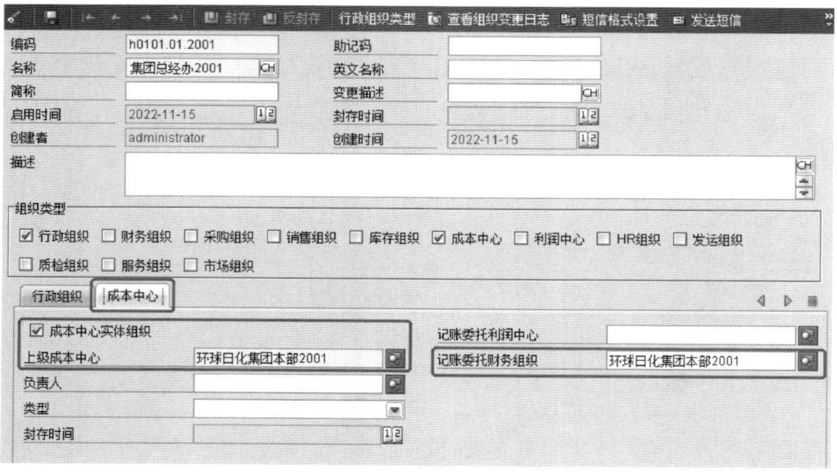

图1-9　成本中心页签设置示意图

◎ 拓展任务

参照组织单元信息表1-2至表1-4的内容，依次完善日化研发中心、环球日化销售有限公司和环球洗涤用品深圳有限公司下级部门的组织类型及属性。

注意：组织属性维护时必须先选中对应组织后再点击【修改】按钮，同时注意部分组织的记账委托财务组织和实体组织勾选的维护！

案例二：新建职员

◎ 应用场景

王中军在环球日化集团任董事长职位，信息管理员（kld+学号）在金蝶EAS系统中新增职位、职员，并将职员与对应职位关联。同时信息管理员（kld+学号）引入环球日化集团其他的职位与职员。职位与职员维护完成后，集团管理员（学号）新建或引入用户，并为用户分配所属组织的角色权限（见表1-5至表1-7）。

◎ 实验步骤

- 新建职位
- 新建职员
- 新建用户并分配角色
- 引入用户并分配角色

◎ 实验前准备

- 新建案例一中的组织架构

◎ 实验数据

表 1-5　　职位信息表

职位编码	职位名称	行政组织
h01. 学号	董事长 + 学号	环球日化集团 + 学号

表 1-6　　职员信息表

人员编码	人员名称	所属部门	所属职位
wzj + 学号	王中军 + 学号	环球日化集团 + 学号	董事长

表 1-7　　用户信息表

用户账号	用户类型	用户实名	所属管理单元	所属角色
wzj + 学号	职员	王中军 + 学号	环球日化集团 + 学号	全功能角色

◎ 操作指导

1. 新建职位

维护完企业的行政组织后，便需要在相应的行政组织上增加职位。有了职位，才可以在职位下设职员。本案例以学号为 2001 的学生为例进行操作。练习时请替换图片中的学号。

信息管理员（kld + 学号）登录金蝶 EAS 客户端，依次点击【企业建模】—【组织架构】—【汇报体系】—【职位管理】进入职位管理界面，如图 1-10 所示。

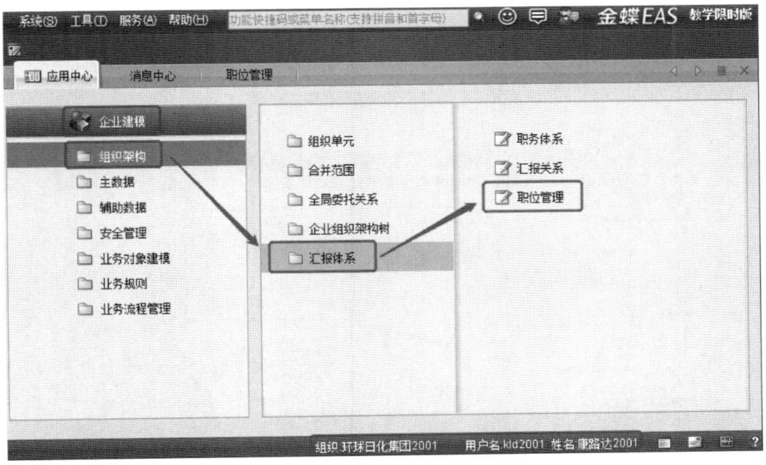

图 1-10　职位管理查询

选择环球日化集团+学号，点击工具栏【新建】进入职位新增界面。根据表1-5填写董事长职位信息，职位编码为h01.学号，职位名称为董事长+学号，上级职位为big boss，行政组织为环球日化集团+学号，录入完毕后，点击进行【保存】，如图1-11所示。

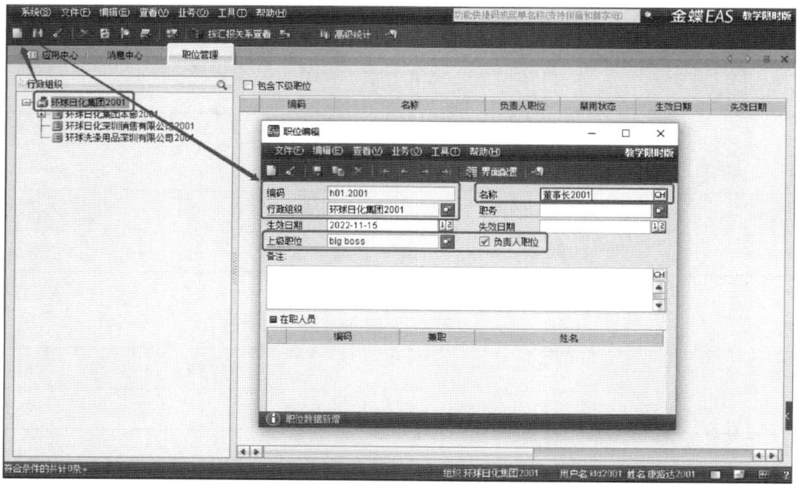

图1-11　职位新增

职位除了单个新增，也可使用工具栏【文件】—【导入】功能，批量导入职位。下载“职位”表格，将表格中的学号替换为自己的学号后保存表格，以学号为2001的学生为例，替换过程，如图1-12所示。

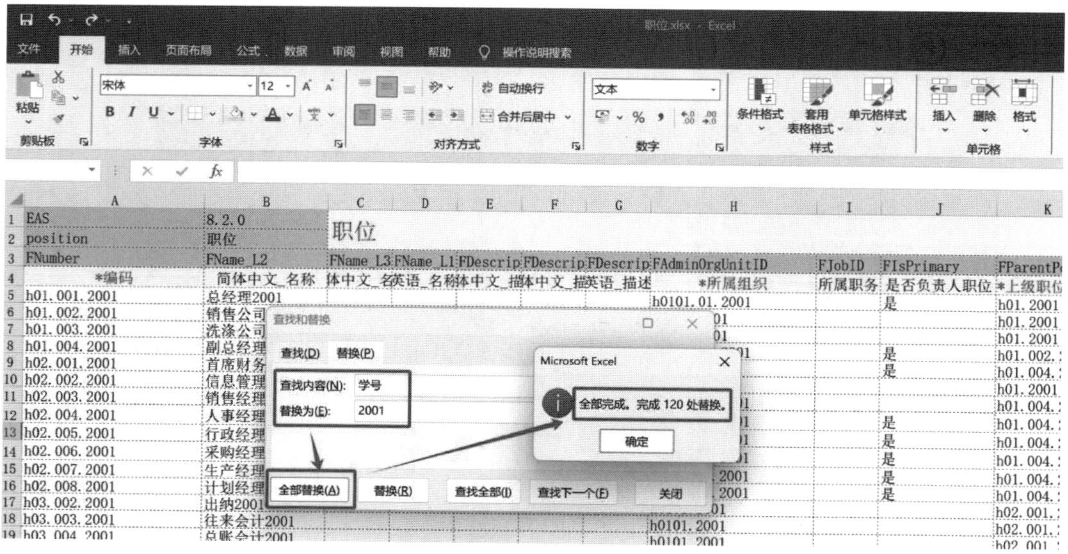

图1-12　职位表格学号替换

然后返回金蝶 EAS【职位管理】，先选中“环球日化集团 + 学号”，然后点击工具栏【文件】—【导入】，文件选择刚替换学号后的职位表格，页签默认为“职位”，数据出错处理建议选择“跳过错误执行完毕才停止”，引入方式建议选择“更新引入”，然后点击【引入】按钮，如图 1－13 所示。

图 1－13　职位引入查询

引入界面介绍：

页签：引入的文件类型

数据出错处理：出现错误立即停止，从引入文件的第一行开始引入，出现错误即停止，但是不会撤回已经引入的数据；跳过错误执行完毕才停止，发现有数据无法引入时跳过错误，引入下一行数据，直至全部数据执行完毕。

引入方式：新增引入，直接新增；更新引入，更新已经导入的数据，并新增未导入的数据。

2. 新建职员

当维护完职位后，便可以在新增的职位上增加对应职员。

信息管理员康路达（kld + 学号）登录“金蝶 EAS 客户端”，依次点击【企业建模】—【辅助数据】—【员工信息】—【员工】进入职员列表，如图 1－14 所示。

点击工具栏【新增】按钮，进入职员新增界面。根据表 1－6 的职员信息表，录入职员信息。职员编码为“wzj + 学号”，职员名称为“王中军 + 学号”。录入完成后点击【保存】按钮，如图 1－15 所示。

职员除了单个新增外，也可使用工具栏【文件】—【引入职员】功能批量引入职员。下载“职员”表格，将表格中的学号替换为自己的学号后保存表格，以学号为

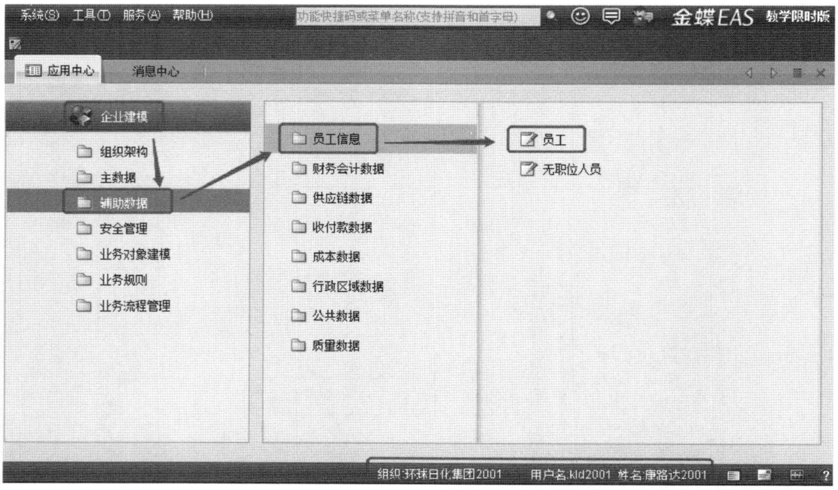

图 1-14 职员查询

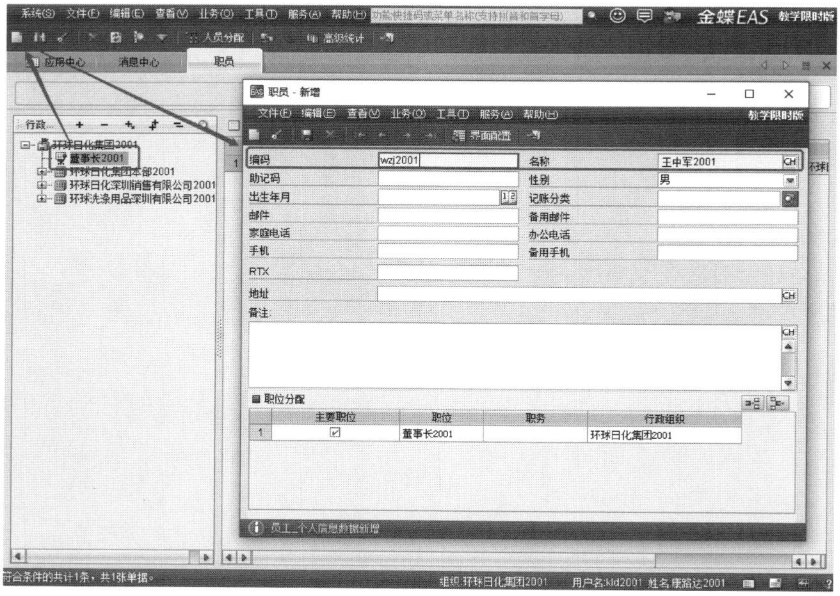

图 1-15 职员新增

2001 的学生为例，替换过程如图 1-16 所示。

然后返回金蝶 EAS【职员】，点击工具栏【文件】—【导入】，文件选择刚替换学号后的职员表格，页签默认为“职员”，数据出错处理建议选择“跳过错误执行完毕才停止”，引入方式建议选择“更新引入”，然后点击【引入】按钮，如图 1-17 所示。

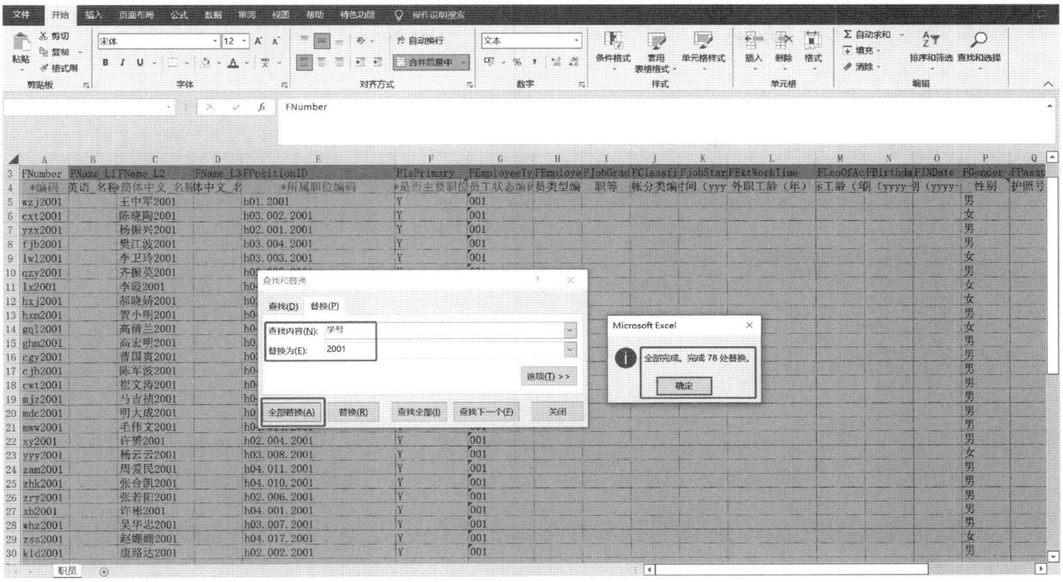

图 1－16　职位表格学号替换

图 1－17　职员引入查询

3. 新建用户

用户主要为进行系统操作维护而设立，用户通过授予组织范围和功能权限之后，便可登录 EAS 系统。依次点击【企业建模】—【安全管理】—【权限管理】—【用户管理】进入用户管理界面，如图 1－18 所示。

点击工具栏【新增】进入用户新增页面，根据表 1－7 用户信息表，新增用户

图 1－18　用户管理查询

“王中军”。用户账号为“wzj＋学号”，用户类型为“职员”，用户实名选择“王中军＋学号”，所属管理单元为“环球日化集团＋学号”，录入完成后点击【保存】，如图 1－19 所示。

图 1－19　用户新增

在用户管理界面，选中用户王中军+学号，点击工具栏【维护组织范围】为该用户添加业务组织，如图1-20所示。

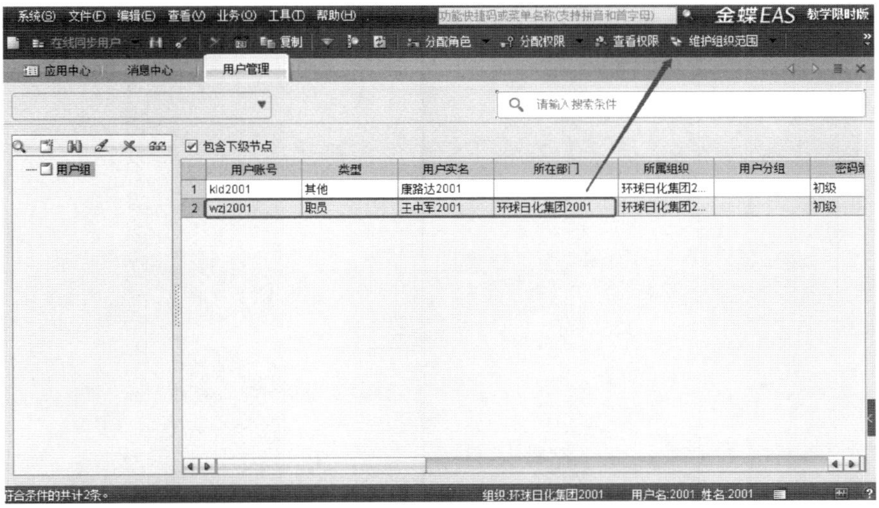

图1-20　用户组织范围维护查询

在组织范围维护界面，选择组织范围类型为“业务组织”，点击【增加组织】。在组织单元选择界面，选择环球日化集团+学号，点击【全加】，将环球日化集团+学号下所有组织添加到已选列表，点击【确定】，如图1-21所示。

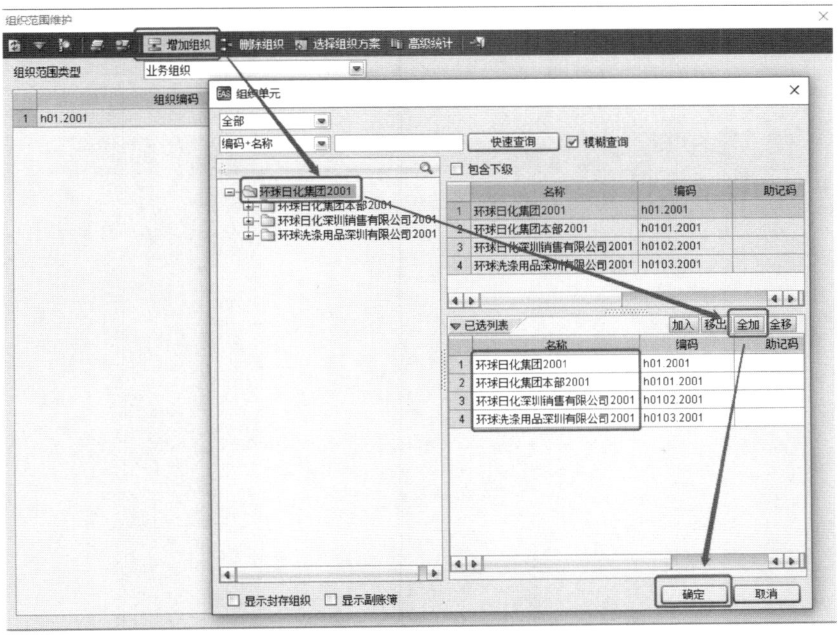

图1-21　用户组织范围维护

4. 新建角色

角色管理是为用户授权的一个中间环节，也是一个快捷的批量授权的功能，对用户比较多，角色职责分明的公司特别有帮助。系统已内置后续所有角色，可选择角色分配给用户，或者选择用户分配角色，对用户进行角色授权，赋予功能权限。本案例选择用户授权角色。

选择用户 wzj + 学号，点击工具栏【分配角色】—【批量分配角色】进入用户批量分配界面，如图 1 – 22 所示。

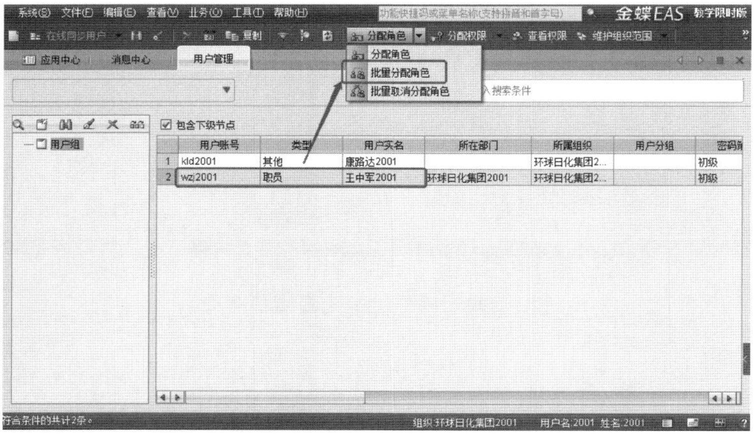

图 1 – 22　用户批量分配角色查询

在批量分配界面，点击【选择组织】，选中“环球日化集团 + 姓名”，点击【全加】按钮，将环球日化集团 + 学号下所有组织添加到已选列表，点击【确定】，如图 1 – 23 所示。

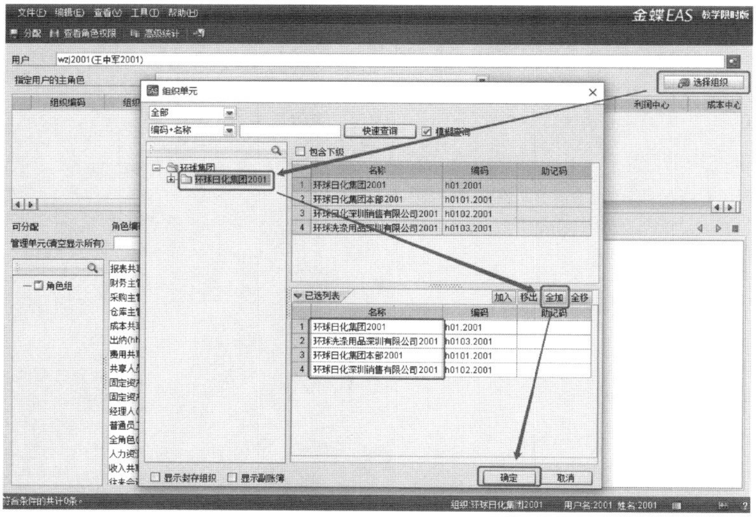

图 1 – 23　用户组织范围维护

清空管理单元，敲击键盘 Enter 键，即可显示系统内置的所有角色。双击“全功能角色”，或者选中“全功能角色”点击向右箭头，将角色添加到已分配角色中，确认无误后点击【分配】，如图 1－24 所示。

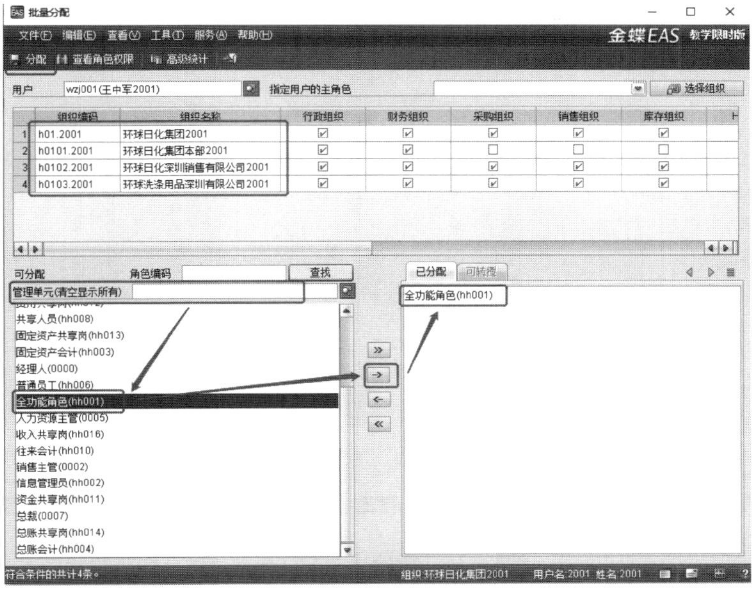

图 1－24　用户分配角色

用户除了单个新增外，也可使用工具栏【文件】—【引入】—【用户引入】功能，批量引入用户。下载“用户”表格，将表格中的学号替换为自己的学号，以学号为 2001 的学生为例，学号替换过程如图 1－25 所示。

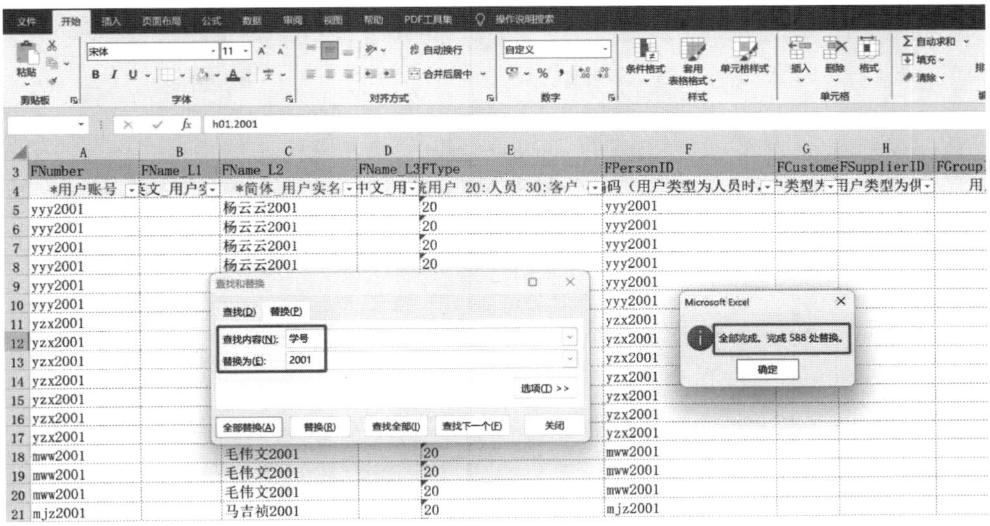

图 1－25　用户导入文件修改

替换学号后，还需将用户生效日期和密码生效日期的年月日修改为系统当前日期，修改完成后保存用户表格，如图 1 – 26 所示。

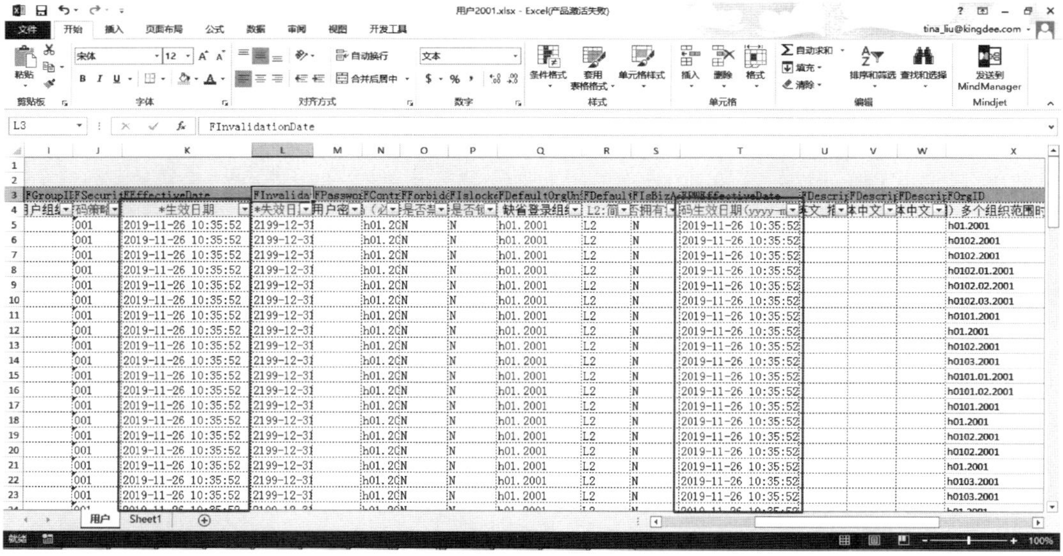

图 1 – 26　用户导入文件修改

然后返回 EAS，点击工具栏【文件】—【引入】—【用户引入】，文件选择刚替换学号后的用户表格，页签默认为“用户”，数据出错处理建议选择“跳过错误执行完毕才停止”，引入方式选择“更新引入”，然后点击【引入】，如图 1 – 27 所示。

图 1 – 27　用户管理查询

◎ 拓展任务

根据表1－8和表1－9中环球日化集团职位、职员与所属部门详情，王中军（wzj＋学号）在金蝶EAS系统中引入职位和职员，管理员（学号）在金蝶EAS系统中引入用户，逐一为用户批量分配所属角色（注意：康路达和王中军不用再次分配）。

实验数据：

表1－8　　职位与职员信息

人员名称/编码	所属职位	所属部门
王中军＋学号/wzj＋学号	董事长学号	环球日化集团＋学号
康路达＋学号/kld＋学号	信息管理员学号	环球日化集团本部＋学号
陈晓陶＋学号/cxt＋学号	出纳学号	环球日化集团本部＋学号
樊江波＋学号/fjb＋学号	总账会计学号	环球日化集团本部＋学号
李卫玲＋学号/lwl＋学号	往来会计学号	环球日化集团本部＋学号
齐振英＋学号/qzy＋学号	固定资产会计学号	环球日化集团本部＋学号
杨振兴＋学号/yzx＋学号	首席财务官学号	环球日化集团本部＋学号
陈军波＋学号/cjb＋学号	总账会计学号	环球日化深圳销售有限公司＋学号
明大成＋学号/mdc＋学号	销售公司总经理学号	环球日化深圳销售有限公司＋学号
毛伟文＋学号/mww＋学号	往来会计学号	环球日化深圳销售有限公司＋学号
杨云云＋学号/yyy＋学号	销售公司财务经理学号	环球日化深圳销售有限公司＋学号
周爱民＋学号/zam＋学号	固定资产会计学号	环球日化深圳销售有限公司＋学号
张合凯＋学号/zhk＋学号	出纳学号	环球日化深圳销售有限公司＋学号
李耀华＋学号/lyh＋学号	洗涤公司总经理学号	环球洗涤用品深圳有限公司＋学号
曹国寅＋学号/cgy＋学号	洗涤公司财务经理学号	环球洗涤用品深圳有限公司＋学号
崔文涛＋学号/cwt＋学号	固定资产会计学号	环球洗涤用品深圳有限公司＋学号
赵姗姗＋学号/zss＋学号	出纳学号	环球洗涤用品深圳有限公司＋学号
高倩兰＋学号/gql＋学号	往来会计学号	环球洗涤用品深圳有限公司＋学号
马吉祯＋学号/mjz＋学号	总账会计学号	环球洗涤用品深圳有限公司＋学号
高宏明＋学号/ghm＋学号	副总经理学号	营销中心＋学号
郝晓娇＋学号/hxj＋学号	销售经理学号	营销中心＋学号
贺小明＋学号/hxm＋学号	销售员学号	营销中心＋学号
许赟＋学号/xy＋学号	人事经理学号	人事部＋学号
李霞＋学号/lx＋学号	采购员学号	采购部＋学号
张若阳＋学号/zry＋学号	采购经理学号	采购部＋学号
吴华忠＋学号/whz＋学号	研发工程师学号	日化研发中心＋学号
许彬＋学号/xb＋学号	研发技术员学号	日化研发中心＋学号

表 1-9　　　　用户与角色信息

用户名称/编码	所属角色	业务组织范围
曹国寅+学号/cgy+学号	财务经理	环球日化集团+学号、环球洗涤用品深圳有限公司+学号
陈军波+学号/cjb+学号	总账会计	环球日化集团+学号、环球日化深圳销售有限公司+学号
崔文涛+学号/cwt+学号	固定资产会计	环球日化集团+学号、环球洗涤用品深圳有限公司+学号
陈晓陶+学号/cxt+学号	出纳	环球日化集团+学号、环球日化集团本部+学号
樊江波+学号/fjb+学号	总账会计	环球日化集团+学号、环球日化集团本部+学号、环球日化深圳销售有限公司+学号、环球洗涤用品深圳有限公司+学号
高宏明+学号/ghm+学号	经理人	环球日化集团+学号、环球日化深圳销售有限公司+学号
高倩兰+学号/gql+学号	往来会计	环球日化集团+学号、环球洗涤用品深圳有限公司+学号、环球日化深圳销售有限公司+学号
郝晓娇+学号/hxj+学号	经理人	环球日化集团+学号、环球日化深圳销售有限公司+学号
贺小明+学号/hxm+学号	普通员工	环球日化集团+学号、环球日化深圳销售有限公司+学号
康路达+学号/kld+学号	信息管理员	环球日化集团+学号、环球日化集团本部+学号、环球日化深圳销售有限公司+学号、环球洗涤用品深圳有限公司+学号
李卫玲+学号/lwl+学号	往来会计	环球日化集团+学号、环球日化集团本部+学号
李霞+学号/lx+学号	普通员工	环球日化集团+学号、环球洗涤用品深圳有限公司+学号
李耀华+学号/lyh+学号	经理人	环球日化集团+学号、环球洗涤用品深圳有限公司+学号
明大成+学号/mdc+学号	经理人	环球日化集团+学号、环球日化深圳销售有限公司+学号
马吉祯+学号/mjz+学号	总账会计	环球日化集团+学号、环球洗涤用品深圳有限公司+学号
毛伟文+学号/mww+学号	往来会计	环球日化集团+学号、环球日化深圳销售有限公司+学号
齐振英+学号/qzy+学号	固定资产会计	环球日化集团+学号、环球日化集团本部+学号、环球日化深圳销售有限公司+学号、环球洗涤用品深圳有限公司+学号
吴华忠+学号/whz+学号	普通员工	环球日化集团+学号、环球日化集团本部+学号
王中军+学号/wzj+学号	全功能角色	环球日化集团+学号、环球日化集团本部+学号、环球日化深圳销售有限公司+学号、环球洗涤用品深圳有限公司+学号
许彬+学号/xb+学号	普通员工	环球日化集团+学号、环球日化集团本部+学号
许赟+学号/xy+学号	经理人	环球日化集团+学号、环球日化深圳销售有限公司+学号
杨云云+学号/yyy+学号	财务经理	环球日化集团+学号、环球日化深圳销售有限公司+学号
杨振兴+学号/yzx+学号	全功能角色	环球日化集团+学号、环球日化集团本部+学号、环球日化深圳销售有限公司+学号、环球洗涤用品深圳有限公司+学号
周爱民+学号/zam+学号	固定资产会计	环球日化集团+学号、环球日化深圳销售有限公司+学号
张合凯+学号/zhk+学号	出纳	环球日化集团+学号、环球日化深圳销售有限公司+学号
张若阳+学号/zry+学号	经理人	环球日化集团+学号、环球洗涤用品深圳有限公司+学号
赵姗姗+学号/zss+学号	出纳	环球日化集团+学号、环球洗涤用品深圳有限公司+学号

案例三：分配会计科目

◎ 应用场景

信息管理员康路达（kld + 学号）将集团下的所有会计科目分配给环球日化集团本部、环球日化深圳销售有限公司和环球洗涤用品深圳有限公司使用，如表 1－10 所示。

◎ 实验步骤

- 会计科目分配

◎ 实验前准备

- 完成前序案例练习

◎ 实验数据

表 1－10　　科目分配信息

财务组织	会计科目分配组织
环球日化集团 + 学号	环球日化集团本部 + 学号、环球日化深圳销售有限公司 + 学号、环球洗涤用品深圳有限公司 + 学号

◎ 操作指导

1. 会计科目

信息管理员康路达（kld + 学号）登录 EAS 客户端，依次点击【企业建模】—【辅助数据】—【财务会计数据】—【会计科目】进入会计科目界面，如图 1－28 所示。

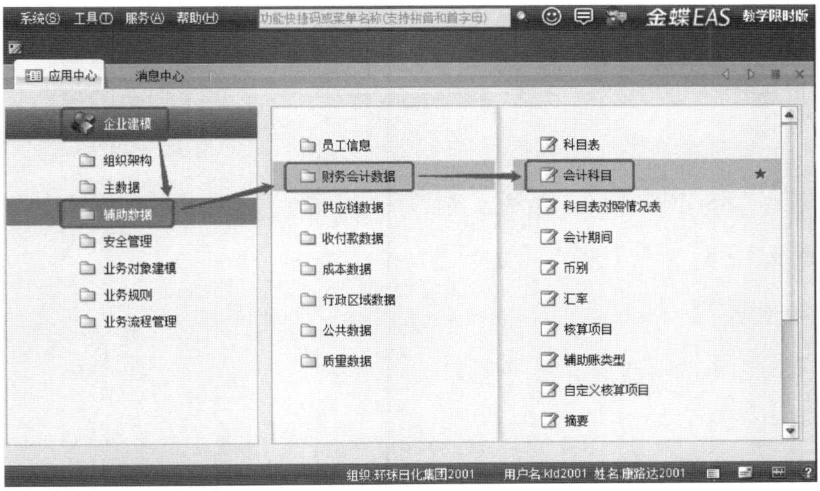

图 1－28　会计科目查询

在会计科目界面，点击工具栏的【分配】，待分配的财务组织不能同时选择多个组织一起分配，一定要逐一选择财务组织进行分配！

先选择环球日化集团本部＋学号，选择“显示未分配科目”，点击【全选】后点击【分配】，如图1－29所示。环球日化集团本部＋学号分配完成后，逐一对环球日化深圳销售有限公司＋学号、环球洗涤用品深圳有限公司＋学号进行分配。

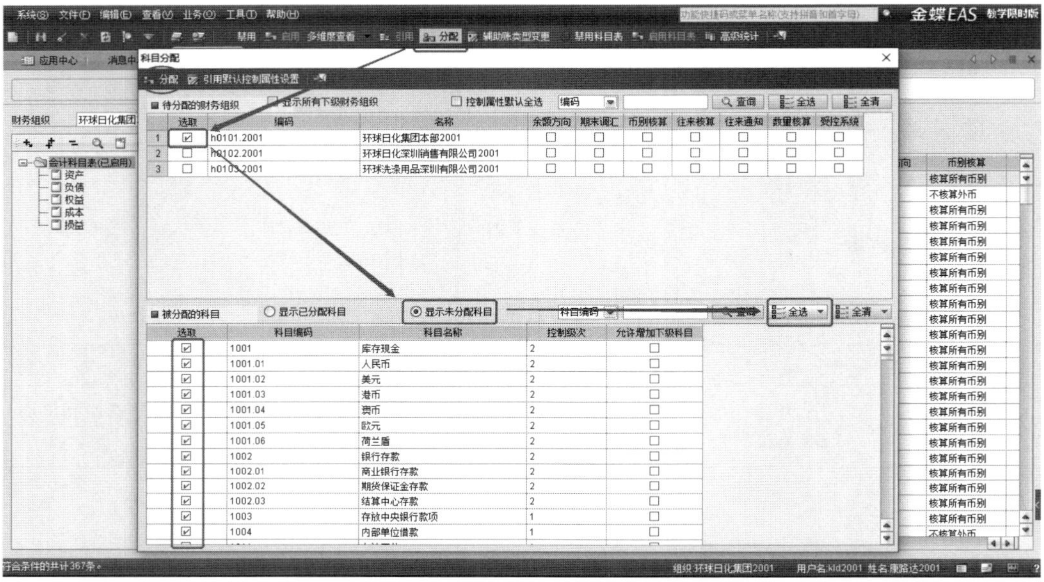

图1－29　会计科目分配财务组织页面

案例四：新建银行账户

◎ 应用场景

环球日化集团在招商银行各支行开立多个收支账户，信息管理员康路达（kld＋学号）负责在EAS中新增银行机构信息，并逐个维护各组织对应银行机构的银行账户信息，如表1－11、表1－12所示。

◎ 实验步骤

- 建立金融机构（银行）
- 新建银行账户

◎ 实验前准备

- 完成前序案例练习

◎ 实验数据

表 1－11　　环球日化集团金融机构信息

开户单位	编码	名称	上级机构
环球日化集团本部	02.01.008. 学号	招商银行高新园支行＋学号	广东—招商银行
环球日化深圳销售有限公司	02.01.009. 学号	招商银行龙华支行＋学号	广东—招商银行
环球洗涤用品深圳有限公司	02.01.010. 学号	招商银行时代广场支行＋学号	广东—招商银行

表 1－12　　环球日化集团各组织银行账户信息

编码	银行账号	名称	开户单位	金融机构	科目	币别	用途	收支属性
001. 学号	621483666666＋学号	招商银行高新园支行＋学号	环球日化集团本部＋学号	招商银行高新园支行＋学号	1002.01（商业银行存款）	单一币别人民币	活期	收支户
002. 学号	621483777777＋学号	招商银行龙华支行＋学号	环球日化深圳销售有限公司＋学号	招商银行龙华支行＋学号				
003. 学号	621483888888＋学号	招商银行时代广场支行＋学号	环球洗涤用品深圳有限公司＋学号	招商银行时代广场支行＋学号				

◎ 操作指导

1. 新建金融机构

信息管理员康路达（kld＋学号）登录金蝶 EAS，依次点击【企业建模】—【辅助数据】—【财务会计数据】—【金融机构（银行）】进入金融机构银行界面，如图 1－30 所示。

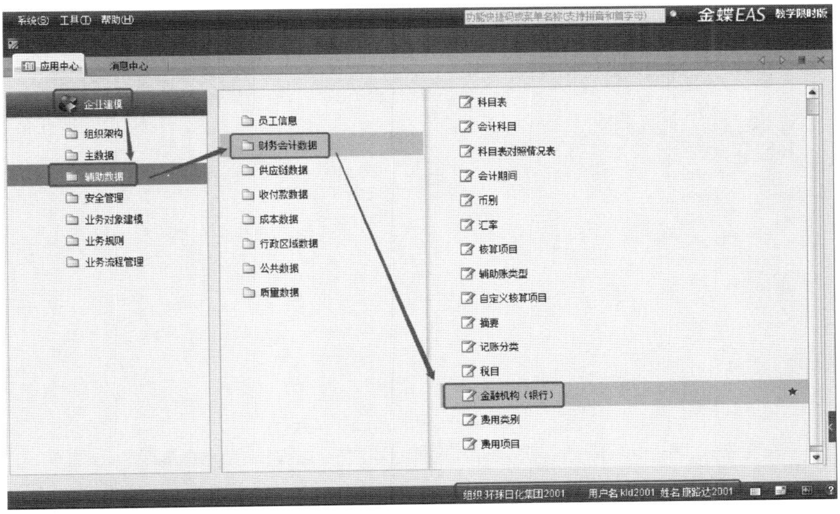

图 1－30　金融机构查询

根据表 1－11 环球日化集团金融机构信息逐个新增金融机构信息。

以编码为“02.01.008.学号”的金融机构为例，点击【新增】按钮，输入编码“02.01.008.学号”，名称“招商银行高新园支行＋学号”，上级机构选择“02.01 广东—招商银行”，录入完毕后点击【保存】，如图 1－31 所示。

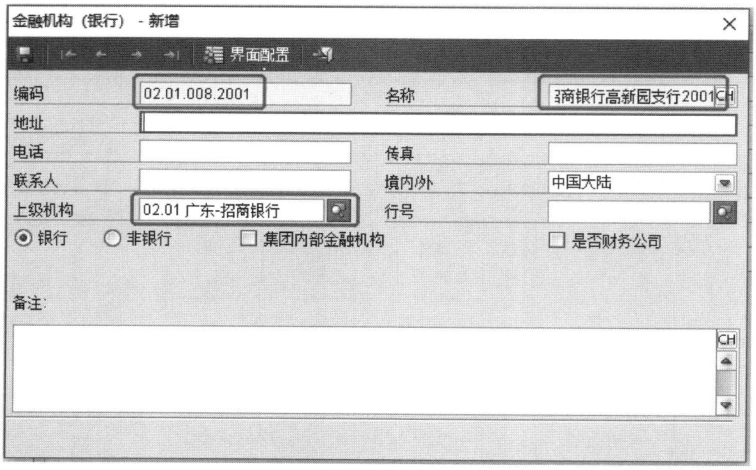

图 1－31　金融机构新增

2. 新建银行账户

银行账户用于记录企业内部银行资金流动，出纳系统以银行账户为载体展示日记账和报表。各组织银行账户的维护需要将用户的登录组织切换到对应组织。

信息管理员康路达（kld＋学号）登录金蝶 EAS，切换组织到环球日化集团本部＋学号。依次点击【资金管理】—【账户管理】—【业务处理】—【银行账户维护】进入银行账户界面，如图 1－32 所示（过滤查询条件点击确定即可）。

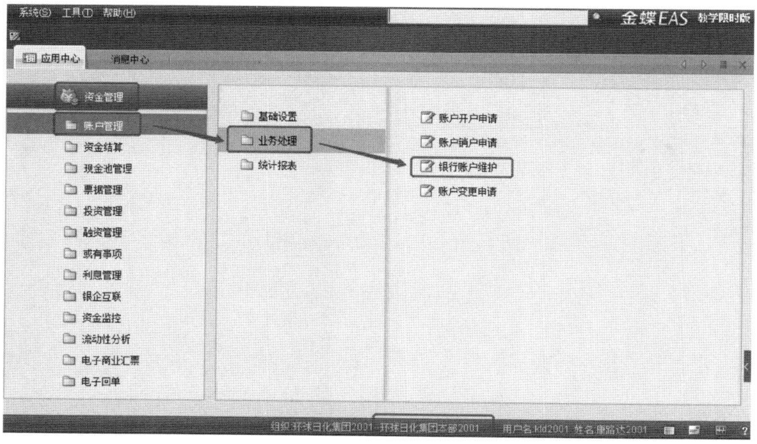

图 1－32　银行账户查询

点击工具栏【新增】银行账户，根据表 1－12 环球日化集团各组织银行账户信息录入。银行账户编码为“001. 学号”，银行账户为“621483666666＋学号”，银行账户名称为“招商银行高新园支行＋学号”，开户单位为“环球日化集团本部＋学号”学号，金融机构选择“招商银行高新园支行＋学号”，科目选择“1002. 01 商业银行存款”，勾选“单一币别”，币别选择“人民币”，用途选择“活期”，收支性质选择“收支户”，确认无误后点击【保存】，如图 1－33 所示。

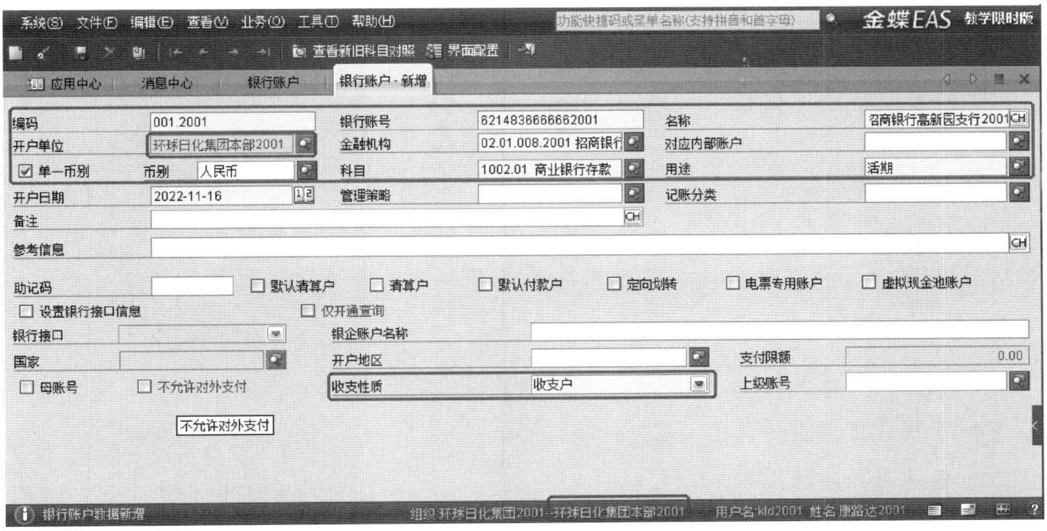

图 1－33　银行账户新增

◎ 拓展任务

1. 信息管理员康路达（kld＋学号）根据表 1－13 维护环球日化集团其他金融机构信息。

注意：金融机构名称记得加上自己学号以示区分！

表 1－13　　环球日化集团金融机构信息

编码	名称	上级机构
02. 01. 009. 学号	招商银行龙华支行＋学号	广东—招商银行
02. 01. 010. 学号	招商银行时代广场支行＋学号	广东—招商银行

2. 信息管理员康路达（kld＋学号）根据表 1－14 维护环球日化深圳销售有限公司、环球洗涤用品有限公司的银行账户信息。

注意：新增前注意切换当前组织为对应组织。

表 1－14　环球日化集团各组织银行账户信息

编码	银行账号	名称	开户单位	金融机构	科目	币别	用途	收支属性
002. 学号	621483777777＋学号	招商银行龙华支行＋学号	环球日化深圳销售有限公司＋学号	招商银行龙华支行＋学号	1002.01（商业银行存款）	单一币别人民币	活期	收支户
003. 学号	621483888888＋学号	招商银行时代广场支行＋学号	环球洗涤用品深圳有限公司＋学号	招商银行时代广场支行＋学号				

案例五：新增单据转换规则

◎ 应用场景

单据转换规则是 ERP 系统实现智能核算的基础。以应收单为例，信息管理员康路达（kld＋学号）在环球日化集团新建并启用应收单转换凭证的单据转换规则，如表 1－15、表 1－16 所示。

◎ 实验步骤

- 新建凭证类型
- 新建单据转换规则
- 启用单据转换规则

◎ 实验前准备

- 完成前序案例练习

◎ 实验数据

表 1－15　凭证类型

编码	名称	创建单元
学号.01	记字＋学号	环球日化集团＋学号

表 1－16　单据转换规则

业务系统	源单据	目标单据	管理单元
应收系统	应收单	凭证	环球日化集团＋学号

◎ 操作指导

1. 新建凭证类型

信息管理员康路达（kld＋学号）登录金蝶 EAS 客户端，切换组织到环球日化集团＋学号。依次点击【财务会计】—【总账】—【基础设置】—【凭证类型】进入凭证类型序时簿，如图1－34所示。

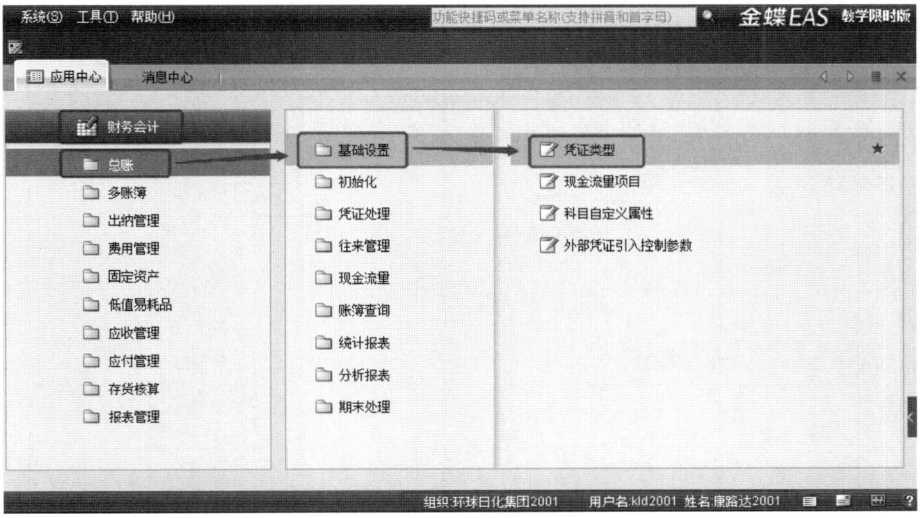

图1－34　凭证类型查询

点击工具栏【新增】按钮，打开凭证类型—新增界面，按照表1－15凭证类型录入。凭证类型编码为“学号.01”，名称为“记字＋学号”，勾选“默认”，录入完毕后点击【保存】，如图1－35所示。

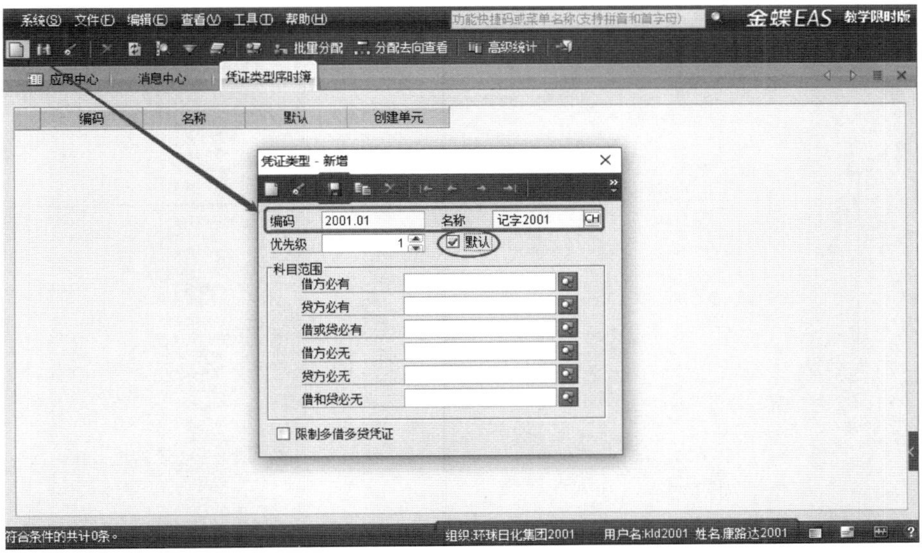

图1－35　凭证类型新增

2. 新建单据转换规则

依次点击【企业建模】—【业务规则】—【单据转换规则】—【单据转换规则配置】进入规则配置界面，如图1－36所示。

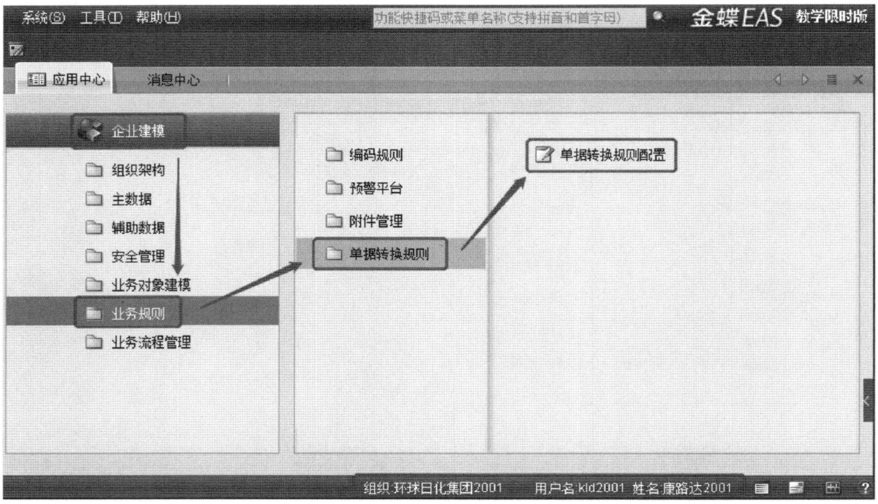

图1－36 单据转换规则配置查询

在左边的树节点，选择【财务会计】—【应收系统】—【应收单】查看与应收单有关的规则。

双击查看转换规则“应收单生成凭证SSC”，如图1－37所示。

图1－37 转换规则应收单生成凭证SSC查询

点击工具栏【复制】，如图 1 – 38 所示。点击复制后，在复制的规则界面进行修改。

图 1 – 38　转换规则应收单生成凭证 SSC 复制

在编码和名称后面添加自己的学号，点击分录【单头转换规则】修改凭证类型，点击“记字”选择栏的放大镜，进入凭证类型取值界面，点击【值列表】，双击“环球日化集团 + 学号”学号创建的“记字 + 学号”凭证号，点击【确定】，如图 1 – 39 所示。

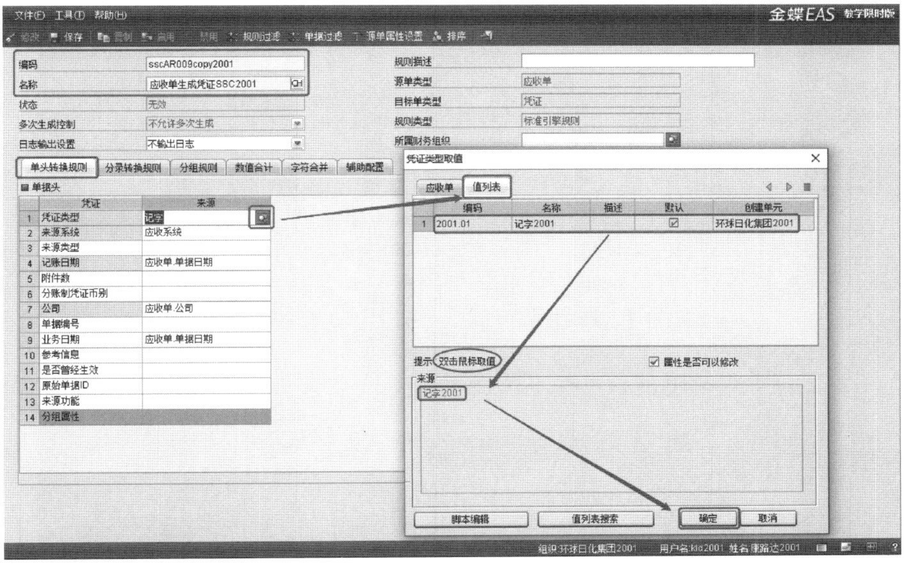

图 1 – 39　转换规则应收单生成凭证 SSC 修改

点击分录【分录转换规则】设置科目，点击第一行应收账款科目右边的放大镜，打开分录科目取值界面，点击【值列表】页签，找到“1122 应收账款”科目，双击选取科目，点击【确定】，如图 1-40 所示。

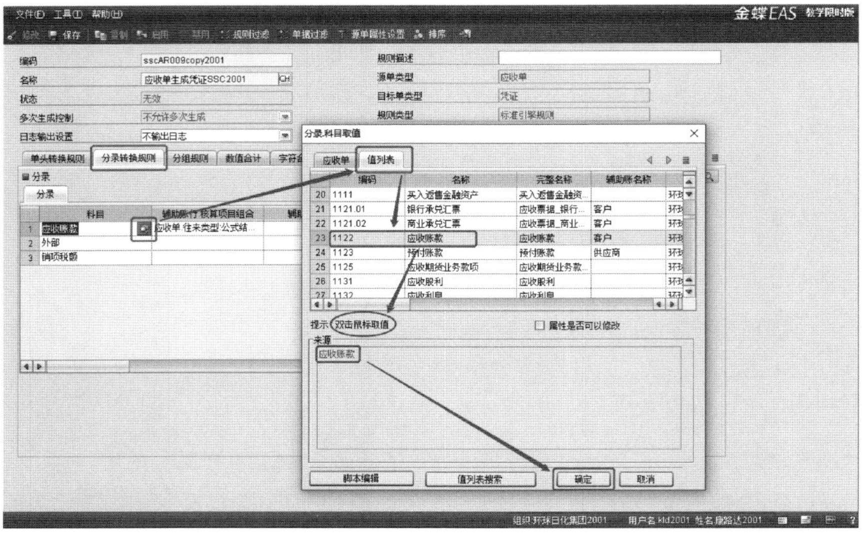

图 1-40　转换规则应收单生成凭证 SSC 修改

再点击第一行应收账款“辅助账行．核算项目组合”的放大镜，点击第 11 项核算项目类型的放大镜，在“核算项目取值”提示框双击选择“往来类型”，点击【确定】，如图 1-41 所示。

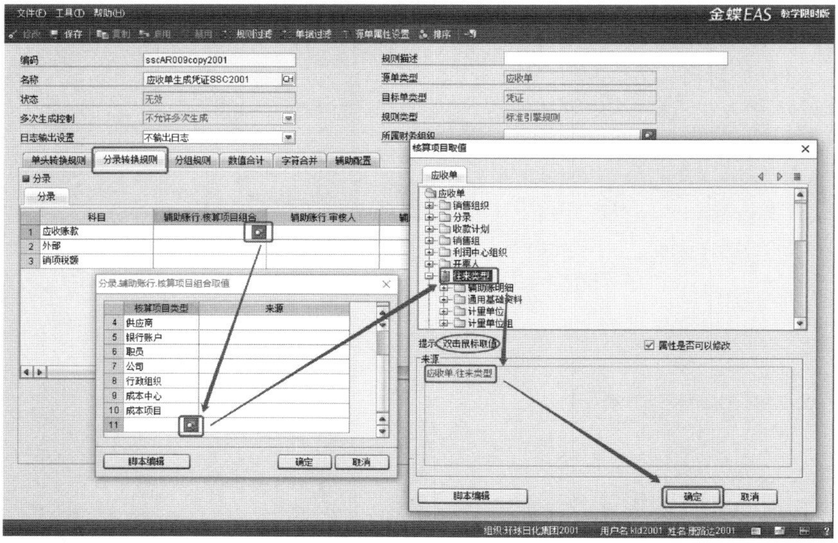

图 1-41　转换规则应收单生成凭证 SSC 修改

返回到“分录．辅助账号．核算项目组合取值”界面，设置核算项目类型的“来源”。点击第 11 项应收单，往来类型后边来源的放大镜，进入关联对象取值界面，点击【脚本编辑】，如图 1－42 所示。

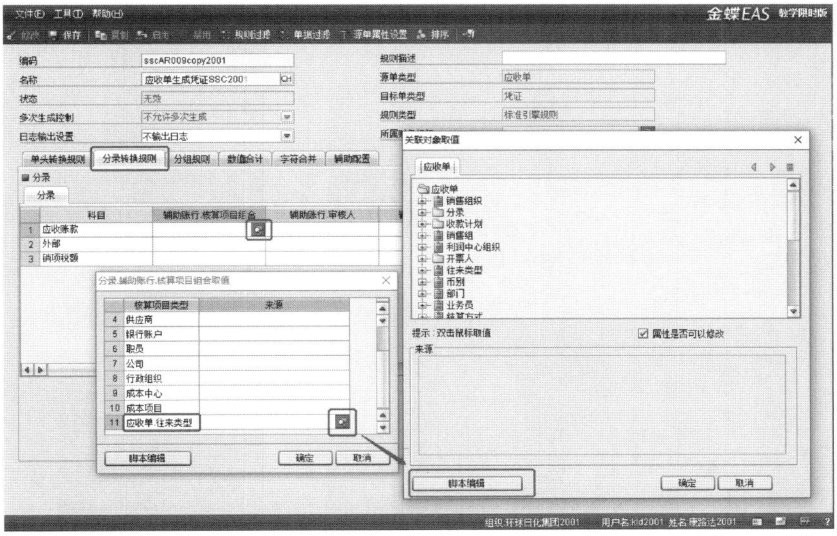

图 1－42　转换规则应收单生成凭证 SSC 修改

在脚本编辑—公式平台，设置往来户取值公式。

选择“公式结果”和“＝”，如图 1－43 所示。

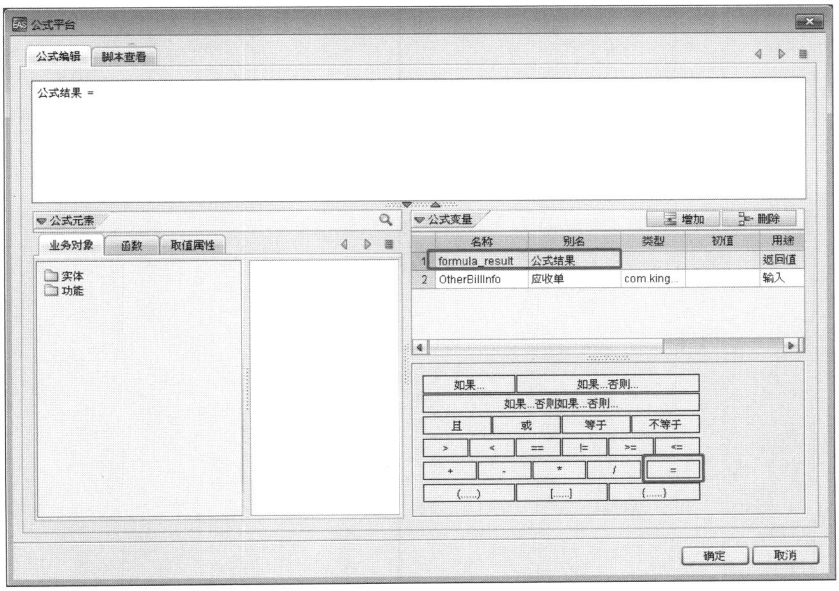

图 1－43　转换规则应收单生成凭证 SSC 修改

公式元素选择【函数】，打开基础资料函数，双击选择__BOTgetObjectFromCussent( )函数，如图 1－44 所示。

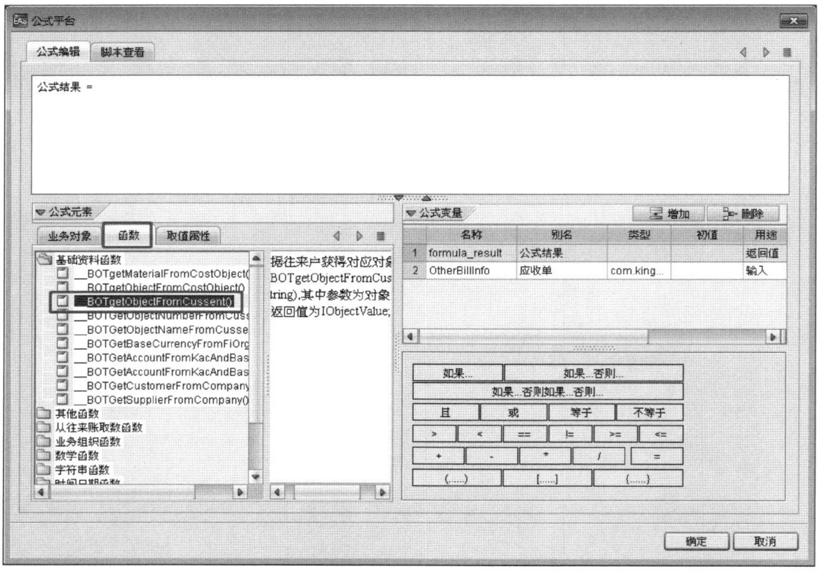

图 1－44　转换规则应收单生成凭证 SSC 修改

在括号（）中添加业务对象为“应收单．往来户 ID”，在公式的最后，添加英文半角的分号“;”，点击【确定】。在关联对象取值界面点击【确定】，在分录．辅助账行．核算项目组合取值界面点击【确定】，返回动态会计规则界面，如图 1－45 所示。

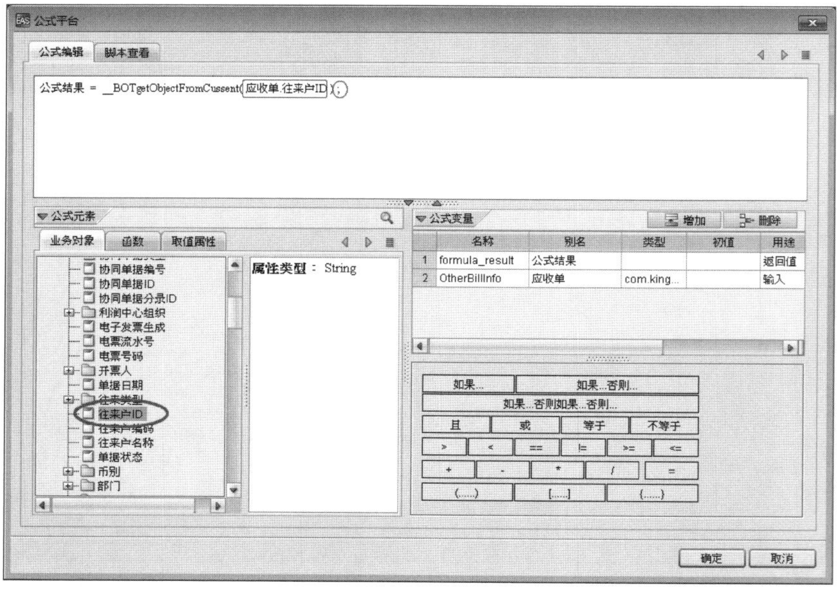

图 1－45　转换规则应收单生成凭证 SSC 修改

再将分录第二项外部科目改为“值列表”中的“6001.01 主营业务收入—外部”科目，将第三项销项税额科目改为“值列表”中的“2221.01.05 销项税额”科目。录入完成后，点击【保存】按钮，如图 1－46 所示。

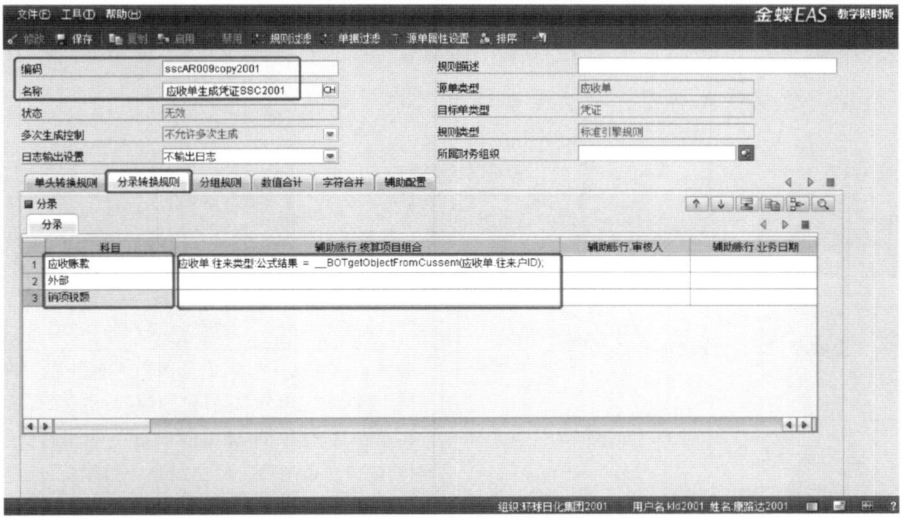

图 1－46　转换规则应收单生成凭证 SSC 修改

3. 启用单据转换规则

单据转换规则保存成功后，点击工具栏【启用】，即可启用单据转换规则，如图 1－47 所示。

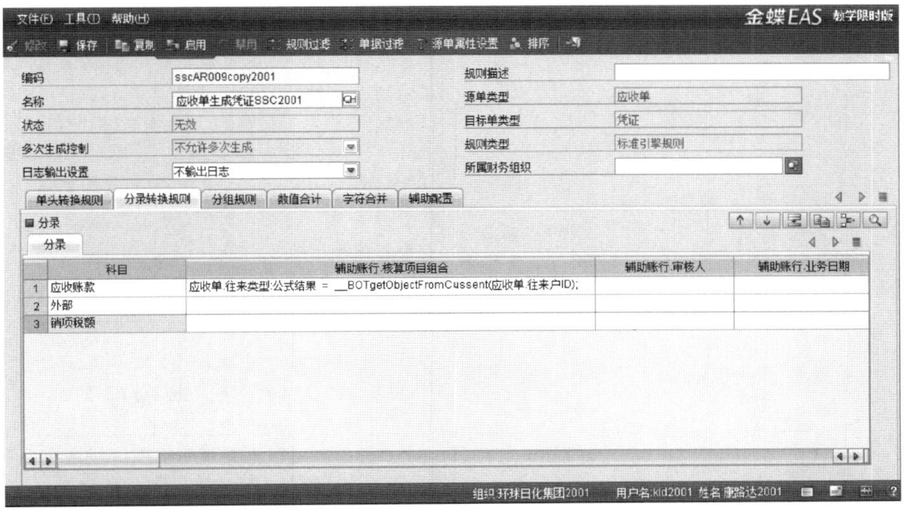

图 1－47　转换规则应收单生成凭证 SSC 启用

注意：如果单据转换规则没有修改到位，业务发生时会有对应提醒，可根据提醒再返回修改规则。修改前必须禁用此规则，否则无法修改。

◎ **拓展任务**

信息管理员康路达（kld + 学号）在环球日化集团 + 学号组织下，复制环球集团的单据转换规则，在复制后的新规则编码及名称后加上自己学号，同时根据表 1 – 17 单据转换规则数据修改规则，确认无误后保存并启用规则。

表 1 – 17　　单据转换规则

业务系统	源单据	目标单据	对应源单据转换规则	修改内容
应收系统	应收单	收款单	应收单生成收款单 SSC	“单头转换规则”页签中第 28 项“对方科目”的来源修改为“值列表”的“1122 应收账款”
				“分录转换规则—收款单分录”页签中的“对方科目”修改为“值列表”的“1122 应收账款”
应付系统	应付单	付款单	应付单生成付款单 SSC	“单头转换规则”页签中第 57 项“对方科目”的来源修改为“值列表”的“2202 应付账款”
				“分录转换规则—付款单分录”页签中的“对方科目”修改为“值列表”的“2202 应付账款”
	应付单	凭证	应付单生成凭证 SSC	“单头转换规则”页签中第 1 项“凭证类型”的来源修改为“值列表”的“记字 + 学号”
				“分录转换规则”页签中的“原材料及主要材料”科目修改为“值列表”的“1403.01 原材料及主要材料”
				“分录转换规则”页签中的“进项税额”科目修改为“值列表”的“2221.01.01 进项税额”
				“分录转换规则”页签中“应付账款”科目修改为“值列表”的“2202 应付账款”，对应“辅助账行核算项目组合”的第 11 项双击新增“应付单．往来类型”，同时修改其来源公式为：公式结果 = __BOTgetObjectFromCussent（应付单．往来户 ID）
出纳系统	收款单	凭证	收款单生成凭证 SSC（应收系统、出纳系统）	“单头转换规则”页签中第 1 项“凭证类型”的来源修改为“值列表”的“记字 + 学号”
	付款单	凭证	付款单生成凭证 SSC（应付系统、出纳系统）	“单头转换规则”页签中第 1 项“凭证类型”的来源修改为“值列表”的“记字 + 学号”
固定资产	清理单	凭证	清理单生成凭证 SSC	“单头转换规则”页签中第 1 项“凭证类型”的来源修改为“值列表”的“记字 + 学号”
	折旧单	凭证	折旧单生成凭证 SSC	“单头转换规则”页签中第 1 项“凭证类型”的来源修改为“值列表”的“记字 + 学号”

第二章 财务共享中心建设

第一节

财务共享中心的战略定位

财务共享服务中心的建立是在推进全集团财务集中化和标准化的基础上，实现集团财务管理水平的提升，保证集团战略管理、信息整合等决策的有效实施，增强财务管理风险防范能力，为集团战略决策提供支持服务，实现公司对全集团财务的集中管控。因此，集团公司的发展战略定位决定了财务共享服务中心未来发展的方向。财务共享服务中心应依据集团对自身的职能定位和战略需求，确定不同的战略定位，目前主要分为集团管控、服务支持、集团管控兼顾服务支持三种战略定位①。

一、集团管控

集团管控主要是大型企业的总部或管理高层通过设置管控部门设计流程以及制定企业文化等途径来影响下属企业或部门的战略、营销、财务、经营运作等方面工作，从而对子公司运作产生规则和源头上影响的行为。同时，为了适应市场经营环境和企业内部组织的变化，企业需要通过集团化的组织结构和管控模式，以资产、产品、技术等为纽带，管控更多的资产和更宽泛的业务，通过投资及生产经营协作等多种方式，对下属企业或部门实

① 张庆龙、潘丽靖、张羽瑶，《财务转型始于共享服务》，中国财政经济出版社，2015。

施更行之有效的管控措施，实现企业集团管理的提升、核心竞争力的强化以及多项业务之间的战略协同。

基于集团对财务共享服务中心的战略需求，财务共享成为财务运营工作管控的一项重要举措。集团管控定位的财务共享更侧重于管控职能，作为集团财务部的主要组成部分，要发挥管控效益，主要通过制定统一的流程制度，形成全集团财务集中化和标准化管理模式，整合财务管理和风险控制资源，对集团下属公司实施财务全程化管控，为集团战略制定提供高质量的财务决策支持、促进核心业务发展，实现集团对其下属企业或部门的实时监测，提高集团的综合掌控能力，从而有效支撑企业集团的发展战略。

二、服务支持

集团的服务支持战略要求各下属企业或部门相互独立、各司其职，侧重于为集团战略决策提供各方面的服务支持，使集团企业得以持续有效运行，确保集团企业的正常有序运营。基于服务支持战略定位的财务共享服务中心主要是作为集团的下属独立服务部门，更强调服务支持职能，为集团提供独立专业的财务服务，负责整个集团的财务核算工作，通过不断优化业务流程，提高会计业务处理质量和效率，保证集团内部财务工作的标准化和规范化，释放规模效益，降低财务人员人力成本，提高财务核算水平与效率，为集团提供及时、准确的财务信息。

三、集团管控兼顾服务支持

财务共享服务中心的集团管控定位是专门为集团的战略决策提供有效的管控支撑，保证集团与各下属企业和部门的有效沟通，有利于集团做出正确的战略决策。然而，只强调财务共享服务中心的集团管控，不注重其服务质量、可能会造成基础会计核算工作质量不高、效率低下。相反地，服务支持定位只单纯强调为集团提供会计核算服务，忽略了对集团战略决策的支撑，不能有效发挥财务管理职能，会造成集团与各下属企业和部门的信息沟通不畅、削弱集团对各下属企业和机构的掌控能力，不利于管理层使用财务管理信息作出集团长远发展决策。

随着集团的不断发展，战略需求不断变化，在前两者的定位基础上，生出基于集团管控兼服务支持的财务共享服务中心战略定位，这样的定位集合了集团管控与服务支持两种战略定位优势，以集团战略发展为依托，在为集团战略提供财务决策信息的同时，也为集团各下属企业或部门提供高质量会计核算的各项服务，建立从基础核算、预算管控到决策分析的全方位财务管理，既注重财务管理又注重服务质量，两者相辅相成，有效提升集团管理水平，为集团公司的发展提供全面支持。

第二节

财务共享中心的运营模式

从共享中心运营模式来看，一般可以分为物理集中和虚拟集中两类。

一、物理集中模式

大多数企业在创建共享中心初期会选择在总部或某地区总部所在地单独设立财务共享中心，在总部共享中心设置固定的组织架构与人员编制，工作组人员集中到共享中心层面，专职负责共享中心工作，由共享中心统一管理。这种方式的优点是，在制度建设、任务策略上已经成熟，人员集中到总部易于统一管理，激励制度也较易执行，同时对服务器的网络压力也较小；缺点是将财务人员集中到总部会涉及人员迁移，实施难度大，可能造成一定的人才流失，另外，如需新建办公场地，实施成本也较大。

二、虚拟集中模式

虚拟集中模式指对共享中心工作人员实行虚拟集中，即共享中心在总部或某地区总部所在地设立，但只集中部分岗位、职能，例如资金集中结算、运维服务和综合管理，审核制证、与凭证复核的工作由分布在原单位的共享会计进行处理，共享会计可通过专职或兼职的方式完成共享中心工作。此模式共享会计不集中至共享中心办公，共享中心对其实行考核注册制，人员编制仍保留在原单位。注册用户，可在手机客户端登录并履行财务共享中心岗位职责，在保证完成本职工作的基础上进行共享中心抢单操作，共享中心会按照完成工作效率、质量进行综合评级，逐级晋升，等级越高所能完成的共享中心业务范围越大。这种方式的优点是组织架构、人员编制变动小，不涉及人员迁移，实施难度低；同时存在很多缺点，一是虚拟集中方式在制度建设、任务策略上还不成熟，制度建设和任务策略需要反复推敲；二是人员编制保留在原单位，原单位与共享中心存在双头管理，人员管理难度大，考核机制不易执行；三是人员分散在各子分公司或项目部，对网络建设要求较高。

财务共享中心的运营模式为企业提供了一个灵活且高效的财务管理解决方案。通过明确其功能定位和战略角色，财务共享中心能够有效支持企业的财务操作和战略目标。通过不同的情况，企业可以根据自身的需求选择合适的财务共享中心模式，从而实现财务管理的优化和成本控制。

第三节

财务共享中心的业务流程

一、财务共享业务流程的类型

财务共享服务所需的流程类型大致包括业务核算流程、财务操作流程、内部运营管理流程以及配套的业务流程。其中业务核算流程是指财务共享服务中心所处理的各项业务从发生至财务处理完毕，直至完成档案归档的整个过程，是对现有流程的梳理、优化和再造；财务操作流程是指各岗位财务人员的操作指南，具体指导财务人员进行业务处理；内部运营管理流程是财务共享服务中心的内部管理维度所涉及的流程，如绩效管理维度下的绩效报表编制发布流程、标准化管理维度下的制度修订发布流程等；配套的业务流程主要是为适应财务共享服务实施过程中影响并改变现有业务单位流程所进行的流程调整。

二、财务共享服务中心业务流程建设的关键步骤

（一）业务流程分析

财务共享服务中心业务流程包括中心自身的运营流程以及各业务中心的业务发生改变后的流程。在流程设计过程中，要充分考虑实际业务的可操作性，流程的优劣直接影响财务共享服务中心运营的绩效。

财务流程分析的重要目标是通过客观、理性的分析，寻找再造的关键业务流程，并将基础业务流程与管理决策流程相剥离，实现分级管理。分析内容包括：现有财务业务流程的客户需求、运行所消耗的资源、选择领先进行标杆瞄准、瓶颈环节查找、内部控制及控制风险分析、流程的稳定性测试、流程再造的投入产出比较。例如，对于流程的瓶颈分

析，需要考虑：流程在执行过程中资源分配的不均衡性、流程执行者是否尽职、流程资源之间资源抢占与冲突产生的瓶颈情况。

通常，并非企业所有的财务流程都需要再造，财务流程也体现了“二八规律”，创造企业80%价值的流程原则上只占企业财务业务流程的20%。因此企业在进行财务流程再造之前，必须通过财务流程分析，寻找关键的20%的财务流程，对关键流程进行深入的、全方位的分析，这是再造财务流程成功的关键之一。在流程再造的过程中需要从信息结构化程度的角度将企业业务流程分为结构化流程、半结构化流程和非结构化流程。结构化流程在企业日常经营管理中经常重复出现，操作遵循固定程序且技术性不强，其结果具有可预期性，带有机械化作业的味道。非结构化流程则在企业日常经营管理中出现的频率很小，但是对企业的生产经营有很大影响，其结果具有不可预期性。由于非结构化流程都属于企业的重大事项，且发生次数很少，往往不能事先设定程序，这种流程的完成需要充分发挥人的主观能动性。半结构化流程介于二者之间，有一部分流程可以事先设定，但大部分流程仍然需要随机应变。由于结构化和非结构化流程发生次数少，一般不作为财务流程再造的重点。半结构化流程发生次数频繁，遵循既定的程序，是财务流程再造的重点。

（二）业务流程的优化和重构

财务流程的优化和重新设计是指在分析现有流程的基础上，系统地创建和改造提供所需产出的新财务业务流程。这里并不排除企业可能需要针对一些新的业务和现有业务从“零”考虑产品或服务的提供方式，设计新的业务流程，比较而言，系统改造有利于改进企业的短期绩效，对于组织正常运营工作干扰小。创建新流程风险较低，但随着时间推移，绩效的可改进程度会逐渐降低。

对现有流程系统化改造的目的是使得企业通过优化业务流程进一步提高顾客的满意度，更快速、更高效地实现顾客满意度与响应速度的提升。可以说，流程优化的核心就是要“为顾客增加价值”。所以，系统化改进现有流程的焦点就在于“消除非增值活动与调整核心增值活动”。具体体现在：清除现有业务流程中无法为顾客提供价值的行为。

（三）财务共享中心的核心业务流程

在财务共享服务的过程中利用信息技术保证实物流、信息流、资金流的有机融合是构建高效财务共享流程的关键。

实物流是指各地分子公司发生的大量业务票据需要经过各地的归集、邮寄、接收、分发、归档等传递到财务共享服务中心。信息流是各地分子公司人员每天都要通过网络平台填写大量电子单据（如出差申请单、报销单等）从全国各地传递到财务共享服务中心。资金流与实物流、信息流一起在成员单位和财务共享服务中心之间流动。如果三者的流动不同步，发生明显后，则会显著影响业务质量和服务效率。因此，财务共享服务中心在运营上应该按照三流同步的原则设计新的业务流程，并将作业的序列重排；同时，在关键流程中增加控制点，有效控制进出信息的一致性、完整性和正确性，从而保证财务共享服务作为一种 BPR 以最终实现提升顾客满意度这一主要目标。财务共享服务建设的过程本身就是企业财务流程再造的过程。未实行财务共享服务前，企业的报账、核算、结算流程都是由分散在地方上的分子公司单独进行的。这时，企业集团呈现出多个分公司、多条流程的特点，每条流程上的运行标准、效率和风险管理规范都不尽相同，这就带来了报表合并的难度和数据真实性的质疑。

为此，在率先实施财务的集中管理时，各分子公司应在集中的要求下统一调整现有财务业务流程，并将简单的事务性的会计核算工作向集团集中财务权限上收，缩减地方财务人员编制（仅留下少数提供票据、原始凭证的基础会计人员），并最终制定一套适合所有分子公司的业务流程。其内容涵盖业务处理流程、岗位操作规范和管理制度三大类。这些也是进一步实施财务共享服务建设的重要基石。

第四节

实验案例：建立财务共享中心

2007—2009 年是环球日化集团高速增长的黄金 3 年，虽然经历了 2008 年的金融危机，但截至 2008 年底集团在中国大陆的分公司增长了近 1 倍，达到 80 多家，并且有进一步增加的趋势。然而，在企业高速成长的同时也暴露出不少问题：

首先，公司成本居高不下，经营质量和效率下降。公司外部，人工、材料、税赋及营销成本不断增长；各机构分散采购，无法发挥集团统一采购的议价能力和价格优势；公司的人工成本占比由 2006 年的 55% 上涨到 2008 年的 64% 。公司内部，新成立的机构都要重复设置一套包括财务在内的职能组织，资源配置不合理。

其次，分、子公司各自为政，集团管控难度增加。各家分、子公司的财务管理、人力管理、资源配置各自为政，没有统一的标准和规范进行协调。例如，每年年初集团总部给各分、子公司确认年度经营指标时，总要持续很久，争论的焦点就在于费用是否充足，是否足以支持业务指标的达成。同时，由于各机构费用标准不统一，给成本费用的准确预测带来较大难度。

最后，方法不统一、信息不对称，总部对下属机构的评价遭遇挑战。下属机构是否准确执行了总部战略和政策，下属机构的资源配置是否符合公司战略方向，是集团公司在发展过程中经常遇到的问题。特别对于年度投资总结，总部往往要反复核对、确认机构提供的各种经营数据，才能最终准确确认各机构、各业务线的业绩情况。

此外，在财务管理方面，也面临了一些困难及问题：公司分散式的财务运作模式导致财务对战略支撑不足；财务人员无法形成专业化分工，效率不高，财务人员70%以上的人力和时间用于日常基础业务处理，长期从事基础性工作，对财务价值的关注、影响和贡献很小，财务能力和价值没有得到有效发挥，无法有效深入业务进行决策支持；财务管理和思维模式仍停留在传统职能方面，对先进经验和发展方向学习不足，已不能适应新的市场和企业环境；财务团队的管理遇到较大挑战，财务人员特别是派驻外地的责任单位财务负责人在贯彻总部政策方面起到非常重要的作用，公司对这些财务人员的依赖和要求也较高。一旦出现问题，一方面会影响公司业务顺利开展，另一方面需要花很大的精力去进行人员的招聘和培养，时间短的一两个月，长的甚至半年。在此背景下，环球日化集团筹划建立财务共享中心。

案例：建立财务共享中心

◎ 应用场景

环球日化集团在本部规划并建立财务共享中心，集团管理员（学号）在金蝶EAS客户端新建财务共享中心组织架构，如表2－1至表2－4所示。

◎ 实验步骤

- 新建财务共享中心组织单元
- 新建岗位、职员、用户、角色
- 设置共享岗位
- 发布共享流程

◎ 实验前准备

- 完成前序案例练习

◎ 实验数据

表2－1　财务共享服务中心组织属性

编码：h0101.03.学号 名称：财务共享服务中心＋学号	行政组织	上级行政组织：环球日化集团本部＋学号； 组织层次类型：部门；
	成本中心	上级成本中心：环球日化集团本部＋学号； 记账委托财务组织：环球日化集团本部＋学号

表 2-2　　财务共享中心职位与职员信息

人员名称/编码	所属职位/编码	所属部门
杨振兴+学号/yzx+学号	共享中心总经理学号/h03.010.学号	财务共享服务中心+学号
马超俊+学号/mcj+学号	费用共享岗学号/h04.002.学号	财务共享服务中心+学号
卢芳军+学号/lfj+学号	收入共享岗学号/h04.003.学号	财务共享服务中心+学号
赖红玲+学号/lhl+学号	成本共享岗学号/h04.004.学号	财务共享服务中心+学号
欧阳杨+学号/oyy+学号	资金共享岗学号/h04.005.学号	财务共享服务中心+学号
樊江波+学号/fjb+学号	总账共享岗学号/h04.006.学号	财务共享服务中心+学号
齐振英+学号/qzy+学号	固定资产共享岗学号/h04.007.学号	财务共享服务中心+学号
刘长欢+学号/lch+学号	报表共享岗学号/h04.008.学号	财务共享服务中心+学号

表 2-3　　财务共享用户与角色信息

<table>
<tr><th>用户名称/编码</th><th>所属角色</th><th>业务组织范围</th></tr>
<tr><td>杨振兴+学号/yzx+学号</td><td>全功能角色+学号</td><td rowspan="8">环球日化集团+学号
环球日化集团本部+学号
环球日化深圳销售有限公司+学号
环球洗涤用品深圳有限公司+学号</td></tr>
<tr><td>马超俊+学号/mcj+学号</td><td>费用共享岗</td></tr>
<tr><td>卢芳军+学号/lfj+学号</td><td>收入共享岗</td></tr>
<tr><td>赖红玲+学号/lhl+学号</td><td>成本共享岗</td></tr>
<tr><td>欧阳杨+学号/oyy+学号</td><td>资金共享岗</td></tr>
<tr><td>樊江波+学号/fjb+学号</td><td>总账共享岗</td></tr>
<tr><td>齐振英+学号/qzy+学号</td><td>固定资产共享岗</td></tr>
<tr><td>刘长欢+学号/lch+学号</td><td>报表共享岗</td></tr>
</table>

表 2-4　　财务共享中心权限设置

<table>
<tr><th>角色编码</th><th>角色名称</th><th>角色类型</th><th>任务类型</th><th>分配组织</th><th>分配用户</th></tr>
<tr><td>01.学号</td><td>共享中心总经理+学号</td><td>业务管理员</td><td>出纳收款单审核
出纳付款单审核
费用报销应付单
付款申请单
应收单
出差借款单
差旅报销
借款单</td><td rowspan="5">环球日化集团+学号
环球日化集团本部+学号
环球日化深圳销售有限公司+学号
环球洗涤用品深圳有限公司+学号</td><td>杨振兴+学号</td></tr>
<tr><td>02.学号</td><td>费用共享岗+学号</td><td>业务员</td><td>费用报销
出差借款单
差旅报销
借款单</td><td>马超俊+学号</td></tr>
<tr><td>03.学号</td><td>收入共享岗+学号</td><td>业务员</td><td>应收单</td><td>卢芳军+学号</td></tr>
<tr><td>04.学号</td><td>成本共享岗+学号</td><td>业务员</td><td>应付单</td><td>赖红玲+学号</td></tr>
<tr><td>05.学号</td><td>资金共享岗+学号</td><td>业务员</td><td>出纳付款单审核
出纳收款单审核
付款申请单</td><td>欧阳杨+学号</td></tr>
</table>

◎ 操作指导

1. 新建组织单元

确定财务共享中心的组织属性，建立共享组织。

以环球日化集团管理员（学号）登录金蝶 EAS 客户端，搭建财务共享中心组织。双击“金蝶 EAS 客户端”，切换语言至简体中文，选择数据中心（老师提供，实训平台练习任务可查看数据中心），集团管理员用户名：学号，无密码，单击【登录】按钮，进入 EAS 系统管理界面。

依次点击【企业建模】—【组织架构】—【组织单元】—【组织单元】进入组织单元界面，如图 2－1 所示。在左边树节点，先选中组织环球日化集团本部＋学号，再点击工具栏【新增】，如图 2－2 所示。

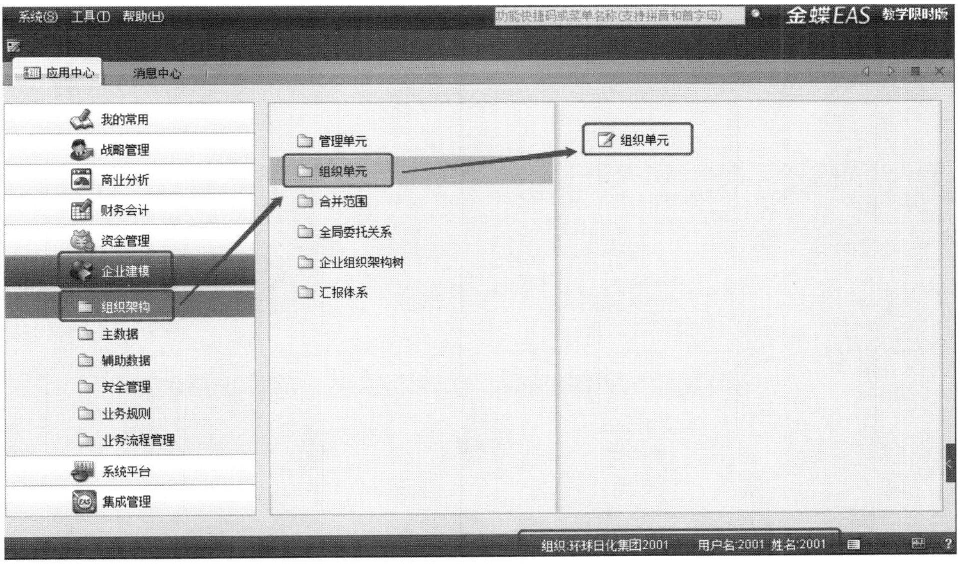

图 2－1 组织单元查询

注意：一定要先选中“环球日化集团本部＋学号”再去点击【新增】，因为财务共享服务中心＋学号是环球日化集团本部＋学号的下级组织！

根据实验数据表 2－1 财务共享服务中心组织属性录入。组织编码为 h0101.03.学号，名称为财务共享服务中心＋学号；选择行政组织页签，上级行政组织为环球日化集团本部＋学号，组织层次类型为部门；选择成本中心页签，上级成本中心为环球日化集团本部＋学号，勾选“成本中心实体组织”，系统自动带出记账委托财务组织为环球日化集团本部＋学号，录入完毕后点击【保存】，如图 2－3 和图 2－4 所示。

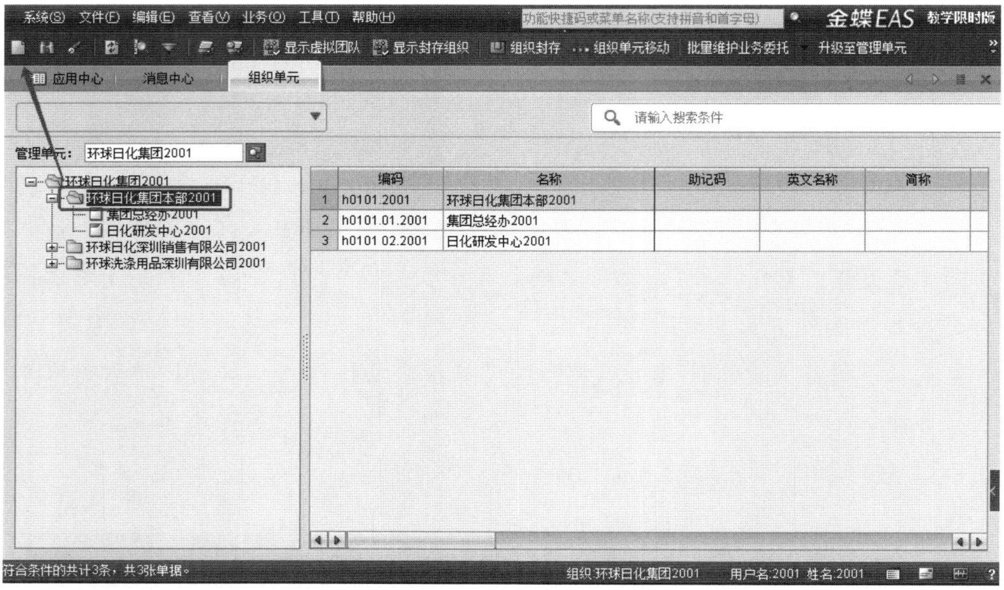

图 2－2 组织单元新增

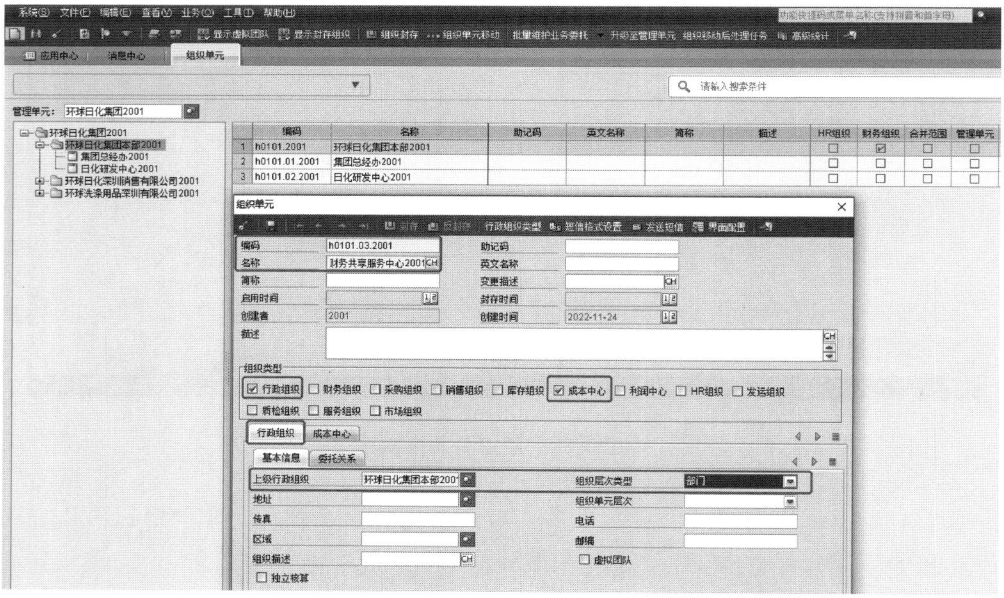

图 2－3 组织单元新增

2. 新建职位、职员、用户、角色

(1) 新建职位

管理员（学号）在组织财务共享中心下新增职位、职员。管理员（学号）登录

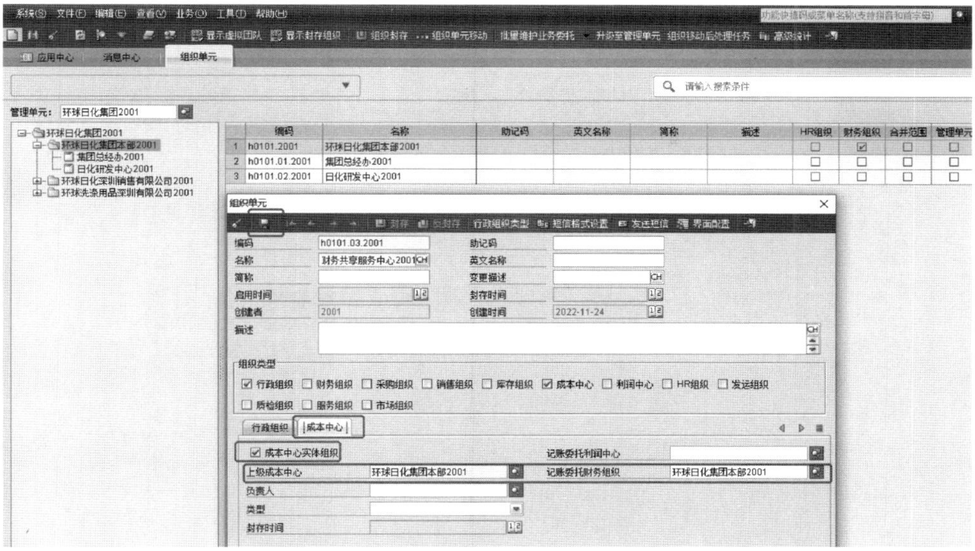

图 2－4 组织单元新增完成并保存

金蝶 EAS 客户端，依次点击【企业建模】—【组织架构】—【汇报体系】—【职位管理】进入职位管理界面，如图 2－5 所示。

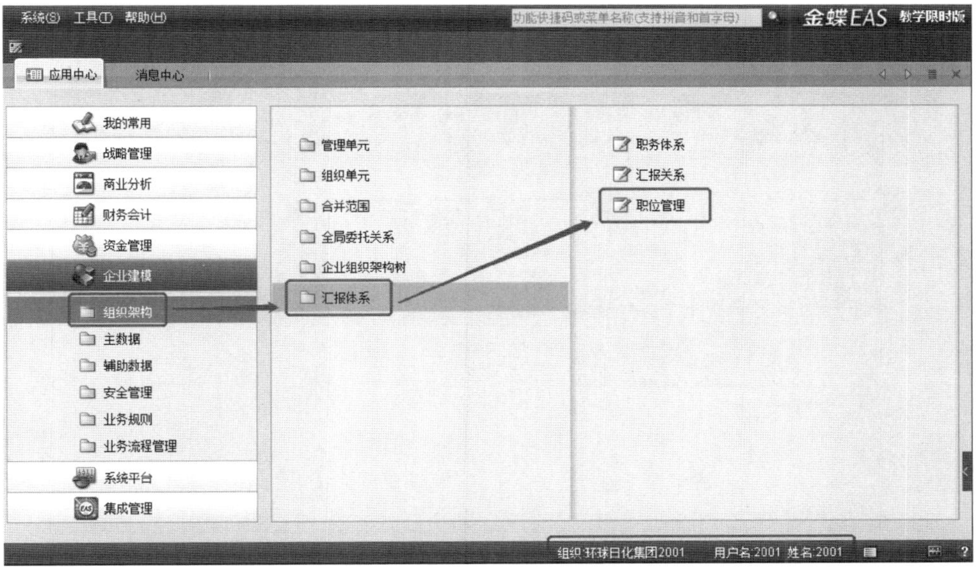

图 2－5 职位管理查询

以“财务共享中心总经理＋学号”为例，选择行政组织为财务共享服务中心＋学号，点击工具栏【新增】按钮，输入职位编码为“h03.010.学号”，名称为“共享中心总经理+学号”，行政组织为“财务共享服务中心+学号”，确认信息无误后点击【保存】按钮。本教材以学号为2001的学生为例，新增界面如图2-6所示。

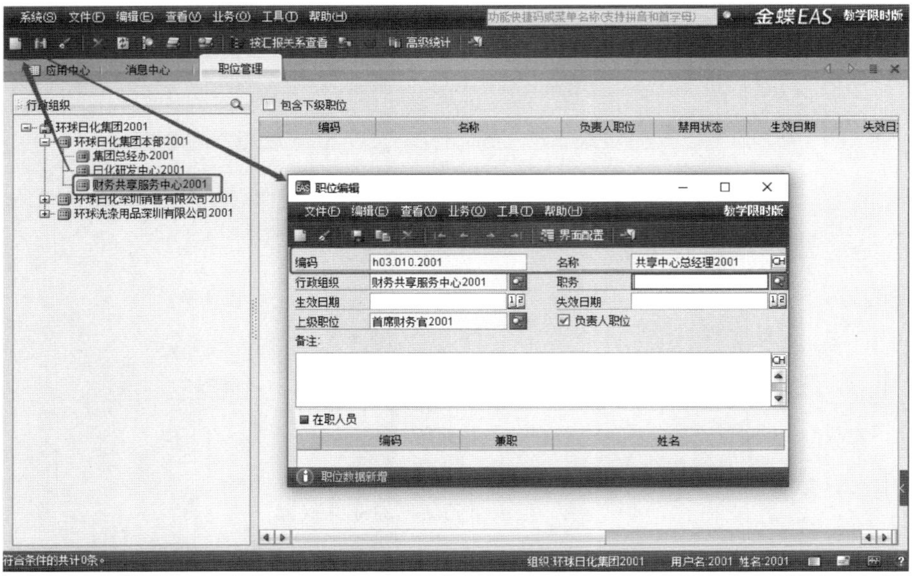

图2-6 共享职位新增

根据实验数据表2-2财务共享中心职位与职员信息依次新建共享中心职位，全部新建完成后如图2-7所示。

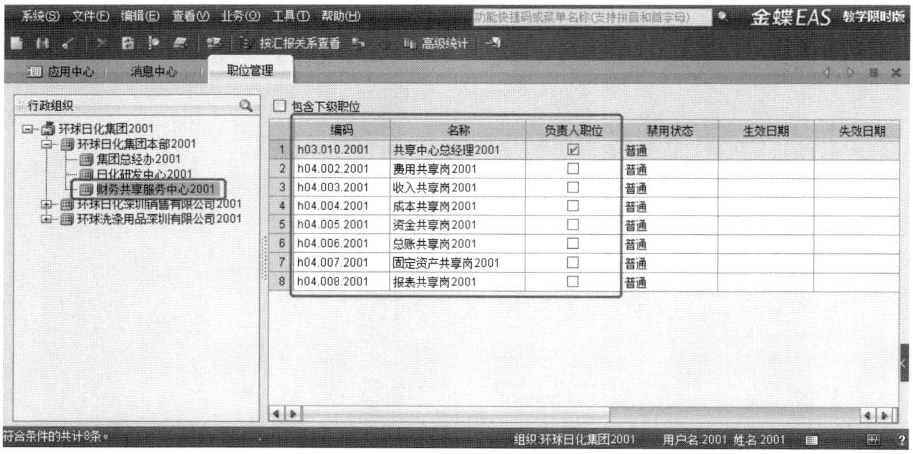

图2-7 共享中心职位列表

（2）新建职员

共享中心职位新建完成后，新建对应职位的职员。依次点击【企业建模】—【辅助数据】—【员工信息】—【员工】进入职员列表，如图2-8所示。

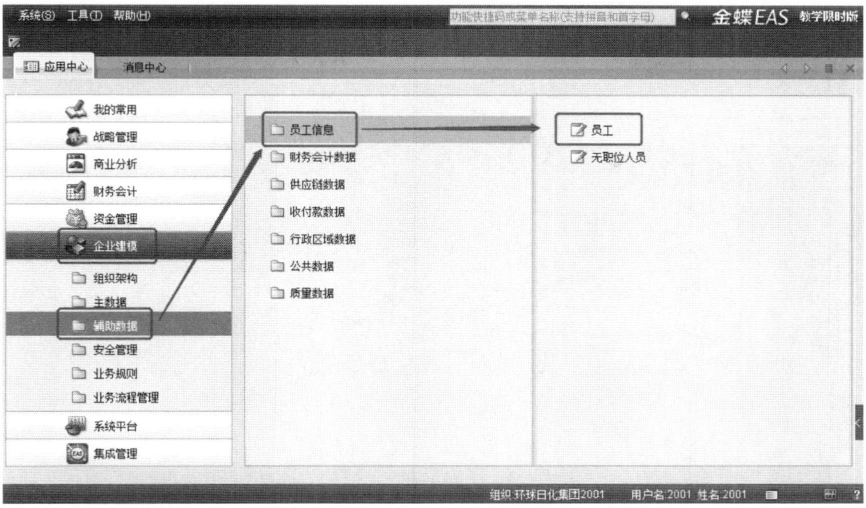

图 2－8　员工查询

按照实验数据表 2－2 财务共享中心职位与职员信息录入共享中心职员信息，注意：杨振兴、齐振英、樊江波是环球日化集团本部职员兼任共享中心岗位，因此不用再新增职员，直接在已存在的员工信息下进行职位新增即可。

例如杨振兴，在财务共享中心建立前，在环球日化集团本部担任首席财务官。搜索 yzx，双击 yzx＋学号查看职员信息。可见职位分配信息栏，主要职位为首席财务官，如图 2－9 所示。

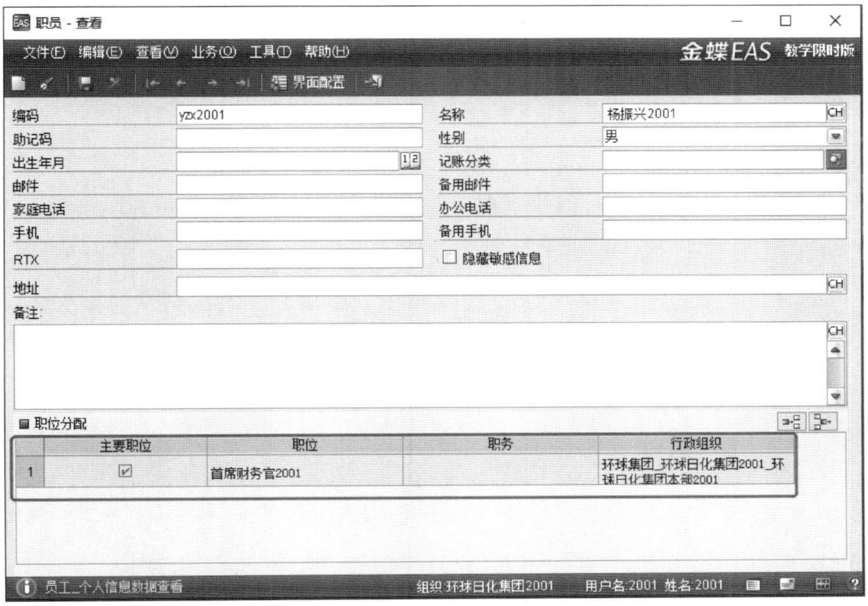

图 2－9　职员查看

可在职员信息查看界面，点击工具栏【修改】。在职位分配栏右边，点击【新增】，可新增杨振兴的其他职位，如图 2－10 所示。

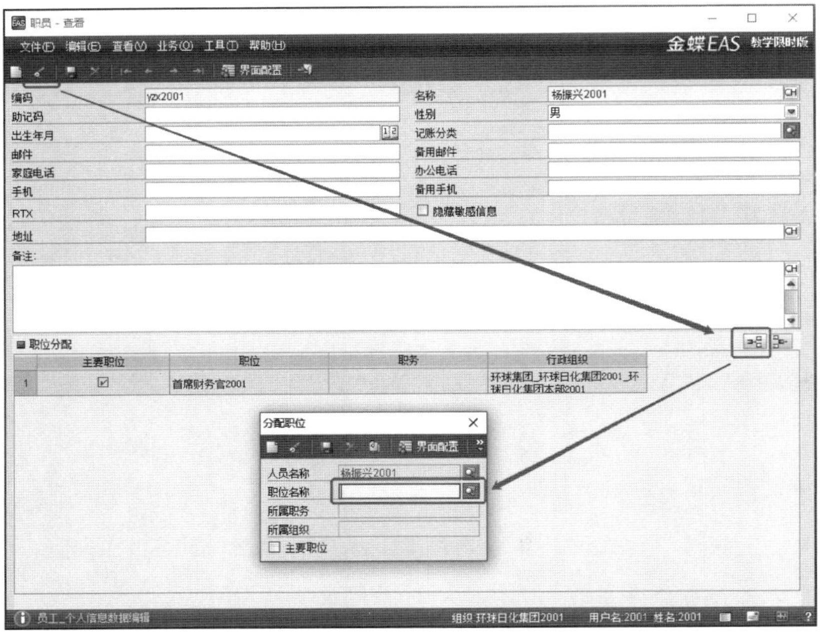

图 2－10　职员新增职位查询

选择职位名称为【环球日化集团本部＋学号】—【财务共享服务中心＋学号】—【共享中心总经理＋学号】，录入完毕后点击【保存】，如图 2－11 所示。

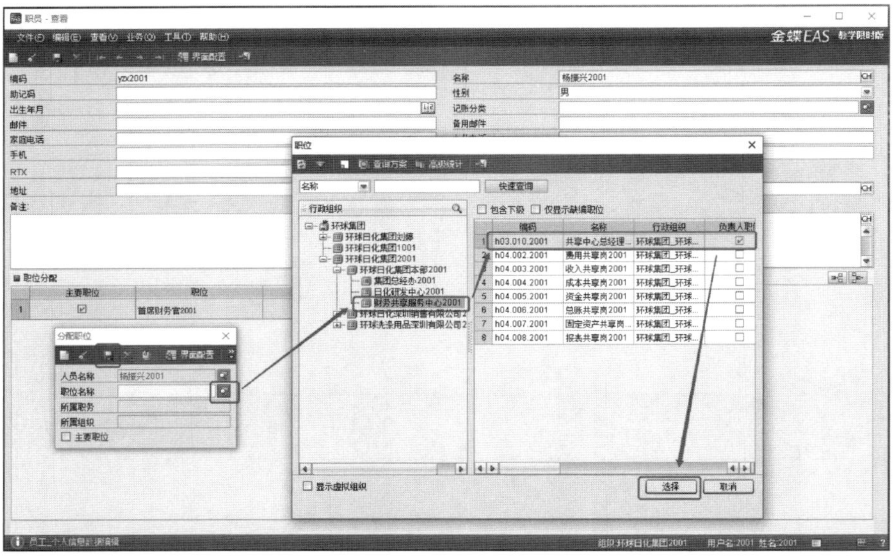

图 2－11　职员新增职位

再点击【职员—查看】提示框的【保存】按钮即可完成职位分配，如图2－12所示。

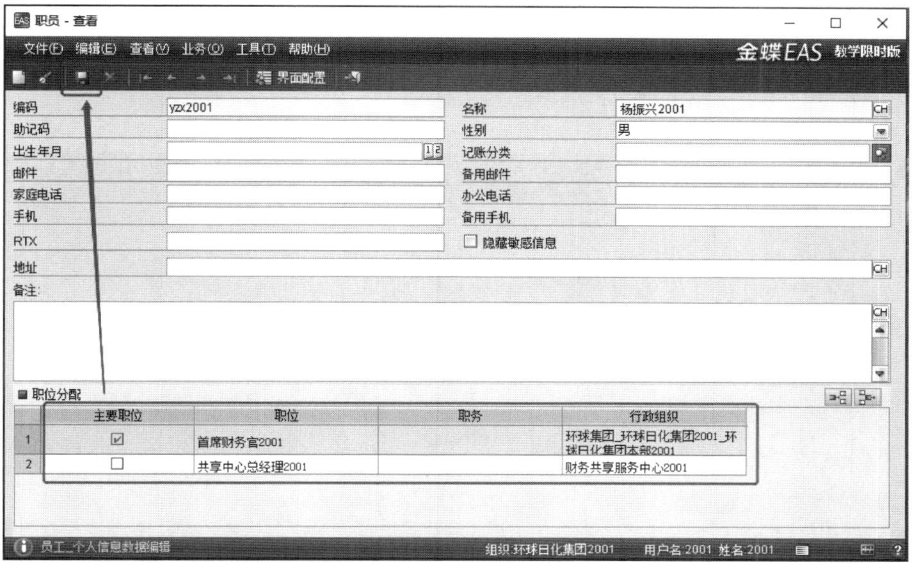

图2－12 职员新增职位完成并保存

齐振英、樊江波也在财务共享服务中心兼任岗位。职位新增操作步骤同上。

财务共享服务中心其他职员，新增时先选中财务共享服务中心对应职位，然后点击【新增】，完善职员信息即可。财务共享服务中心所有职员设置完毕后，如图2－13所示。

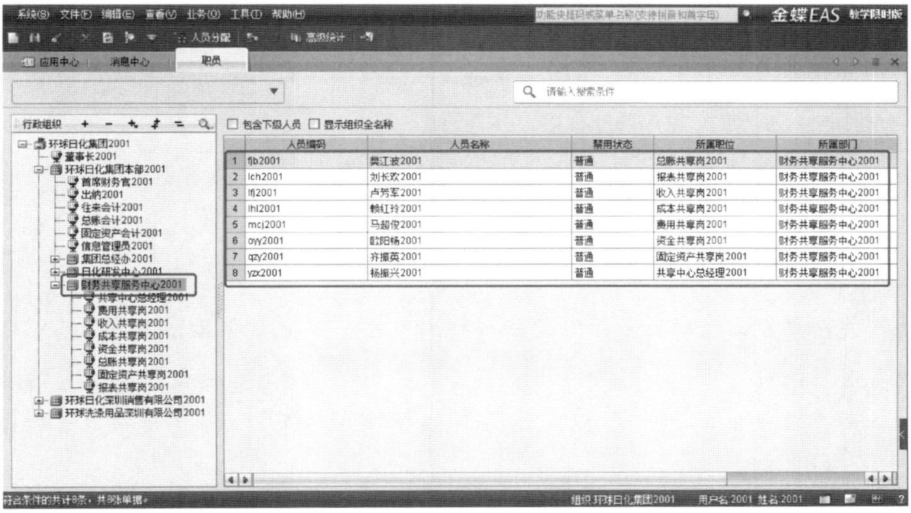

图2－13 财务共享服务中心新增职员

(3) 新建用户

财务共享服务中心职位、职员设置完毕后，新建共享用户。管理员（学号）登录金蝶 EAS 客户端，依次点击【企业建模】—【安全管理】—【权限管理】—【用户管理】进入用户管理界面，如图 2-14 所示。

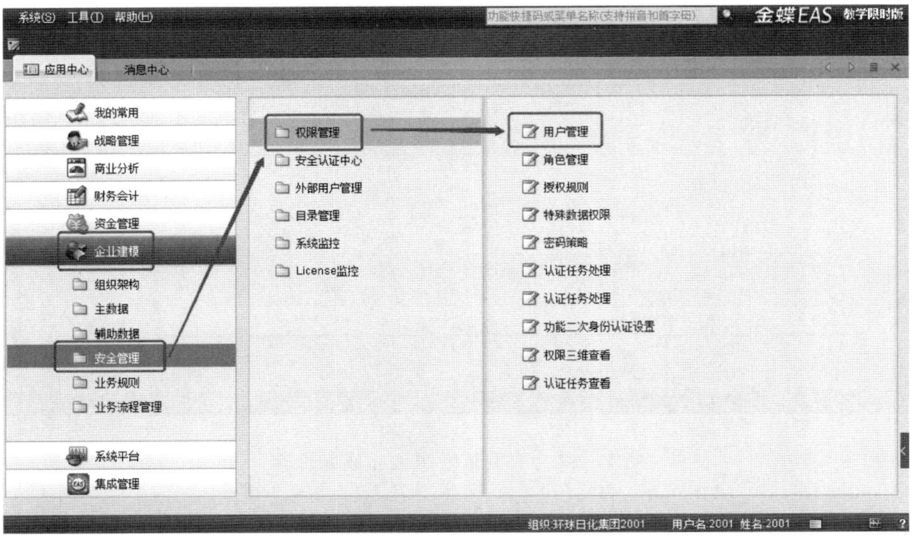

图 2-14 用户管理查询

新建用户时，在用户管理列表页面，点击右上角【新增】按钮，维护用户信息后点击保存即可。以用户马超俊为例，点击【新增】按钮后，录入用户账号为"mcj + 学号"，用户类型为"职员"，所属管理单元为"环球日化集团 + 学号"，用户实名选择"财务共享服务中心 + 学号"的"马超俊 + 学号"，其他信息为默认，确认无误后点击保存即可，如图 2-15 所示。

按照实验数据表 2-3 财务共享用户与角色信息新建其他共享用户。

注意：杨振兴、齐振英、樊江波在建立集团之前已经有任岗记录，跳过新建用户环节。

新增共享用户的组织业务组织范围一致，均为"环球日化集团本部""环球日化深圳销售有限公司""环球洗涤用品深圳有限公司"，因此可批量维护用户的组织范围。点击工具栏【维护组织范围】—【组织范围批量增加】，一次性维护所有新增共享中心用户的组织范围，如图 2-16 所示。

选择组织范围类型为"业务组织"，点击【选择组织】加入环球日化集团 + 学号下的所有组织。再点击用户列表左栏【新增】按钮，添加财务共享服务中心所有用户

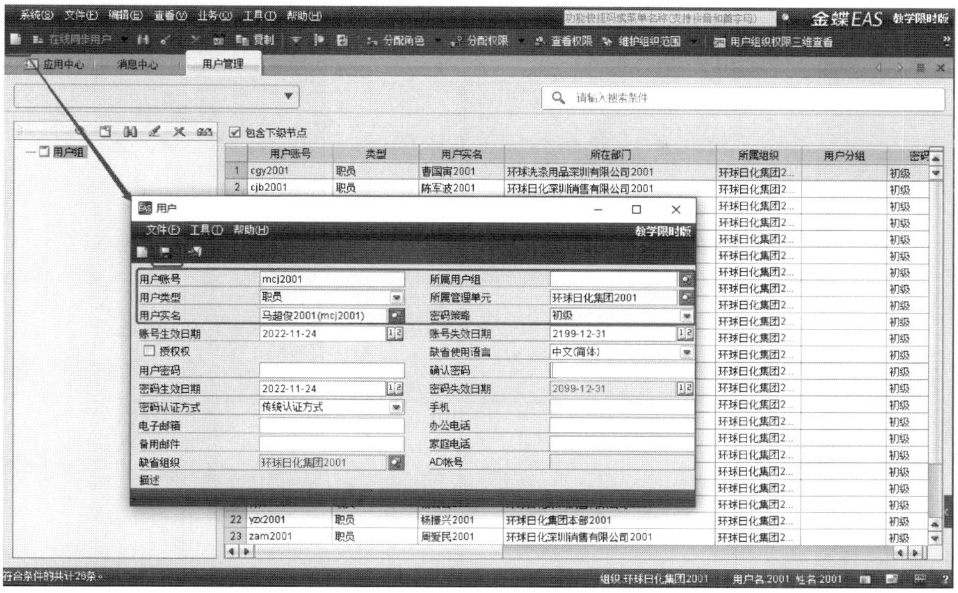

图 2－15　新建用户

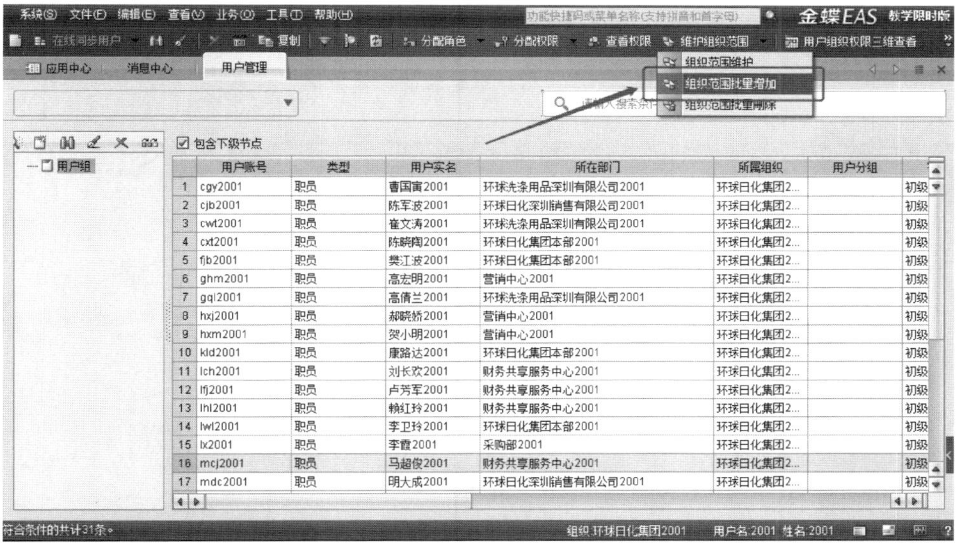

图 2－16　用户组织范围批量增加查询

(可按住 Ctrl 键选择多个)，点击工具栏【分配】，如图 2－17 所示。

批量维护用户角色，以欧阳杨为例，选择 oyy＋学号，点击工具栏【批量分配角色】，如图 2－18 所示。

点击【选择组织】，加入环球日化集团＋学号下的所有组织，再添加资金共享岗，

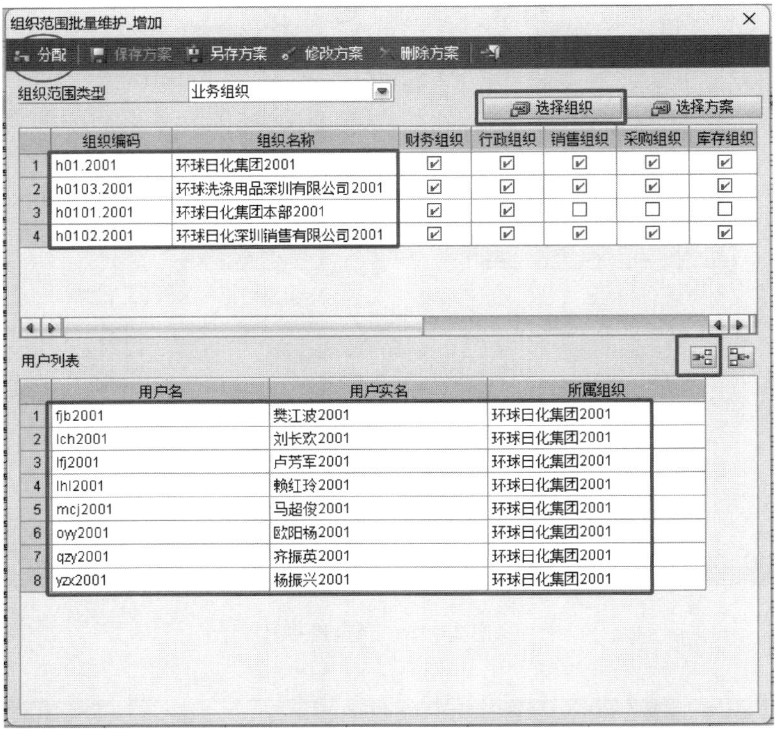

图 2－17　用户组织范围批量增加

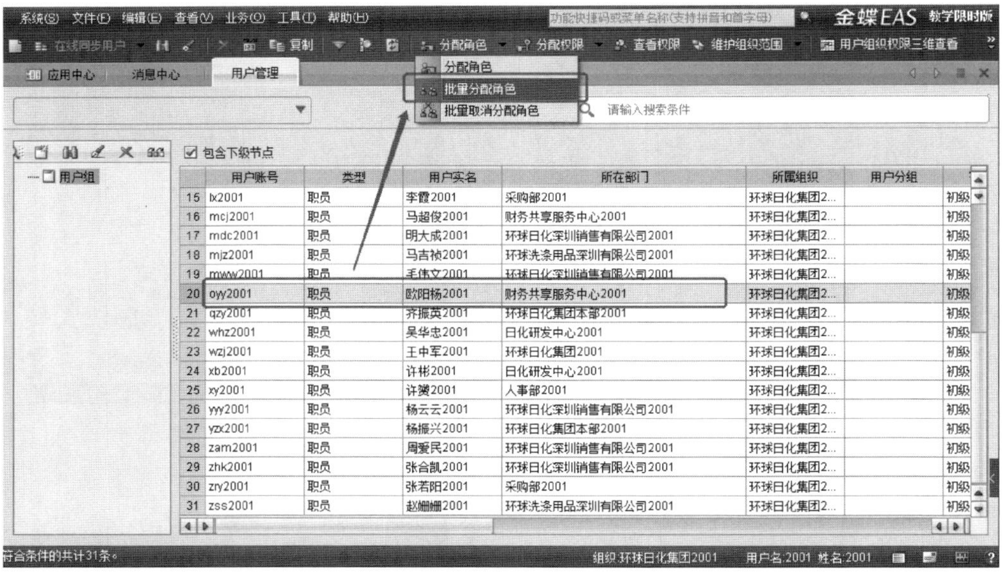

图 2－18　用户批量分配角色查询

点击工具栏【分配】，如图 2－19 所示。

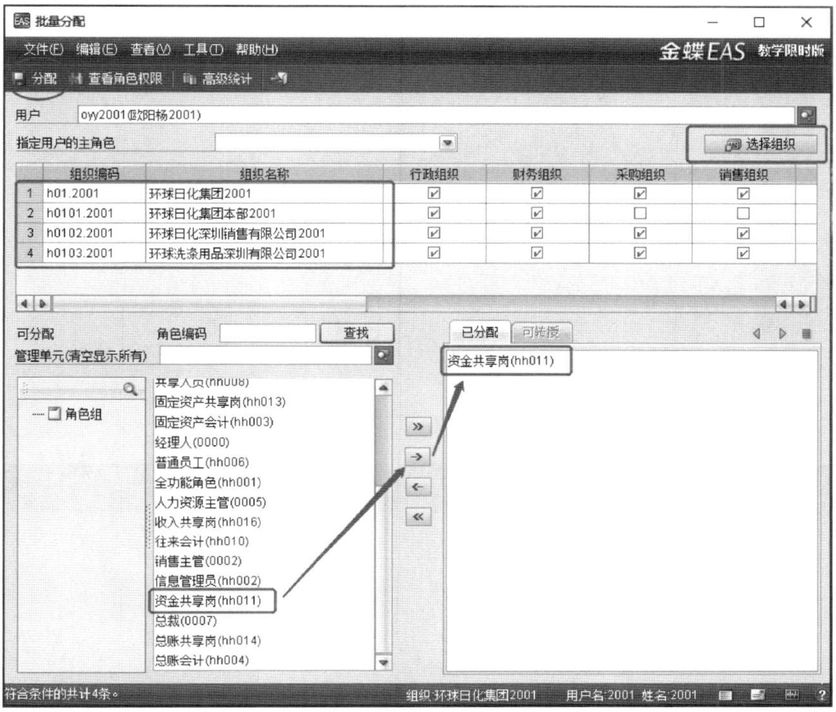

图 2－19　用户批量分配角色

根据实验数据表 2－3 财务共享用户与角色信息给财务共享服务中心其他用户分配对应角色。

3. 设置共享岗位

共享服务中心通过角色类型来划分岗位职责。由共享管理员 sscadmin 登录 EASweb 端设置。

打开 EASweb 端网址（或点击题目下方“进入 EAS”），选择与金蝶 EAS 客户端相同的数据中心（根据题目下方提示），用户名：sscadmin，密码为空，点击【登录】，如图 2－20 所示。

依次点击【应用】—【财务共享】—【共享任务管理】—【共享任务后台管理】进入共享任务后台管理界面，如图 2－21 所示。

点击【权限管理】—【角色管理】进入角色管理界面，点击【新增】，根据实验数据表 2－4 财务共享中心权限设置新建共享中心角色，如图 2－22 所示。

以共享中心总经理角色为例，点击【新增】。设置编码为 01. 学号，名称为共享中心总经理＋学号，角色类型为业务管理员，添加任务类型为出纳收款单审核、出纳

图 2－20　EAS 网页端登录

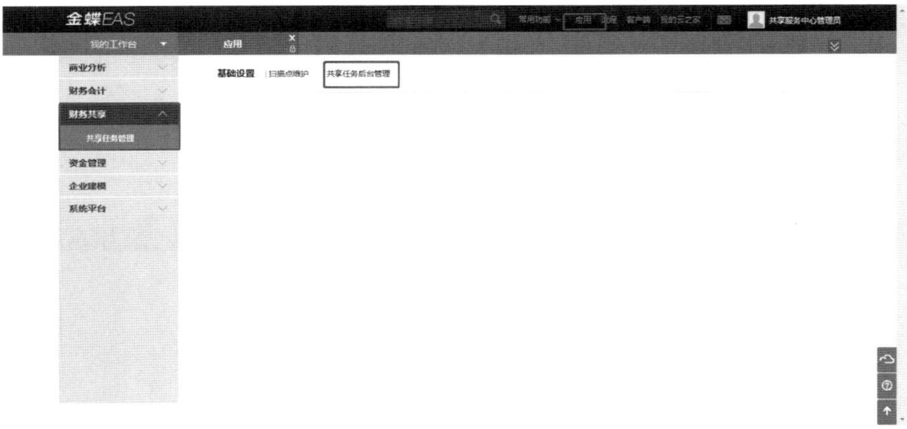

图 2－21　共享任务后台管理查询

图 2－22　共享中心角色新增

付款单审核、费用报销、应付单、付款申请单、应收单、出差借款单、差旅报销、借款单，录入完毕后点击【保存并新增】，如图2-23所示。

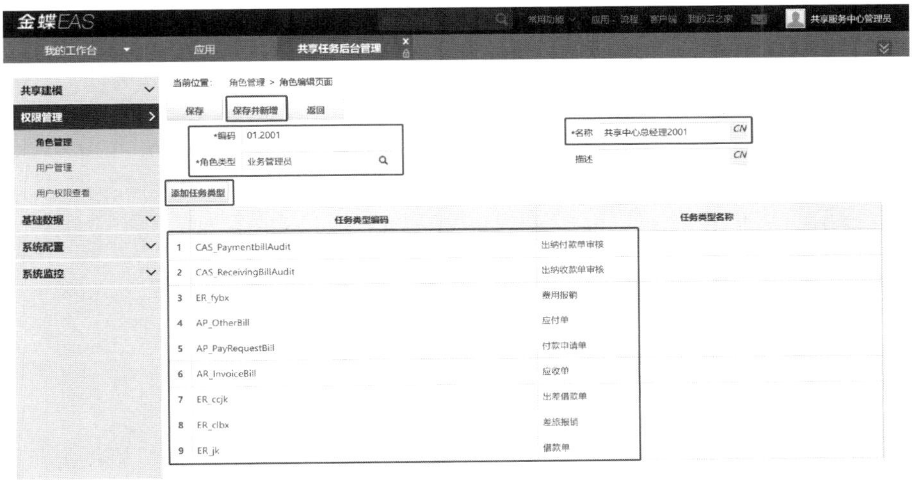

图2-23　共享中心角色新增完成并保存

根据实验数据表2-4财务共享中心权限设置添加其他角色，添加完成后，在搜索框搜索学号，可看到自己创建的所有角色，如图2-24所示。

图2-24　共享中心角色权限设置

添加全部共享角色后，返回角色管理，为新建好的角色，分配组织。

点击右上角【搜索】，通过学号筛选出自己创建的角色，选择带自己学号的角色，点击【批量分配组织】，如图2－25所示。

图2－25　角色管理查询

在给角色添加组织界面中，选择自己所创建的集团环球日化集团＋学号，下拉点击【确定】，如图2－26所示。

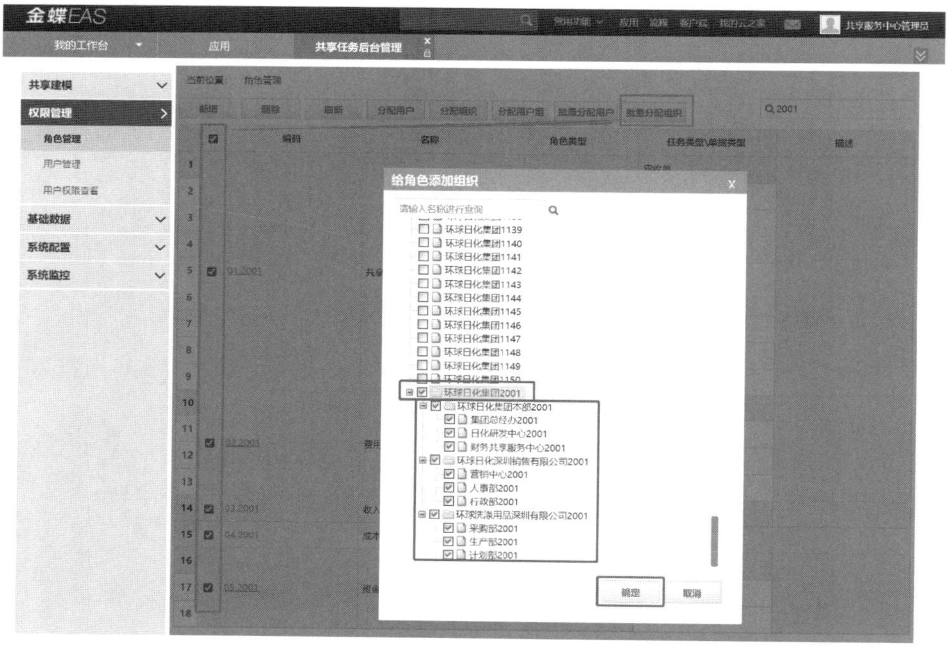

图2－26　共享角色批量分配组织

4. 发布共享流程

打开金蝶 BOS 集成开发环境，依次点击【连接】—【添加连接】按钮，新增工作流连接，如图 2－27 所示。

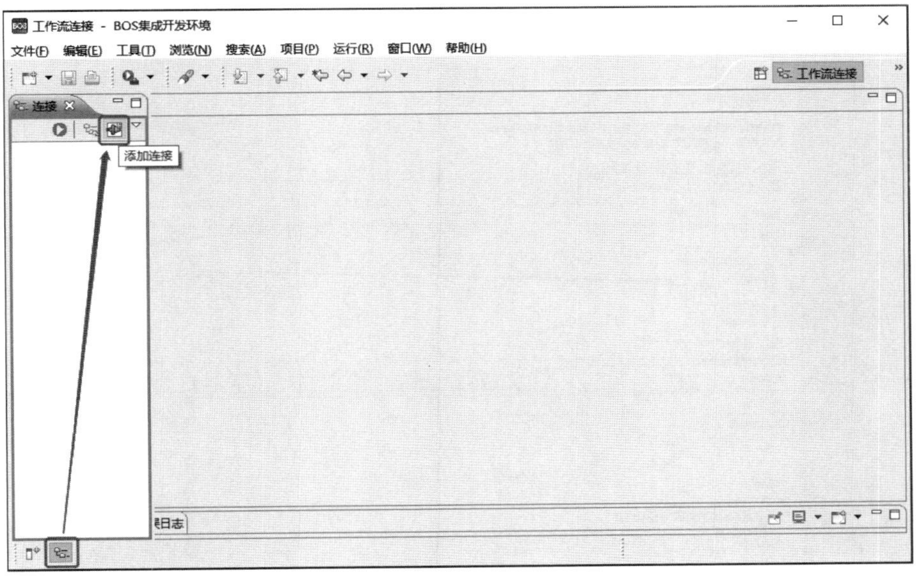

图 2－27 新增工作流连接

在工作流连接登录信息填写窗口，录入应用服务器地址、更新端口（教师根据实际练习环境提供，非截图所示地址和端口），点击【刷新】，选择实验要求的数据中心，登录用户为自己的集团管理员（学号），密码为空，勾选【保存密码】，点击【登录】，如图 2－28 所示。

以新建费用报销流程为例，在左侧流程列表中选择节点为【财务会计】—【费用管理】，点击鼠标右键，选择【新建业务流程】，如图 2－29 所示。

根据实验数据表录入。流程编码为 001. 学号，流程名称为费用报销单共享 + 学号，流程类型为普通流程，创建方式为根据现有流程生成，点击【下一步】，如图 2－30 所示。

在流程选择界面，依次点击【财务会计】—【费用管理】，选择名称为“费用报销单共享流程_标准 fts. kdwf”的流程，点击【完成】。

流程导入后，需要修改的内容如下：

修改提交节点的参与人。双击提交节点进入参与人界面，将原参与人删除，如图 2－32 所示。

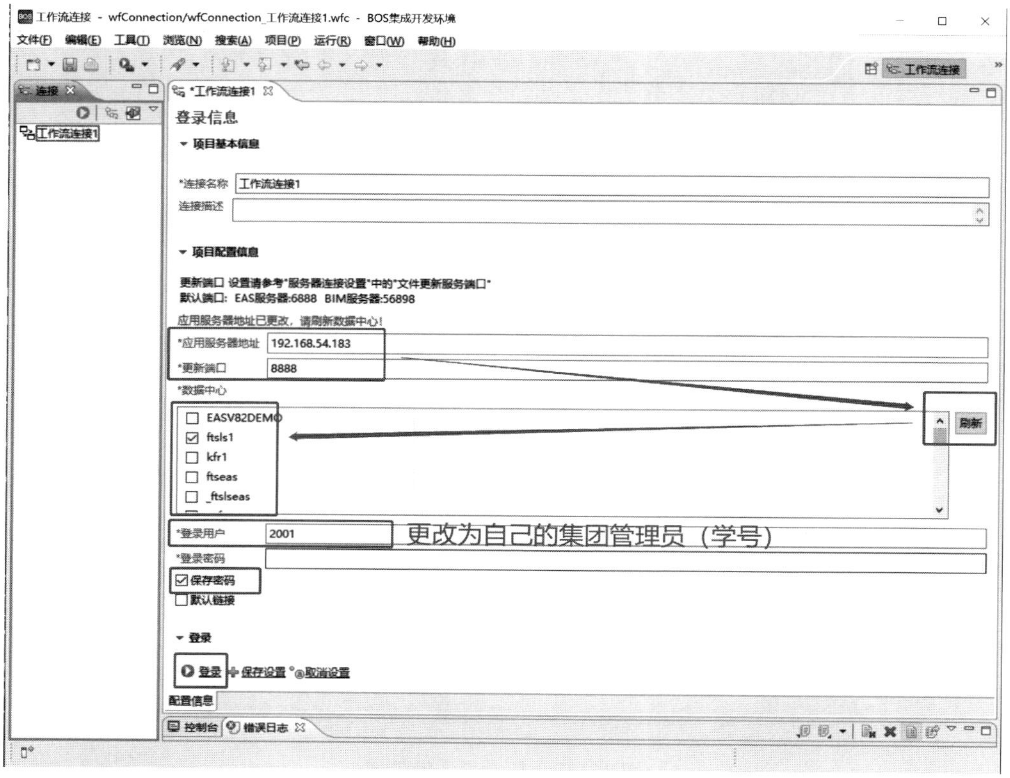
更改为自己的集团管理员（学号）

图 2－28　工作流连接信息

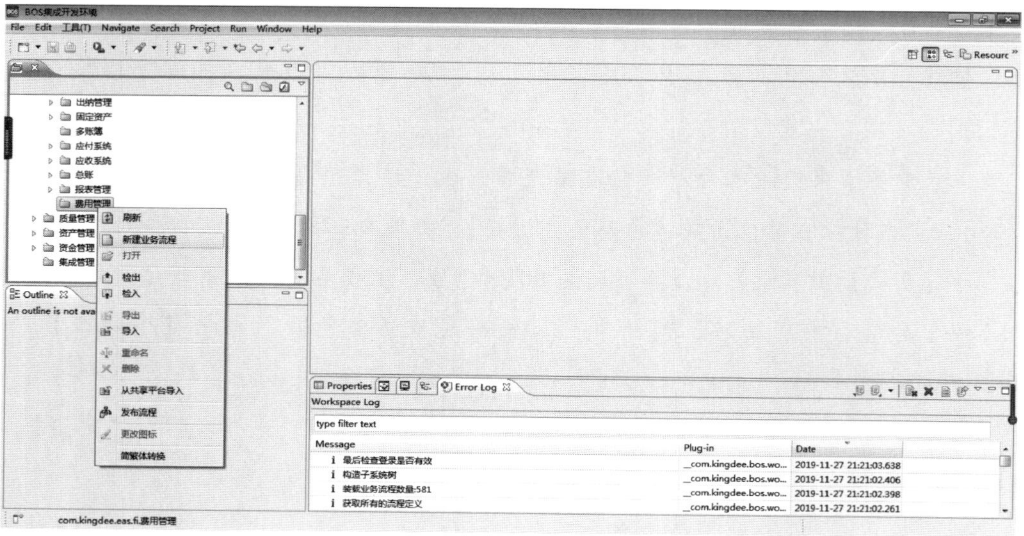

图 2－29　新建业务流程查询

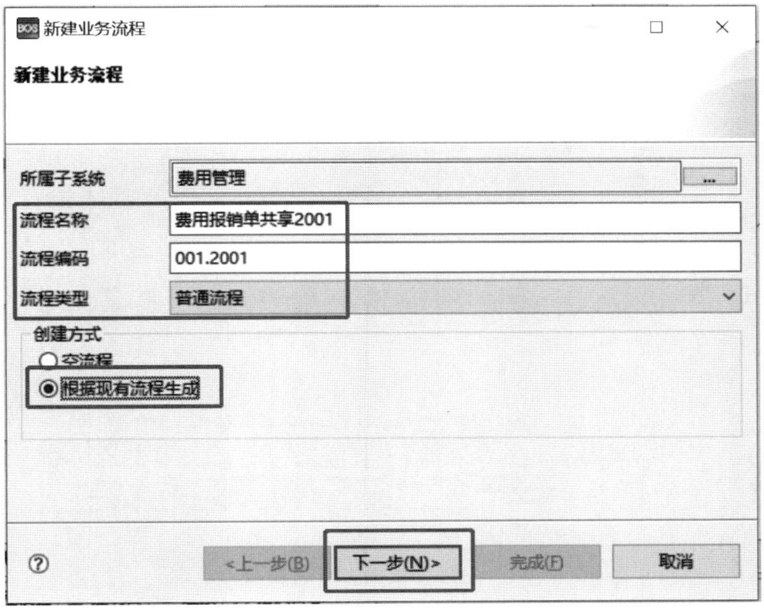

图 2－30　业务流程新建

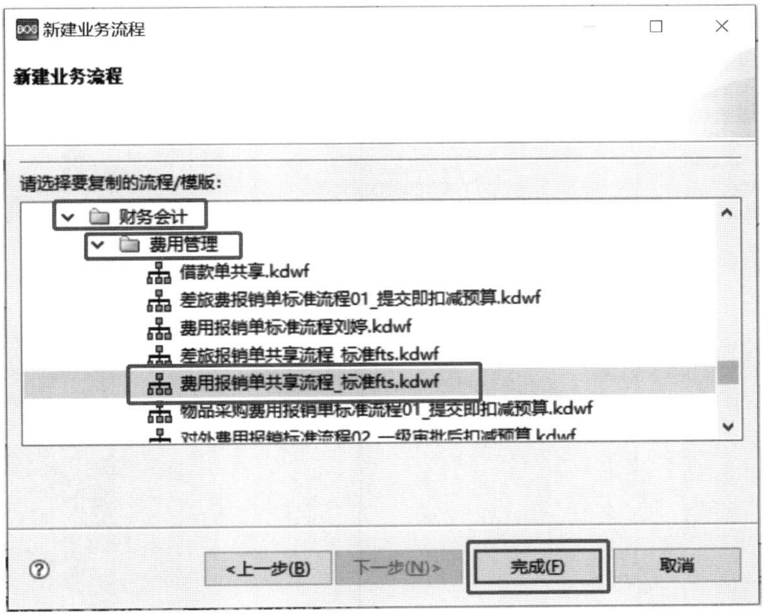

图 2－31　费用报销单共享流程_标准

点击【新增参与人】，在左侧选择参与人类型为组织单元，组织单元为环球日化集团＋学号，点击【添加】后，点击【确定】，如图 2－33 和图 2－34 所示。

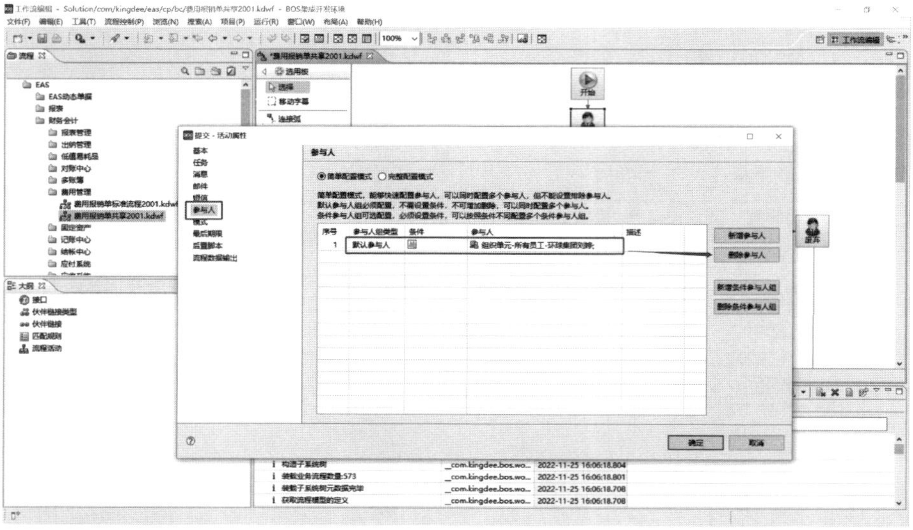

图 2－32　业务流程提交节点参与人修改

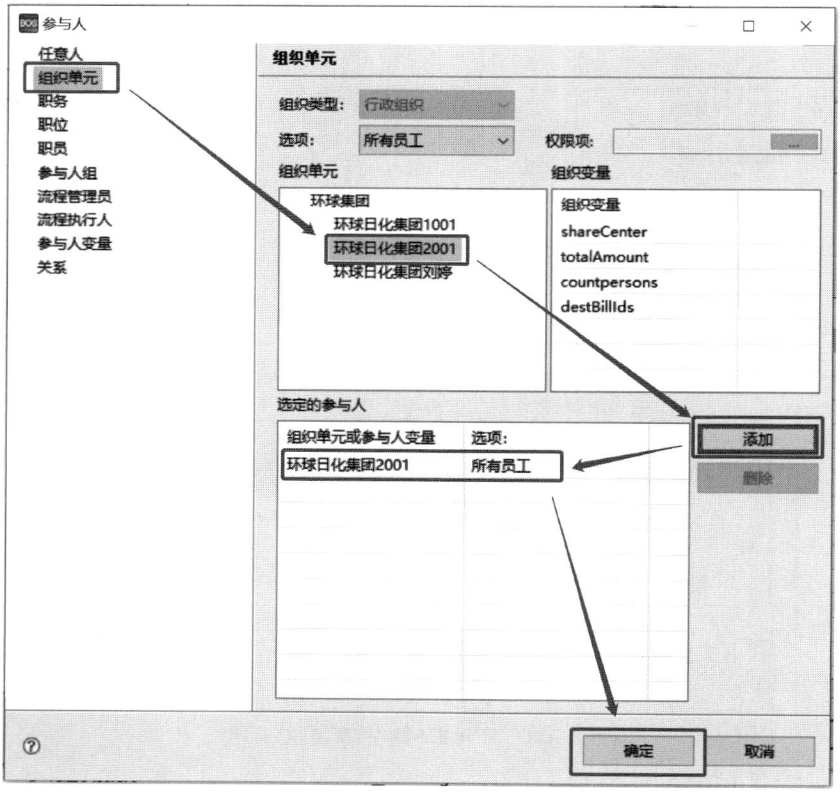

图 2－33　业务流程提交节点参与人修改

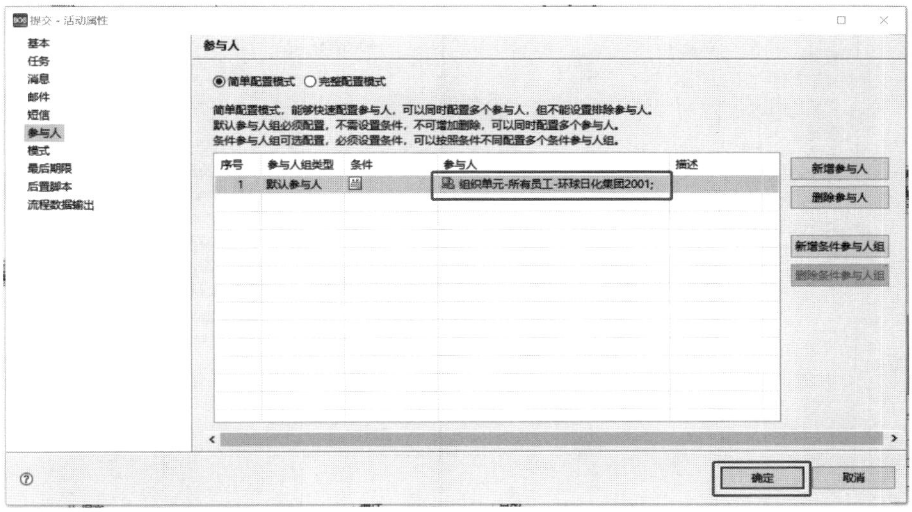

图 2-34 业务流程提交节点参与人修改

修改共享审批节点的参与人。双击共享审批节点进入参与人界面，将原参与人删除，如图 2-35 所示。

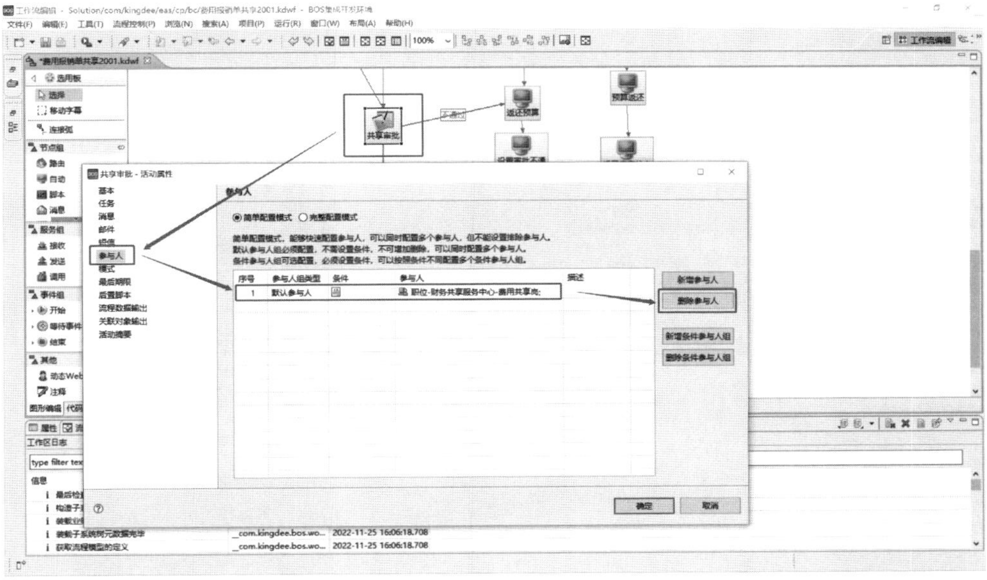

图 2-35 业务流程共享审批节点参与人修改

点击【新增参与人】，在左侧选择参与人类型为“职位”，职位为【环球日化集团+学号】—【财务共享服务中心+学号】—【费用共享岗+学号】，点击【添加】，然后点击【确定】，如图 2-36 和图 2-37 所示。

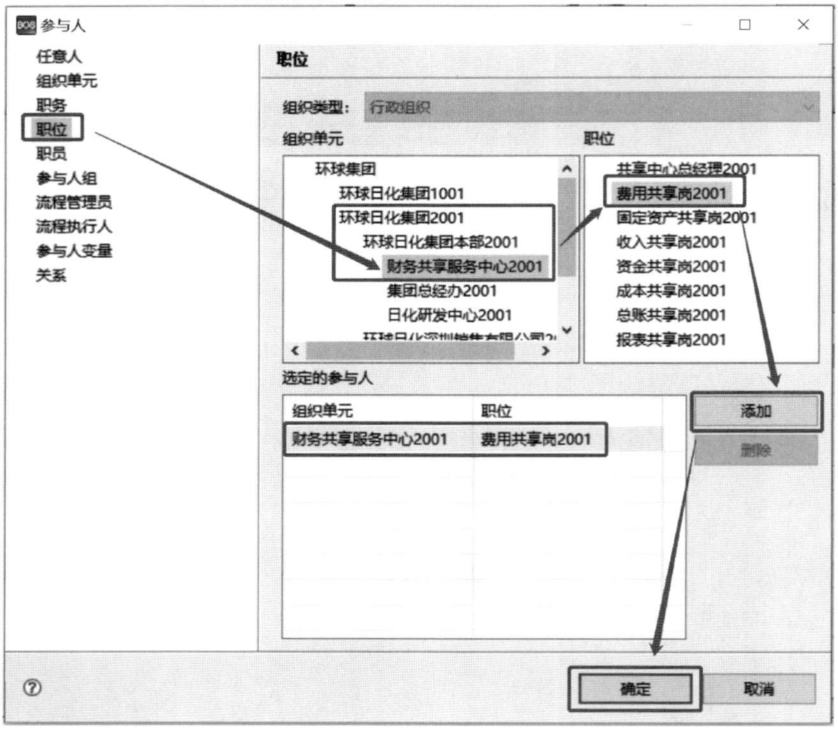

图 2－36　业务流程共享审批节点参与人修改

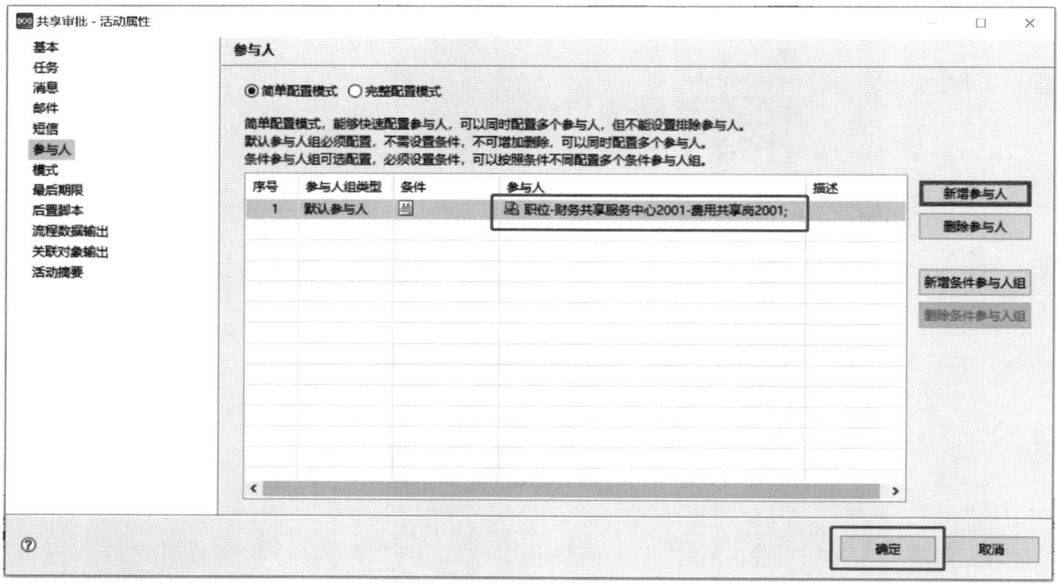

图 2－37　业务流程共享审批节点参与人修改

修改设置审批通过节点的参与人。双击设置审批通过节点进入参与人界面，将原参与人删除，如图 2－38 所示。

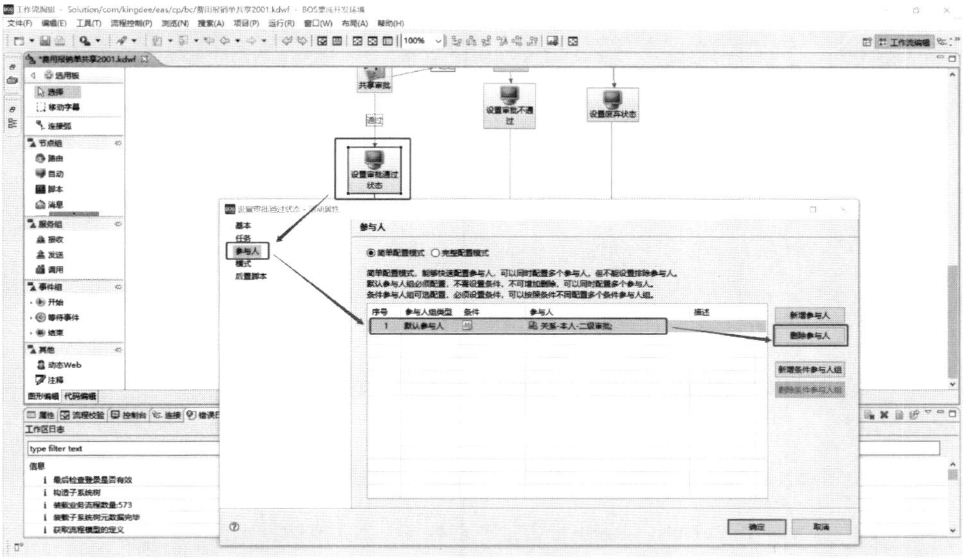

图 2－38　业务流程设置审批通过节点参与人修改

点击【新增参与人】，在左侧选择参与人类型为“关系—活动执行人”，选择活动集合为“共享审批”，点击【添加】，点击【确定】，添加后如图 2－39 和图 2－40 所示。

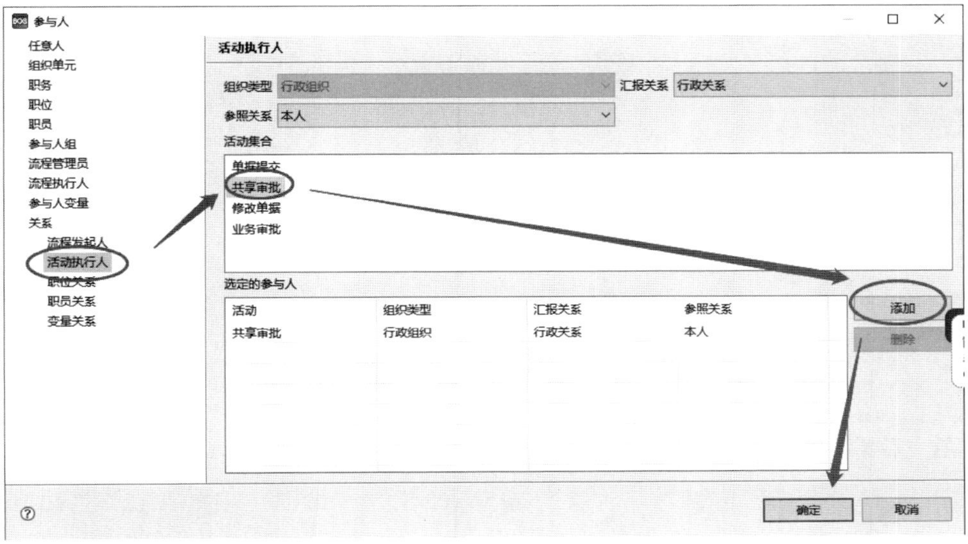

图 2－39　活动执行人设置为共享审批执行人

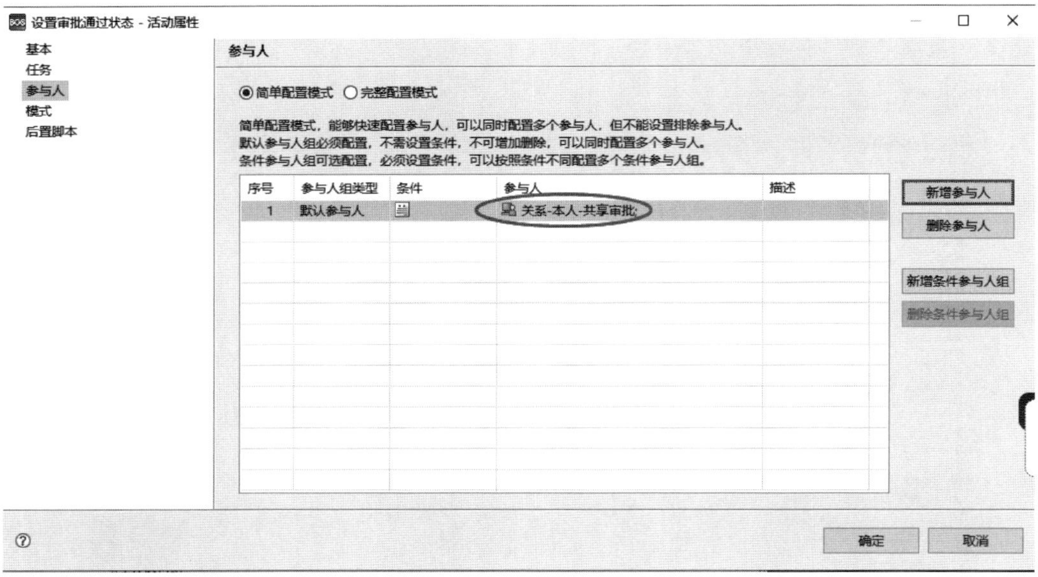

图 2 - 40　设置审批通过节点参与人为共享审批本人

流程设置完毕，并检查无误后，在流程空白处单击【右键】—【发布】流程，如图 2 - 41 所示。

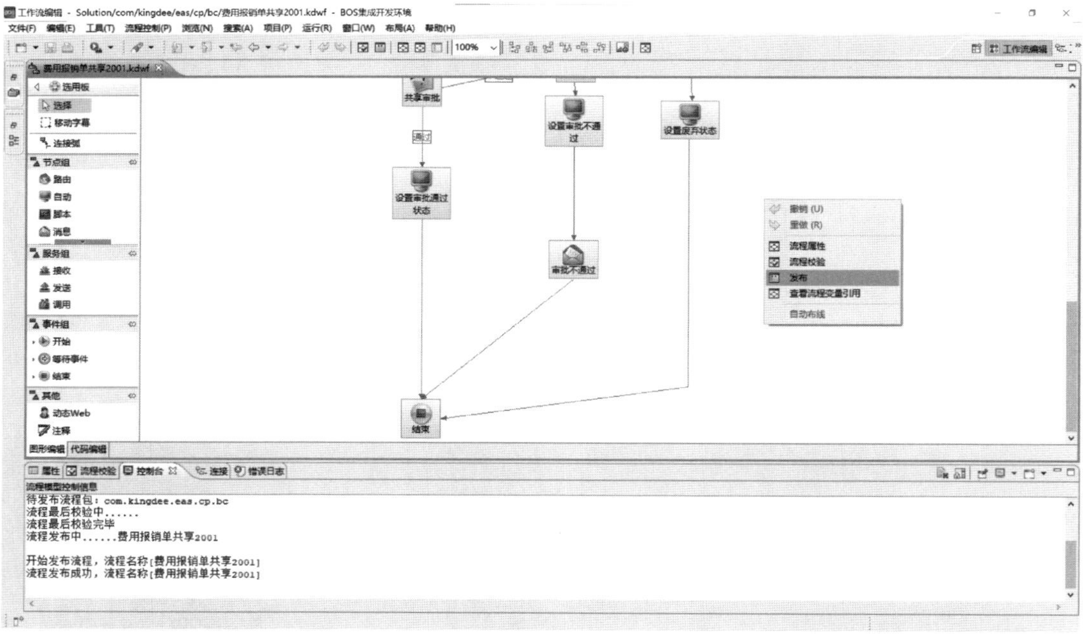

图 2 - 41　业务流程发布

第三章　费用共享

第一节

系统概述

费用是指企业在日常活动中发生的、会导致所有者权益减少的、与向所有者分配利润无关的经济利益的总流出。费用也有广义和狭义之分，广义的费用包括各种费用和损失；狭义的费用仅指为获取营业收入而发生的耗费，包括产品销售成本、其他业务成本、管理费用、销售费用和财务费用等。本章中核算的费用指的是狭义的费用。核算费用时，要严格划分费用开支范围，根据财务会计制度的有关规定确定费用项目。

一、费用共享系统简介

费用共享系统提供费用预借、费用审批、费用报销等会计功能。常用的单据包括：借款单、费用报销单、出差借款单和差旅费报销单。通过费用共享中心能够实现费用业务的集中处理，规范费用处理流程，提高财务处理效率，降低财务处理成本。该系统既可以独立运行，也可以与报表共享、出纳共享、资产共享、应收共享、应付共享系统结合运用。

二、费用共享系统主要功能

费用共享分为任务处理、费用核算和记账三大功能。

（一）费用任务处理

任务处理显示按规则自动分配的审批任务，支持查询单据、影像、流程图及进行审核操作。业务员只能处理分配到自己名下的任务。业务员登录后可以查看个人任务统计和个人任务排名表，可以查看自己名下的任务处理情况、任务处理效率及排名情况。

（二）费用核算

费用核算提供费用报销单、差旅费报销单、借款单和出差借款单四个序时簿界面。支持财务人员对权限维护组织范围内的财务组织的单据进行财务操作，包括关联生成出纳付款单、挂账、生成凭证、联查单据、查看影像、关闭、打印单据等功能。

（三）费用记账

费用共享支持对一个或多个组织费用报销单据批量生成凭证，包括借款单、出差借款单、费用报销单、差旅费报销单四种单据。完成后可以通过生成凭证报告，查看生成凭证结果。

三、费用共享系统主要业务

（一）费用借款

费用借款通过金蝶财务共享应用实践平台中的借款单进行处理，适用范围包括：专项费用借款、公司日常事务开支借款，以及办事处备用金等因公务活动需要借支的款项。

1. 审批规则

金蝶财务共享系统中费用借款的主要审批规则包括：

（1）2 000 元及以下支出不予借款；

（2）同类性质的借款前款不清、后款不借；

（3）遵循“谁执行谁借款、谁借款谁还款”原则，不得由他人代借及代还款；

（4）借款属高风险流程，遵循严格审批原则，除不需提供发票外，参照费用报销规范申请借款；

（5）借款用途描述需清晰，如有合同，需上传合同以供审核。

2. 业务流程

金蝶财务共享系统费用借款的业务流程如图 3－1 所示：

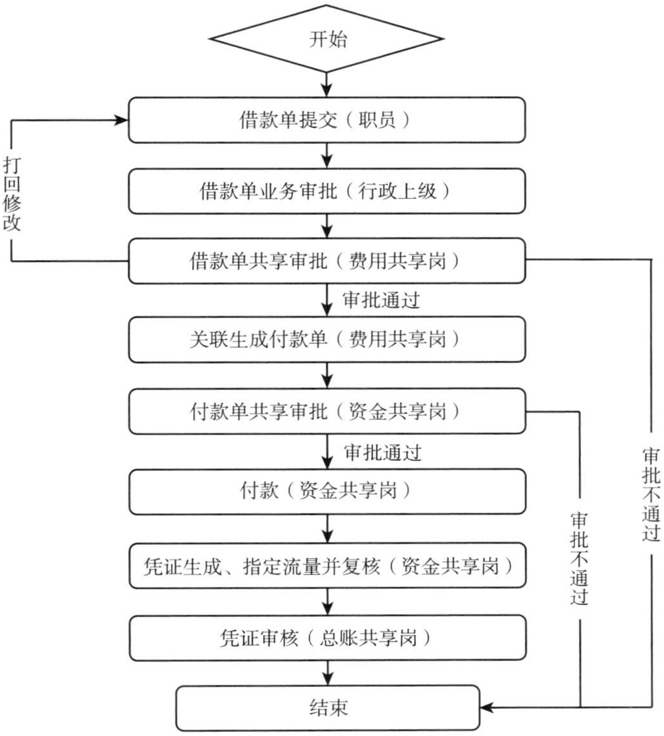

图 3－1　费用借款业务流程图

（二）费用报销

费用报销通过金蝶财务共享应用实践平台中的费用报销单进行处理，适用范围包括：手机补贴费、交通补贴费、招待费、部门活动费、办公用品费、广告费、品牌费、招聘费等员工费用报销。

1. 审批规则

金蝶财务共享系统费用报销主要审批规则：

（1）各类型费用报销需要在规定报销标准内进行报销，超过标准不予报销，比如手机费补贴为“普通员工 300 元，总监、经理及以上 500 元”；

（2）招待费一般为餐饮娱乐业发票，须以实际发生费用的票据报销；

（3）广告费发票应为增值税专用发票，若不能开具增值税专用发票，则需扣减税点后支付。

2. 业务流程

金蝶财务共享系统费用报销的业务流程如图 3－2 所示：

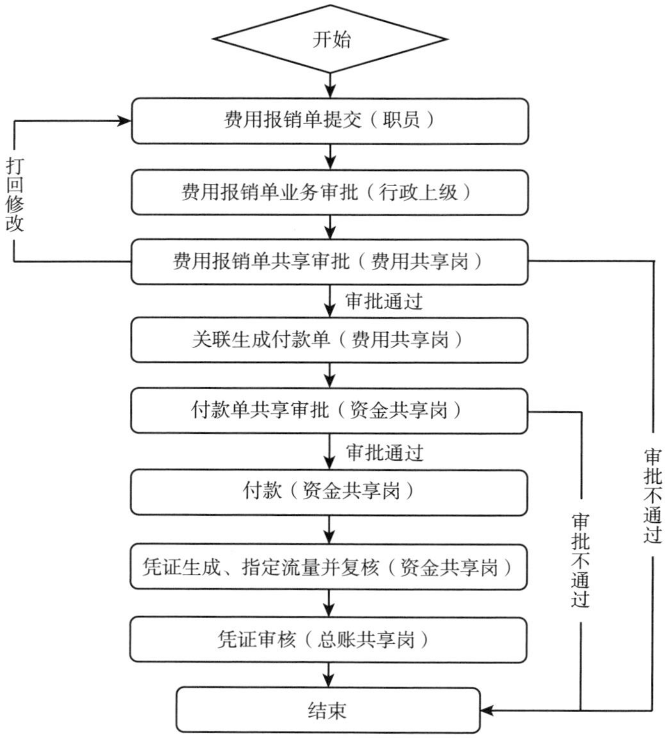

图 3－2　费用报销业务流程图

（三）差旅费

差旅费核算主要包括出差申请、出差借款和差旅费报销。

1. 出差申请

出差申请通过金蝶财务共享应用实践平台出差申请单进行处理，适用范围包括：员工出差前，需向公司提交出差申请单，用于进行差旅管理与控制。

主要审批规则：

（1）必须在出差前提交出差申请单；

（2）一个项目一个出差申请。

2. 出差借款

出差借款通过金蝶财务共享应用实践平台出差借款单进行处理，适用范围包括：所有出差任务的申请，出差的机票、车票、船票及住宿费借款，以及为项目出差发生的房租、水电费等借款。

主要审批规则：

（1）2 000 元及以下支出不予借款；

（2）需事前借款，需在出差事由中描述具体原因及预计出差费用；

（3）借款时只考虑交通和住宿的合理费用，出差补贴及其他零星费用不予借支，前款不清，后款不借；

（4）出差地点更换时，需要分行填写明细信息。

出差借款的业务流程如图 3－3 所示。

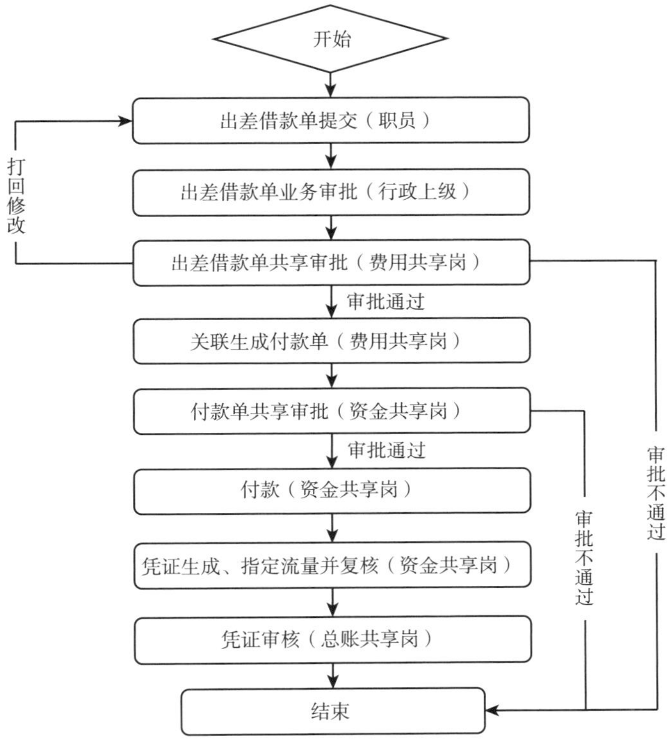

图 3－3　出差借款业务流程图

3. *差旅费报销*

差旅报销通过金蝶财务共享应用实践平台差旅费报销单进行处理，适用范围包括：用于支持项目、拜访客户、需求调研等产生的差旅费，以及因参加会议、市场活动、培训专项活动产生的差旅费报销，为支持项目租房而发生的房租、中介、水电、网络、日常生活用品费等。

主要审批规则包括：

（1）出差补贴为 100 元/天，算法为“算头不算尾”，按照自然天数计发补贴；

（2）出差地点更换时，需要分行填写明细信息；

（3）出差人员应入住在公司标准内的酒店（普通员工 400 元，总监、经理级别及以上 500 元）；

（4）出差中发生的招待费、礼品费、会务费、报名费等非差旅费用，报费用报销单。

差旅费报销的业务流程如图 3－4 所示。

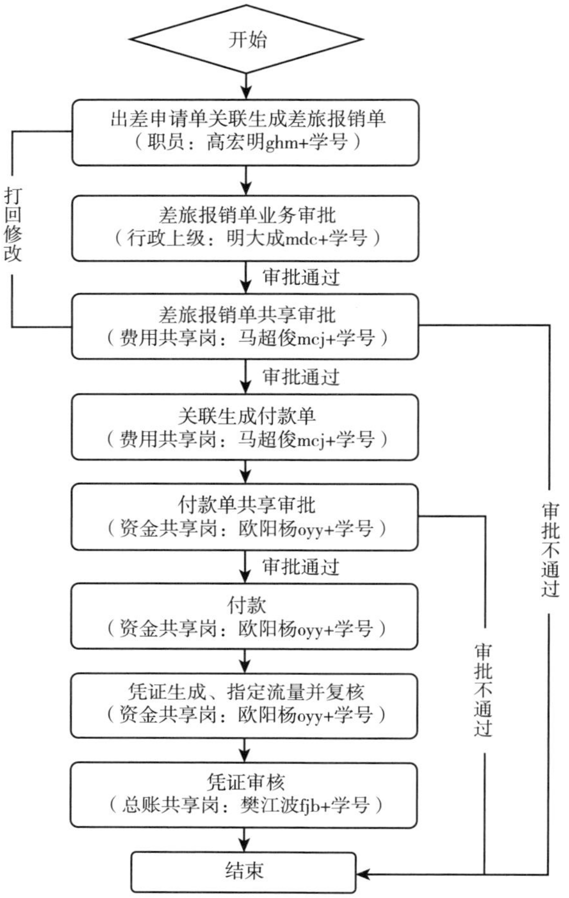

图 3－4　差旅费报销业务流程图

第二节

费用管理设置

案例一：费用管理设置

◎ 应用场景

费用管理没有初始化概念，无需结束初始化。

员工提交费用报销前必须维护个人收款信息，本案例以环球日化深圳销售有限公司销售人员贺小明（hxm+学号）为例，维护贺小明的个人收款信息。

◎ **实验步骤**

- 费用管理—收款信息维护

◎ **实验前准备**

- 建立集团资料已全部录入

◎ **实验数据**

表 3-1　收款人信息

收款人	收款银行	收款账号	是否默认
贺小明+学号	招商银行梅溪湖支行	621483999999+学号	是

◎ **操作指导**

1. 费用管理—收款信息维护

费用报销后涉及收款，需由报销人员自行维护收款信息。环球日化深圳销售有限公司销售人员贺小明（hxm+学号）登录EAS客户端。点击【财务会计】—【费用管理】—【基础设置】—【收款信息】进入收款信息界面，如图3-5所示。

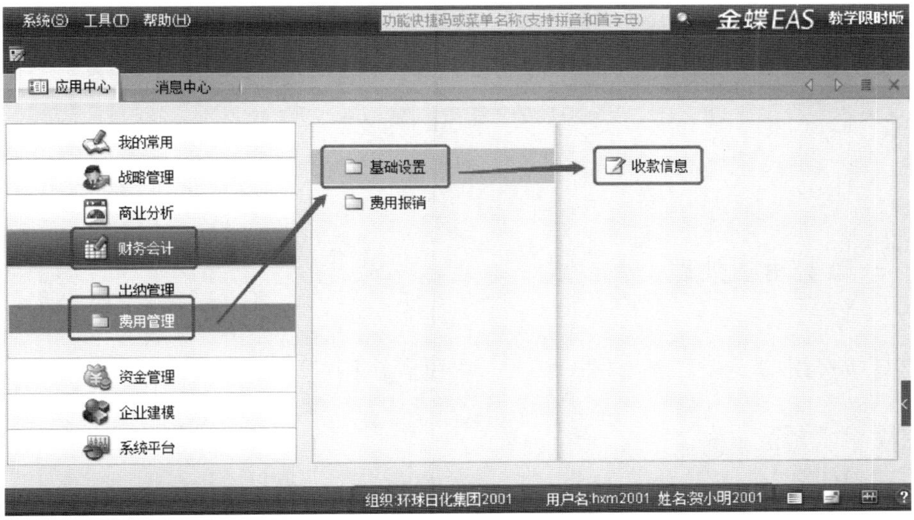

图 3-5　收款信息查询

点击工具栏【新增】收款信息，根据实验数据表3-1收款人信息录入。收款人为贺小明+学号，收款银行招商银行梅溪湖支行，收款账号621483999999+学号，勾选默认账号，录入完毕后点击【保存】，如图3-6所示。

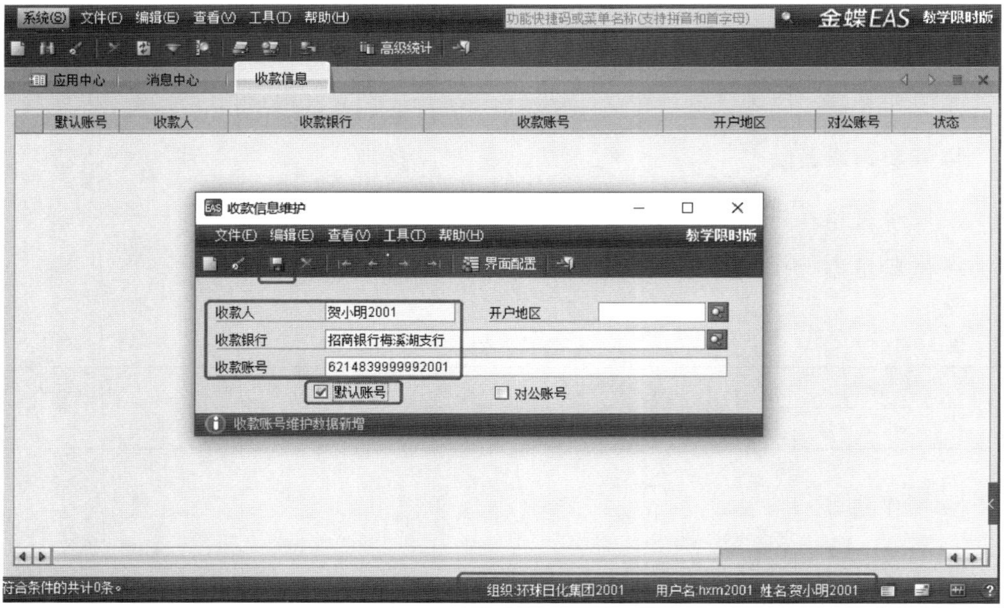

图 3-6 收款信息新增

第三节

费用共享业务处理

一、一般费用的处理

企业日常费用的核算处理流程一般为：费用借款和费用报销两个步骤。

案例二：费用借款

◎ 实验数据

7 月 12 日，成都贝贝商贸有限公司副总经理到深圳参加 EMBA 培训，为维护客户关系，环球日化深圳销售有限公司销售员贺小明计划招待其共进晚餐，贺小明（hxm + 学号）提交借款单，费用明细如表 3-2 所示。7 月 12 日，共享中心审批通过借款单并支付借款。

表 3-2 费用借款明细

日期	餐饮费	礼品费
7月12日	800元	2 000元

◎ 操作指导

1. 借款单提交

员工贺小明进行费用借款，提交财务共享中心审批。

员工提交报销前需要先录入员工个人收款信息，此步骤参考（建立集团—系统初始化—案例六：费用管理设置）。

员工贺小明进入 EASweb 端，用户名：hxm + 学号，密码：空，点击【登录】进入我的工作台页面。点击【应用】—【财务会计】—【费用管理】—【报销工作台】进入报销工作台页面，如图 3-7 所示。

图 3-7 报销工作台

点击【借款】新增借款单，如图 3-8 所示。

图 3-8 借款单新增

根据实验数据录入借款单。申请人为贺小明+学号，申请日期为2022-07-12，部门为营销中心+学号，费用承担公司为环球日化深圳销售有限公司+学号，预计还款日期为系统默认日期，事由为用于成都贝贝商贸有限公司副总经理的业务招待，费用类型为业务招待费，本位币金额为2 800元，用途为餐饮费800元及礼品费2 000元，选择收款人为贺小明+学号，录入完毕后点击【保存】【提交】，并记录单据编号，如图3-9所示。

图3-9 借款单录入完成并提交

2. 借款单业务审批

员工贺小明提交借款单后，行政上级郝晓娇对业务的真实性进行审批。郝晓娇进入EASweb端，用户名：hxj+学号，密码：空，点击【登录】进入我的工作台页面。双击流程中的相应单据（通过单据编码确认）进入单据审批页面，如图3-10所示。

行政上级郝晓娇对业务的真实性进行审批。本案例真实发生，审批处理选择同意，点击【提交】，如图3-11所示。

3. 借款单共享审批

费用共享岗马超俊根据财务审批规则审批获取到的单据。马超俊进入EASweb端，

图 3-10 待办事项查看

图 3-11 借款单业务审批

用户名：mcj+学号，密码：空，点击【登录】进入我的工作台页面。点击【应用】—【财务共享】—【费用共享】—【费用任务池】进入费用任务池页面，如图 3-12 所示。

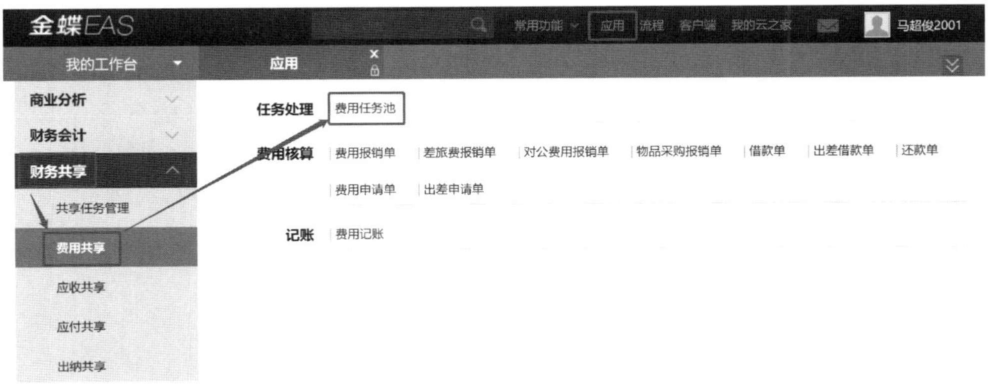

图 3-12 费用任务池

点击【我的任务】—【借款单】—【更多】—【获取任务】获取借款单，如图 3 – 13 所示。

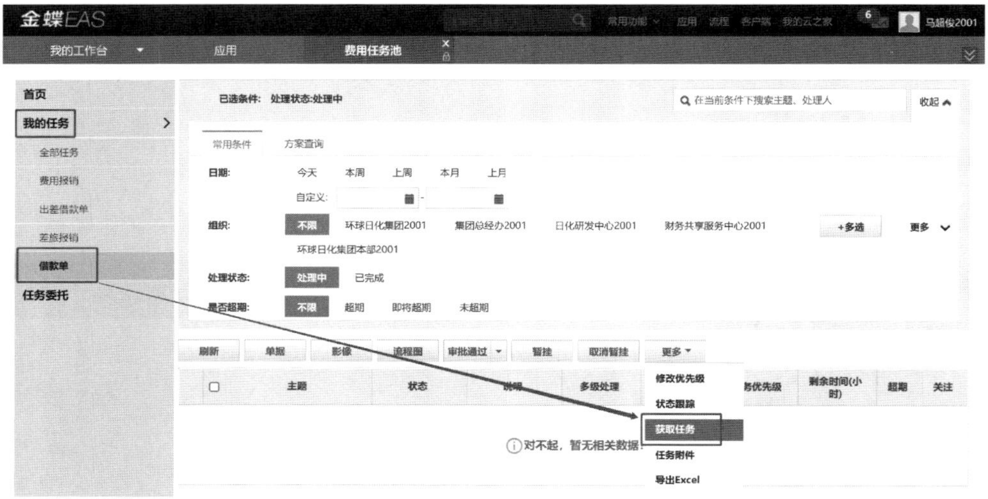

图 3 – 13　借款单获取

点击相应单据主题（通过借款单据编号确认）进入单据处理页面，如图 3 – 14 所示。

图 3 – 14　进入单据处理

费用共享岗根据财务审批规则审批该案例，本案例审批通过，录入原币核定金额为 2 800 元，先点击【保存】，再点击【审批通过】【提交】，如图 3 – 15 所示。

图 3-15 借款单共享审批

4. 关联生成付款单

费用共享岗马超俊根据审批后的借款单下推付款单。点击【应用】—【财务共享】—【费用共享】—【借款单】进入借款单查询页面，如图 3-16 所示。

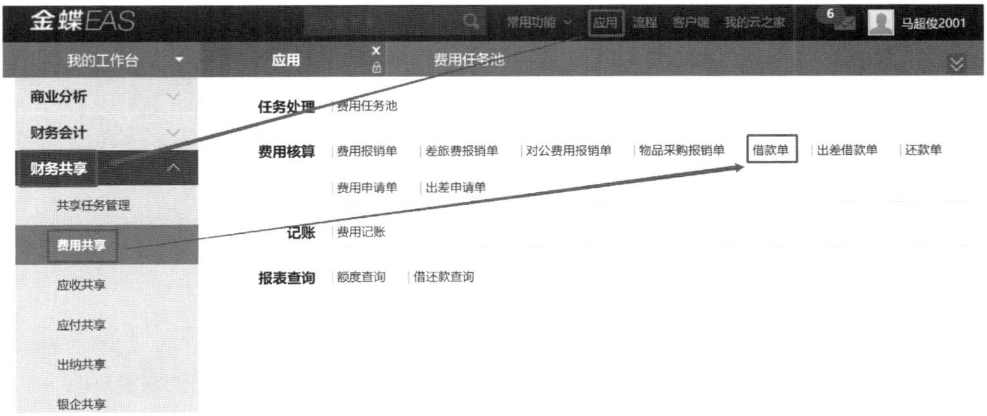

图 3-16 借款单查询

选择公司为环球日化深圳销售有限公司+学号，日期为 2022-01-01 至 2022-12-31，点击【确定】筛选借款单。如果列表单据过多，还可通过搜索功能搜索单据编号，精确查找对应单据。勾选相应单据（通过借款单据编号确认），点击【关联生成】，如图 3-17 所示。

图 3－17　关联生成

选择目标单据为付款单，转换规则为借款单到付款单（付款用）SSC，点击【确定】进入付款单编辑页面，如图 3－18 所示。

图 3－18　转换规则借款单到付款单（付款用）

根据实验数据录入相关信息。付款公司为环球日化深圳销售有限公司＋学号，业务日期为 20××－07－12，付款类型为其他，选择付款账户为“招商银行龙华支行＋学号”，付款科目为“商业银行存款”，对方科目为其他应收款，录入完毕后点击【保存】【提交】，并记录单据编号，如图 3－19 所示。

5. 付款单共享审批

资金共享岗欧阳杨审批付款单并付款。欧阳杨进入 EASweb 端，用户名：oyy＋学号，密码：空，点击【登录】进入我的工作台页面。点击【应用】—【财务共享】—【共享任务管理】—【共享任务池】进入共享任务池页面，如图 3－20 所示。

图 3-19 付款单录入完成并提交

图 3-20 共享任务池

点击【我的任务】—【出纳付款单审批】—【更多】—【获取任务】获取付款单，如图 3-21 所示。

点击相应单据主题（通过单据编号确认）进入单据处理页面，资金共享岗根据财务审批规则审批该案例，本案例审批通过，点击【提交】，如图 3-22 所示。

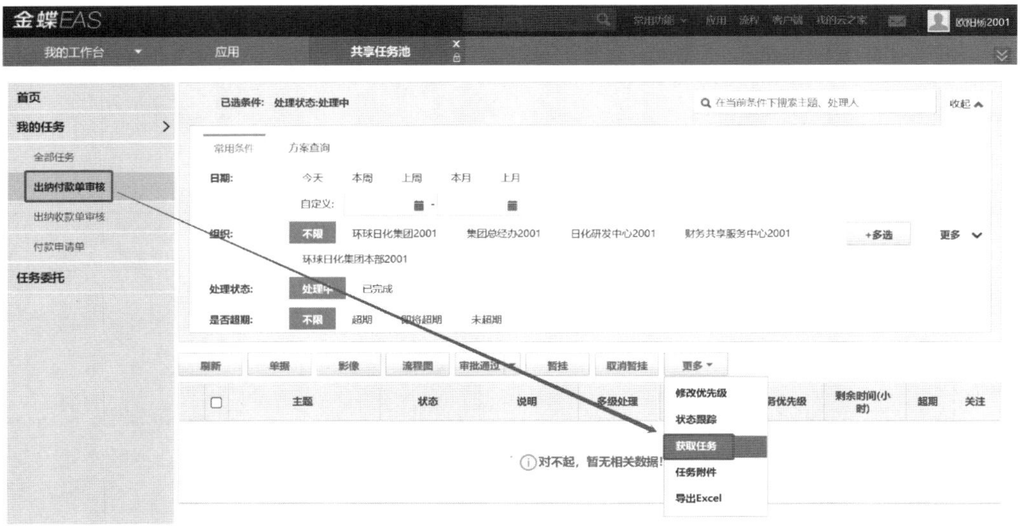

图 3-21　付款单获取

图 3-22　付款单共享审批

6. 付款

资金共享岗欧阳杨确认付款。点击【应用】—【财务共享】—【出纳共享】—【付款单处理】进入付款单序时簿，如图 3-23 所示。

选择组织为环球日化深圳销售有限公司+学号，日期为 20××-01-01 至 20××-12-31，点击【确定】筛选付款单。如果列表凭证过多，还可通过搜索功能搜索凭证

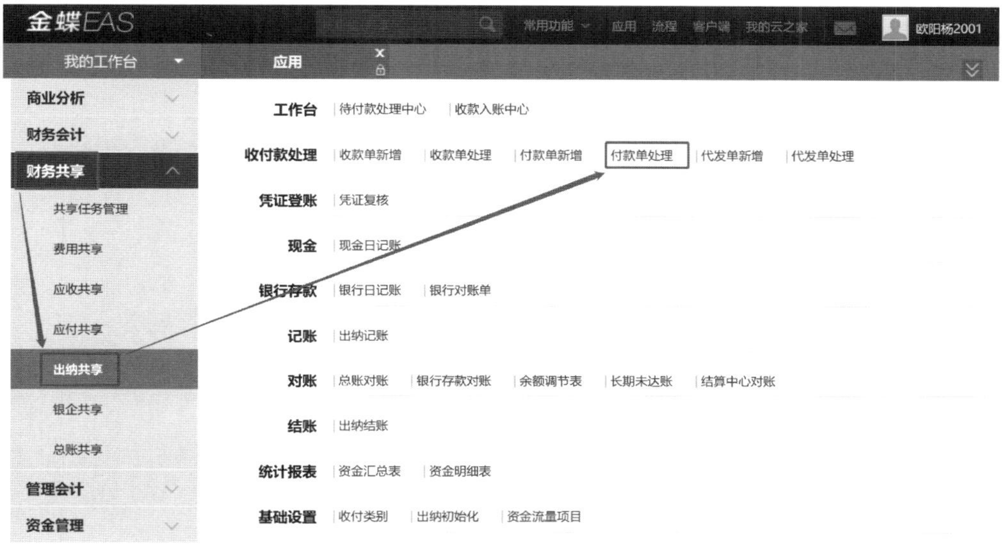

图 3－23　付款单处理

编号，精确查找对应凭证。勾选相应单据（通过单据编号确认），点击【付款】，如图 3－24 所示。

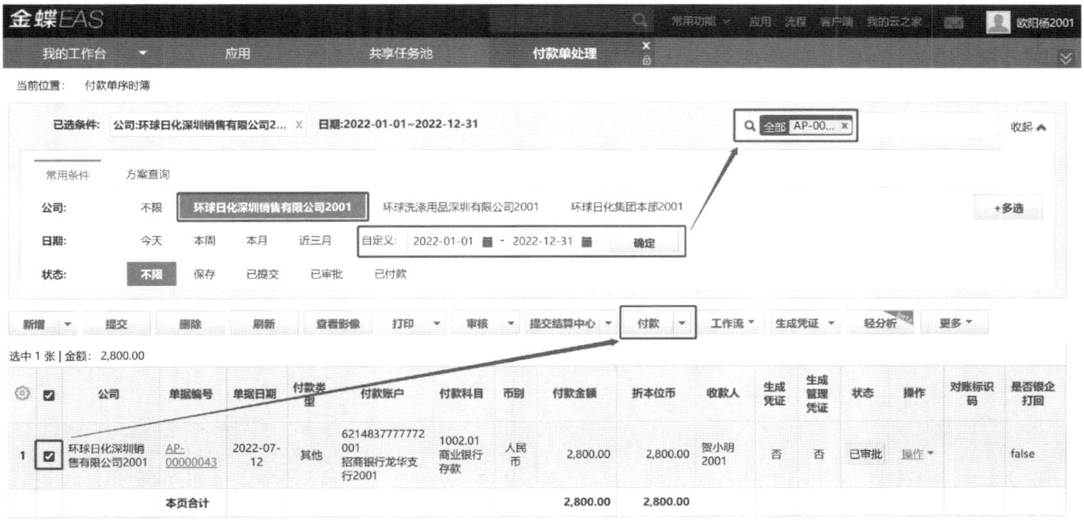

图 3－24　付款单付款

7. 凭证生成、指定流量并复核

在付款单序时簿，勾选相应单据（通过单据编号确认），点击【生成凭证】进入凭证编辑页面，如图 3－25 所示。

图 3－25 付款单生成凭证

点击【生成凭证】后，系统会自动生成暂存凭证，点击单据后的【操作】—【联查单据】，可查看上下游单据，如图 3－26 所示。

图 3－26 联查单据

点击【生成凭证】后，系统会自动生成暂存凭证，点击单据后的【凭证】—【凭证字号】，可查看关联凭证，如图 3－27 所示。

图 3－27　查看关联凭证

在凭证查看界面，若需修改凭证则点击【修改】按钮进入凭证编辑界面，如图 3－28 所示。

图 3－28　凭证编辑

根据案例背景录入相关信息，记账日期为 20×× -07 -12，业务日期为 20×× -07 -12，录入完毕后点击【保存】【提交】进入现金流量页面，如图 3 -29 所示。

图 3 -29　凭证录入完成并提交

选择主表项目为支付的其他与经营活动有关的现金，金额为 2 800 元，点击【保存】进入凭证编辑页面，如图 3 -30 所示。

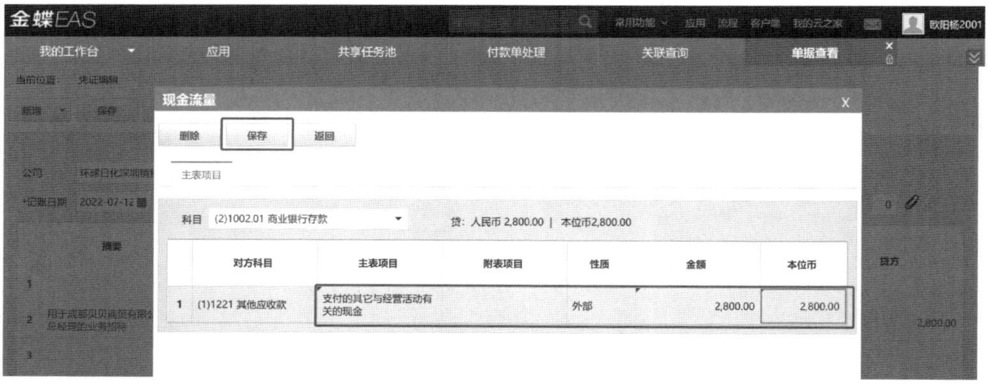

图 3 -30　凭证指定现金流量

在凭证编辑页面复核该凭证，点击【更多】—【复核】，如图 3 -31 所示。

如果在该界面复核不成功，请点击【应用】—【财务共享】—【出纳共享】—【凭证复核】，进入凭证复核界面，选择复核的公司，点击【登账参数】确认该组织的登账参数后再执行复核，如图 3 -32 所示。

图 3－31　凭证复核

图 3－32　登账参数设置

凭证提交成功后，凭证状态由暂存变为已提交，并生成正式凭证字号，记录凭证字号，如图 3－33 所示。

8. 凭证审核

总账共享岗樊江波审核记账凭证。樊江波进入 EASweb 端，用户名：fjb＋学号，密码：空，点击【登录】进入我的工作台页面。

图 3－33　记录凭证字号

点击【应用】—【财务共享】—【总账共享】—【凭证查询】进入凭证查询页面，如图 3－34 所示。

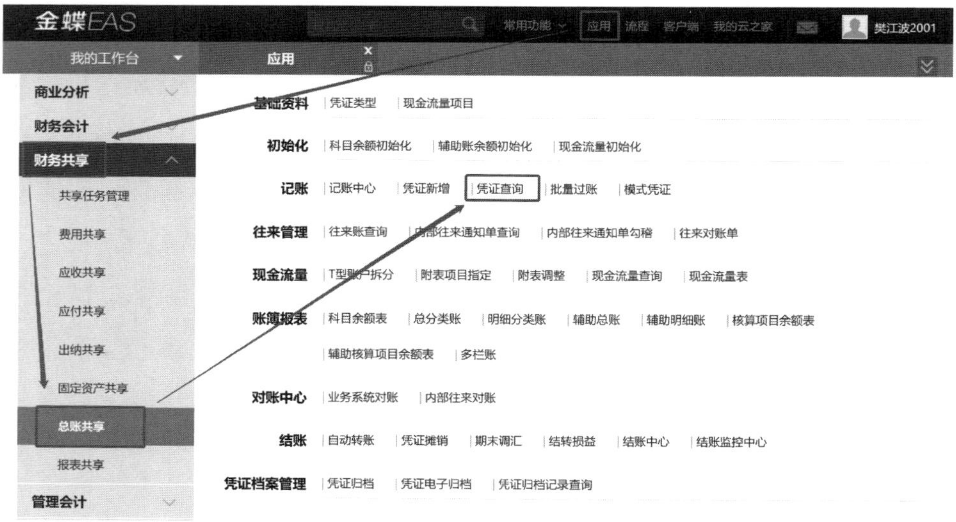

图 3－34　凭证查询

选择公司为环球日化深圳销售有限公司＋学号，日期为 20××－07－01 至 20××－07－31，点击【确定】筛选凭证。如果列表凭证过多，还可通过搜索功能搜索凭证编号，精确查找对应凭证。勾选相应凭证（通过凭证编号确认），点击【审核】，如图 3－35 所示。

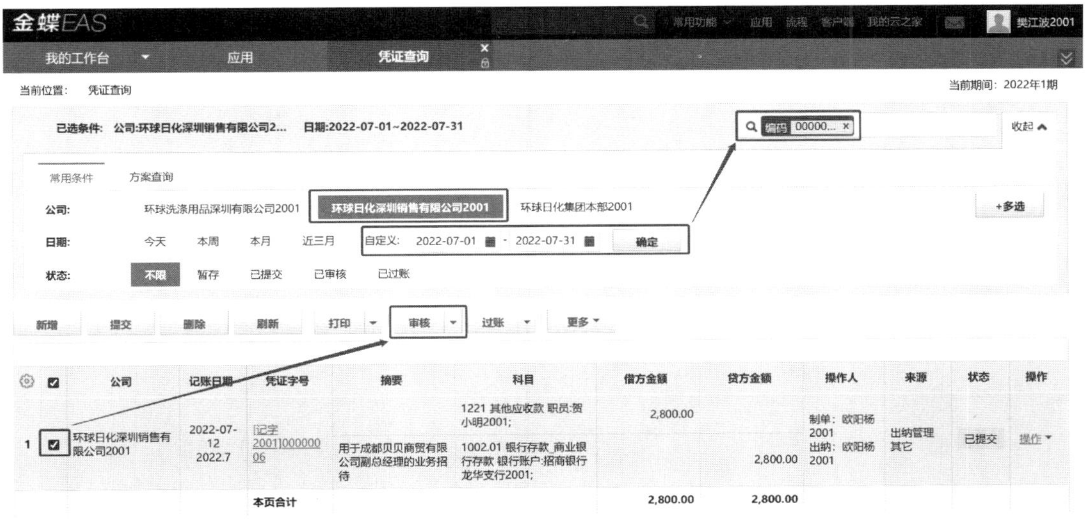

图 3－35　凭证审核

案例三：费用报销

◎ 实验数据

7 月 5 日，环球洗涤用品深圳有限公司采购员李霞在京东采购了一台 CanonC3020/3520 系列打印一体机，采购费用 14 399 元，李霞（lx + 学号）提交费用报销单。7 月 15 日支付报销费用。

◎ 操作指导

1. 收款信息维护

员工提交报销前需要先录入员工个人收款信息。

员工李霞进入 EASweb 端，用户名：lx + 学号，密码：空，点击【登录】进入我的工作台页面。点击【李霞】—【组织—切换】切换组织为环球洗涤用品深圳有限公司 + 学号，如图 3－36 所示。

点击【应用】—【财务会计】—【费用管理】—【收款信息】进入设置页面，如图 3－37 所示。

点击【新增】按钮，如图 3－38 所示。

收款人为“李霞 + 学号”，收款银行为“招商银行深圳分行”，银行账号

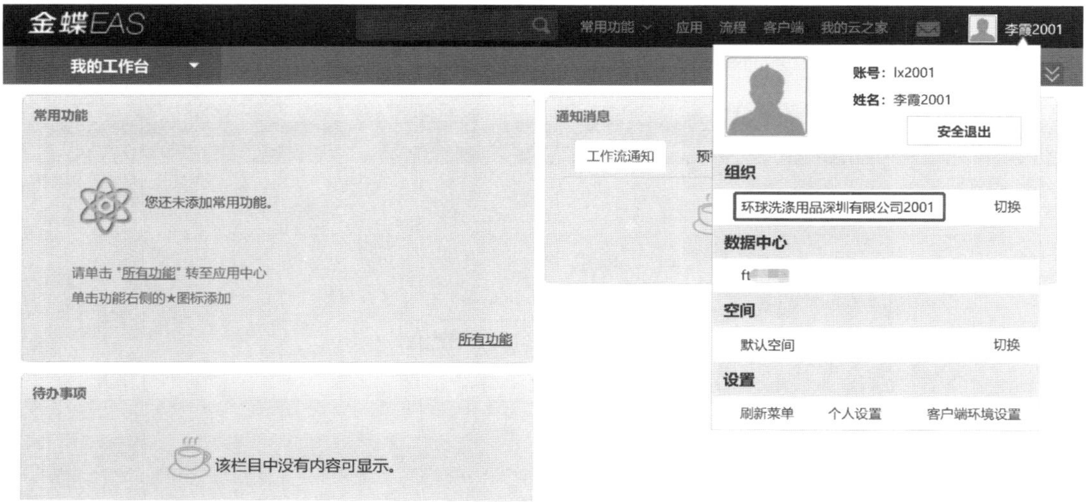

图 3-36　切换组织

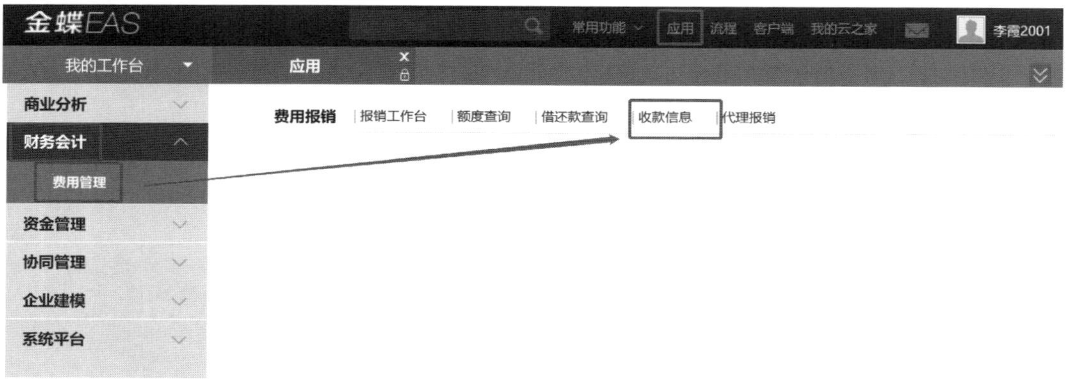

图 3-37　收款信息查询

图 3-38　收款信息新增

“633357887899＋学号”，填写完成后点击【保存】，如图 3－39 所示。

图 3－39 收款信息保存

2. 提交费用报销单

员工李霞进行费用报销单填写，上传相关报销发票，并提交财务共享中心审批。

员工李霞进入 EASweb 端，用户名：lx＋学号，密码：空，点击【登录】进入我的工作台页面。点击【李霞】—【组织—切换】切换组织为环球洗涤用品深圳有限公司＋学号，如图 3－40 所示。

图 3－40 切换组织

点击【应用】—【财务会计】—【费用管理】—【报销工作台】进入报销工作台页面，如图 3－41 所示。

点击【费用报销】新增费用报销单，如图 3－42 所示。

根据实验数据录入费用报销单。报销人为李霞＋学号，申请日期为 20××－07－05，事由为报销打印一体机采购费；业务类别为管理费用，费用类型为办公费，发生

图 3-41　报销工作台

图 3-42　费用报销单新增

时间为 20××-07-05，报销金额为 14 399 元，费用承担部门为采购部+学号；选择收款人为李霞+学号；添加附件：打印机发票，录入完毕后点击【保存】【提交】，并记录单据编号，如图 3-43 所示。

在报销工作台页面，点击【报销中】—【刷新】可以查看该费用报销单处于已提交状态，如图 3-44 所示。

点击流程图，可以查看单据在系统中的流转节点，如图 3-45 所示。

3. 费用报销单业务审批

员工李霞提交费用报销单后，行政上级张若阳对业务的真实性进行审批。张若阳进入 EASweb 端，用户名：zry+学号，密码：空，点击【登录】进入我的工作台页面。双

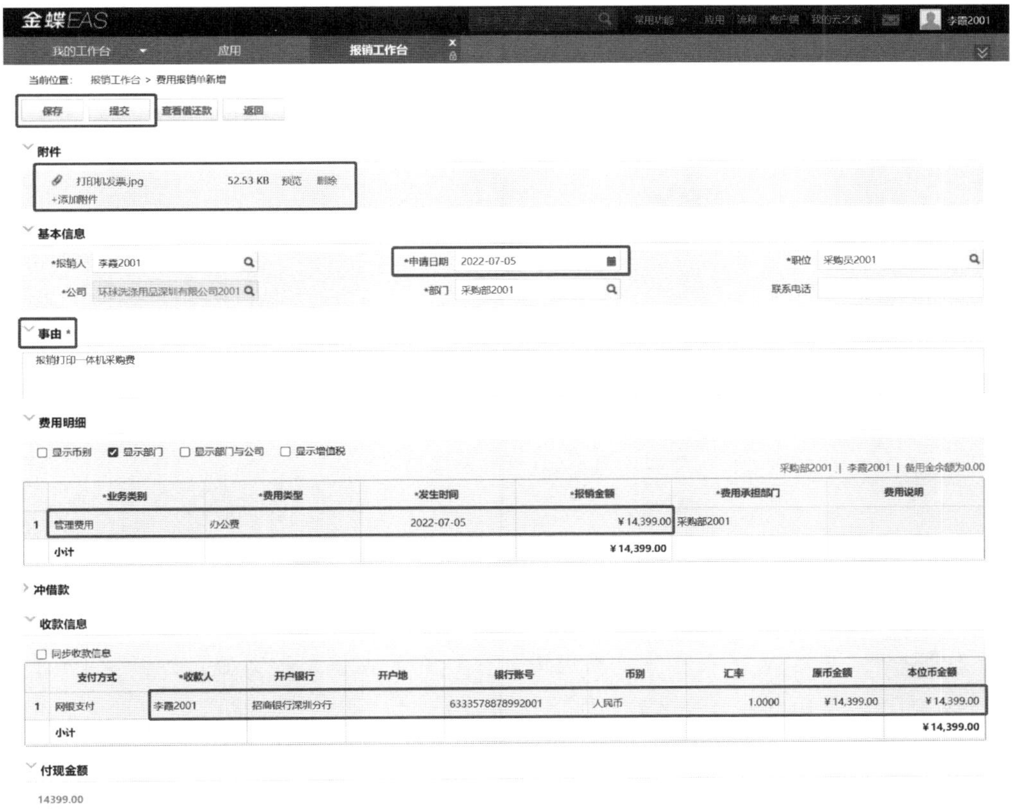

图 3－43　费用报销单录入完成并提交

图 3－44　费用报销单流程节点查看

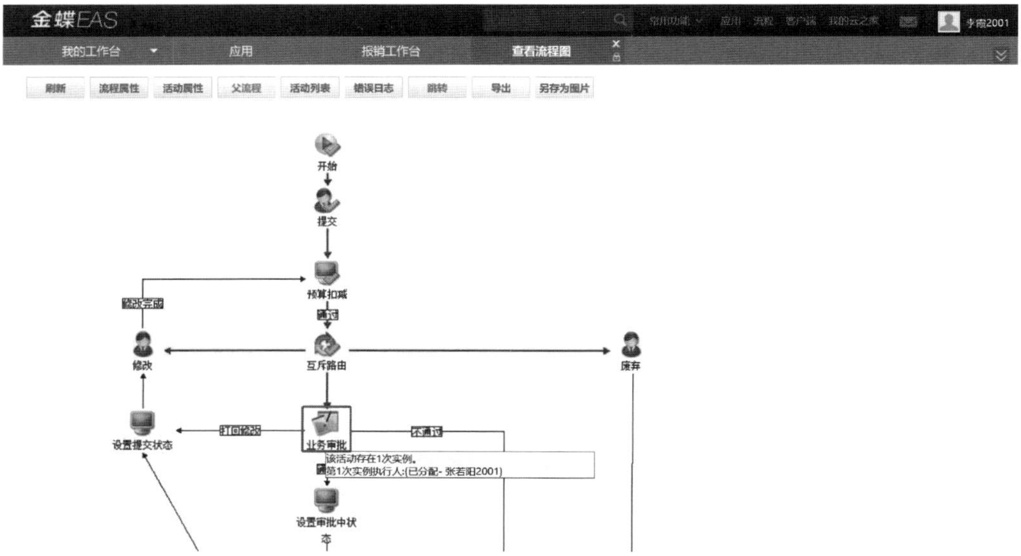

图 3－45　查看单据在系统中的流转节点

击待办事项下的相应单据（通过单据编码确认）进入单据审批页面，如图 3－46 所示（也可点击【流程】—【待办任务】进入单据审批）。

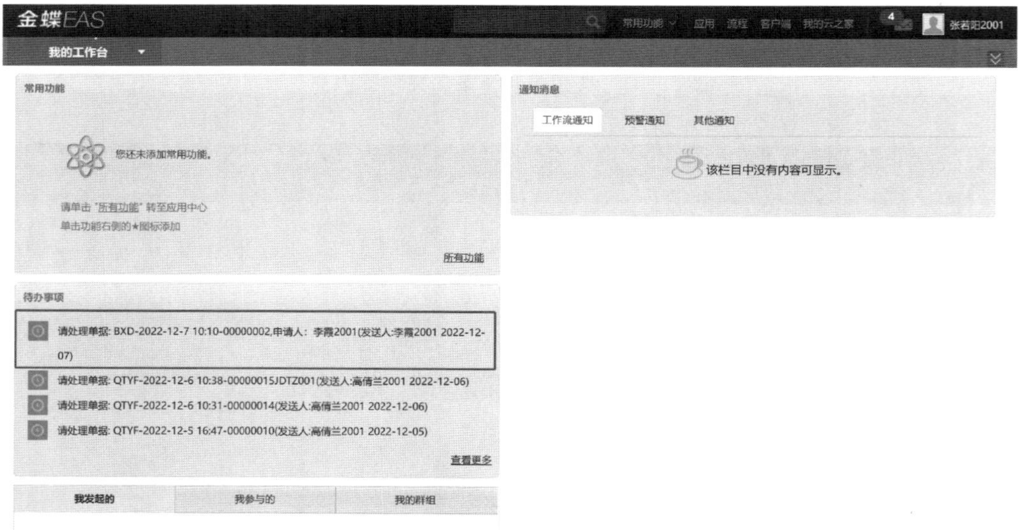

图 3－46　待办事项查看

行政上级张若阳对业务的真实性进行审批。本案例真实发生，审批处理选择同意，点击【提交】，如图 3－47 所示。

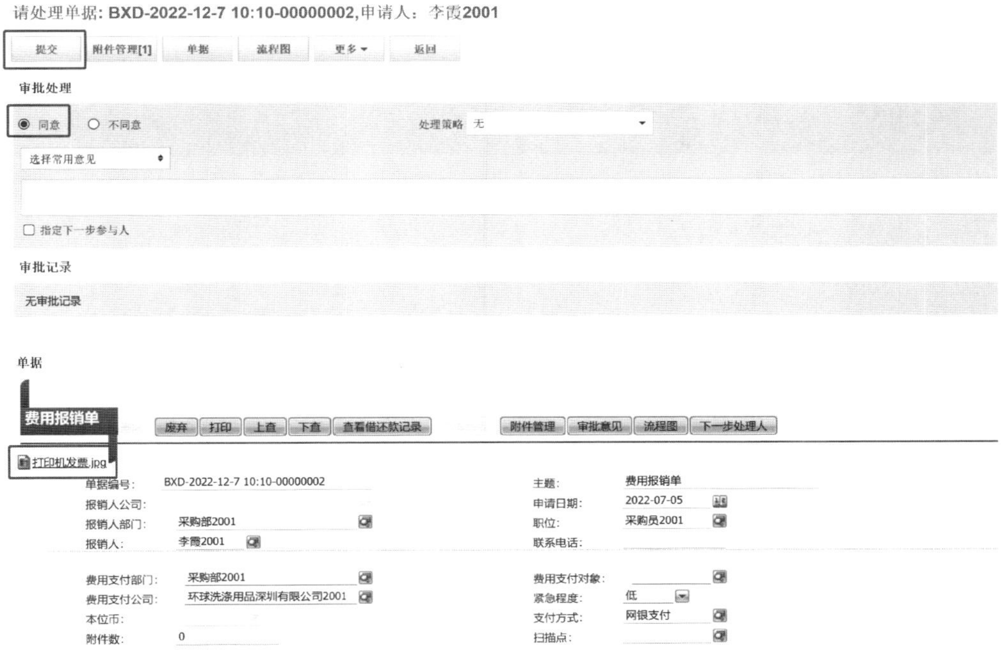

图 3－47　费用报销单业务审批

4. 费用报销单共享审批

费用共享岗马超俊根据财务审批规则审批获取到的单据。马超俊进入 EASweb 端，用户名：mcj＋学号，密码：空，点击【登录】进入我的工作台页面。点击【应用】—【财务共享】—【费用共享】—【费用任务池】进入费用任务池页面，如图 3－48 所示。

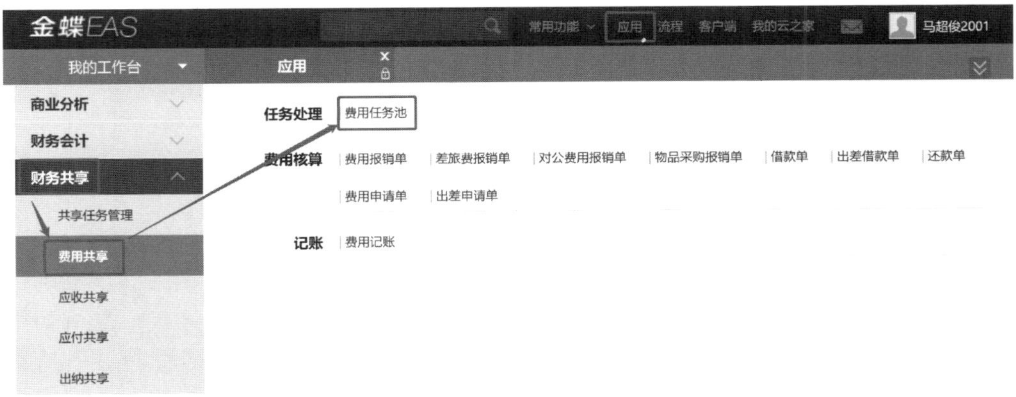

图 3－48　费用任务池

点击【我的任务】—【费用报销】—【更多】—【获取任务】获取费用报销单，如图 3－49 所示。

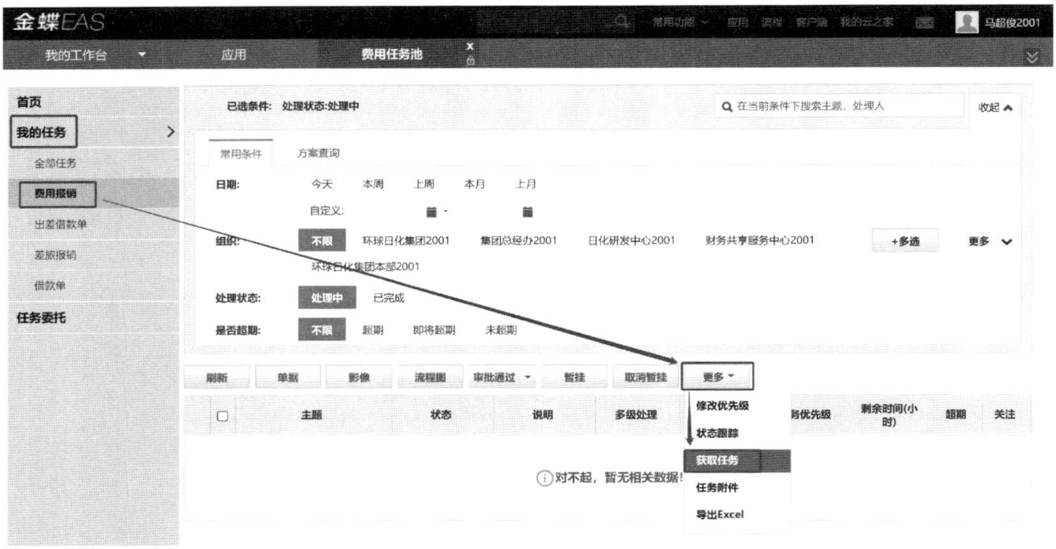

图 3－49 费用报销单获取

点击相应单据主题（通过费用报销单据编号确认）进入单据处理页面，如图 3－50 所示。

图 3－50 进入单据处理页面

费用共享岗根据财务审批规则审批该案例，本案例审批通过，录入原币核定金额为 14 399 元，点击【提交】，如图 3－51 所示。

图 3－51　费用报销单原币核定金额录入

5. 关联生成付款单

费用共享岗马超俊根据审批后的费用报销单下推付款单。点击【应用】—【财务共享】—【费用共享】—【费用报销单】进入费用报销单页面，如图 3－52 所示。

图 3－52　费用报销单查询

选择公司为环球洗涤用品深圳有限公司＋学号，日期为 20××－01－01 至 20××－12－31，点击【确定】筛选费用报销单。如果列表单据过多，还可通过搜索功能搜索单据编号，精确查找对应单据。勾选相应单据（通过费用报销单据编号确认），点击【关联生成】，如图 3－53 所示。

图 3－53　为 SSC 报销单到付款单

点击【确定】进入付款单编辑页面，如图 3－54 所示。

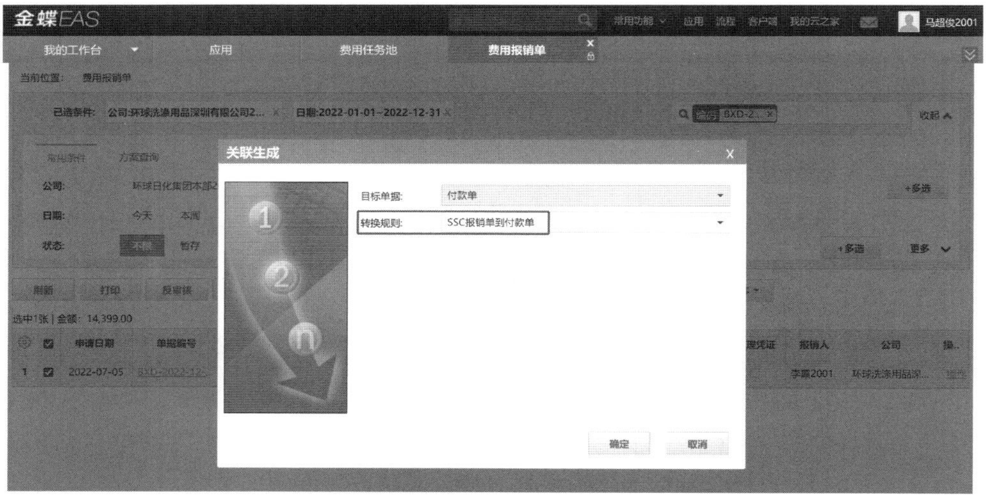

图 3－54　转换规则报销单到付款单

根据实验数据录入相关信息。付款公司为环球洗涤用品深圳有限公司＋学号，业务日期为 20××－07－15，付款类型为其他，选择付款账户为“招商银行时代广场支行＋学号”；付款科目为“商业银行存款”，结算方式选择“网银支付”，对方科目为“6602.02 管理费用_办公费”，录入完毕后点击【保存】【提交】，并记录单据编号，如图 3－55 所示。

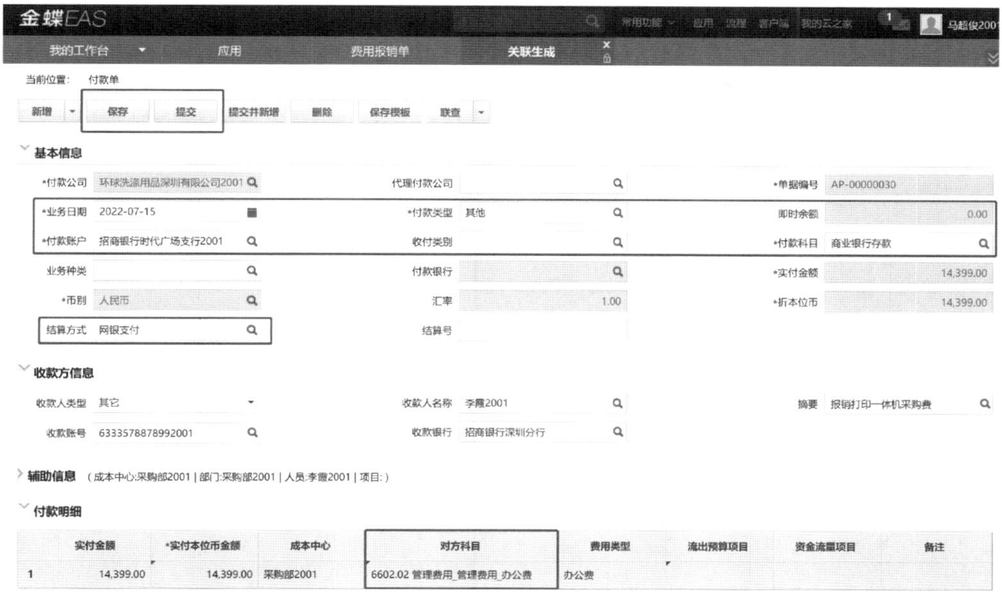

图 3－55　付款单录入完成并提交

6. 付款单共享审批

资金共享岗欧阳杨审批付款单并付款。欧阳杨进入 EASweb 端，用户名：oyy + 学号，密码：空，点击【登录】进入我的工作台页面。点击【应用】—【财务共享】—【共享任务管理】—【共享任务池】进入共享任务池页面，如图 3－56 所示。

图 3－56　共享任务池

点击【我的任务】—【全部任务】—【更多】—【获取任务】获取付款单，如图 3－57 所示。

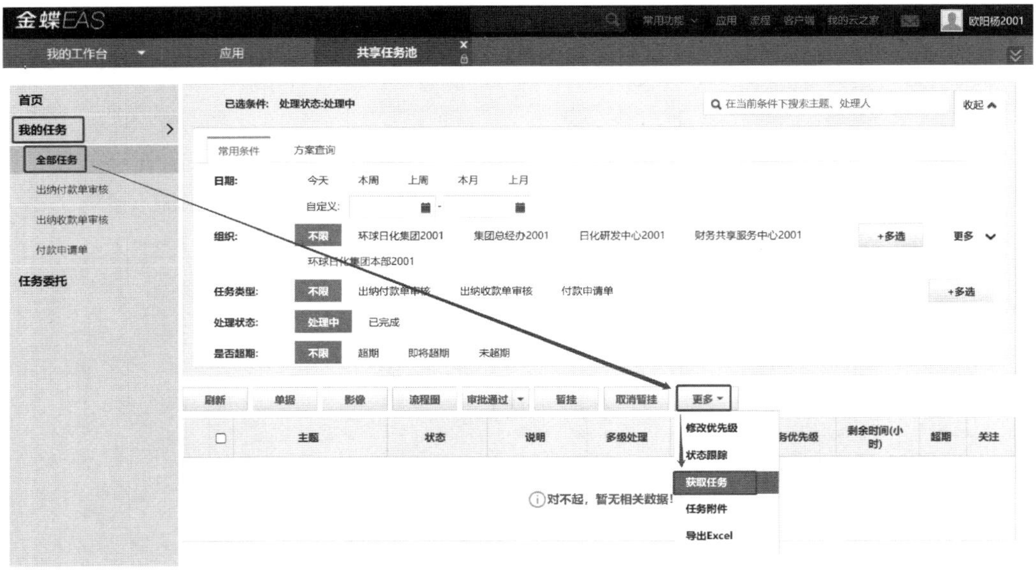

图 3－57　付款单获取

点击相应单据主题（通过单据编号确认）进入单据处理页面，如图 3－58 所示。

图 3－58　进入单据处理页面

资金共享岗根据财务审批规则审批该案例，本案例审批通过，点击【提交】，如图 3－59 所示。

图 3－59　付款单共享审批

7. 付款

资金共享岗欧阳杨确认付款。点击【应用】—【财务共享】—【出纳共享】—【付款单处理】进入付款单序时簿，如图 3－60 所示。

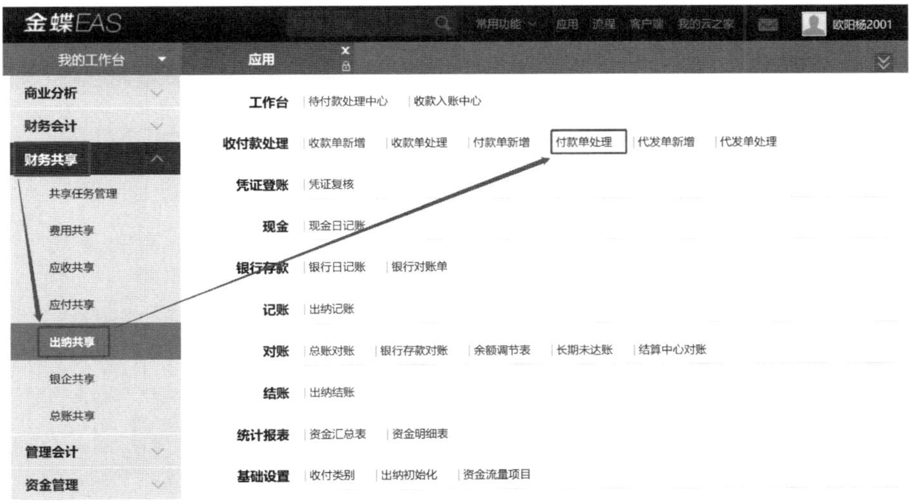

图 3－60　付款单处理

选择组织为环球洗涤用品深圳有限公司＋学号，日期为 20××－01－01 至 20××－12－31，点击【确定】筛选付款单。如果列表单据过多，还可通过搜索功能搜索单据编号，精确查找对应单据。勾选相应单据（通过单据编号确认），点击【付款】，如图 3-61 所示。

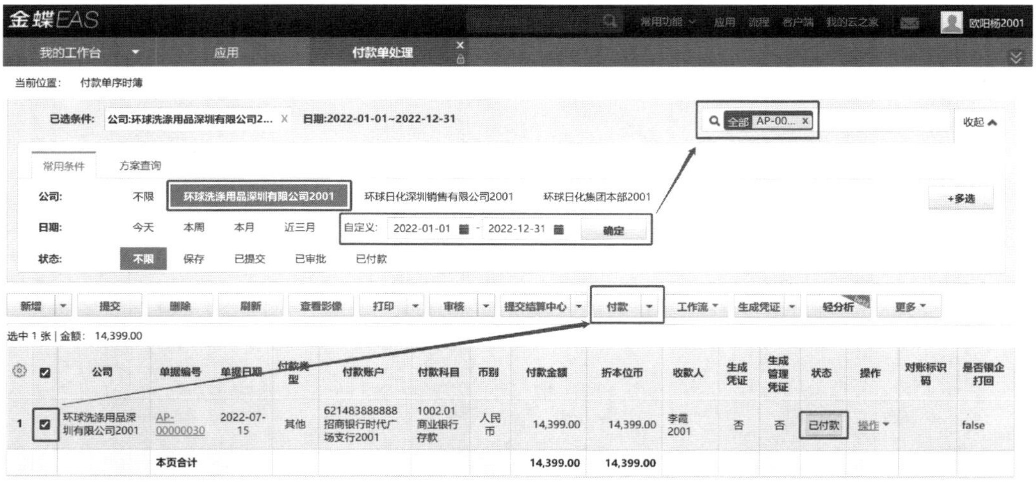

图 3-61 付款单付款

8. 凭证生成、指定流量并复核

付款完成后，勾选相应单据（通过单据编号确认），点击【生成凭证】进入凭证编辑页面，如图 3-62 所示。

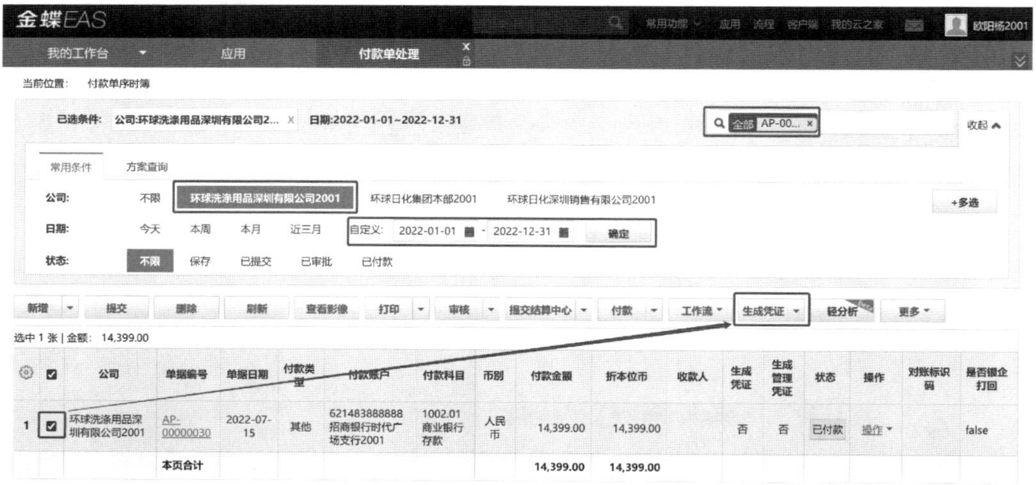

图 3-62 生成凭证

点击【生成凭证】后，系统会自动生成暂存凭证，点击单据后的【操作】—【联查】，可查看上下游单据，如图 3-63 所示。

图 3－63　联查单据

点击【联查单据】后进入关联查询界面，点击【下游单据】中对应凭证，下方显示出凭证列表，刚关联生成的凭证处于“暂存”状态，点击【凭证字号】进入凭证查看界面，如图 3－64 所示。

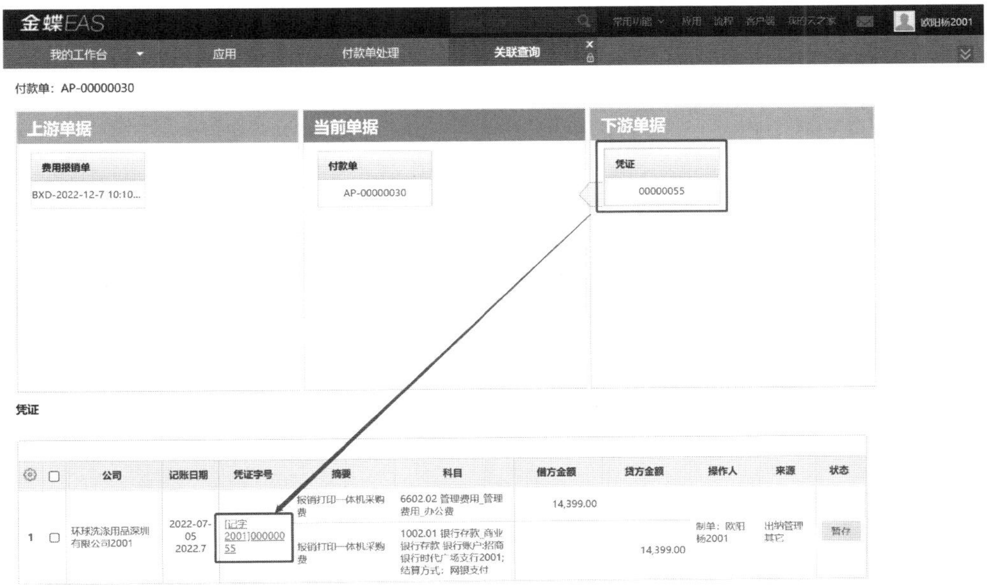

图 3－64　联查凭证

在凭证查看界面，若需修改凭证则点击【修改】进入凭证编辑界面，如图3-65所示。

图3-65　修改凭证

根据案例背景修改相关信息，记账日期为20××-07-15，业务日期为20××-07-15，录入完毕后点击【提交】进入现金流量页面，如图3-66所示。

图3-66　凭证录入完成并提交

提交后，选择主表项目为支付的其他与经营活动有关的现金，点击【保存】进入凭证编辑页面，如图 3 – 67 所示。

图 3 – 67　凭证指定现金流量

指定现金流量后，系统提示凭证提交成功。凭证状态由暂存变为已提交，并生成正式凭证字号，记录凭证字号，如图 3 – 68 所示。

图 3 – 68　记录凭证字号

在凭证编辑页面复核该凭证，点击【更多】—【复核】，如图 3 – 69 所示。

如果在该界面复核不成功，请点击【应用】—【财务共享】—【出纳共享】—【凭证复核】，进入凭证复核界面，选择复核的公司，点击【登账参数】确认该组织的登账参数后再执行复核，如图 3 – 70 所示。

图 3-69　凭证复核

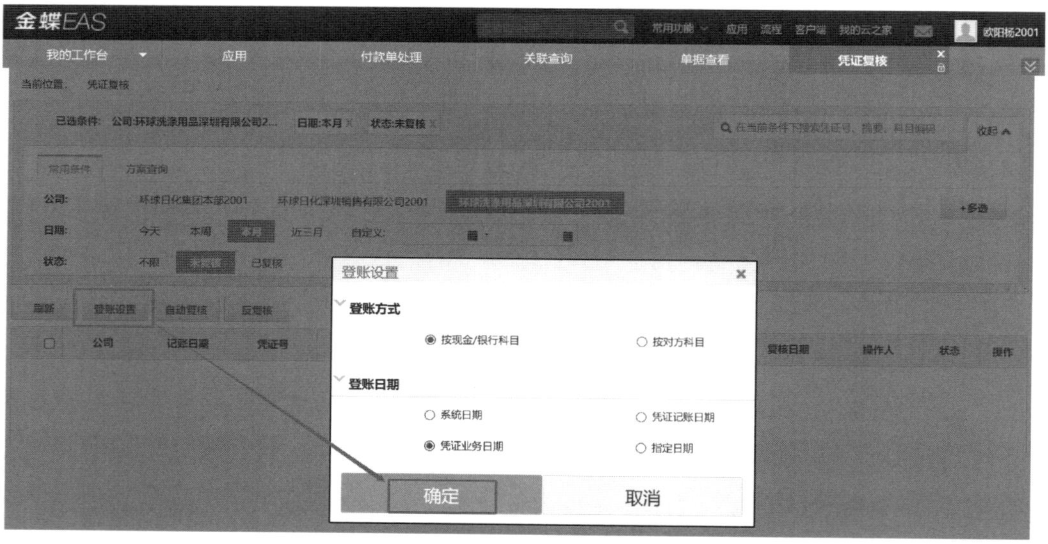

图 3-70　登账参数设置

9. 凭证审核

总账共享岗樊江波审核记账凭证。樊江波进入 EASweb 端，用户名：fjb + 学号，密码：空，点击【登录】进入我的工作台页面。

点击【应用】—【财务共享】—【总账共享】—【凭证查询】进入凭证查询页面，如图 3-71 所示。

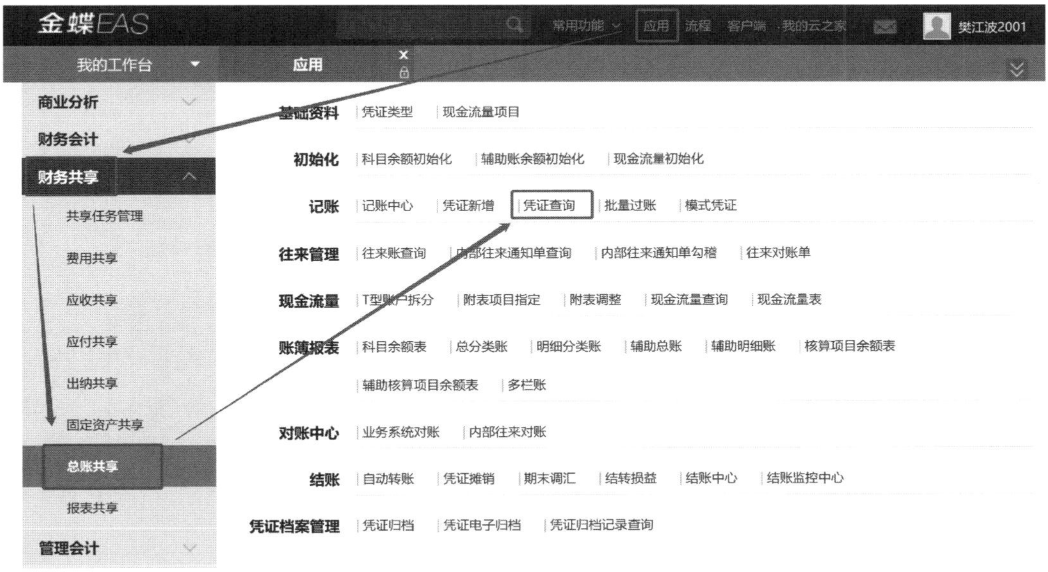

图 3－71　凭证查询

选择公司为环球洗涤用品深圳有限公司＋学号，日期为 20××－07－01 至 20××－07－31，点击【确定】筛选凭证。如果列表凭证过多，还可通过搜索功能搜索凭证编号，精确查找对应凭证。勾选相应凭证（通过凭证编号确认），点击【审核】，如图 3－72 所示。

图 3－72　凭证审核

二、差旅费的处理

案例四：出差申请

◎ 实验数据

6月5日，环球日化深圳销售有限公司副总经理高宏明到北京出差，与中国日用化工行业协会会长交流，预计出差3天。6月4日，高宏明（ghm+学号）提交出差申请，预计费用5 000元。出差申请审批通过后，高宏明登录商旅平台预订机酒。机酒明细如表3-3所示。

表3-3　机酒明细

日期	航班	入住酒店
6月5日	深圳—北京	北京东悦酒店
6月6日	—	北京东悦酒店
6月7日	北京—深圳	—

◎ 操作指导

1. 出差申请单提交

点击“仿真商旅服务平台”，点击“出差申请单”，以用户高宏明+学号身份进入EASweb端。

点击【应用】—【财务会计】—【费用管理】—【报销工作台】进入报销工作台页面，如图3-73所示。

图3-73　报销工作台

点击【出差申请】新增出差申请单，如图 3－74 所示。

图 3－74　出差申请单新增

根据实验数据录入出差申请单。申请人为高宏明＋学号，申请日期为 20××－06－04，职位为副总经理，部门为营销中心＋学号，费用承担公司为环球日化深圳销售有限公司＋学号；预计天数为 3 天，事由为出差北京与中国日用化工行业协会会长交流；出发日期为 20××－06－05，返回日期为 20××－06－07，交通工具为飞机，出发地为深圳，目的地为北京，预计金额为 5 000 元，录入完毕后点击【保存】【提交】，并记录单据编号，如图 3－75 所示。

2. 出差申请单审批

环球日化深圳销售有限公司副总经理高宏明提交出差申请单后，行政上级明大成对业务的真实性进行审批。明大成进入 EASweb 端，用户名：mdc＋学号，密码：空，点击【登录】进入我的工作台页面。双击待办事项下的相应单据（通过单据编码确认）进入单据审批页面（也可点击【流程】—【待办任务】进行审批），如图 3－76 所示。

行政上级明大成对业务的真实性进行审批。本案例真实发生，审批处理选择同意，点击【提交】，如图 3－77 所示。

图 3－75　出差申请单录入完成并提交

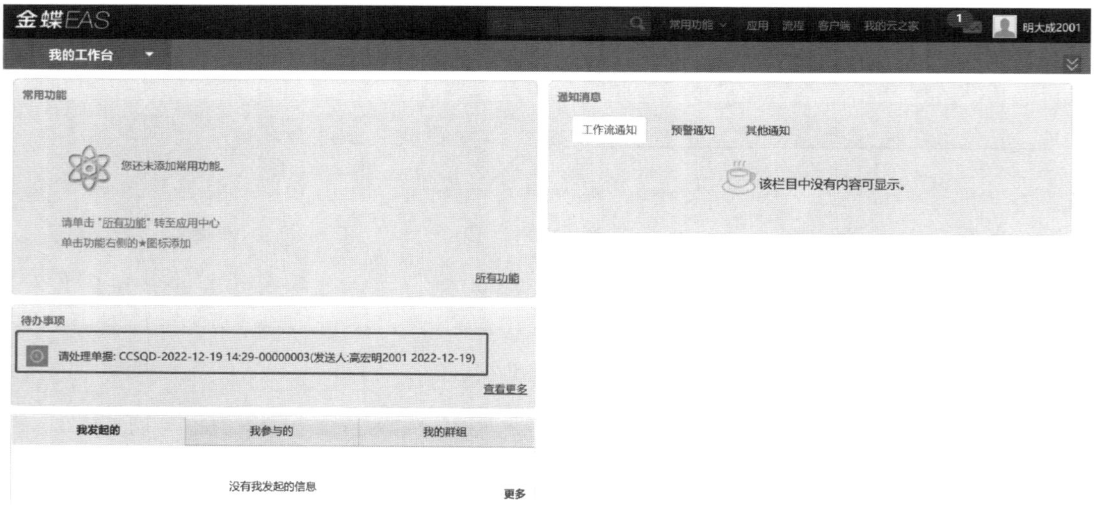

图 3－76　待办事项查看

3. 机酒预订

出差申请单审批通过后，申请人即可进行机票酒店预订。

点击“仿真商旅服务平台”，根据实验数据预订机票、酒店，如图 3－78 所示。

图 3－77 出差申请单审批

图 3－78 仿真商旅服务平台

案例五：出差借款

◎ 实验数据

环球日化深圳销售有限公司销售经理郝晓娇计划 8 月 3 日～8 月 6 日连续出差重庆、成都、眉山了解各地销售情况。8 月 2 日郝晓娇（hxj＋学号）提交出差借款单，借款明细如表 3－4 所示。共享中心当天打回单据，郝晓娇（hxj＋学号）修改明细后重新提交出差借款单，共享中心当天审批通过并支付借款。

表 3－4　　　　出差借款明细

日期	地点	始终行程	长途交通费	市内交通费	住宿费	出差补贴
8 月 3 日	深圳	深圳—重庆	1 000	100	350	100
8 月 4 日	重庆	重庆—成都	100	100	350	100
8 月 5 日	成都	成都—眉山	50	100	300	100
8 月 6 日	眉山	眉山—成都	50			
8 月 6 日	成都	成都—深圳	1 000			

◎ 操作指导

1. 出差借款单提交

员工提交借款申请前需要先录入员工个人收款信息。郝晓娇进入 EASweb 端，用户名：hxj＋学号，密码：空，点击【登录】进入我的工作台页面。点击【应用】—【财务会计】—【费用管理】—【收款信息】进入收款信息维护页面，点击新增，设置收款信息，收款人：郝晓娇＋学号，收款银行：招商银行深圳分行，银行账号：自定义，设置完成后点击【保存】，如图 3－79 所示。

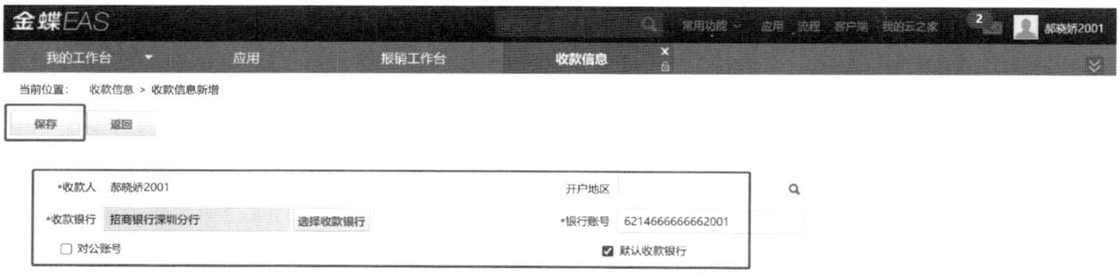

图 3－79　新增收款信息

点击【应用】—【财务会计】—【费用管理】—【报销工作台】进入报销工作台页面，如图 3－80 所示。

点击【出差借款】新增出差借款单，如图 3－81 所示。

根据实验数据录入出差借款单。报销人为郝晓娇＋学号，申请日期为 20××－08－02，职位为销售经理，部门为营销中心＋学号，费用承担公司为环球日化深圳销售有限公司＋学号；收款信息页签，支付方式为“网银支付”，收款人填写“郝晓娇＋学号”，收款银行为“招商银行深圳分行”，银行账号为“621466666666＋学号”，勾选“同步收款信息”；事由为连续出差重庆、成都、眉山了解各地销售情况；

图 3－80　报销工作台

图 3－81　出差借款单新增

根据实验数据录入借款明细，出差补贴录入其他费用，录入完毕后点击【保存】【提交】，并记录单据编号，如图 3－82 所示。

在报销工作台页面，点击【申请中】—【刷新】—【当前节点】可以查看该出差借款单的下一个流程节点，如图 3－83 所示。

2. 出差借款单业务审批

销售经理郝晓娇提交出差借款单后，行政上级高宏明对业务的真实性进行审批。高宏明进入 EASweb 端，用户名：ghm＋学号，密码：空，点击【登录】进入我的工

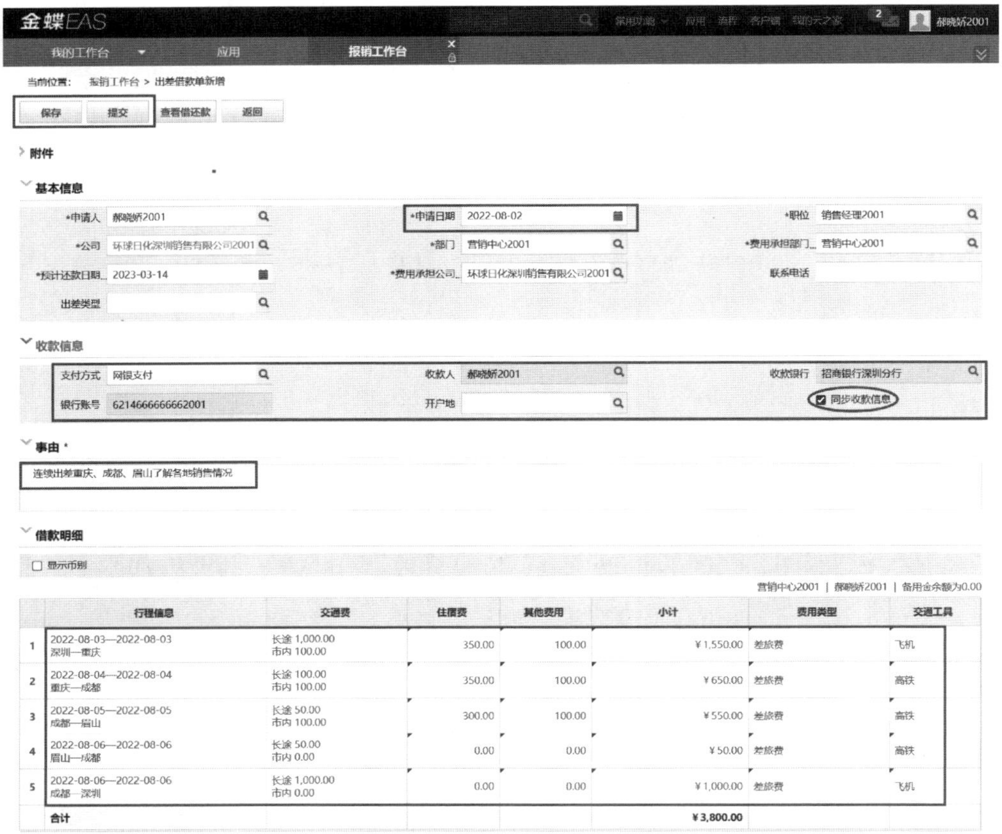

图 3－82　出差借款单录入完成并提交

图 3－83　出差借款单流程节点查看

作台页面。双击【流程】中的相应单据（通过单据编码确认）进入单据审批页面，如图3－84所示。

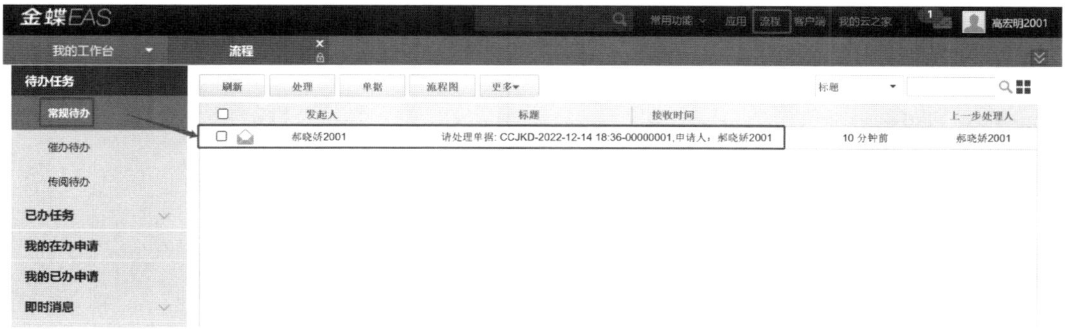

图3－84　待办事项查看

行政上级高宏明对业务的真实性进行审批。本案例真实发生，审批处理选择同意，点击【提交】，如图3－85所示。

图3－85　出差借款单业务审批

3. 出差借款单共享审批

费用共享岗马超俊根据财务审批规则审批获取到的单据。马超俊进入EASweb端，用户名：mcj＋学号，密码：空，点击【登录】进入我的工作台页面。点击【应用】—【财务共享】—【费用共享】—【费用任务池】进入费用任务池页面，如图3－86所示。

图 3-86　费用任务池

点击【我的任务】—【出差借款单】—【更多】—【获取任务】获取出差借款单，如图 3-87 所示。

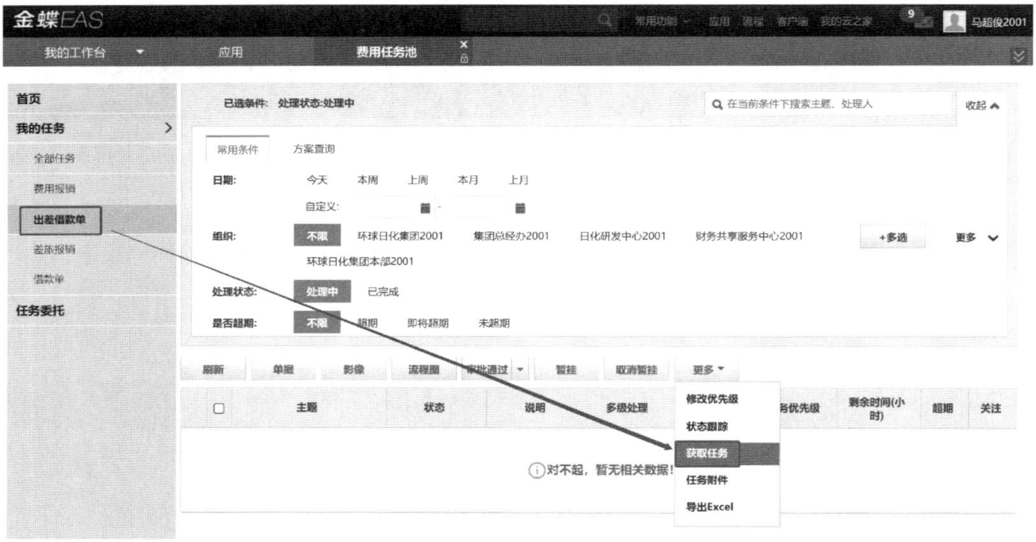

图 3-87　出差借款单获取

点击相应单据主题（通过费用报销单据编号确认）进入单据处理页面，如图 3-88 所示。

费用共享岗根据财务审批规则审批该案例，本案例打回，决策项为打回上一级，处理意见为出差补贴及其他零星费用不予借支，点击【提交】，如图 3-89 所示。

在费用任务池页面，点击【我的任务】—【出差借款单】，处理状态选择已完成筛选出差借款单。勾选相应单据（通过单据编号确认），点击【流程图】可以查看该出

图 3－88　进入单据处理

图 3－89　出差借款单共享审批

差借款单的流程图，如图 3－90 所示。

在流程图中，可看到目前该单据的流转节点为“修改单据”，执行人为“郝晓娇＋学号”，如图 3－91 所示。

单据被打回后，销售经理郝晓娇收到打回提醒，修改后重新提交单据。郝晓娇进入 EASweb 端，用户名：hxj＋学号，密码：空，点击【登录】进入我的工作台页面。

图 3－90　出差借款单流程图查看

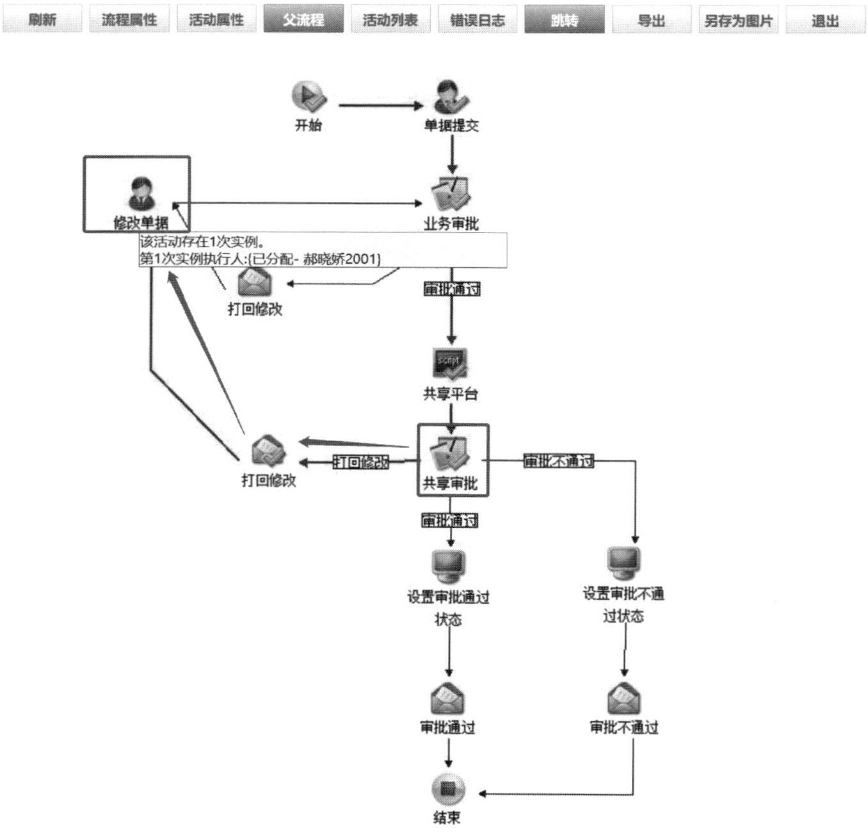

图 3－91　出差借款单流程图

点击【流程】—【通知】查看打回提醒，如图 3 – 92 所示。

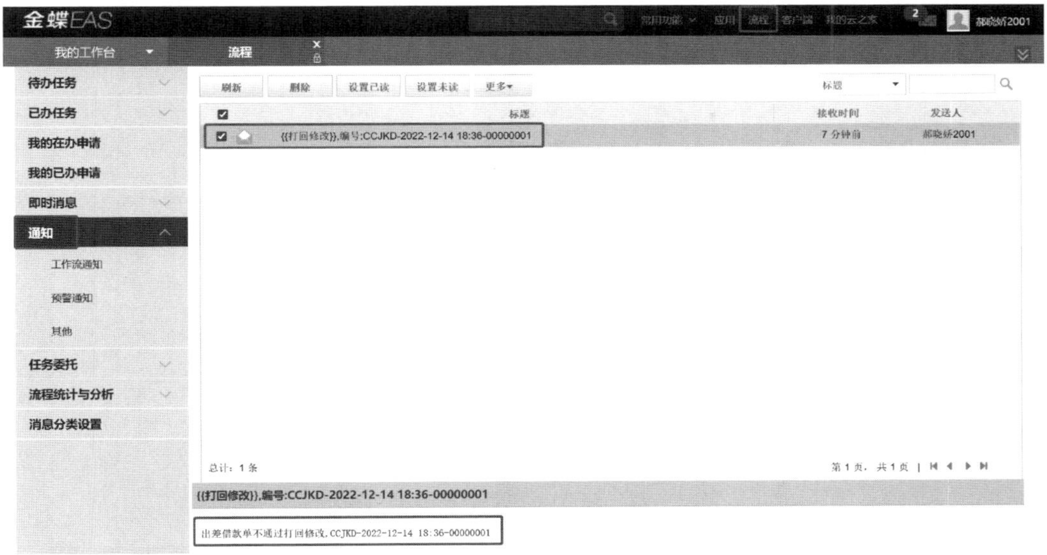

图 3 – 92　通知查看

点击【应用】—【财务会计】—【费用管理】—【报销工作台】进入报销工作台页面，如图 3 – 93 所示。

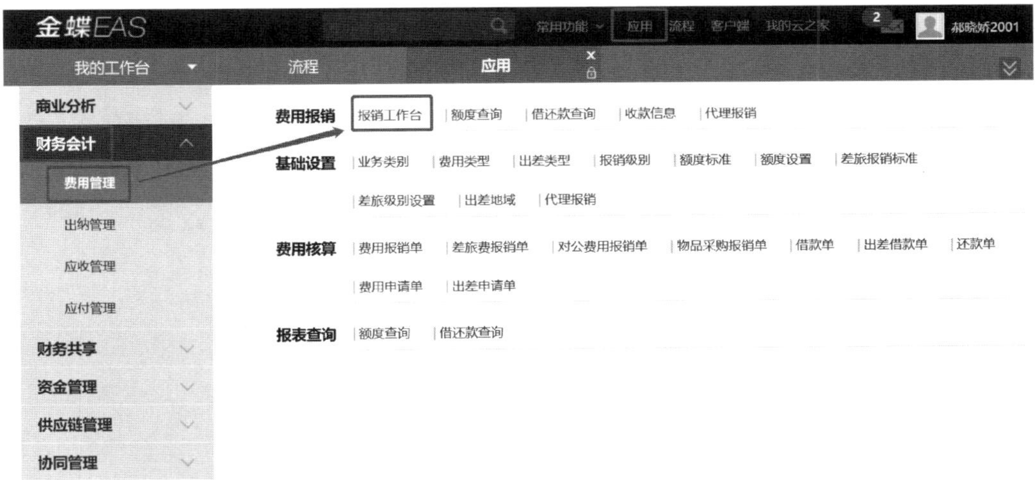

图 3 – 93　报销工作台

点击【申请中】—【刷新】获取被打回的出差借款单（可搜索单据编号精确查找），点击单据编号进入单据编辑页面，如图 3 – 94 所示。

点击行程信息附近的【编辑】，逐条修改借款明细—其他费用为 0，修改完毕后点击【提交】，如图 3 – 95 所示。

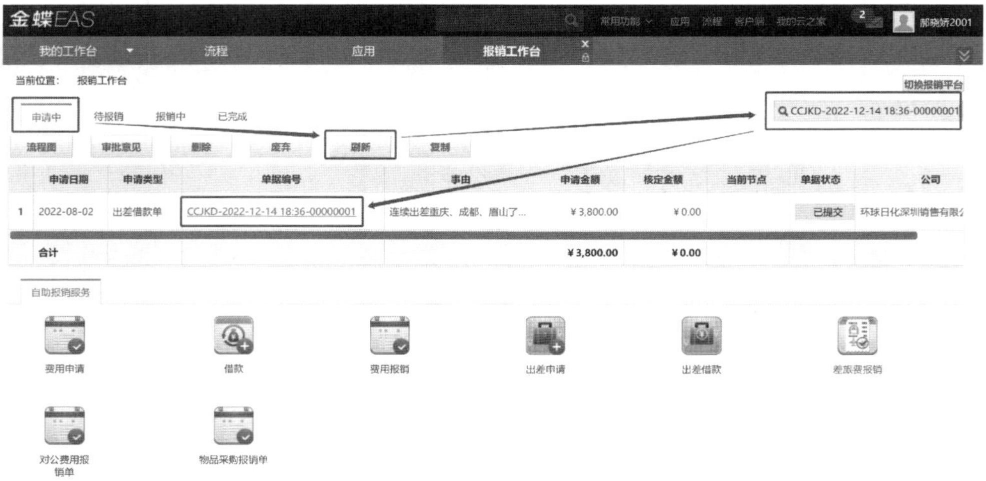

图 3－94　获取被打回的出差借款单

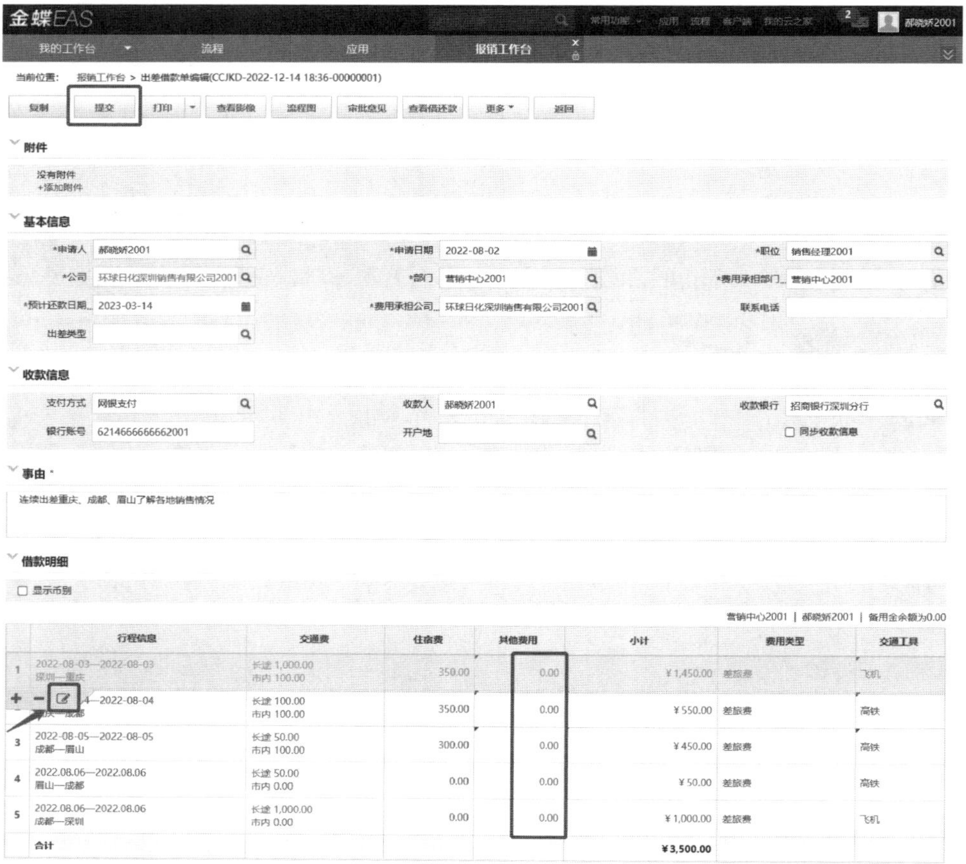

图 3－95　出差借款单修改并提交

销售经理郝晓娇重新提交出差借款单后，行政上级高宏明对业务的真实性进行审批。高宏明进入 EASweb 端，用户名：ghm + 学号，密码：空，点击【登录】进入我的工作台页面。双击待办事项下的相应单据（通过单据编码确认）进入单据审批页面，如图 3 – 96 所示。

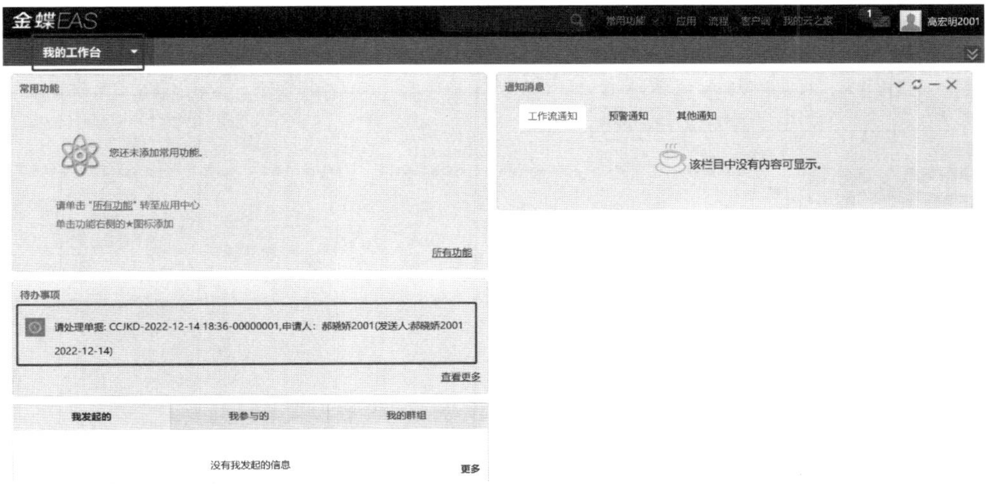

图 3 – 96　待办事项查看

行政上级高宏明对业务的真实性进行审批。本案例真实发生，审批处理选择同意，点击【提交】，如图 3 – 97 所示。

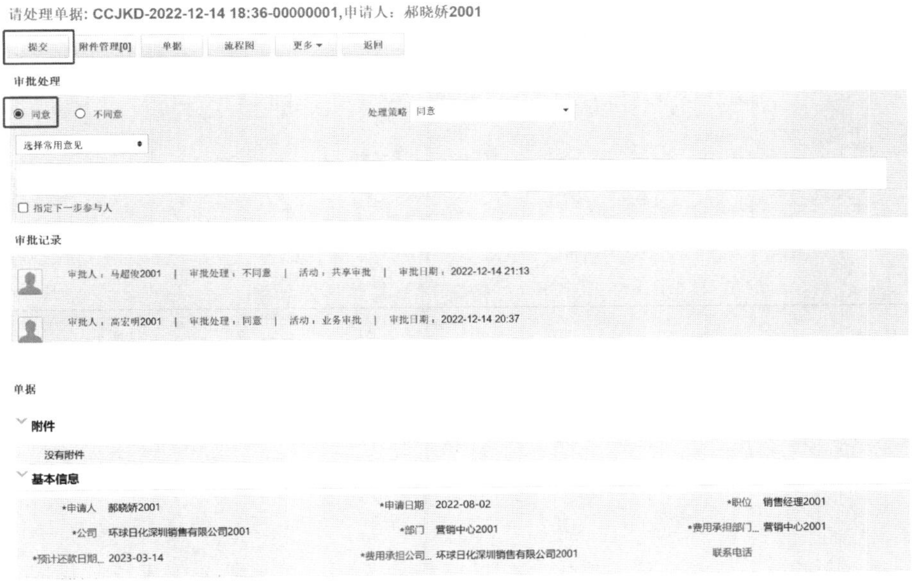

图 3 – 97　出差借款单业务审批

费用共享岗马超俊根据财务审批规则审批获取到的单据。马超俊进入EASweb端，用户名：mcj+学号，密码：空，点击【登录】进入我的工作台页面。点击【应用】—【财务共享】—【费用共享】—【费用任务池】进入费用任务池页面，如图3-98所示。

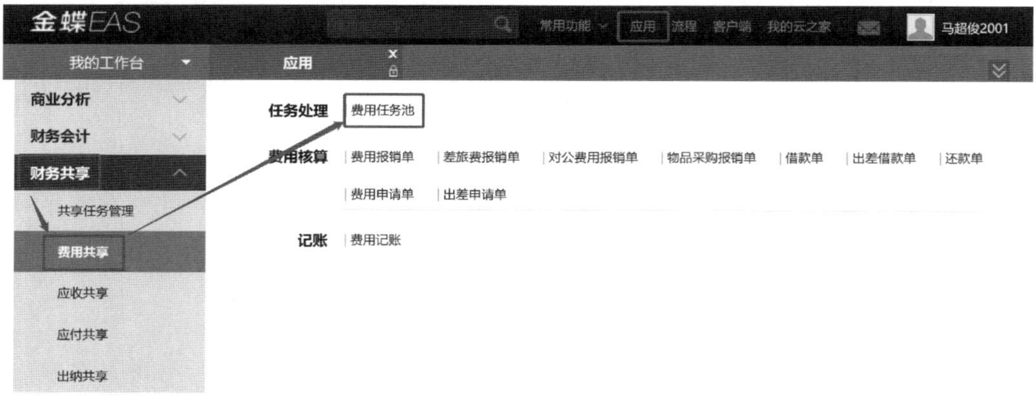

图3-98　费用任务池

点击【我的任务】—【出差借款单】—【更多】—【获取任务】获取出差借款单，如图3-99所示。

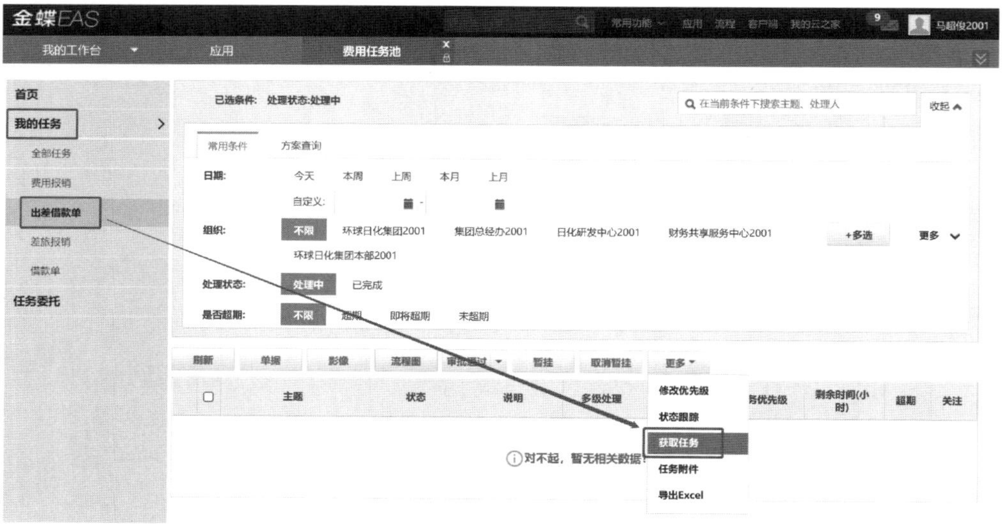

图3-99　出差借款单获取

点击相应单据主题（通过出差借款单据编号确认）进入单据处理页面，如图3-100所示。

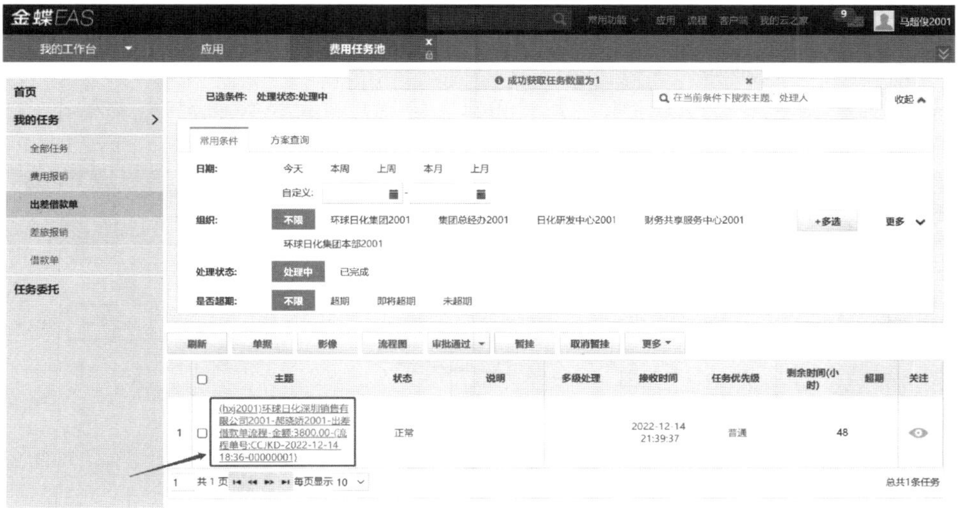

图 3－100 进入单据处理

费用共享岗根据财务审批规则审批该案例，本案例审批通过，分别录入每个行程的原币核定金额，点击【提交】，如图 3－101 所示。

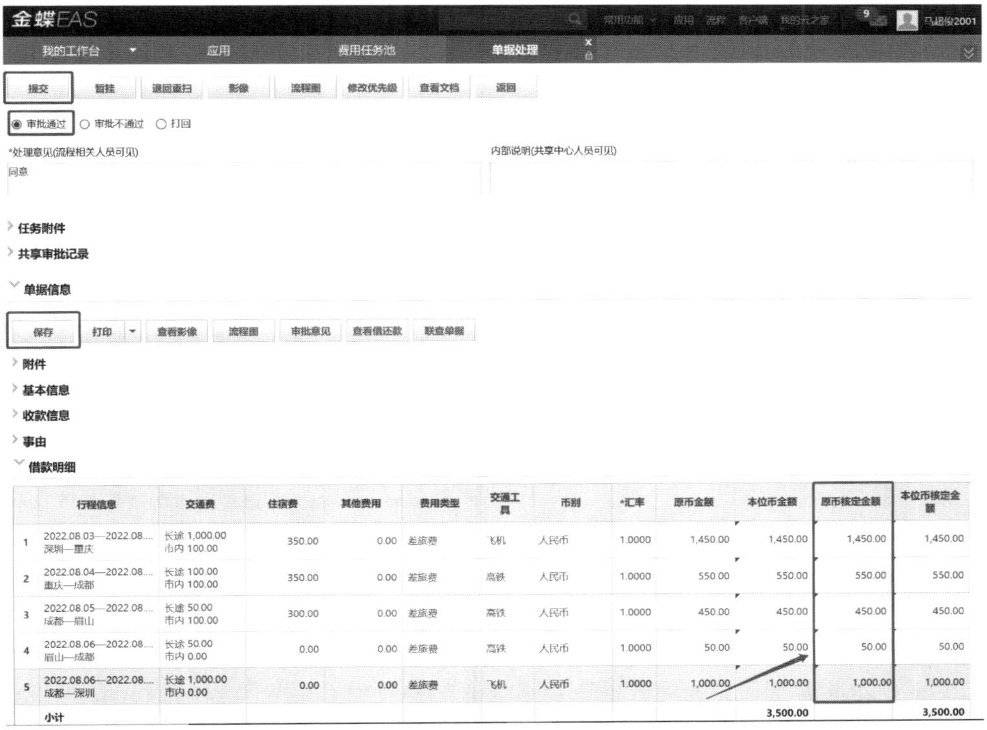

图 3－101 出差借款单录入原币核定金额

4. 关联生成付款单

费用共享岗马超俊根据审批后的出差借款单下推付款单。点击【应用】—【财务共享】—【费用共享】—【出差借款单】进入出差借款单页面，如图 3－102 所示。

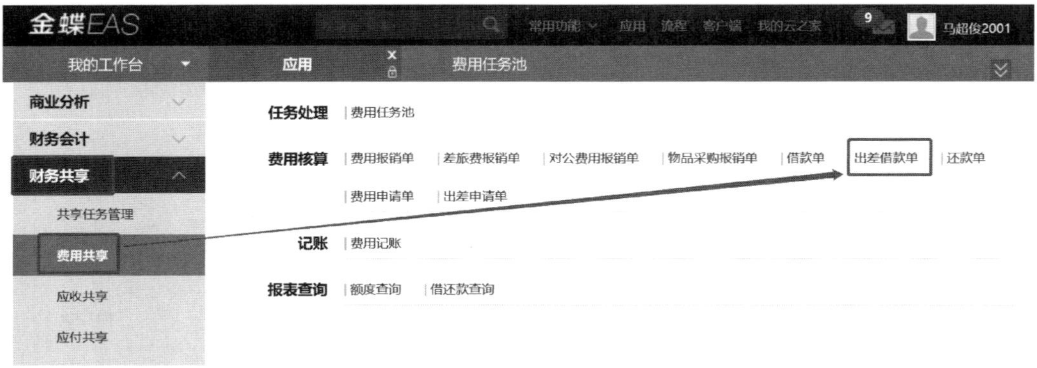

图 3－102　出差借款单查询

选择公司为环球日化深圳销售有限公司＋学号，日期为 20××－01－01 至 20××－12－31，点击【确定】筛选出差借款单。如果列表单据过多，还可通过搜索功能搜索单据编号，精确查找对应单据。勾选相应单据（通过出差借款单据编号确认），点击【关联生成】，如图 3－103 所示。

图 3－103　出差借款单关联生成付款单

选择目标单据为付款单，转换规则为出差借款单到付款单（付款用）SSC，点击【确定】进入付款单编辑页面，如图 3－104 所示。

根据实验数据录入相关信息。付款公司为环球日化深圳销售有限公司＋学号，业

图 3－104　选择目标单据

务日期为20××－08－02，付款类型为其他，选择付款账户为“招商银行龙华支行＋学号”，付款科目为“商业银行存款”；对方科目为其他应收款，录入完毕后点击【保存】【提交】，并记录单据编号，如图3－105所示。

图 3－105　付款单录入完成并提交

5. 付款单共享审批

资金共享岗欧阳杨审批付款单并付款。欧阳杨进入 EASweb 端，用户名：oyy + 学号，密码：空，点击【登录】进入我的工作台页面。点击【应用】—【财务共享】—【共享任务管理】—【共享任务池】进入共享任务池页面，如图 3－106 所示。

图 3－106　共享任务池

点击【我的任务】—【出纳付款单审核】—【更多】—【获取任务】获取付款单，如图 3－107 所示。

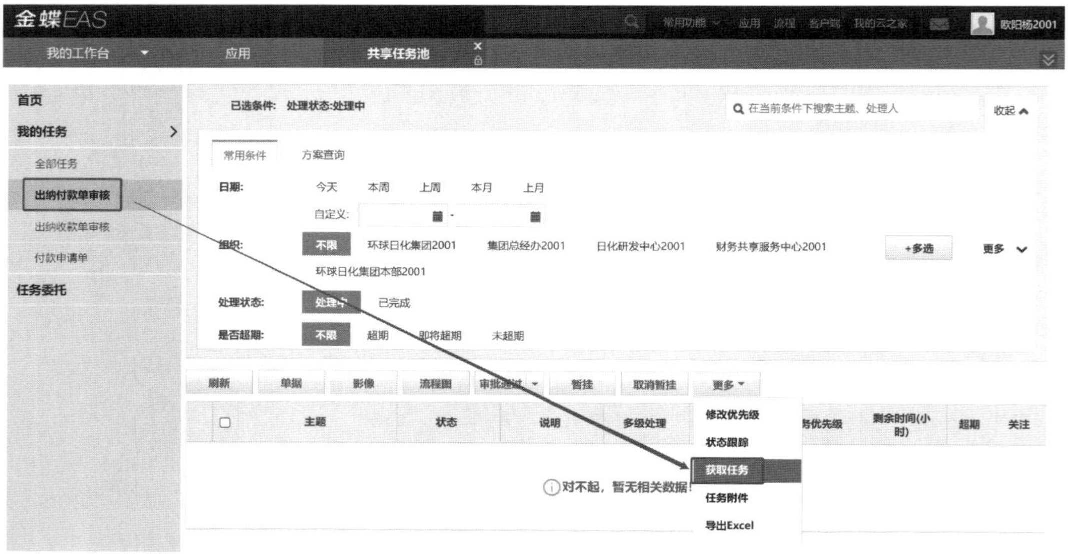

图 3－107　付款单获取

点击相应单据主题（通过单据编号确认）进入单据处理页面，如图 3－108 所示。

图 3－108　进入单据处理

资金共享岗根据财务审批规则审批该案例，本案例审批通过，点击【提交】，如图 3－109 所示。

图 3－109　付款单共享审批

6. 付款

资金共享岗欧阳杨确认付款。点击【应用】—【财务共享】—【出纳共享】—【付款单处理】进入付款单序时簿，如图 3－110 所示。

图 3－110　付款单处理

选择组织为环球日化深圳销售有限公司＋学号，日期为 20××－01－01 至 20××－12－31，点击【确定】筛选付款单。如果列表单据过多，还可通过搜索功能搜索单据编号，精确查找对应单据。勾选相应单据（通过单据编号确认），点击【付款】，如图 3－111 所示。

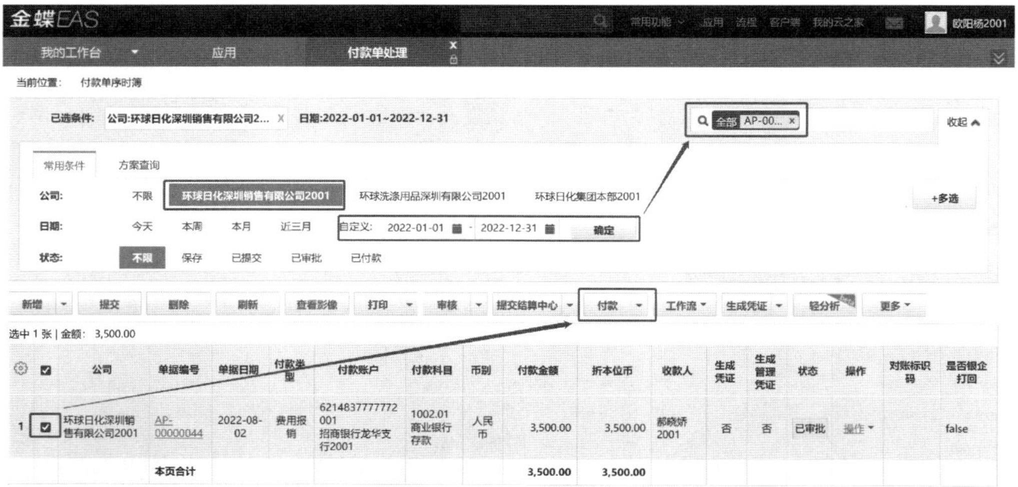

图 3－111　付款单付款

7. 凭证生成、指定流量并复核

在付款单序时簿，勾选相应单据（通过单据编号确认），点击【生成凭证】进入凭证编辑页面，如图 3－112 所示。

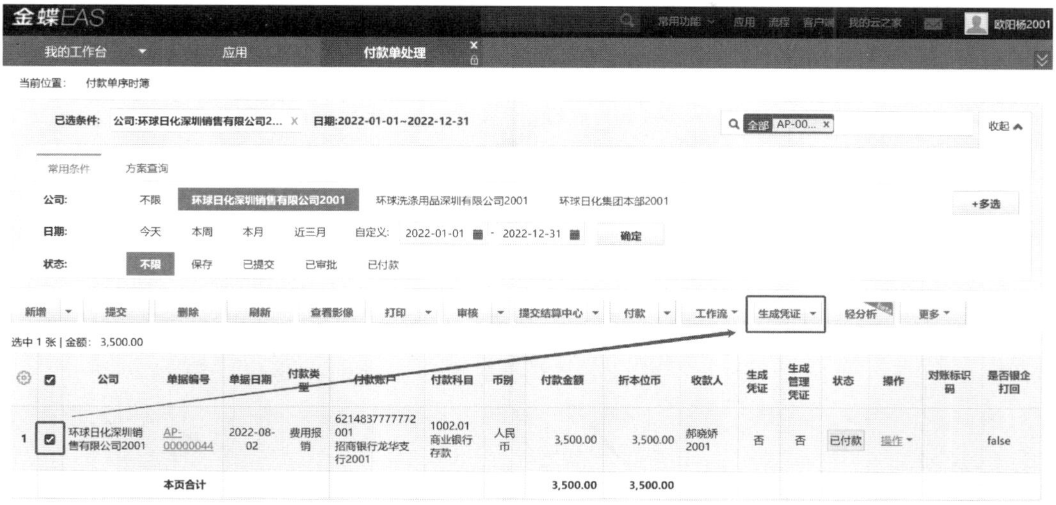

图 3－112　付款单生成凭证

点击【生成凭证】后，系统会自动生成暂存凭证，点击单据后的【操作】—【联查】，可查看上下游单据，如图 3－113 所示。

图 3－113　联查单据

点击【联查】后进入关联查询界面，点击【下游单据】中对应凭证，下方显示出凭证列表，刚关联生成的凭证处于“暂存”状态，点击【凭证字号】进入凭证查看界面，如图 3－114 所示。

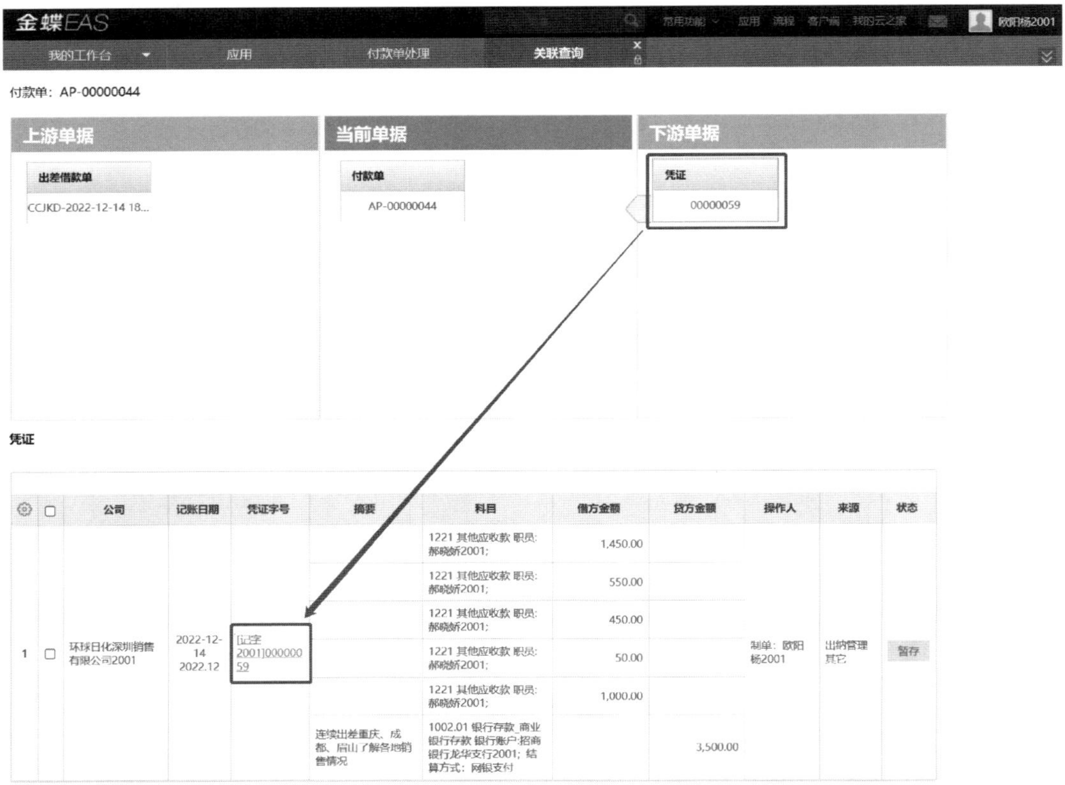

图 3－114　凭证查看

在凭证查看界面，若需修改凭证则点击【修改】进入凭证编辑界面，如图 3－115 所示。

根据案例背景录入相关信息，记账日期为 20××－08－02，业务日期为 20××－08－02，录入完毕后点击【提交】进入现金流量页面，如图 3－116 所示。

选择主表项目为支付的其他与经营活动有关的现金，点击【保存】进入凭证编辑页面，如图 3－117 所示。

在凭证编辑页面复核该凭证，点击【更多】—【复核】，如图 3－118 所示。

如果在该界面复核不成功，请点击【应用】—【财务共享】—【出纳共享】—【凭证复核】，进入凭证复核界面，选择复核的公司，点击【登账参数】确认该组织的登账参数后再执行复核，如图 3－119 所示。

	摘要	科目	原币		本位币		
					汇率	借方	贷方
1		1221 其他应收款 [郝晓娇2001]	人民币	1,450.00	1.00	1,450.00	
2		1221 其他应收款 [郝晓娇2001]	人民币	550.00	1.00	550.00	
3		1221 其他应收款 [郝晓娇2001]	人民币	450.00	1.00	450.00	
4		1221 其他应收款 [郝晓娇2001]	人民币	50.00	1.00	50.00	
5		1221 其他应收款 [郝晓娇2001]	人民币	1,000.00	1.00	1,000.00	
6	连续出差重庆、成都、眉山了解各地销售情况	1002.01 商业银行存款 [招商银行龙华支行2001]	人民币	3,500.00	1.00		3,500.00
	合计	叁仟伍佰元整				3,500.00	3,500.00

图 3－115　凭证编辑

	摘要	科目	原币		本位币		
					汇率	借方	贷方
1		1221 其他应收款 [郝晓娇2001]	人民币	1,450.00	1.00	1,450.00	
2		1221 其他应收款 [郝晓娇2001]	人民币	550.00	1.00	550.00	
3		1221 其他应收款 [郝晓娇2001]	人民币	450.00	1.00	450.00	
4		1221 其他应收款 [郝晓娇2001]	人民币	50.00	1.00	50.00	
5		1221 其他应收款 [郝晓娇2001]	人民币	1,000.00	1.00	1,000.00	
6	连续出差重庆、成都、眉山了解各地销售情况	1002.01 商业银行存款 [招商银行龙华支行2001]	人民币	3,500.00	1.00		3,500.00
	合计	叁仟伍佰元整				3,500.00	3,500.00

图 3－116　凭证录入完成并提交

凭证提交成功后，凭证状态由暂存变为已提交，并生成正式凭证字号，记录凭证字号，如图 3－120 所示。

图 3－117　凭证指定现金流量

图 3－118　凭证复核

8. 凭证审核

总账共享岗樊江波审核记账凭证。樊江波进入 EASweb 端，用户名：fjb + 学号，密码：空，点击【登录】进入我的工作台页面。

点击【应用】—【财务共享】—【总账共享】—【凭证查询】进入凭证查询页面，如图 3－121 所示。

选择公司为环球日化深圳销售有限公司 + 学号，日期为 20××－08－01 至 20××－12－31，点击【确定】筛选凭证。如果列表凭证过多，还可通过搜索功能搜索凭证

图 3－119　登账参数设置

图 3－120　记录凭证字号

编号，精确查找对应凭证。勾选相应凭证（通过凭证编号确认），点击【审核】，如图 3－122 所示。

图 3－121　凭证查询

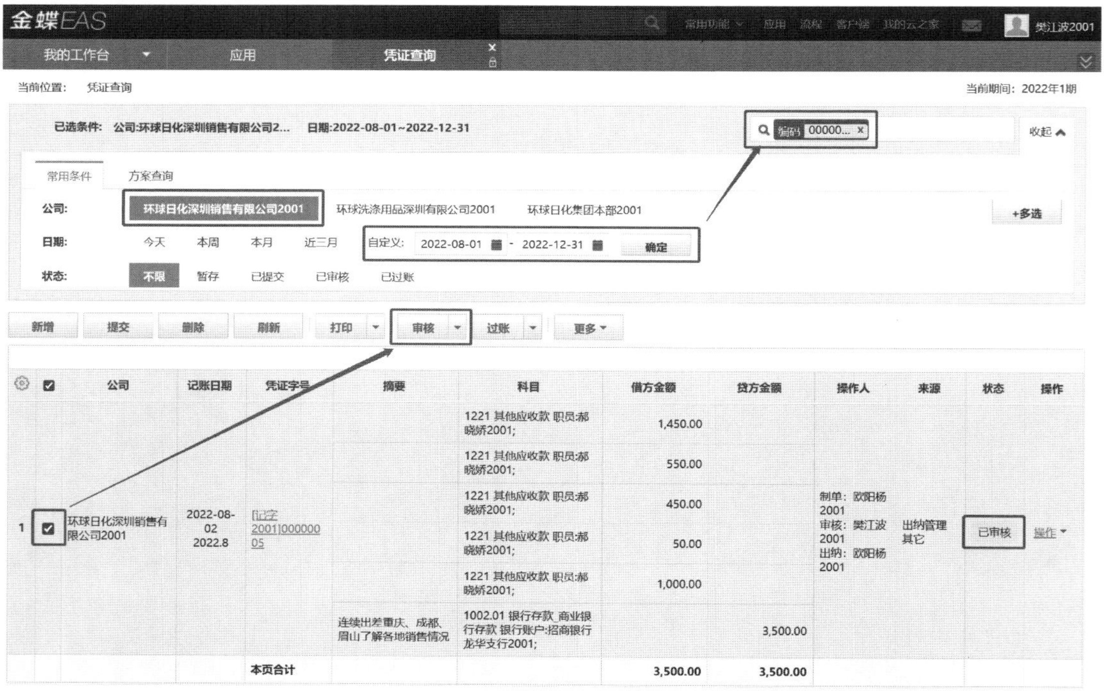

图 3－122　凭证审核

案例六：差旅报销

◎ 实验数据

6月8日，高宏明（ghm＋学号）关联出差申请生成差旅报销单提交到共享中心审批，共享中心当天通过审批，并通过环球日化深圳销售有限公司工商银行集中结算账户支付报销费用。差旅报销单费用明细如表3－5所示。

表3－5　　差旅报销明细

日期	地点	始终行程	长途交通费	市内交通费	住宿费	出差补贴	其他费用
6月5日	深圳	深圳—北京	1 200	120	500	100	给协会会长送礼品，费用2 000元。
6月6日	北京	北京—北京		200	500	100	请协会会长观看话剧演出，票价380元，共进晚餐，餐饮费640元。
6月7日	北京	北京—深圳	1 200	120			

◎ 操作前准备

信息管理员康路达（kld＋学号）登录金蝶EAS客户端维护共享中心集中结算银行账户信息（见表3－6）。操作步骤可参照建立集团案例：新建银行账户部分。

注意：登录EAS后注意切换当前组织为环球日化深圳销售有限公司。

表3－6　　集中结算银行账户信息

编码	银行账号	名称	开户单位	金融机构	科目	币别	用途	收支属性
004.学号	622444444444＋学号	环球日化深圳销售有限公司集中结算账户＋学号	环球日化深圳销售有限公司＋学号	工商银行深圳分行＋学号	1002.01（商业银行存款）	单一币别人民币	活期	收支户

◎ 操作指导

1. 提交差旅报销单之前，需先维护收款信息。
2. 出差申请单关联差旅报销单提交。

环球日化深圳销售有限公司副总经理高宏明出差回来后，关联出差申请单生成差旅报销单。高宏明进入EASweb端，用户名：ghm＋学号，密码：空，点击【登录】进入我的工作台页面。点击【应用】—【财务会计】—【费用管理】—【报销工作台】进入报销工作台页面，如图3－123所示。

图 3-123　报销工作台

点击【待报销】—【刷新】获取出差申请单，点击相应单据编号（通过单据编号确认）进入出差申请单查看页面，如图 3-124 所示。

图 3-124　出差申请单获取

点击【关联生成】，选择目标单据为差旅费报销单，转换规则为出差申请单到差旅费报销单 SSC，点击【确定】进入差旅费报销单编辑页面，如图 3-125 和图 3-126 所示。

根据实验数据录入差旅费报销单。报销人为高宏明+学号，职位为副总经理，申请日期为 20××-06-08，公司为环球日化深圳销售有限公司+学号，部门为营销中

图 3－125　出差申请单关联生成差旅费报销单

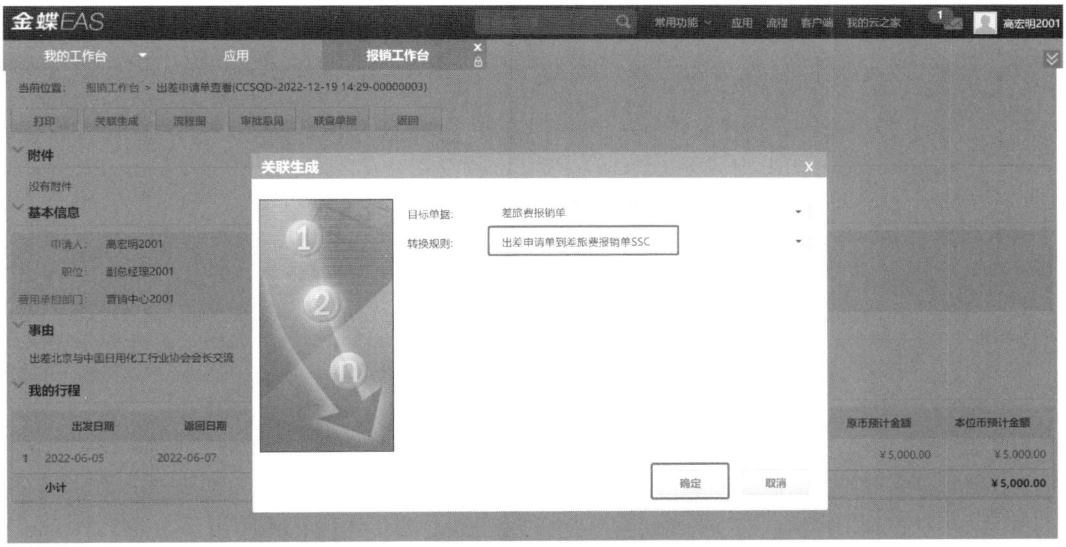

图 3－126　转换规则出差申请单到差旅费报销单

心＋学号，点击编辑按钮，根据实验数据录入费用明细，日期为 2022－06－05 至 2022－06－05，出发地为深圳，目的地为北京，费用类型为差旅费，交通工具为飞机，长途交通费为机票价格 1 200 元，市内交通费 120 元，住宿费 500 元，汇率 1，出差补助费 100 元，币别为人民币，系统自动计算合计报销金额为 1 920 元。确认无误后点击【保存】或【再录一笔】，如图 3－127 所示。

根据实验数据录入其余日期的费用明细，如图 3－128 和图 3－129 所示。

图 3－127　差旅费报销单录入

图 3－128　差旅费报销单录入

费用明细录入完成后，维护收款信息。支付方式为网银支付，收款人选择高宏明＋学号。

录入完毕后上传机票、住宿费发票、的士票等票据影像，点击【保存】【提交】，并记录单据编号，如图 3－130 所示。

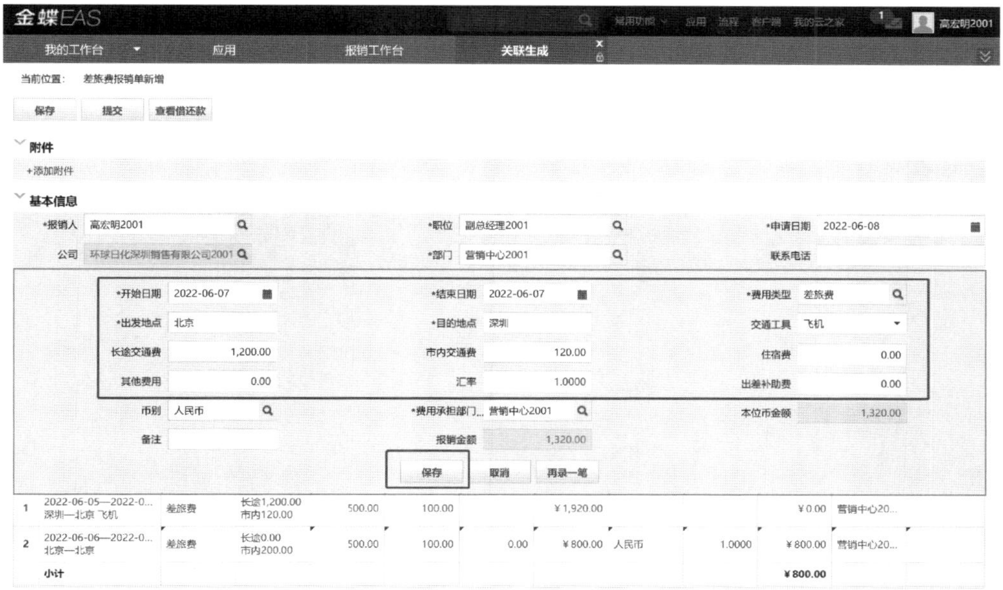

图 3－129 差旅费报销单录入

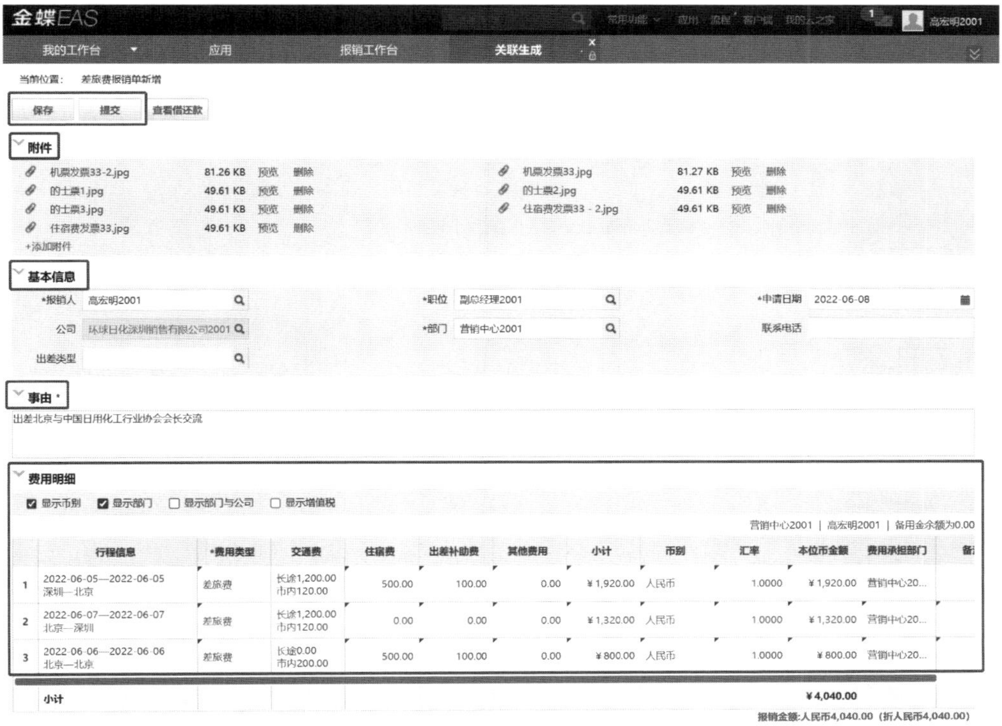

图 3－130 差旅费报销单录入完成并提交

3. 业务审批差旅报销单。

环球日化深圳销售有限公司副总经理高宏明提交差旅报销单后，行政上级明大成对业务的真实性进行审批。明大成进入 EASweb 端，用户名：mdc + 学号，密码：空，点击【登录】进入我的工作台页面。双击待办事项下的相应单据（通过单据编码确认）进入单据审批页面，如图 3 – 131 所示。

图 3 – 131　待办事项查看

行政上级明大成对业务的真实性进行审批。本案例真实发生，审批处理选择同意，点击【提交】，如图 3 – 132 所示。

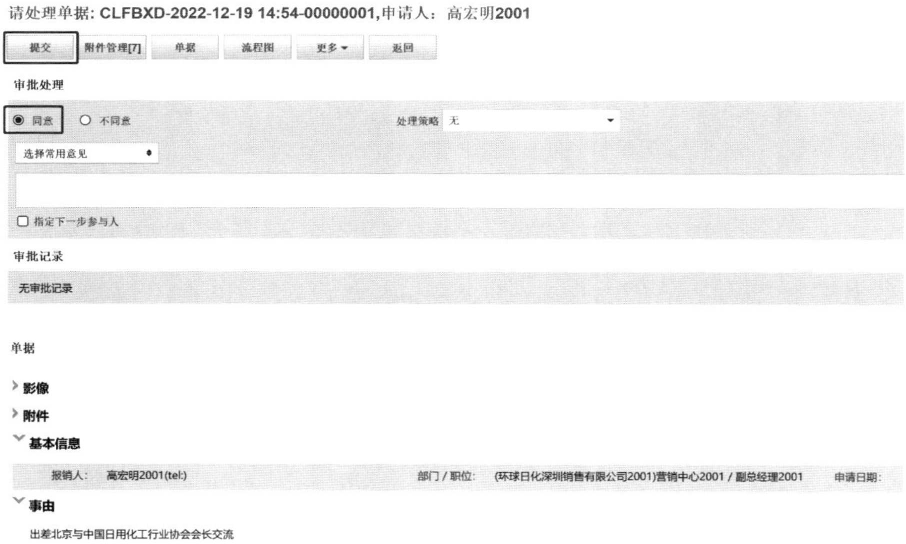

图 3 – 132　差旅费报销单业务审批

4. 共享审批差旅报销单。

费用共享岗马超俊根据财务审批规则审批获取到的单据。马超俊进入EASweb端，用户名：mcj+学号，密码：空，点击【登录】进入我的工作台页面。点击【应用】—【财务共享】—【费用共享】—【费用任务池】进入费用任务池页面，如图3-133所示。

图3-133　费用任务池

点击【我的任务】—【差旅报销】—【更多】—【获取任务】获取差旅费用报销单，如图3-134所示。

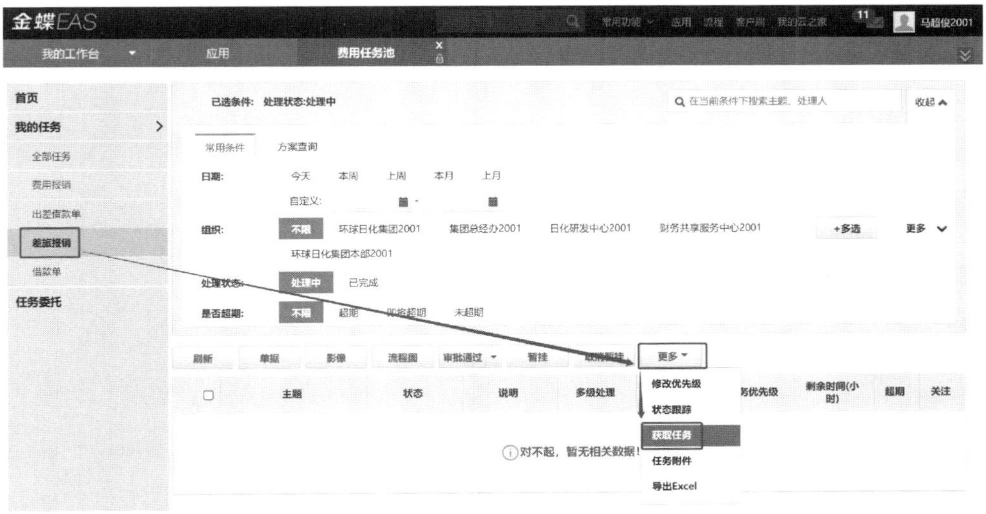

图3-134　差旅费用报销单获取

点击相应单据编号（通过差旅费报销单据编号确认）进入单据处理页面，如图3-135所示。

图 3－135　进入单据处理

费用共享岗根据财务审批规则审批该案例，本案例审批通过，录入每个行程的原币核定金额，点击【保存】【提交】，如图 3－136 所示。

图 3－136　差旅费用报销单共享审批

5. 关联生成付款单。

费用共享岗马超俊根据共享审批后的差旅报销单下推付款单。点击【应用】—【财务共享】—【费用共享】—【差旅报销单】进入差旅报销单页面，如图 3－137 所示。

图 3－137　差旅报销单查询

选择公司为环球日化深圳销售有限公司＋学号，日期为 20××－01－01 至 20××－12－31，点击【确定】筛选差旅费报销单。如果列表单据过多，还可通过搜索功能搜索单据编号，精确查找对应单据。勾选相应单据（通过差旅费报销单据编号确认），点击【关联生成】，如图 3－138 所示。

图 3－138　关联生成

选择目标单据为付款单，转换规则为“差旅费报销单到付款单（按核定金额付款）SSC”，点击【确定】进入付款单编辑页面，如图 3－139 所示。

根据实验数据录入相关信息。付款公司为环球日化深圳销售有限公司＋学号，业

图 3－139　选择目标单据

务日期为 20××－06－08，选择付款账户为“环球日化深圳销售有限公司集中结算账户＋学号”；付款科目为“商业银行存款”，结算方式选择“集中结算”，对方科目为“6601.03 销售费用_销售费用_差旅费”，录入完毕后点击【保存】【提交】，并记录单据编号，如图 3－140 所示。

图 3－140　付款单录入完成并提交

6. 付款单共享审批。

资金共享岗欧阳杨审批付款单并付款。欧阳杨进入 EASweb 端，用户名：oyy + 学号，密码：空，点击【登录】进入我的工作台页面。点击【应用】—【财务共享】—【共享任务管理】—【共享任务池】进入共享任务池页面，如图 3 - 141 所示。

图 3 - 141　共享任务池

点击【我的任务】—【全部任务】—【更多】—【获取任务】获取付款单，如图 3 - 142 所示。

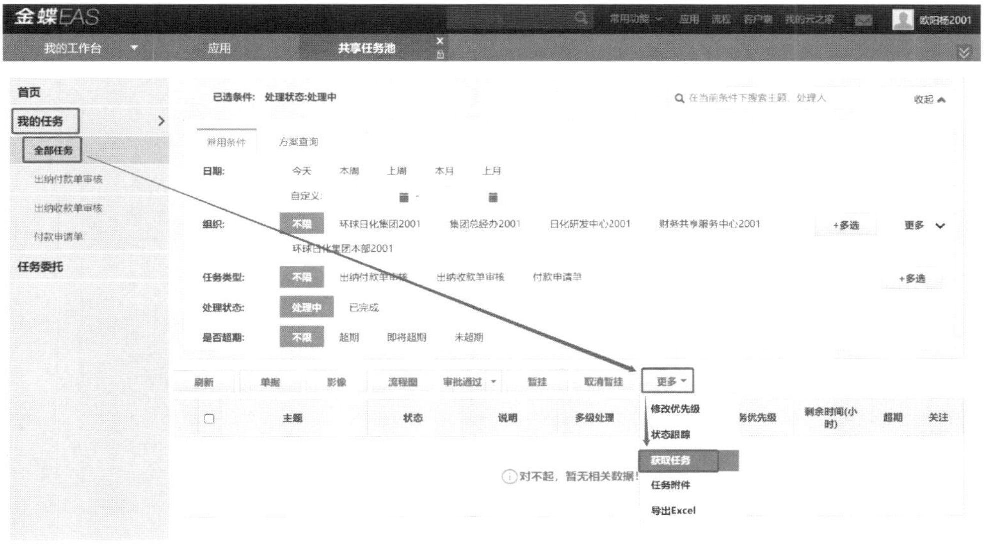

图 3 - 142　付款单获取

点击相应单据主题（通过单据编号确认）进入单据处理页面，如图 3－143 所示。

图 3－143　进入单据处理

资金共享岗根据财务审批规则审批该案例，本案例审批通过，点击【提交】，如图 3－144 所示。

图 3－144　付款单共享审批

7. 付款。

资金共享岗欧阳杨确认付款。点击【应用】—【财务共享】—【出纳共享】—【付款单处理】进入付款单序时簿，如图 3－145 所示。

选择组织为环球日化深圳销售有限公司＋学号，日期为 20×× －01 －01 至 20×× －12 －31，点击【确定】筛选付款单。如果列表单据过多，还可通过搜索功能搜索单据

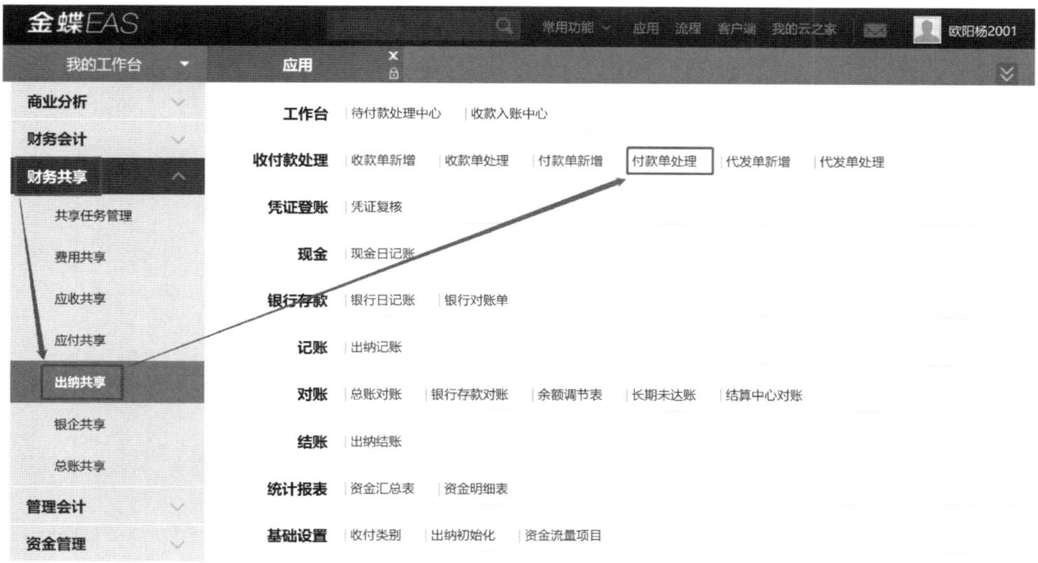

图 3－145　付款单处理

编号，精确查找对应单据。勾选相应单据（通过单据编号确认），点击【付款】，如图 3－146 所示。

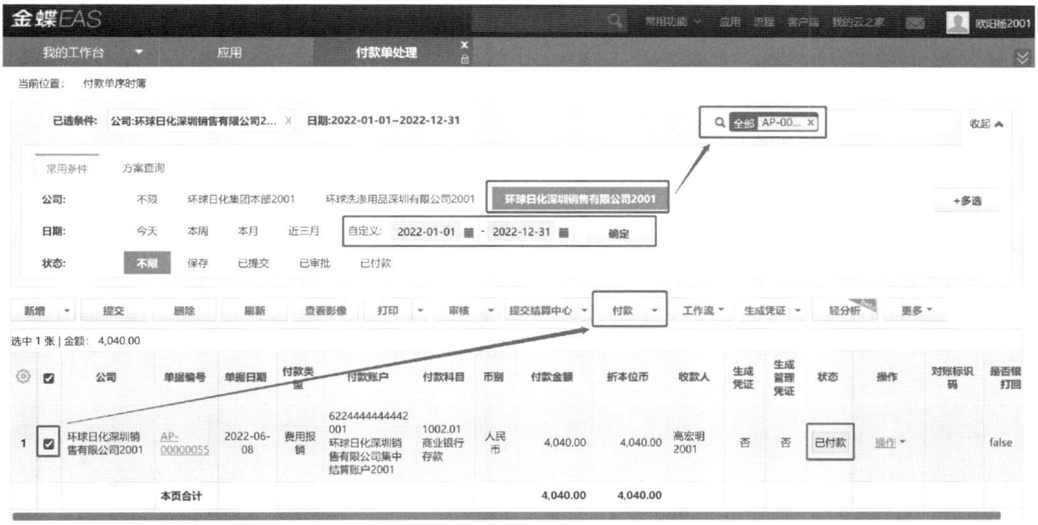

图 3－146　付款单付款

8. 凭证生成、指定流量并复核。

付款完成后，勾选相应单据（通过单据编号确认），点击【生成凭证】进入凭证编辑页面，如图 3－147 所示。

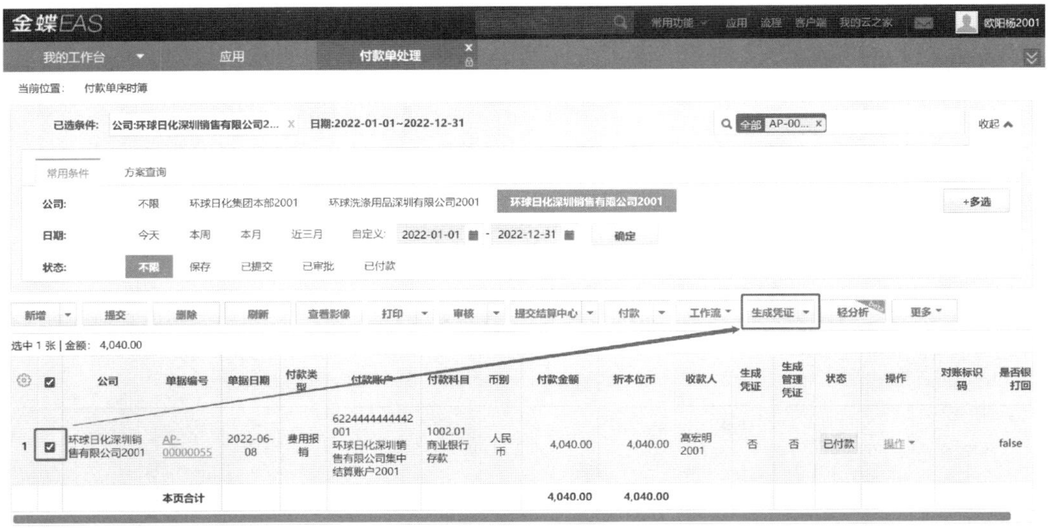

图 3－147　生成凭证

点击【生成凭证】后，系统会自动生成暂存凭证，点击单据后的【操作】—【联查】，可查看上下游单据，如图 3－148 所示。

图 3－148　联查凭证

点击【联查】后进入关联查询界面，点击【下游单据】中对应凭证，下方显示出凭证列表，刚关联生成的凭证处于“暂存”状态，点击【凭证字号】进入凭证查

看界面。

在凭证查看界面，若需修改凭证则点击【修改】进入凭证编辑界面。

根据案例背景修改相关信息，记账日期为 20××-06-08，业务日期为 20××-06-08，录入完毕后点击【保存】【提交】进入现金流量页面，如图 3-149 所示。

图 3-149　凭证录入完成并提交

提交后，选择主表项目为支付的其他与经营活动有关的现金，点击【保存】进入凭证编辑页面，如图 3-150 所示。

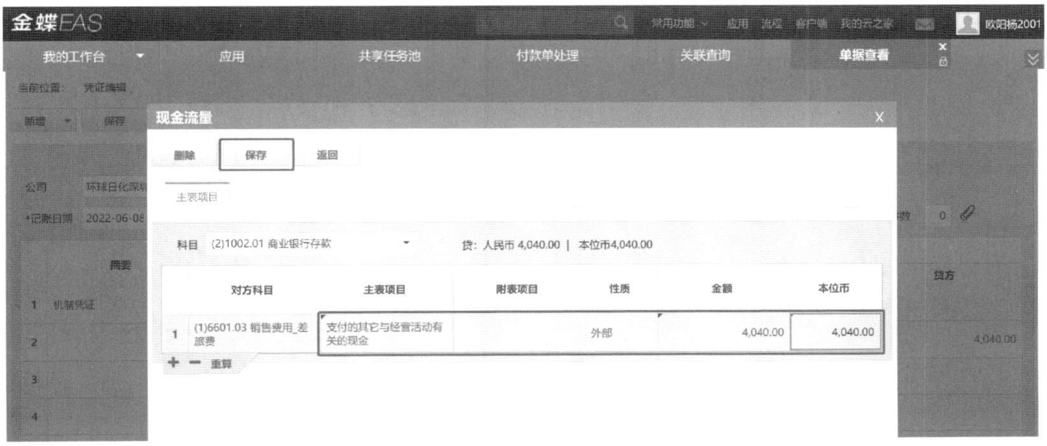

图 3-150　凭证指定现金流量

指定现金流量后，系统提示凭证提交成功。凭证状态由暂存变为已提交，并生成正式凭证字号，记录凭证字号，如图 3－151 所示。

图 3－151　记录凭证字号

在凭证编辑页面复核该凭证，点击【更多】—【复核】，如图 3－152 所示。

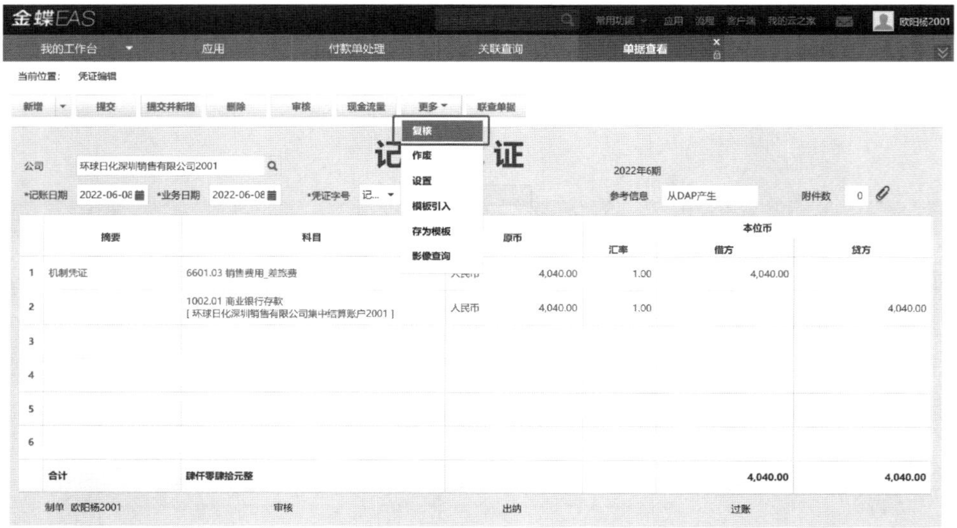

图 3－152　凭证复核

如果在该界面复核不成功，请点击【应用】—【财务共享】—【出纳共享】—【凭证复核】，进入凭证复核界面，选择复核的公司，点击【登账参数】确认该组织的登账参数后再执行复核，如图 3－153 所示。

图 3－153　登账参数设置

9. 凭证审核。

总账共享岗樊江波审核记账凭证。樊江波进入 EASweb 端，用户名：fjb＋学号，密码：空，点击【登录】进入我的工作台页面。

点击【应用】—【财务共享】—【总账共享】—【凭证查询】进入凭证查询页面，如图 3－154 所示。

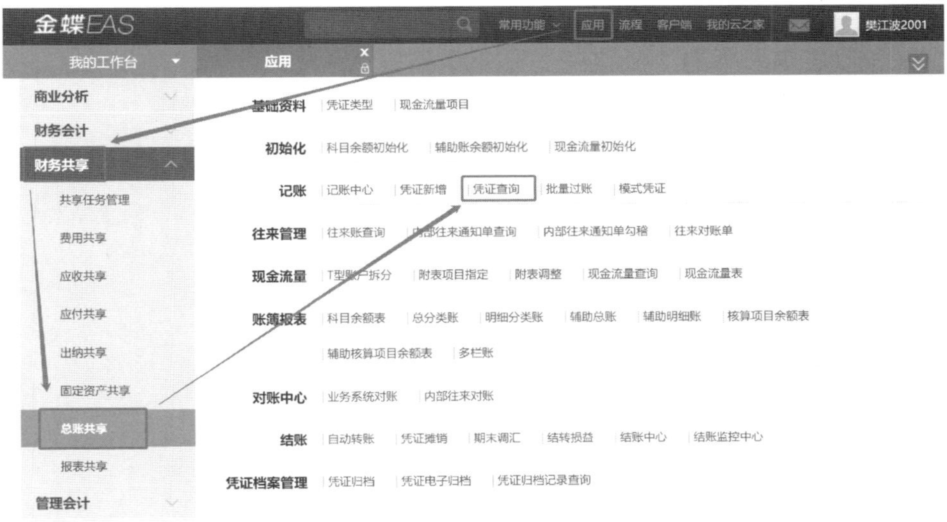

图 3－154　凭证查询

选择公司为环球日化深圳销售有限公司＋学号，日期为20××－06－01至20××－06－30，点击【确定】筛选凭证。如果列表凭证过多，还可通过搜索功能搜索凭证编号，精确查找对应凭证。勾选相应凭证（通过凭证编号确认），点击【审核】，如图3－155所示。

图3－155　凭证审核

10. 支付报销费用。

点击网上银行工作台，登录工商银行网银支付高宏明差旅报销费用。

第四章　固定资产共享

第一节

系统概述

固定资产是指为企业生产商品、提供劳务、出租或经营管理而持有使用寿命超过一个会计年度的有形资产，作为企业的固定资产应具备以下两个特征：

第一，企业持有固定资产的目的，是为了生产商品、提供劳务、出租或经营管理的需要，而不像商品是为了对外出售。这一特征是固定资产区别于商品等流动资产的重要标志。

第二，企业使用固定资产的期限较长，使用寿命一般超过一个会计年度。这一特征表明企业固定资产的收益期超过一年，能在一年以上的时间里为企业创造经济利益。

固定资产是企业资产的重要组成部分，它为企业生产经营活动提供必要的物质条件。企业现在都越来越重视加强固定资产的管理与核算，都在不断建立、健全固定资产管理制度，明确管理责任，保证其安全、完整以及促使其合理有效地利用。

一、固定资产共享系统简介

固定资产共享系统是财务共享管理信息系统的组成模块，是按照财务共享模式重新设计的固定资产管理系统。支持多组织批量处理及互联网式的操作体验，更符合财务共享模式下的资产会计岗位细分特点。系统提供了固定资产日常最核心的业务流程，包括卡片、清理单业务处理、折旧计提及维护、固定资产记账、总账对账、结账等支持多组织批量处理的业务功能。固定资产共享系统还与应收共享、应付共享、出纳共享、总账共享功能紧密集成，为共享人员更高效快速地处理固定资产业务提供了管理工具。

二、固定资产共享系统主要功能

（一）固定资产初始化

固定资产初始化设置是根据企业集团的具体情况建立固定资产共享系统的过程，通过固定资产的初始化可以维护固定资产基础资料、设置固定资产启用期间、录入初始化卡片并结束初始化、设置期末对账方案以及与总账联用。

（二）固定资产日常核算

1. 支持企业日常卡片处理

流程上包括保存、提交、审核、生成凭证、关联生成等操作。支持根据间接/直接汇率折算原值、录入纳税折旧信息、进行折旧预测、批量复制卡片。无须切换登录组织可完成所有组织的卡片手工录入工作。卡片相关业务操作支持多组织批量处理。

2. 支持企业日常清理单处理

流程上包括保存、提交、审核、生成凭证、关联生成等操作。支持部分清理。无须切换登录组织可完成所有组织的清理单手工录入工作。清理单相关业务操作支持多组织批量处理。

3. 支持企业日常变更单处理

流程上包括保存、提交、审核、生成凭证等操作。支持批量变更。无须切换登录组织可完成所有组织的变更单手工录入工作。变更单相关业务操作支持多组织批量处理。

4. 支持企业日常调拨单处理

流程上包括保存、提交、审核、确认等操作。支持部分调拨。无须切换登录组织可完成所有组织的调拨单手工录入工作。调拨单相关业务操作支持多组织批量处理。

（三）固定资产折旧管理

计提折旧是固定资产管理共享系统的主要功能之一。可以根据录入系统的资料进行工作量维护，提供折旧计提功能，对各项资产每期计提一次折旧，并提供折旧计提结果查看与修改、审核与记账功能。

三、固定资产共享系统主要业务

（一）固定资产新增业务

固定资产新增业务通过金蝶财务共享应用实践平台固定资产卡片单进行处理，适用范围包括：企业发生固定资产新增时，填写固定资产卡片，记录固定资产信息。

1. 审批规则

第一，采购的固定资产发票需要盖章生效的增值税发票，且开票方与往来户一致。

第二，收到捐赠的固定资产需要上传捐赠单位的增值税发票。

2. 业务流程

金蝶财务共享系统固定资产新增的业务流程如图 4－1 所示：

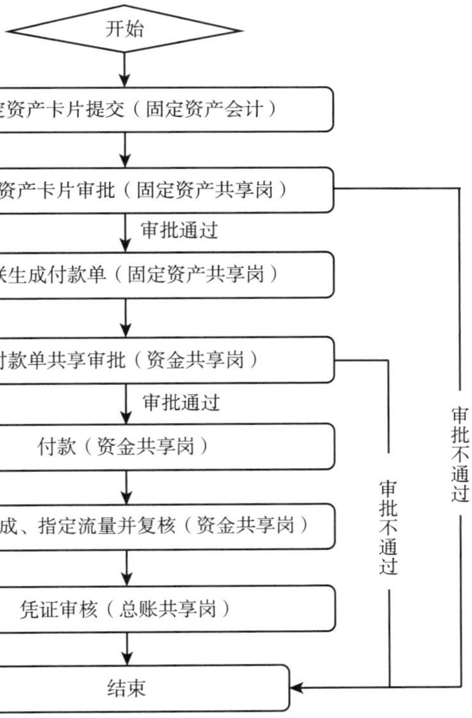

图 4－1　固定资产新增业务流程图

（二）固定资产变更业务

固定资产变更业务通过金蝶财务共享应用实践平台固定资产变更单进行处理，适用范围包括：企业固定资产信息发生变化。

1. 审批规则

主要审批规则：进行固定资产变更的卡片需附有盖章生效的发票。

2. 业务流程

金蝶财务共享系统固定资产变更的业务流程如图 4－2 所示：

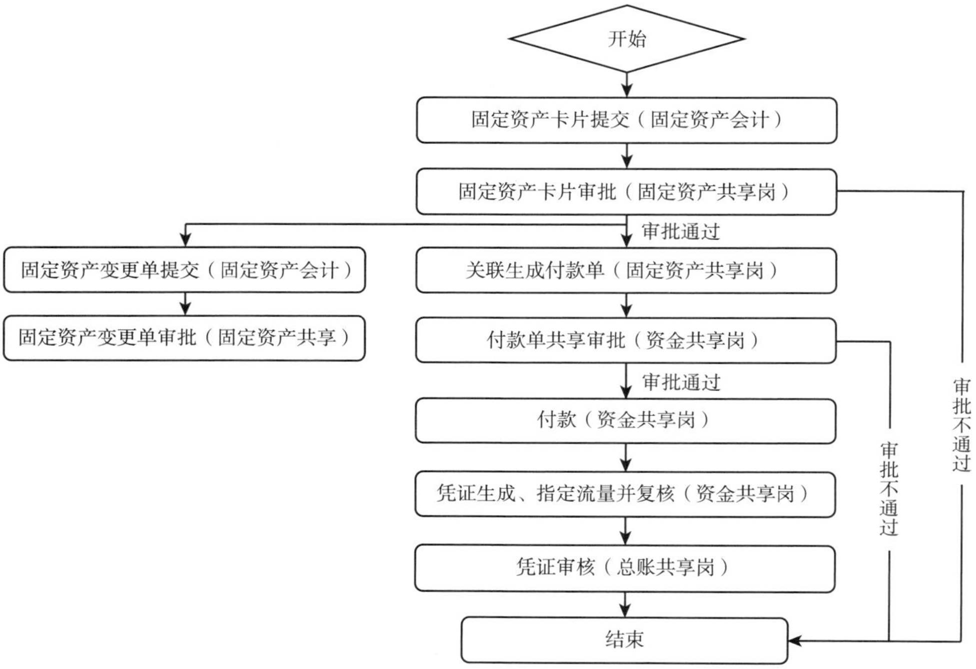

图 4－2 固定资产变更业务流程图

（三）固定资产调拨业务

固定资产调拨业务通过金蝶财务共享应用实践平台固定资产调拨单进行处理，适用范围：当集团内部公司间发生固定资产转移的时候，需要填写固定资产调拨单。

1. 审批规则

（1）进行调拨的卡片需附有盖章生效的发票；

（2）进行固定资产调拨时需提供盖章生效的资产调拨申请。

2. 业务流程

金蝶财务共享系统固定资产调拨的业务流程如图 4－3 所示：

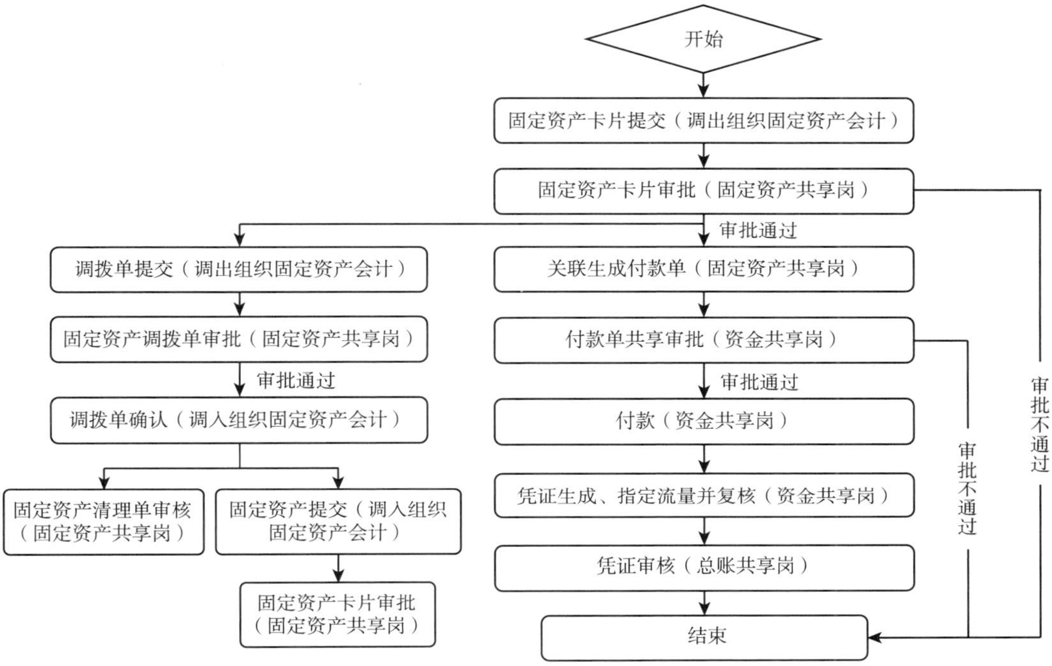

图 4－3　固定资产调拨业务流程图

（四）固定资产清理业务

固定资产清理业务通过金蝶财务共享应用实践平台固定资产清理单进行处理，适用范围：当因报废、出售、投资、捐赠等原因发生减少固定资产的情况时，需要新增固定资产清理单。

1. 审批规则

（1）进行清理的固定资产卡片需附有盖章生效的发票；

（2）因报废进行清理的固定资产需提供固定资产报废申请；

（3）因出售进行清理的固定资产需提供收据等证明文件。

2. 业务流程

金蝶财务共享系统固定资产清理的业务流程如图 4－4 所示：

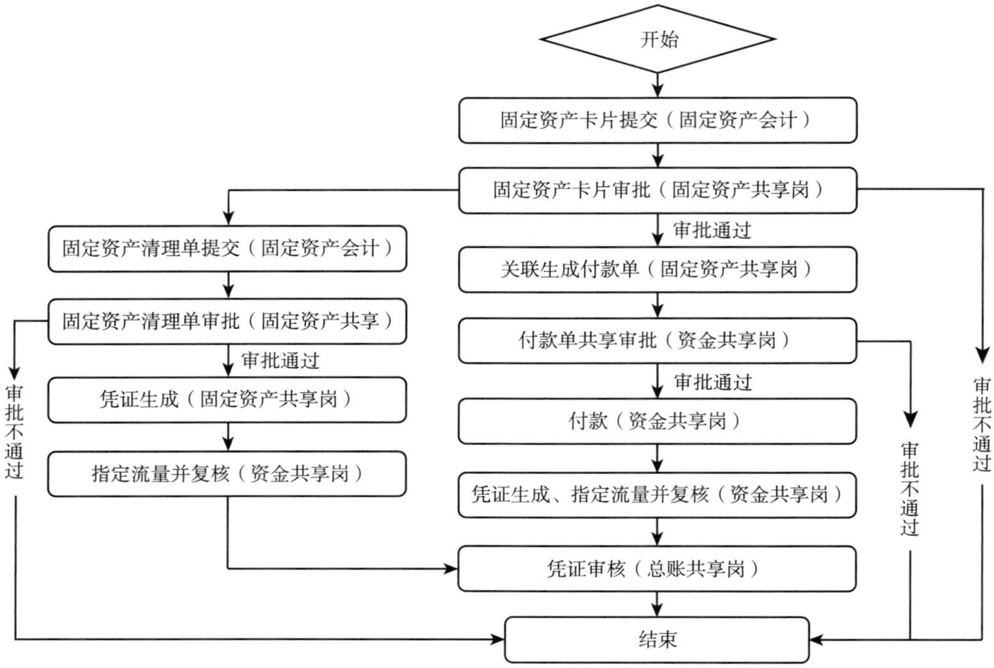

图 4－4　固定资产清理业务流程图

（五）固定资产折旧业务

固定资产折旧是指在固定资产使用寿命内，按照确定的方法对应计折旧额进行系统分摊。固定资产折旧业务通过金蝶财务共享应用实践平台进行处理。具体的业务流程如图 4－5 所示：

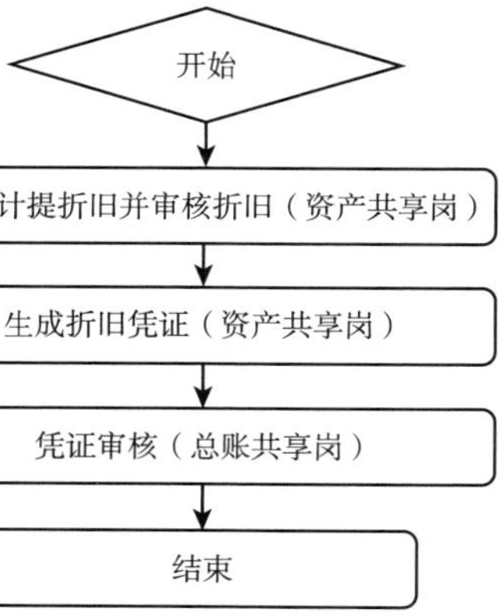

图 4－5　固定资产折旧业务流程图

第二节

固定资产共享初始化

案例一：固定资产初始化设置

◎ 应用场景

环球日化集团本部于20××年1月开始使用固定资产系统，由信息管理员康路达（kld+学号）完成环球日化集团本部固定资产初始化并与总账联用。

◎ 实验步骤

- 维护固定资产基础资料
- 设置固定资产启用期间
- 录入初始化卡片并结束初始化
- 设置期末对账方案
- 与总账联用

◎ 实验前准备

- 建立集团资料已全部录入
- 总账系统已启用

◎ 实验数据（见表4-1至表4-3）

表4-1　环球日化集团地址簿信息

地址编码	学号.01
国家	中国
地址详址	高新南十二路
省份城市	广东深圳

表4-2　环球日化集团本部对账方案信息

方案名	默认方案+学号	对账期间	20××年1期
固定资产原值科目			
科目列表	1601 固定资产		
累计折旧科目	1602 累计折旧		
减值准备科目	1603 固定资产减值准备		

表4-3　　环球日化集团本部固定资产卡片初始化信息

资产类别	房屋及建筑物		资产名称	本部大楼	
公司			环球日化集团本部+学号		
基本信息					
资产数量	1	计量单位	栋	实物入账日期	2021年1月1日
来源方式	购入	使用状态	使用中	财务入账日期	2021年1月1日
存放地点	中国广东深圳高新南十二路	经济用途	生产经营用	管理部门	环球日化集团本部+学号
原值与折旧					
币别	人民币		原币金额	24 000 000	
交付日期	2021年1月1日	开始使用日期	2021年1月1日	已折旧期间数	251
预计使用年限	70		预计使用期间数	840	
累计折旧	12 317 142.86	预计净残值	2 400 000	净残值率	10%
折旧方法	平均年限法（基于原值）		全寿命累计折旧	12 317 142.86	
核算信息					
固定资产科目			1601.01 固定资产—房屋及建筑物		
累计折旧科目			1602.01 累计折旧—房屋及建筑物		
减值准备科目			1603.01 固定资产减值准备—房屋及建筑物		
折旧费用分摊					
折旧费用分摊科目	6602.04 管理费用—管理费用—折旧费		分摊比例	100%	
使用部门			环球日化集团本部+学号		

◎ 操作指导

1. 维护固定资产基础资料

固定资产基础资料是固定资产系统发生业务的前提，基础资料不可跨级引用。信息管理员康路达（kld+学号）登录金蝶EAS客户端，切换组织到环球日化集团+学号。维护固定资产基础资料固定资产类别，点击【财务会计】—【固定资产】—【基础设置】—【固定资产类别】进入固定资产类别界面，如图4-6所示。

注：维护固定资产基础资料“固定资产类别”“使用状态”“变动方式”“经济用途”，需先在环球日化集团维护，才能在环球日化集团本部、环球日化深圳销售有限公司、环球洗涤用品深圳有限公司维护。固定资产基础资料不可跨级引用。

点击工具栏【引入】进入固定资产类别引入界面，全选后，点击【引入】，如图4-7所示。

然后维护固定资产基础资料使用状态，点击【财务会计】—【固定资产】—【基础

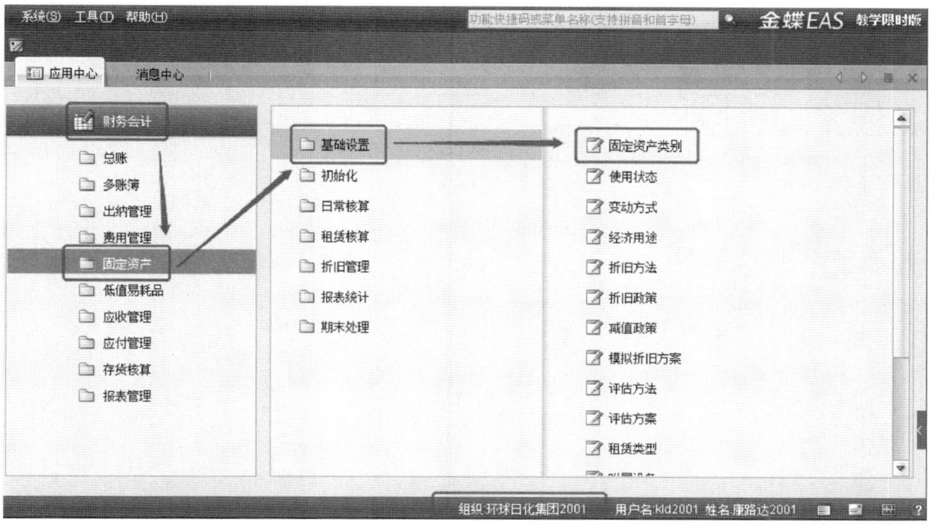

图 4－6　固定资产类别查询

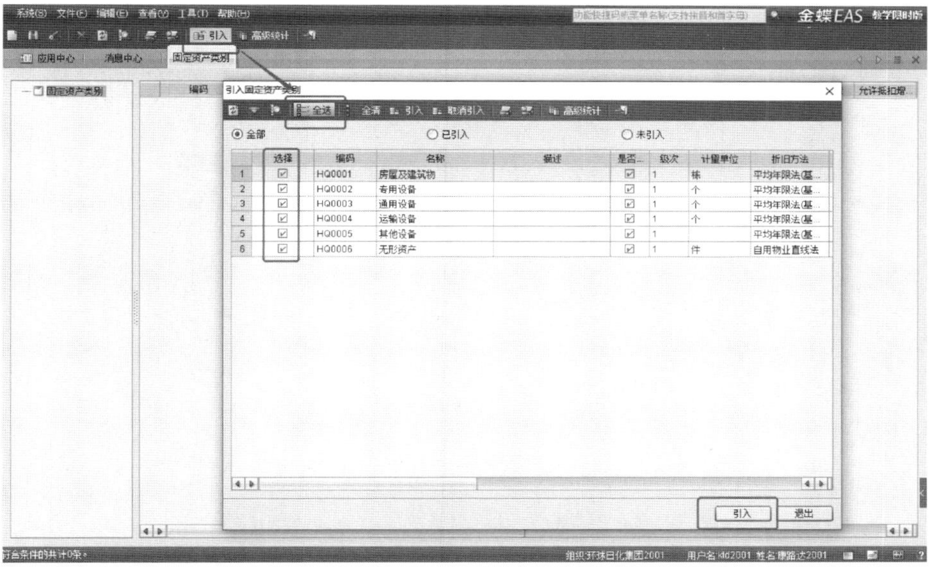

图 4－7　固定资产类别引入

设置】—【使用状态】进入使用状态界面，如图 4－8 所示。

点击工具栏【引入】进入使用状态引入界面，全选后，点击工具栏【引入】，如图 4－9 所示。

维护固定资产基础资料变动方式，点击【财务会计】—【固定资产】—【基础设置】—【变动方式】进入变动方式界面，如图 4－10 所示。

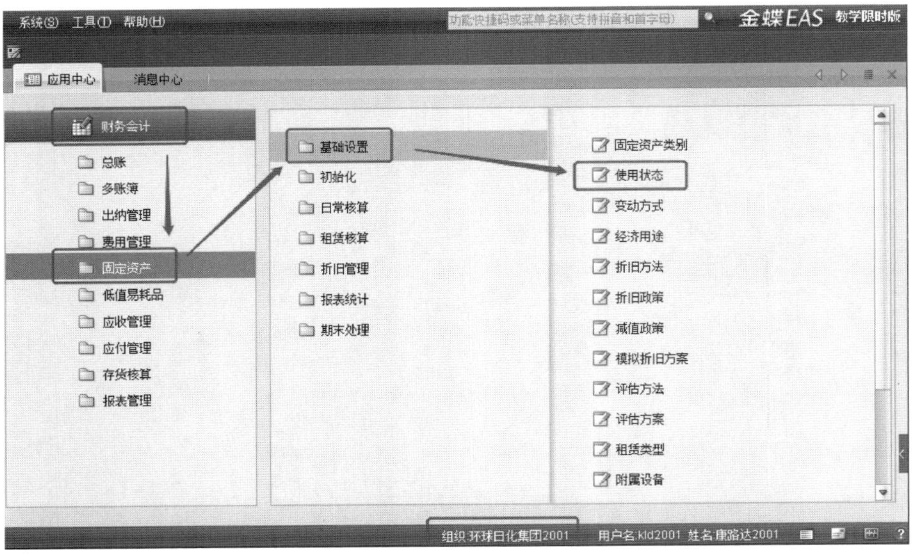

图 4-8　使用状态查询

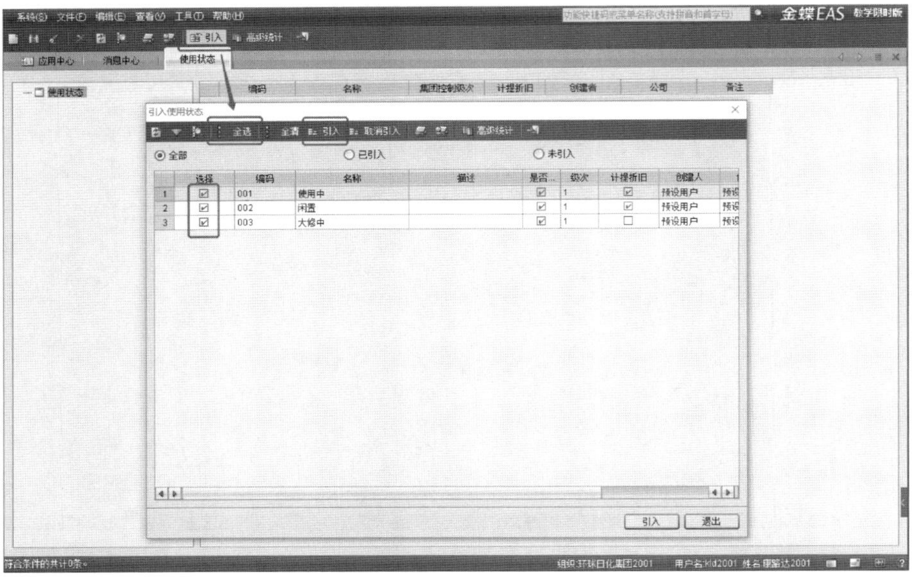

图 4-9　使用状态引入

点击工具栏【引入】进入变动方式引入界面，全选后，再点击工具栏【引入】，如图 4-11 所示。

维护固定资产基础资料经济用途，点击【财务会计】—【固定资产】—【基础设置】—【经济用途】进入经济用途界面，如图 4-12 所示。

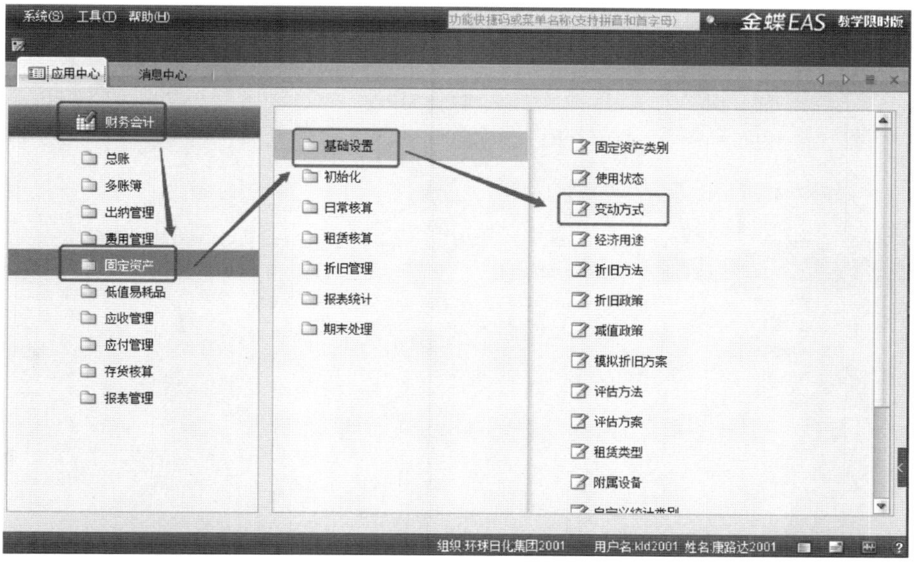

图 4－10　变动方式查询

图 4－11　变动方式引入

点击工具栏【引入】进入经济用途引入界面，全选后，点击工具栏【引入】，如图 4－13 所示。

维护固定资产基础资料地址簿，点击【企业建模】—【辅助数据】—【公共数据】—【地址簿】进入地址簿界面，如图 4－14 所示。

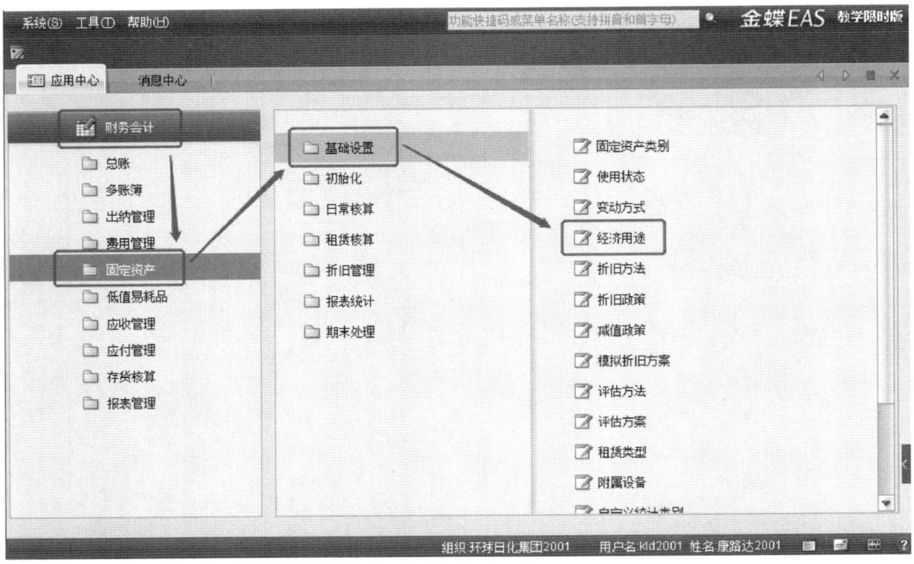

图 4－12 经济用途查询

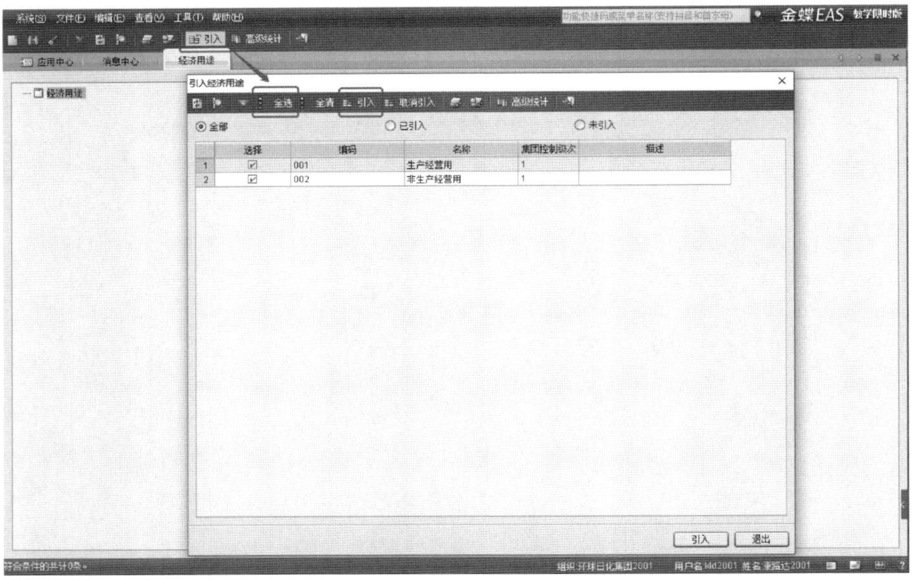

图 4－13 经济用途引入

在左边栏选择地址类别为“国内”，点击工具栏【新增】地址簿，根据实验数据表 4－1 环球日化集团地址簿信息录入。地址编码为学号.01，国家为中国，省份为广东，城市为深圳，地址详址为高新南十二路，录入完毕后点击【保存】，如图 4－15 所示。

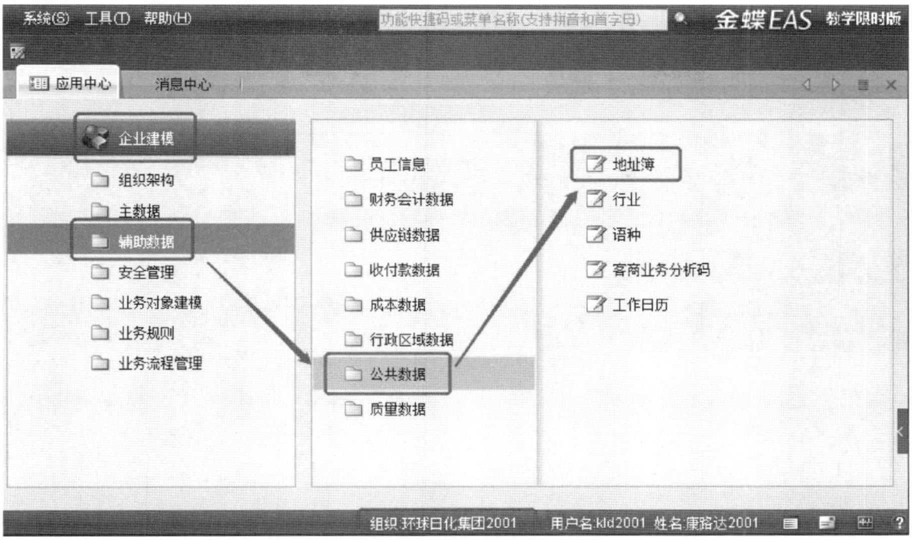

图 4－14　地址簿查询

注：维护固定资产基础资料地址簿，只需在环球日化集团＋学号维护该固定资产基础资料。

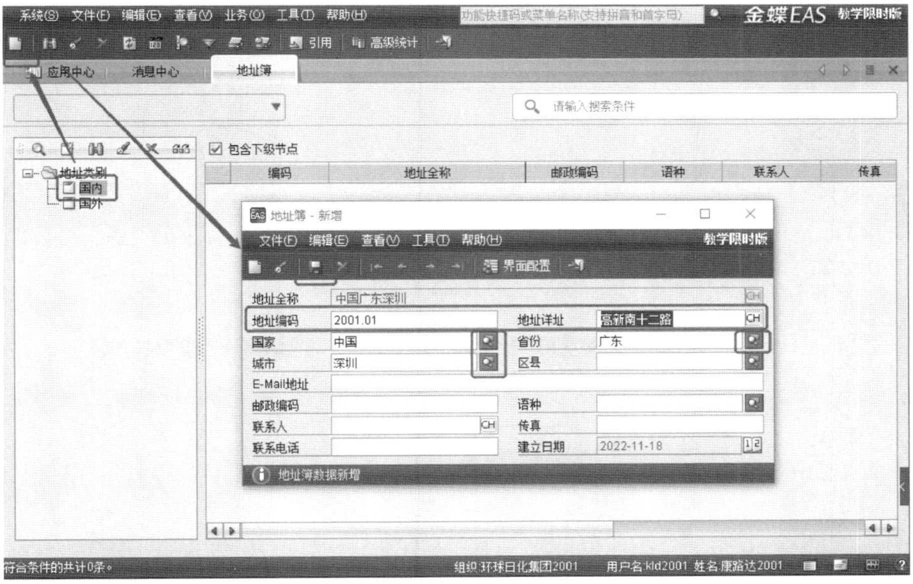

图 4－15　地址簿新增

2. 设置固定资产启用期间

启用期间设置是固定资产系统初始化的操作前提。信息管理员康路达（kld＋学号）登录金蝶 EAS 客户端，切换组织到环球日化集团本部＋学号。点击【系统平台】—

【系统工具】—【系统配置】—【系统状态控制】进入系统状态控制界面，如图 4 - 16 所示。

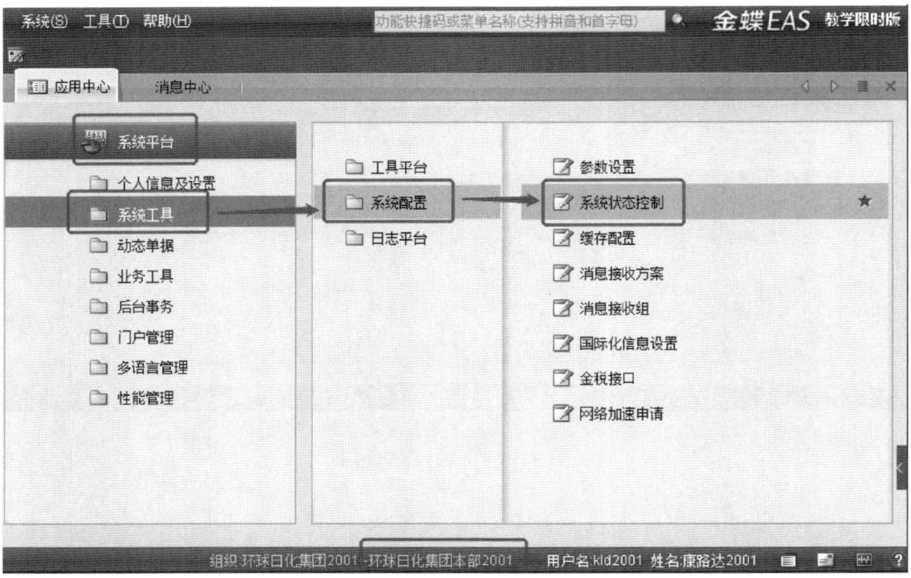

图 4 - 16　系统状态控制查询

点击固定资产启用期间栏放大镜进入会计期间列表，选择会计期间为 20××年第 1 期，点击【确定】，如图 4 - 17 所示。

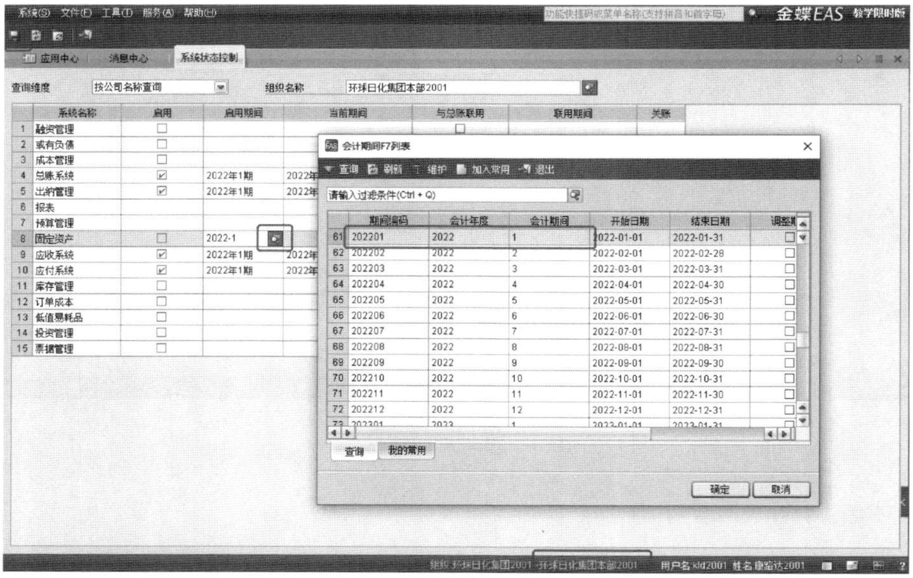

图 4 - 17　固定资产系统启用期间设置

3. 引入固定资产基础资料

环球日化集团 + 姓名的固定资产基础资料只有引入到组织后才能被组织使用。

信息管理员康路达（kld + 学号）登录金蝶 EAS 客户端，切换组织到环球日化集团本部 + 学号。再次操作本案例前序步骤，依次将固定资产类别、使用状态、变动方式、经济用途从环球日化集团 + 学号引入到环球日化集团本部 + 学号，如图 4 - 18 所示。

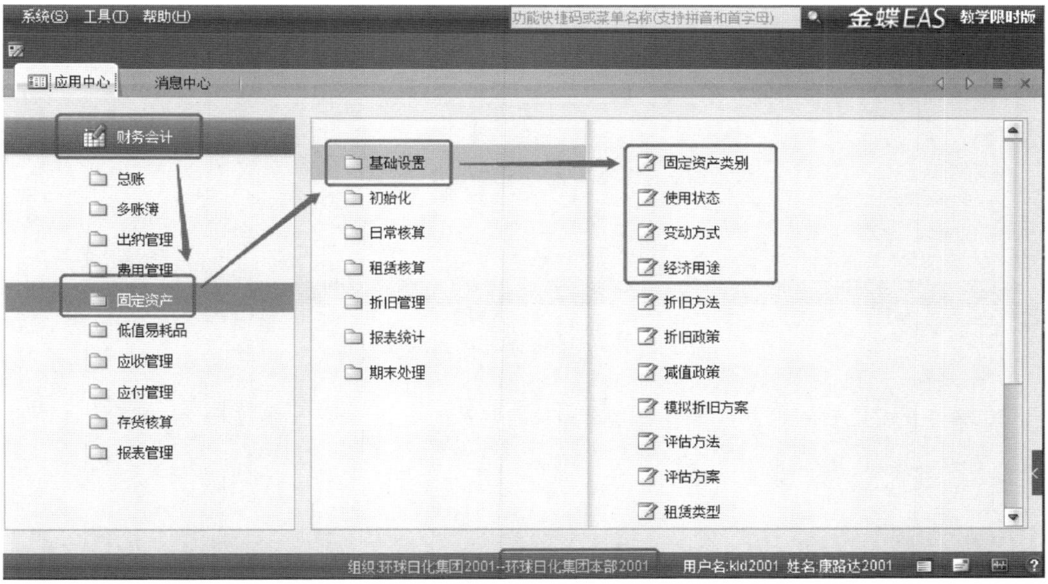

图 4 - 18　固定资产类别查询

4. 录入初始化卡片并结束初始化

固定资产卡片初始化是指固定资产期初数据的录入。信息管理员康路达（kld + 学号）登录金蝶 EAS 客户端，切换组织到环球日化集团本部 + 学号。点击【财务会计】—【固定资产】—【初始化】—【固定资产卡片初始化】进入固定资产卡片初始化界面，如图 4 - 19 所示。

点击工具栏【新增】固定资产卡片，根据实验数据表 4 - 3 环球日化集团本部固定资产卡片初始化信息录入。选择“基本信息”页签，资产数量为 1，计量单位为栋，来源方式为购入，使用状态为使用中，存放地点为中国广东深圳高新南十二路，经济用途为生产经营用，实物入账日期为启用年份 20 × × 年 21 年前的 1 月 1 日，财务入账日期为启用年份 20 × × 年 21 年前的 1 月 1 日，管理部门为环球日化集团本部 + 学号，录入完毕后点击【保存】，本教材以启用期间 2022 年第 1 期为例，实物入账日期

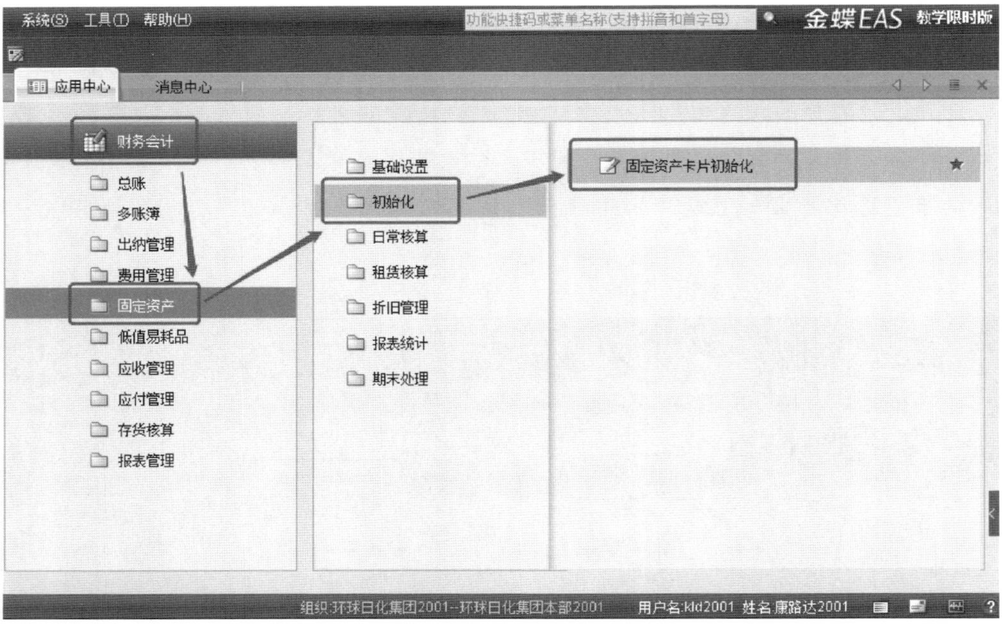

图 4-19 固定资产卡片初始化查询

为 2022 年的 21 年前的 1 月 1 日，即 2001 年 1 月 1 日，财务入账日期为 2001 年 1 月 1 日，如图 4-20 所示。

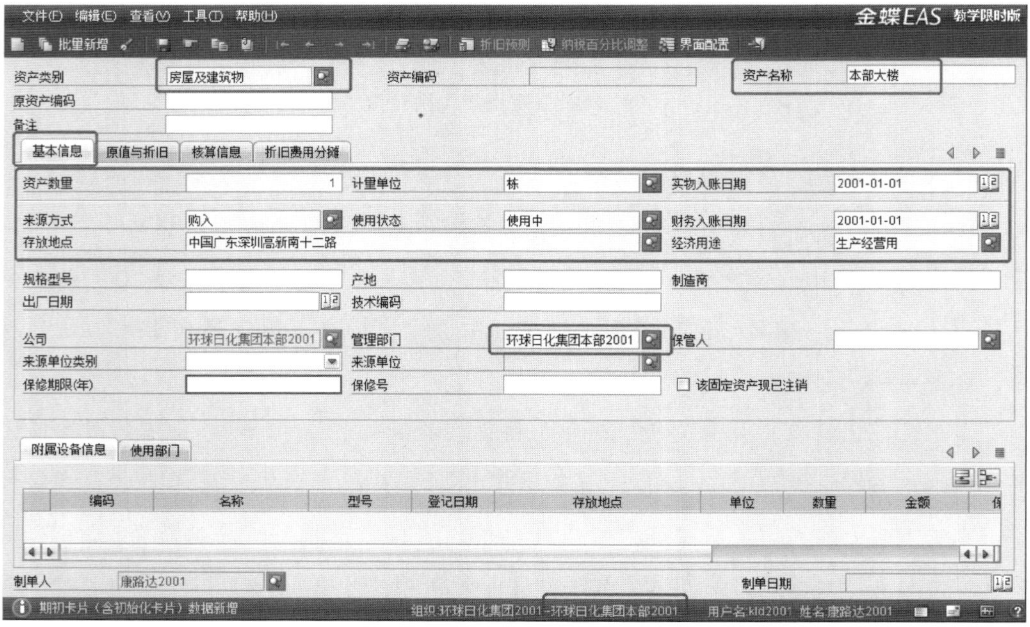

图 4-20 固定资产卡片基本信息录入

选择“原值与折旧”页签，根据实验数据表 4－3 环球日化集团本部固定资产卡片初始化信息录入。币别为人民币，原币金额为 24 000 000，交付日期为启用年份 20××年 21 年前的 1 月 1 日，开始使用日期为启用年份 20××年 21 年前的 1 月 1 日，已折旧期间数为 251，累计折旧为 12 317 142.86，折旧方法为平均年限法（基于原值），录入完毕后点击【保存】，本教材以启用期间 2022 年第 1 期为例，交付日期为 2001 年 1 月 1 日，开始使用日期为 2001 年 1 月 1 日，如图 4－21 所示。

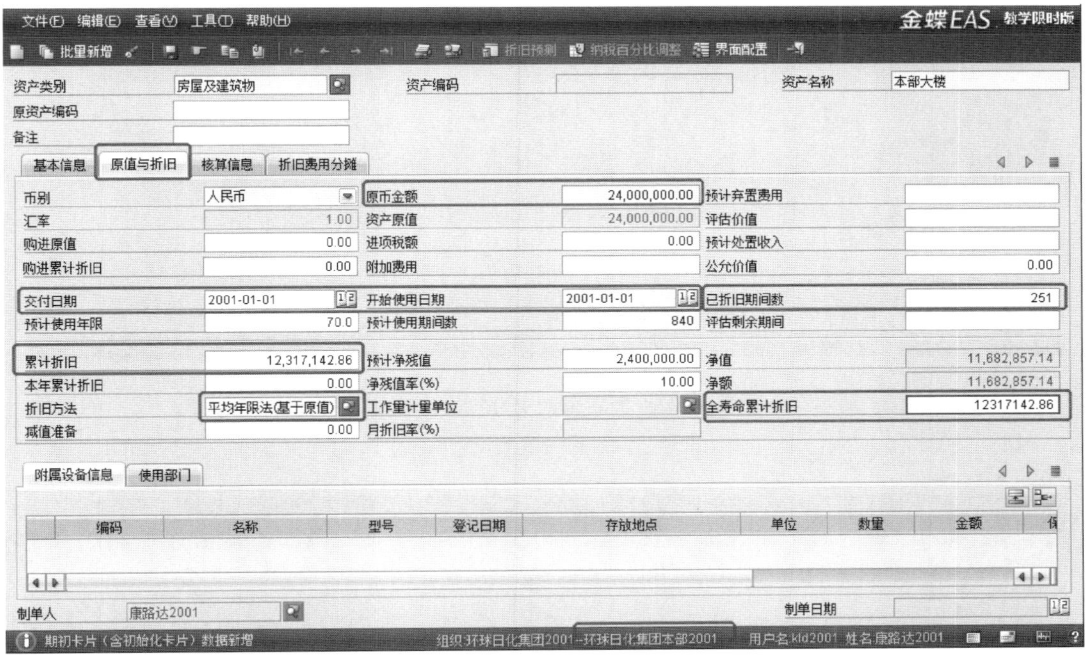

图 4－21　固定资产卡片原值与折旧录入

选择核算信息页签，根据实验数据表 4－3 环球日化集团本部固定资产卡片初始化信息录入。固定资产科目为 1601.01 固定资产—房屋及建筑物，累计折旧科目为 1602.01 累计折旧—房屋及建筑物，减值准备科目为 1603.01 固定资产减值准备—房屋及建筑物，使用部门为环球日化集团本部＋学号，录入完毕后点击【保存】，如图 4－22 所示。

选择折旧费用分摊页签，根据实验数据表 4－3 环球日化集团本部固定资产卡片初始化信息录入。折旧费用分摊科目为 6602.04 管理费用—管理费用—折旧费，分摊比例为 100%，录入完毕后点击【保存】【提交】，如图 4－23 和图 4－24 所示。

在固定资产卡片初始化界面，点击工具栏【结束初始化】，如图 4－24 所示。

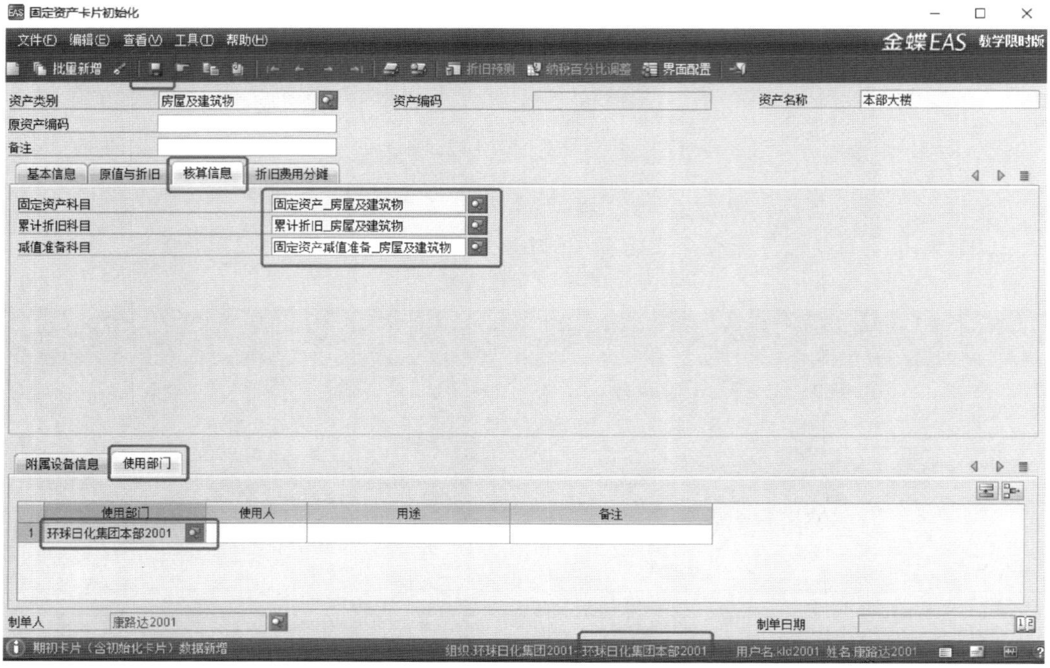

图 4－22　固定资产卡片核算信息录入

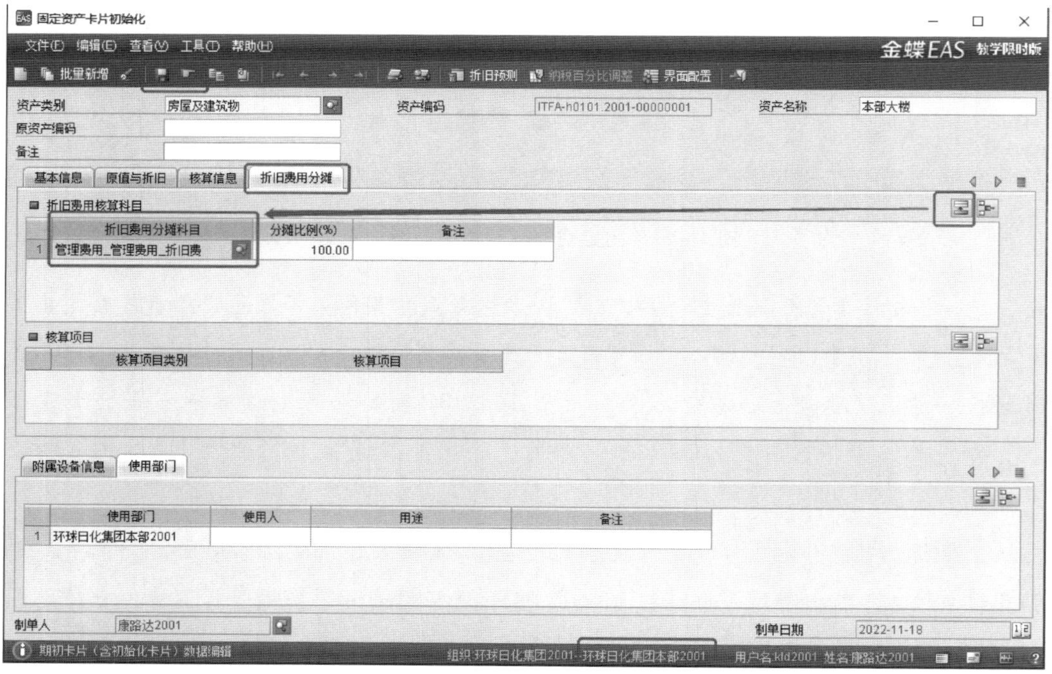

图 4－23　固定资产卡片折旧费用分摊录入及保存提交

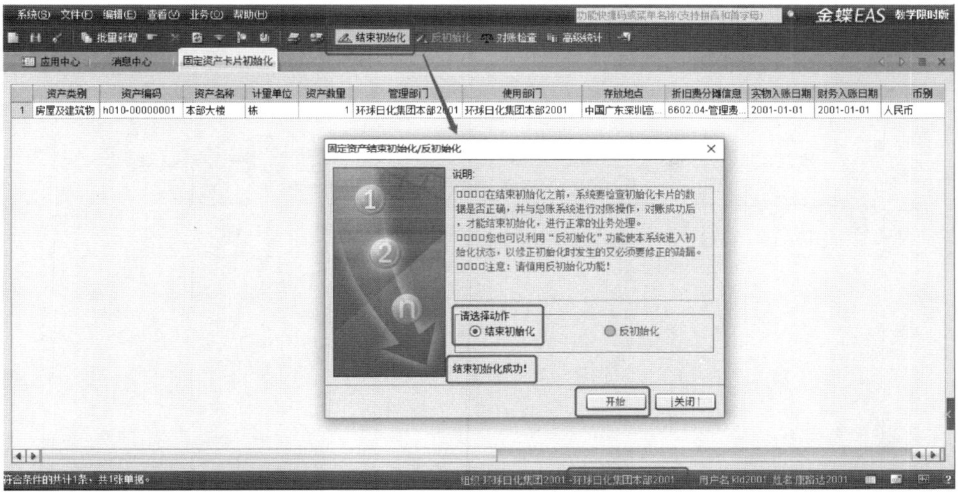

图 4－24　固定资产卡片结束初始化

5. 设置默认对账方案

固定资产对账就是将固定资产系统的业务数据（资产原值、累计折旧、减值准备）与总账系统的财务数据（对应科目余额）进行核对，以保证双方数据的一致性，保证账账相符。点击【财务会计】—【固定资产】—【期末处理】—【期末对账】进入期末对账查询界面。选择对账期间为 20×× 年 1 期，对账范围为环球日化集团本部 + 学号，点击对账方案栏放大镜进入对账方案设置界面，如图 4－25 和图 4－26 所示。

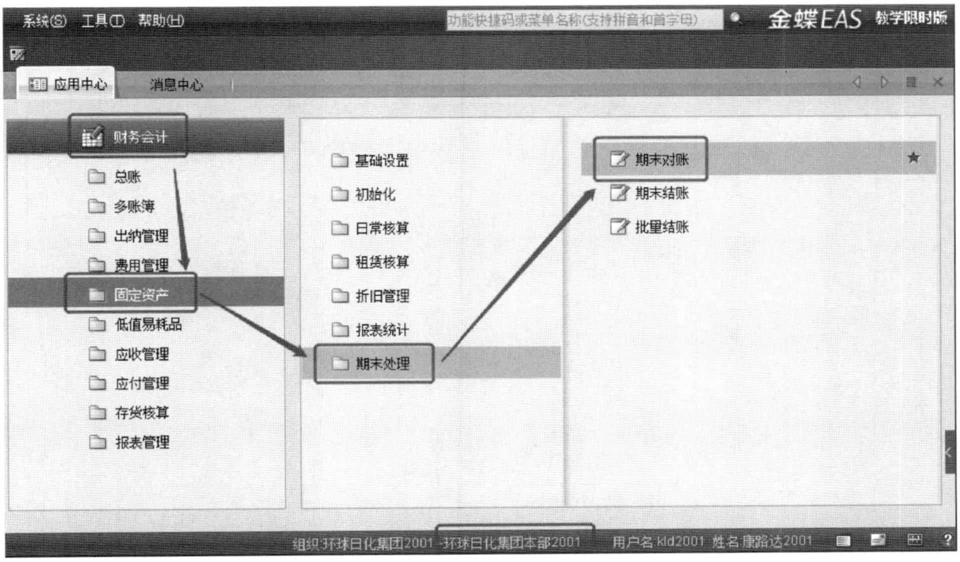

图 4－25　期末对账查询

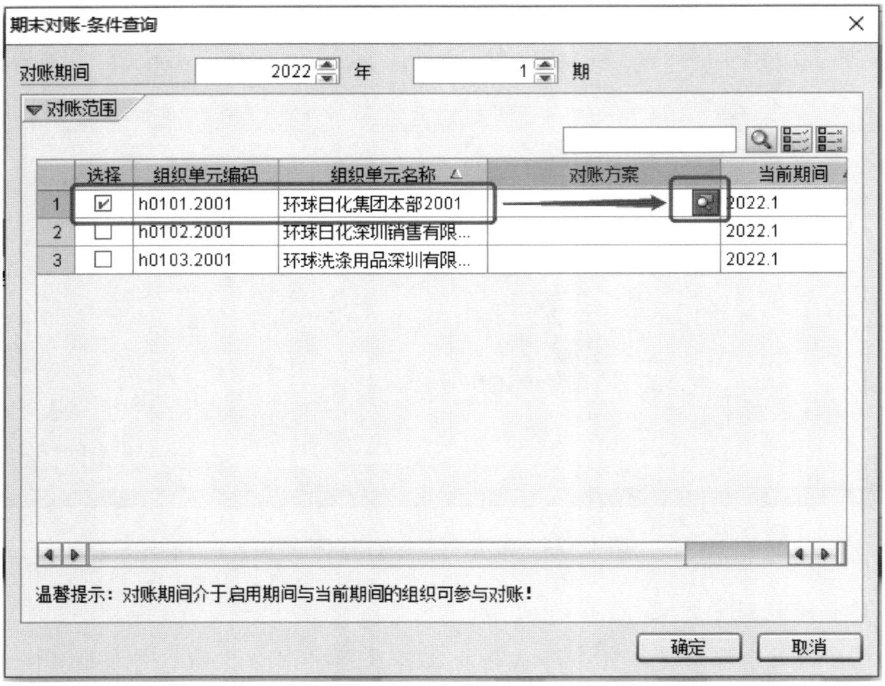

图 4－26　对账方案设置查询

根据实验数据表 4－2 环球日化集团本部对账方案信息录入。选择固定资产原值科目页签，点击工具栏【新增】，科目列表为 1601 固定资产，如图 4－27 所示。

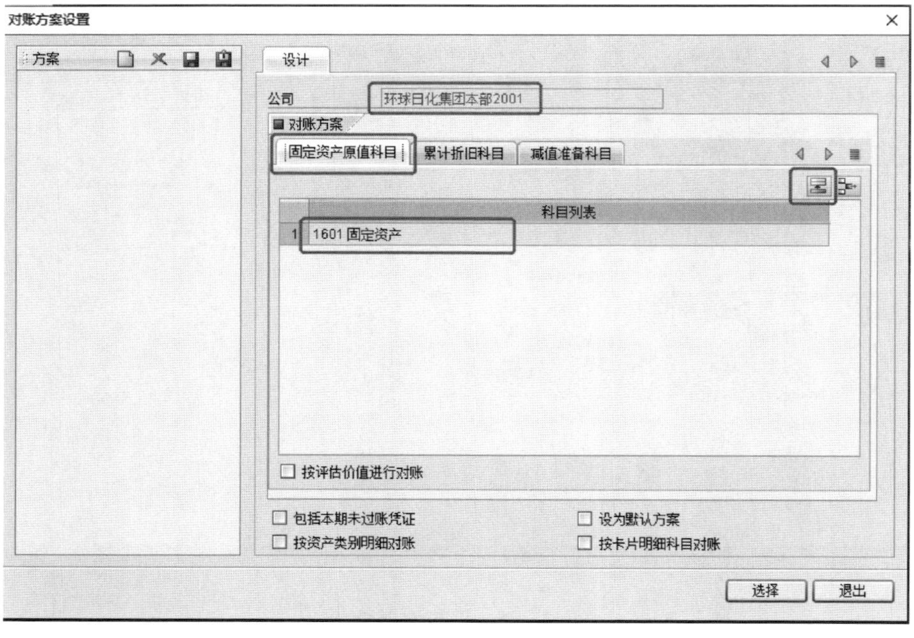

图 4－27　对账方案信息录入

选择累计折旧科目页签，点击工具栏【新增】，科目列表为1602累计折旧，如图4-28所示。

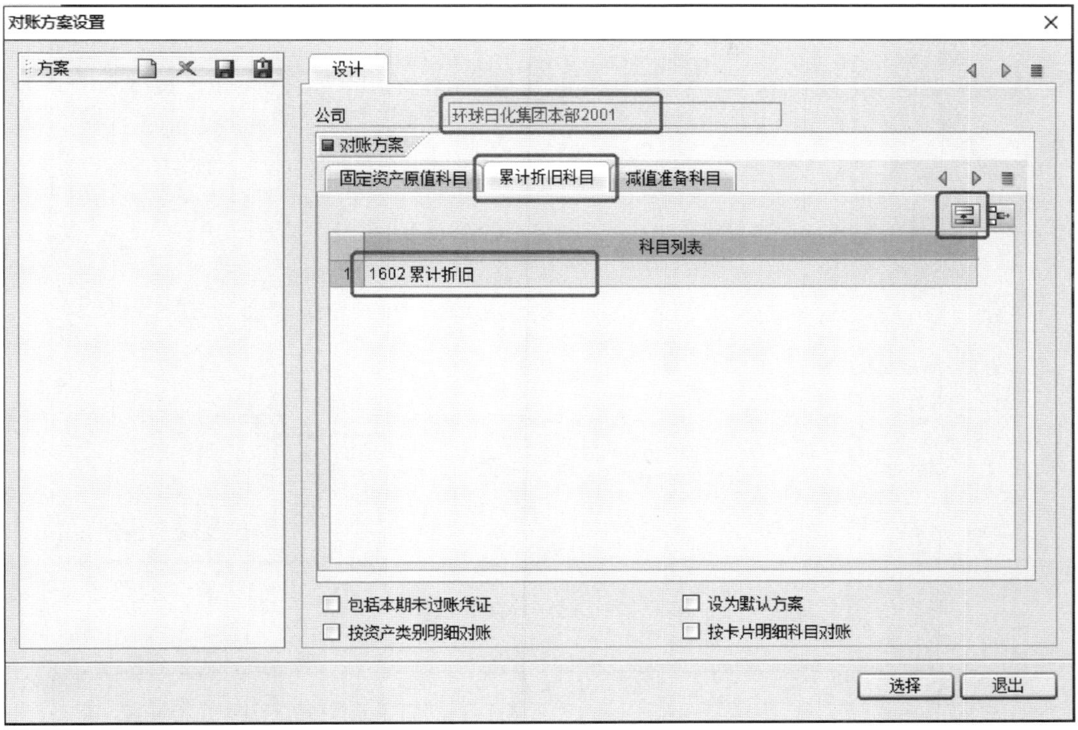

图4-28 对账方案信息录入

选择减值准备科目页签，点击工具栏【新增】，科目列表为1603固定资产减值准备，选择设为默认方案，如图4-29所示。

点击工具栏【保存】，方案名为默认方案+学号，点击【确定】，然后退出，如图4-30所示。

在期末对账查询界面，选择对账范围为环球日化集团本部+学号，对账方案为默认方案+学号，点击【确定】，如图4-31所示。

在期末对账页面查看对账结果，差异为0，如图4-32所示。

注：对账不平原因：1. 总账系统未录入初始数据；2. 总账系统未结束初始化。

6. 与总账联用

固定资产与总账系统联用的目的是加强管控，方便期末进行账账核对，保证账账相符。信息管理员康路达（kld+学号）登录金蝶EAS客户端，切换组织到环球日化集团本部+学号。点击【系统平台】—【系统工具】—【系统配置】—【系统状态控制】，

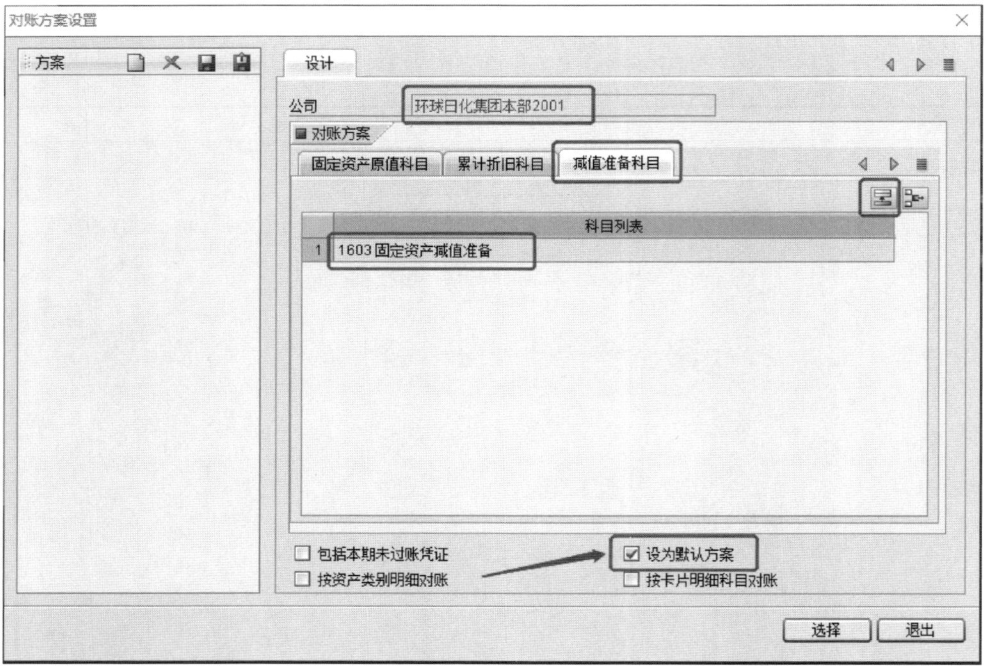

图 4－29　对账方案信息录入

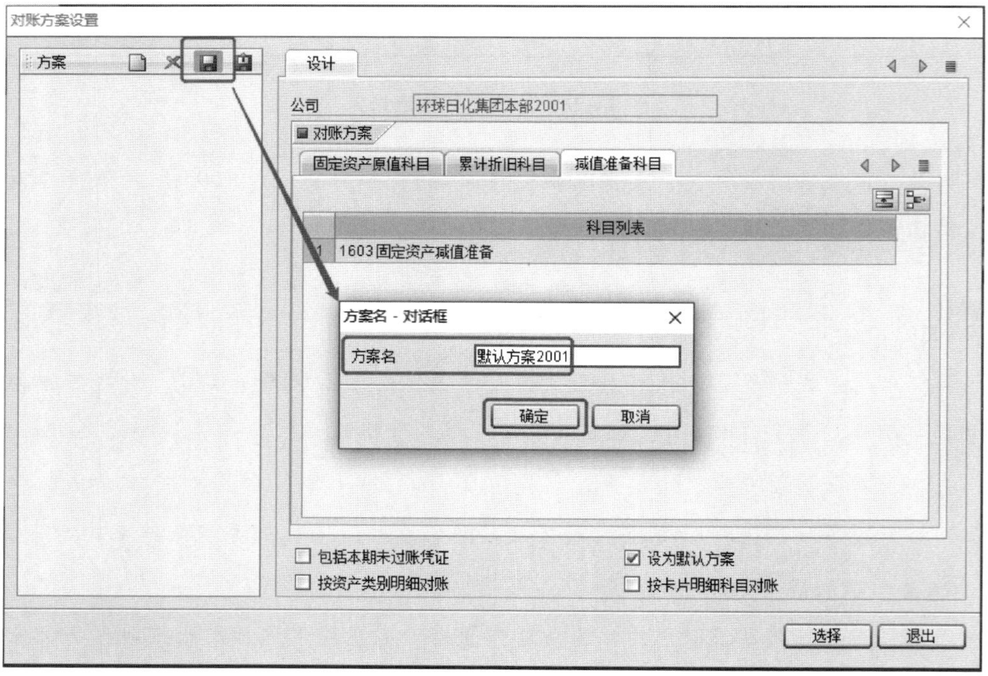

图 4－30　对账方案新增完成并保存

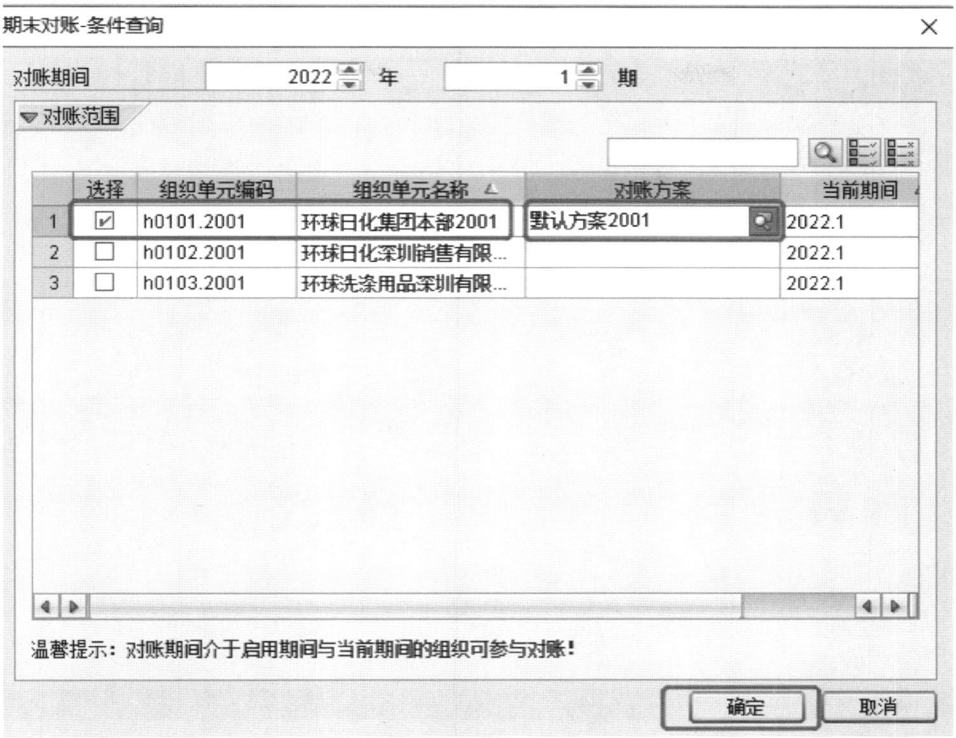

图 4－31　环球日化集团本部期末对账设置

图 4－32　对账结果查询

选择固定资产，点击工具栏【与总账联用】，完成固定资产与总账系统的联用，如图 4－33 和图 4－34 所示。

◎ **拓展任务**

根据下列数据，信息管理员康路达（kld＋学号）完成环球日化深圳销售有限公司、环球洗涤用品深圳有限公司固定资产启用期间设置、基础资料引入、系统初始化、对账方案设置及总账联用，固定资产系统初始化启用期间均为 20××年第 1 期，如表 4－4 至表 4－7 所示。

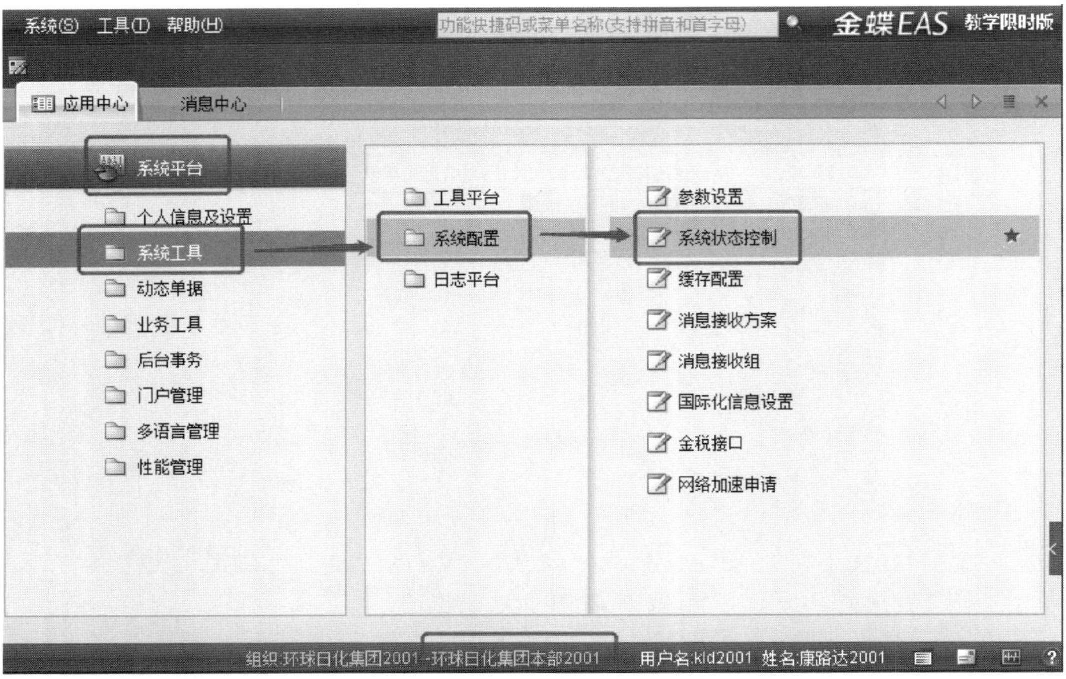

图 4－33　系统状态控制查询

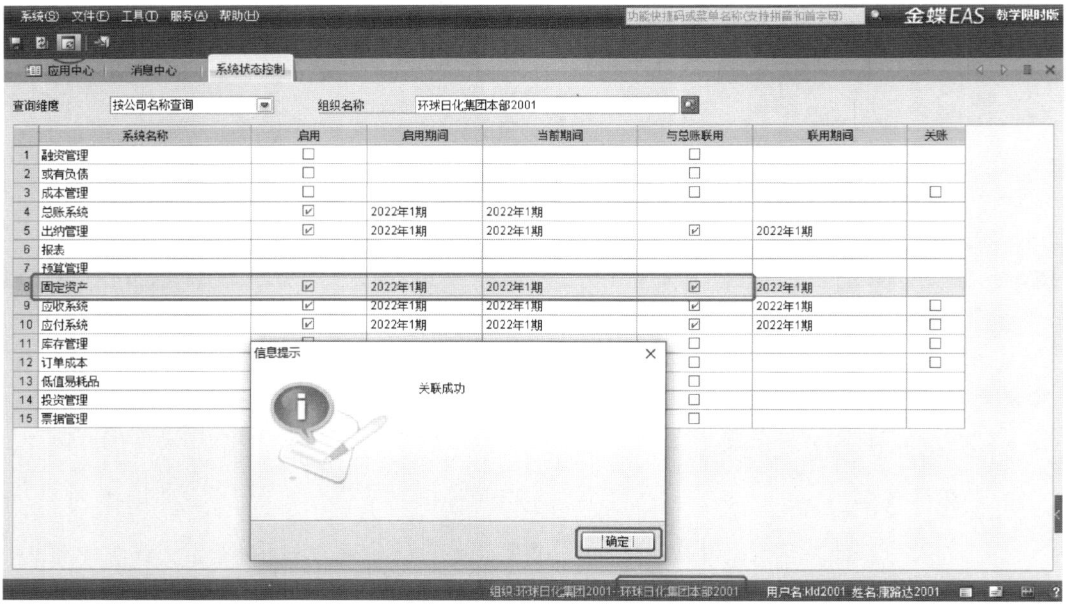

图 4－34　固定资产系统与总账系统联用

表 4－4　　环球日化深圳销售有限公司对账方案信息

方案名	默认方案＋学号	对账期间	20××年1期
固定资产原值科目			
科目列表		1601 固定资产	
累计折旧科目		1602 累计折旧	
减值准备科目		1603 固定资产减值准备	

表 4－5　　环球日化深圳销售有限公司固定资产卡片初始化

资产类别	通用设备		资产名称	笔记本电脑	
基本信息					
公司			环球日化深圳销售有限公司＋学号		
资产数量	100	计量单位	台	实物入账日期	3年前－01－03
来源方式	购入	使用状态	使用中	财务入账日期	3年前－01－03
存放地点	中国广东深圳高新南十二路	经济用途	生产经营用	管理部门	环球日化深圳销售有限公司＋学号
原值与折旧					
币别	人民币		原币金额	600 000	
交付日期	3年前－01－03	开始使用日期	3年前－01－03	已折旧期间数	35
预计使用年限	10		预计使用期间数	120	
累计折旧	166 250	预计净残值	30 000.00	净残值率	5%
折旧方法	平均年限法（基于净值）		全寿命累计折旧	166 250	
核算信息					
固定资产科目			1601.03 固定资产—通用设备		
累计折旧科目			1602.03 累计折旧—通用设备		
减值准备科目			1603.03 固定资产减值准备—通用设备		
折旧费用分摊					
折旧费用分摊科目	6602.04 管理费用—管理费用—折旧费		分摊比例	100%	
使用部门					
环球日化深圳销售有限公司—营销中心					

表 4－6　　环球洗涤用品深圳有限公司对账方案信息

方案名	默认方案＋学号	对账期间	20××年1期
固定资产原值科目			
科目列表		1601 固定资产	
累计折旧科目		1602 累计折旧	
减值准备科目		1603 固定资产减值准备	

表 4－7　　环球洗涤用品深圳有限公司固定资产卡片初始化

<table>
<tr><td>资产类别</td><td colspan="2">专用设备</td><td>资产名称</td><td colspan="2">洗涤用品合成机</td></tr>
<tr><td colspan="6">基本信息</td></tr>
<tr><td colspan="3">公司</td><td colspan="3">环球洗涤用品深圳有限公司＋学号</td></tr>
<tr><td>资产数量</td><td>3</td><td>计量单位</td><td>台</td><td>实物入账日期</td><td>2 年前－01－01</td></tr>
<tr><td>来源方式</td><td>购入</td><td>使用状态</td><td>使用中</td><td>财务入账日期</td><td>2 年前－01－01</td></tr>
<tr><td>存放地点</td><td>中国广东深圳高新南十二路</td><td>经济用途</td><td>生产经营用</td><td>管理部门</td><td>环球洗涤用品深圳有限公司＋学号</td></tr>
<tr><td colspan="6">原值与折旧</td></tr>
<tr><td>币别</td><td colspan="2">人民币</td><td>原币金额</td><td colspan="2">480 000</td></tr>
<tr><td>交付日期</td><td>2 年前－01－01</td><td>开始使用日期</td><td>2 年前－01－01</td><td>已折旧期间数</td><td>23</td></tr>
<tr><td>预计使用年限</td><td colspan="2">5</td><td>预计使用期间数</td><td colspan="2">60</td></tr>
<tr><td>累计折旧</td><td>173 800.00</td><td>预计净残值</td><td>24 000.00</td><td>净残值率</td><td>5%</td></tr>
<tr><td>折旧方法</td><td colspan="2">平均年限法（基于净值）</td><td>全寿命累计折旧</td><td colspan="2">173 800.00</td></tr>
<tr><td colspan="6">核算信息</td></tr>
<tr><td colspan="3">固定资产科目</td><td colspan="3">1601.02 固定资产—专用设备</td></tr>
<tr><td colspan="3">累计折旧科目</td><td colspan="3">1602.02 累计折旧—专用设备</td></tr>
<tr><td colspan="3">减值准备科目</td><td colspan="3">1603.02 固定资产减值准备—专用设备</td></tr>
<tr><td colspan="6">折旧费用分摊</td></tr>
<tr><td>折旧费用分摊科目</td><td colspan="2">5101.05 制造费用—折旧费</td><td>折旧费用核算项目</td><td colspan="2">成本中心/生产部＋学号</td></tr>
<tr><td colspan="6">使用部门</td></tr>
<tr><td colspan="6">环球洗涤用品深圳有限公司—生产部</td></tr>
</table>

第三节

固定资产共享业务的处理

案例二：固定资产新增业务

◎ 实验数据

20××年 1 月 3 日，环球洗涤用品深圳有限公司生产部向博思科技有限公司购入一台洗涤用品合成机，原值 35 000 元。环球洗涤用品深圳有限公司固定资产会计崔文涛（cwt＋学号）提交固定资产卡片，如表 4－8 所示。

表 4－8　　洗涤用品合成机资产信息

<table>
<tr><td>资产类别</td><td>专用设备</td><td colspan="2">资产名称</td><td colspan="2">洗涤用品合成机</td></tr>
<tr><td colspan="2">公司</td><td colspan="4">环球洗涤用品深圳有限公司＋学号</td></tr>
<tr><td colspan="6">基本信息</td></tr>
<tr><td>资产数量</td><td>1</td><td>计量单位</td><td>台</td><td>实物入账日期</td><td>20××－01－03</td></tr>
<tr><td>来源方式</td><td>购入</td><td>使用状态</td><td>使用中</td><td>财务入账日期</td><td>20××－01－03</td></tr>
<tr><td>存放地点</td><td>中国广东深圳高新南十二路</td><td>经济用途</td><td>生产经营用</td><td>管理部门</td><td>环球洗涤用品深圳有限公司＋学号</td></tr>
<tr><td>来源类型</td><td>供应商</td><td colspan="2">来源单位</td><td colspan="2">深圳市博思科技有限公司＋学号</td></tr>
<tr><td colspan="6">原值与折旧</td></tr>
<tr><td>币别</td><td>人民币</td><td>原币金额</td><td>35 000</td><td>进项税额</td><td>4 550</td></tr>
<tr><td>交付日期</td><td>20××－01－03</td><td>开始使用日期</td><td>20××－01－03</td><td>已折旧期间数</td><td>0</td></tr>
<tr><td>预计使用年限</td><td>5</td><td colspan="2">预计使用期间数</td><td colspan="2">60</td></tr>
<tr><td>累计折旧</td><td>0</td><td>预计净残值</td><td>1 750</td><td>净残值率</td><td>5%</td></tr>
<tr><td>折旧方法</td><td>平均年限法（基于净值）</td><td colspan="2">全寿命累计折旧</td><td colspan="2">0</td></tr>
<tr><td colspan="6">核算信息</td></tr>
<tr><td colspan="2">固定资产科目</td><td colspan="4">固定资产—专用设备</td></tr>
<tr><td colspan="2">累计折旧科目</td><td colspan="4">累计折旧—专用设备</td></tr>
<tr><td colspan="2">减值准备科目</td><td colspan="4">固定资产减值准备—专用设备</td></tr>
<tr><td colspan="6">折旧费用分摊</td></tr>
<tr><td>折旧费用分摊科目</td><td>制造费用—折旧费</td><td colspan="2">分摊比例</td><td colspan="2">100%</td></tr>
<tr><td colspan="2">使用部门/成本中心</td><td colspan="4">生产部＋学号</td></tr>
</table>

◎ 操作指导

1. 固定资产卡片提交

环球洗涤用品深圳有限公司固定资产会计崔文涛提交固定资产卡。崔文涛进入EASweb端，用户名：cwt＋学号，密码：空，点击【登录】进入我的工作台页面。点击【崔文涛】—【组织—切换】切换组织为环球洗涤用品深圳有限公司＋学号，点击【确定】，如图4－35所示。

点击【应用】—【财务会计】—【固定资产】—【固定资产新增】新增固定资产卡片，如图4－36所示。

根据实验数据录入卡片实物信息页签，如图4－37所示。

根据实验数据录入原值与折旧页签信息，如图4－38所示。

根据实验数据录入科目及分摊页签信息，如图4－39所示。

图 4-35　切换组织

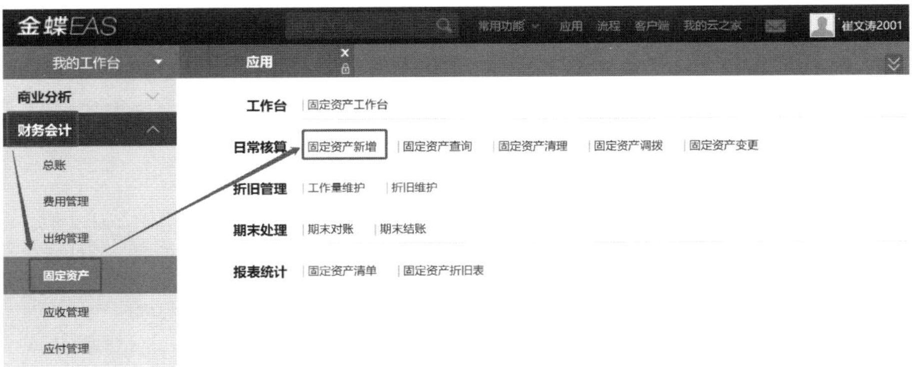

图 4-36　固定资产新增

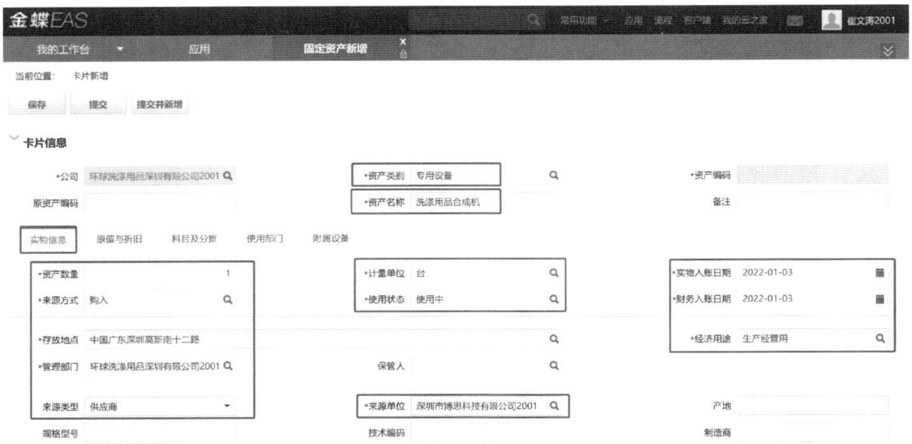

图 4-37　固定资产实物信息录入

图 4－38　固定资产原值与折旧录入

图 4－39　固定资产科目与分摊录入

根据实验数据录入使用部门页签信息，上传发票附件，并点击【保存】【提交】，并记录【提交】后的资产编码，如图 4－40 所示。

2. 固定资产卡片审批

固定资产共享岗齐振英共享审批固定资产卡片。齐振英进入 EASweb 端，用户名：qzy＋学号，密码：空，点击【登录】进入我的工作台页面。点击【应用】—【财

图 4-40　固定资产使用部门录入完成并提交

务共享】—【固定资产共享】—【固定资产查询】进入固定资产卡片序时簿，如图 4-41 所示。

图 4-41　固定资产查询

选择公司为环球洗涤用品深圳有限公司 + 学号、日期为 20××-01-01 至 20××-01-31，点击【确定】筛选固定资产卡片。如果列表单据过多，还可通过搜索功能搜索资产编码，精确查找对应资产卡片。勾选相应固定资产卡片（通过资产编码确认），点击【审核】，如图 4-42 所示。

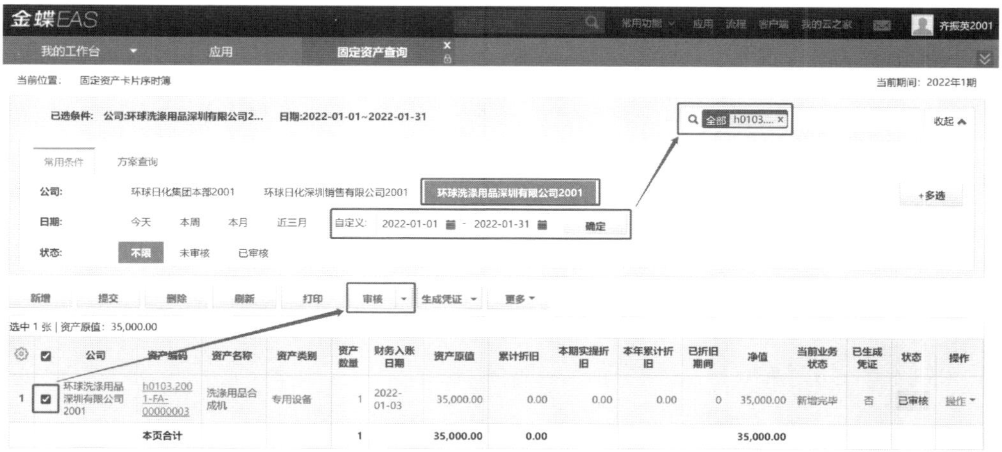

图 4－42　固定资产卡片审核

3. 关联生成付款单

固定资产共享岗齐振英根据审批后的资产卡片下推付款单。勾选相应固定资产卡片（通过资产编码确认），点击【更多】—【关联生成】，如图 4－43 所示。

图 4－43　资产卡片下推付款单

选择目标单据为付款单，转换规则为卡片生成付款单，点击【确定】进入付款单编辑页面，如图 4－44 所示。

根据实验数据录入相关信息。付款公司为环球洗涤用品深圳有限公司＋学号，业务日期为 20×× －01－03，付款类型为其他，选择付款账户为招商银行时代广场支行＋学号，付款科目为商业银行存款；对方科目分别为固定资产—专用设备和应交增值税—

图 4-44　转换规则卡片生成付款单

进项税额，录入完毕后点击【保存】【提交】，并记录付款单单据编号，如图 4-45 所示。

图 4-45　付款单录入完成并提交

4. 付款单共享审批并付款

资金共享岗欧阳杨审批付款单并付款。欧阳杨进入 EASweb 端，用户名：oyy + 学号，密码：空，点击【登录】进入我的工作台页面。点击【应用】—【财务共享】—【共享任务管理】—【共享任务池】进入共享任务池页面，如图 4-46 所示。

图 4－46　共享任务池

点击【我的任务】—【出纳付款单审核】—【更多】—【获取任务】获取付款单，如图 4－47 所示。

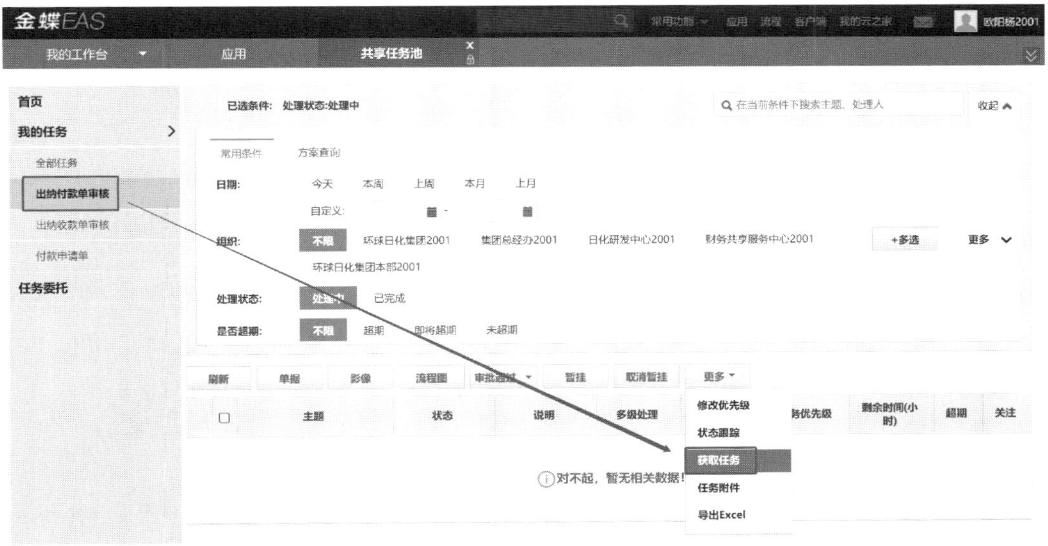

图 4－47　付款单获取

点击相应单据主题（通过单据编号确认）进入单据处理页面，如图 4－48 和图 4－49 所示。

资金共享岗根据财务审批规则审批该案例，本案例审批通过，点击【提交】，如图 4－49 所示。

图 4－48　进入单据处理页面

图 4－49　付款单共享审批

资金共享岗对已审批的付款单执行付款。点击【应用】—【财务共享】—【出纳共享】—【付款单处理】进入付款单序时簿，如图 4－50 所示。

选择公司为环球洗涤用品深圳有限公司＋学号，日期为 20×× －01－01 至 20×× －01－31，点击【确定】筛选付款单。如果列表单据过多，还可通过搜索功能搜索单据

图 4－50　付款单处理

编号，精确查找对应单据。勾选相应单据（通过单据编号确认），点击【付款】，如图 4－51 所示。

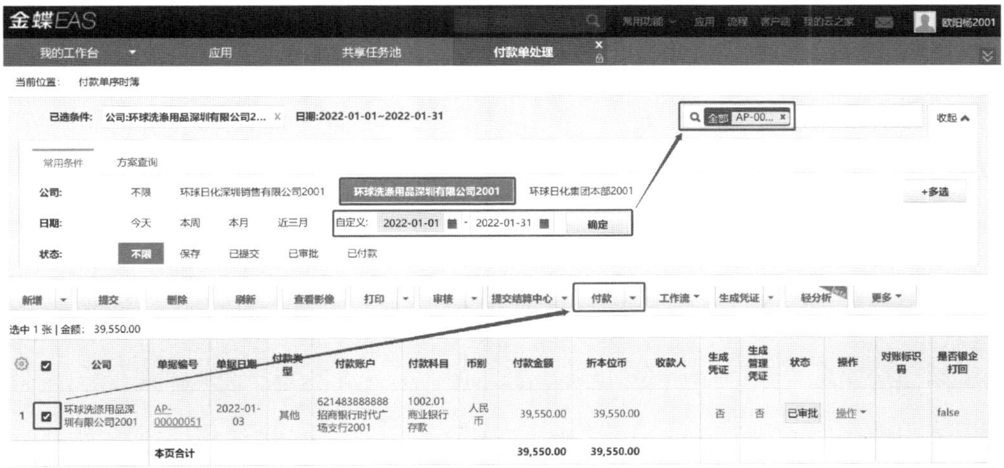

图 4－51　付款单付款

5．凭证生成、指定流量并复核

资金共享岗欧阳杨根据审批后的付款单进行凭证处理。在付款单序时簿，勾选相应单据（通过单据编号确认），点击【生成凭证】进入凭证编辑页面，如图 4－52 所示。

点击【生成凭证】后，系统会自动生成暂存凭证，点击单据后的【操作】—【联查单据】，可查看上下游单据，如图 4－53 所示。

图 4－52　付款单生成凭证

图 4－53　联查单据

点击【联查单据】后进入关联查询界面，点击【下游单据】中对应凭证，下方显示出凭证列表，刚关联生成的凭证处于“暂存”状态，点击【凭证字号】进入凭证查看界面，如图 4－54 所示。

在凭证查看界面，若需修改凭证则点击【修改】进入凭证编辑界面，如图 4－55 所示。

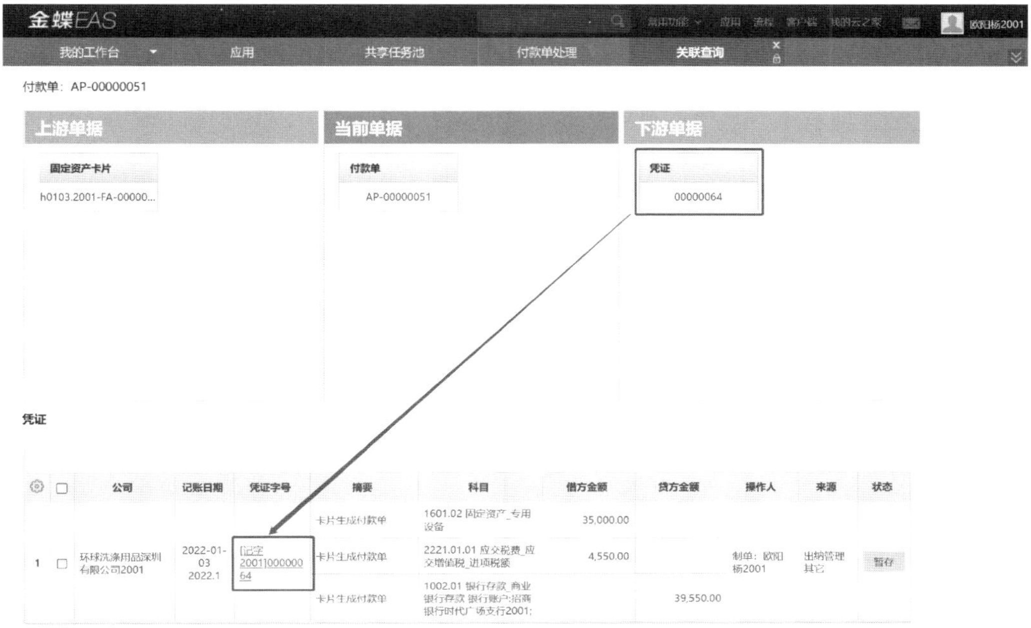

图 4 - 54　联查凭证

图 4 - 55　凭证修改

根据案例背景录入相关信息，记账日期为 20×× - 01 - 03，业务日期为 20×× - 01 - 03，录入完毕后点击【保存】【提交】进入现金流量页面，如图 4 - 56 所示。

图 4－56　凭证录入完成并提交

输入主表项目分别为购建固定资产、无形资产和其他长期资产所支付的现金及支付的各项税费，点击【确定】，如图 4－57 所示。

图 4－57　凭证指定现金流量

现金流量指定完成后凭证提交成功，凭证状态由暂存变为已提交，并生成正式凭证字号，记录凭证字号，如图 4－58 所示。

点击【更多】—【复核】，如图 4－59 所示。

如果在该界面复核不成功，请点击【应用】—【财务共享】—【出纳共享】—【凭证复核】，进入凭证复核界面，选择复核的公司，点击【登账参数】确认该组织的登账

图 4－58　凭证查询

图 4－59　凭证复核

参数后再执行复核，如图 4－60 所示。

6. 凭证审核

总账共享岗樊江波审核记账凭证。樊江波进入 EASweb 端，用户名：fjb＋学号，密码：空，点击【登录】进入我的工作台页面。

点击【应用】—【财务共享】—【总账共享】—【凭证查询】进入凭证查询页面，如图 4－61 所示。

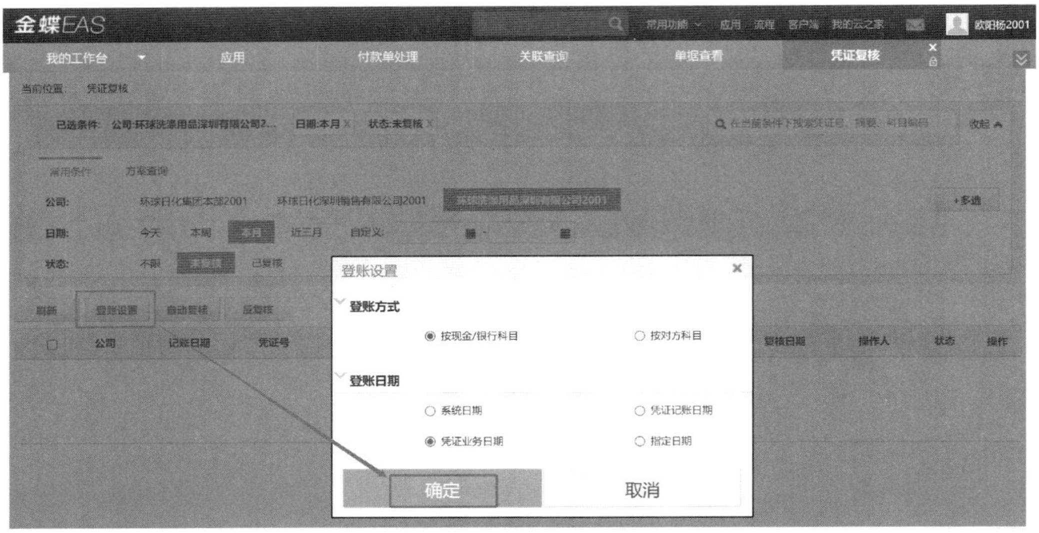

图 4－60　登账参数设置

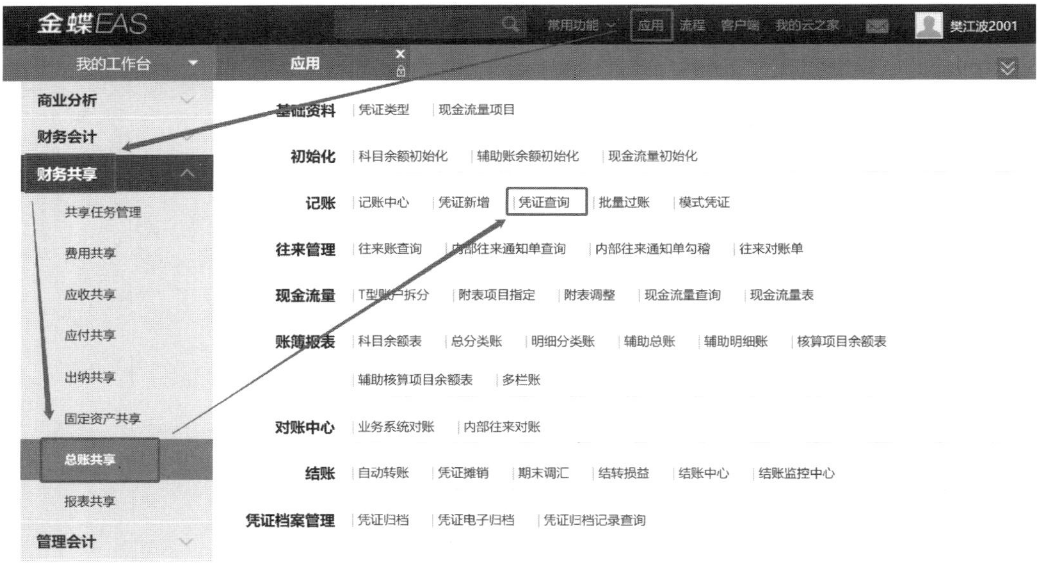

图 4－61　凭证查询

选择公司为环球洗涤用品深圳有限公司＋学号，日期为 20××－01－01 至 20××－01－31，点击【确定】筛选凭证。如果列表凭证过多，还可通过搜索功能搜索凭证编号，精确查找对应凭证。勾选相应凭证（通过凭证编号确认），点击【审核】，如图 4－62 所示。

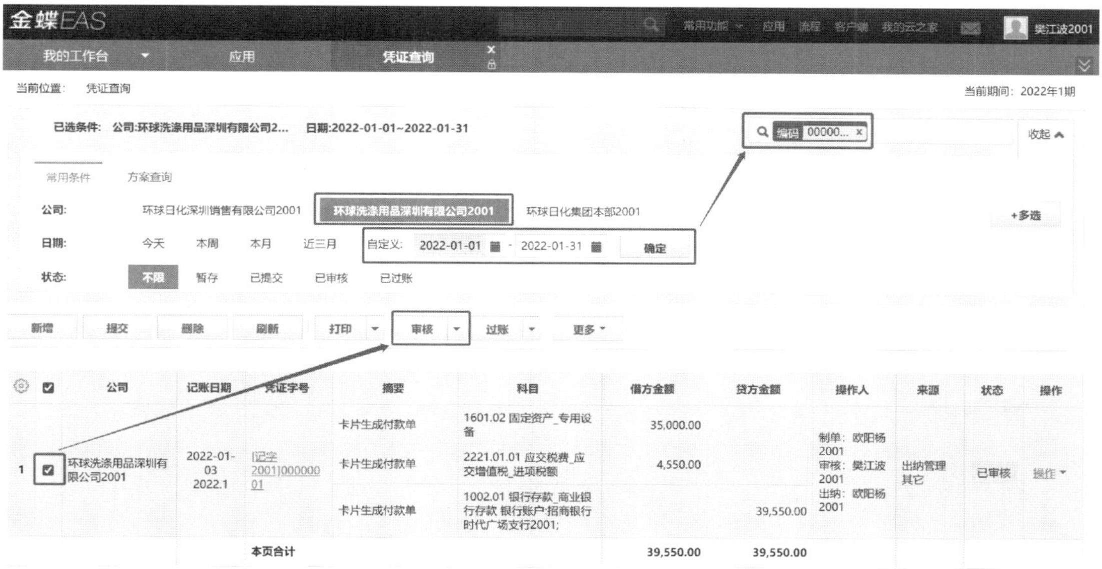

图 4-62 凭证审核

案例三：固定资产变更业务

◎ 实验数据

20××年1月5日，环球洗涤用品深圳有限公司发现案例一新购入的一台洗涤用品合成机故障，返厂维修，变更固定资产的使用状态为“大修中”。固定资产会计崔文涛（cwt+学号）提交固定资产变更单。

◎ 操作指导

1. 固定资产卡片提交

资产状态发生变更，固定资产会计崔文涛提交变更单。崔文涛进入EASweb端，用户名：cwt+学号，密码：空，点击【登录】进入我的工作台页面。点击【崔文涛】—【组织—切换】切换组织为环球洗涤用品深圳有限公司+学号，点击【确定】，如图4-63所示。

点击【应用】—【财务会计】—【固定资产】—【固定资产变更】进入固定资产变更页面，如图4-64所示。

点击【新增】进入固定资产卡片序时簿，如图4-65所示。

根据实验数据勾选需要变更的固定资产卡片，点击【确定】新增变更单，如图4-66所示。

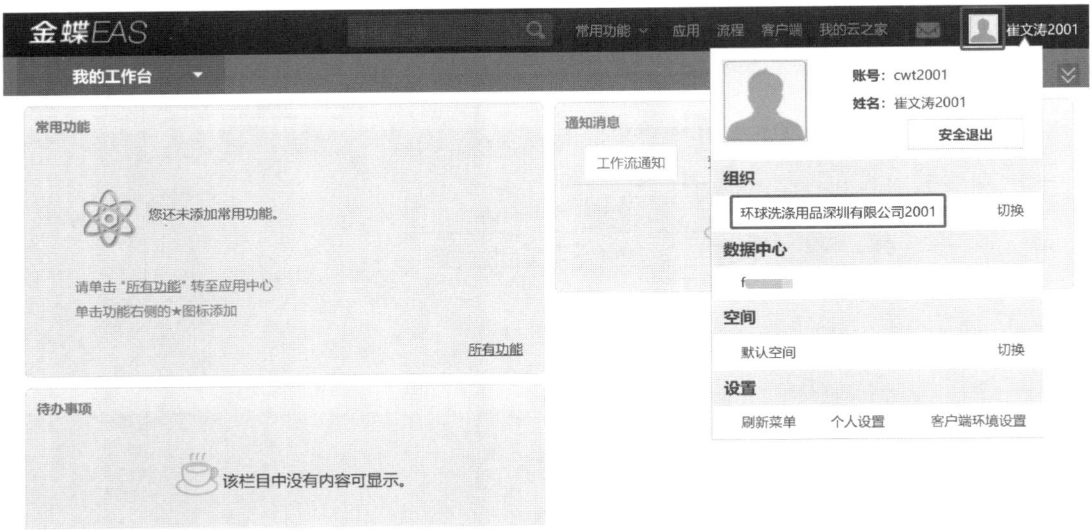

图 4－63　EAS 网页端登录

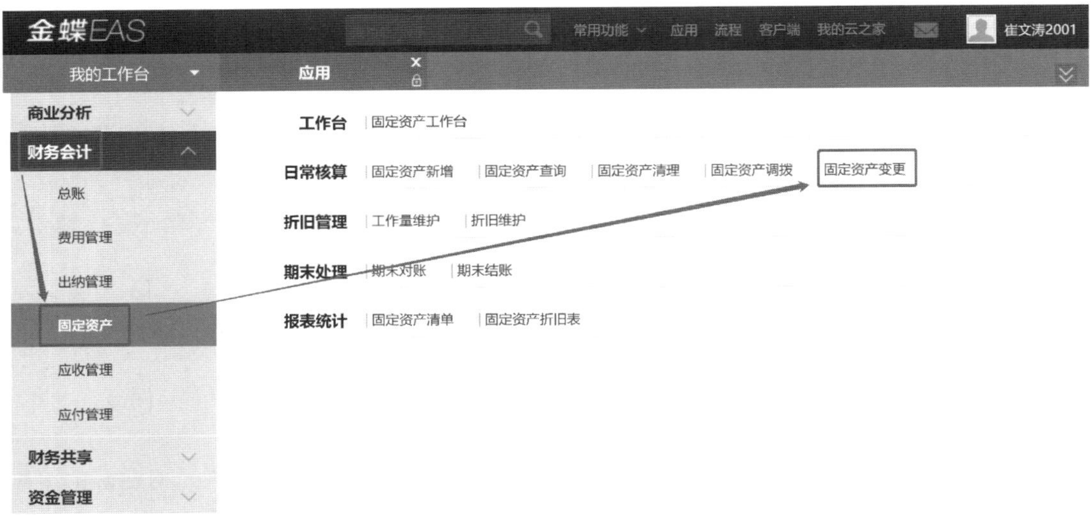

图 4－64　固定资产变更

根据案例背景修改相关信息。变更日期为 20××－01－05，变更方式为变更，使用状态为大修中，修改完毕后点击【保存】【提交】，并记录提交之后的单据编码，如图 4－67 所示。

2. 固定资产变更单审批

固定资产共享岗齐振英审批变更单。齐振英进入 EASweb 端，用户名：qzy＋学号，密码：空，点击【登录】进入我的工作台页面。点击【应用】—【财务共享】—

图 4－65　固定资产变更单新增

图 4－66　选择需要变更的固定资产卡片

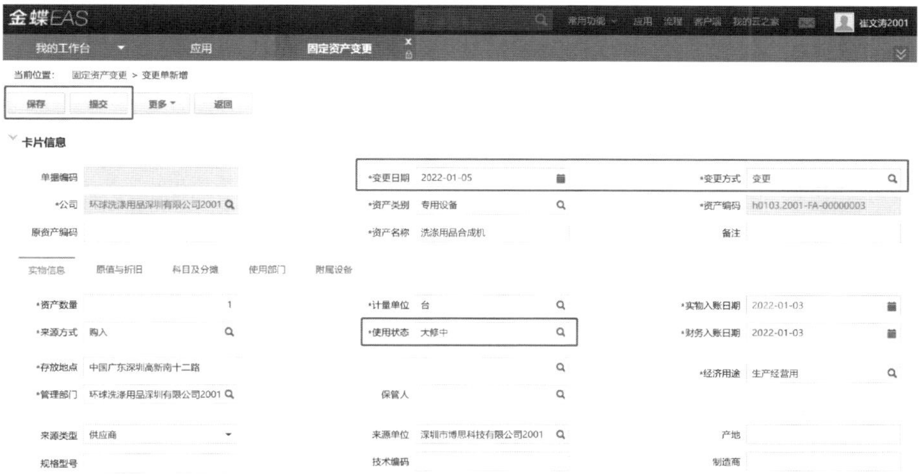

图 4－67　固定资产变更单录入完成并提交

【固定资产共享】—【固定资产变更】进入固定资产变更单查询页面，如图4－68所示。

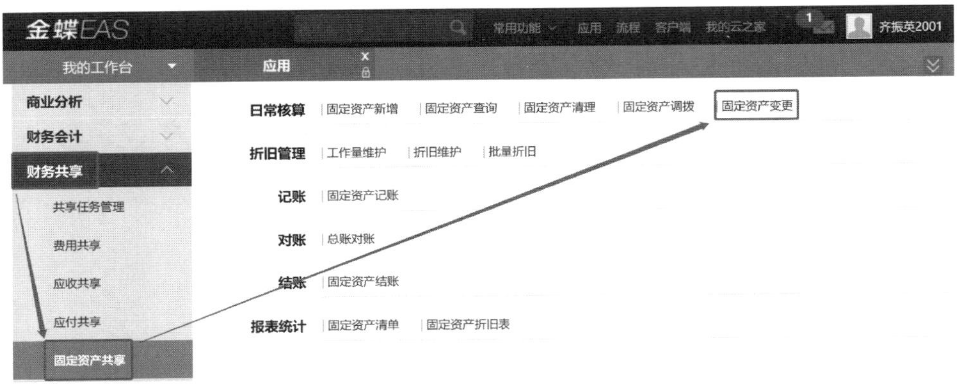

图4－68　固定资产变更单查询

选择公司为环球洗涤用品深圳有限公司＋学号，日期为20××－01－01至20××－01－31，点击【确定】筛选固定资产变更单。如果列表单据过多，还可通过搜索功能搜索单据编号，精确查找对应单据。勾选相应单据（通过单据编号确认），点击【审核】，如图4－69所示。

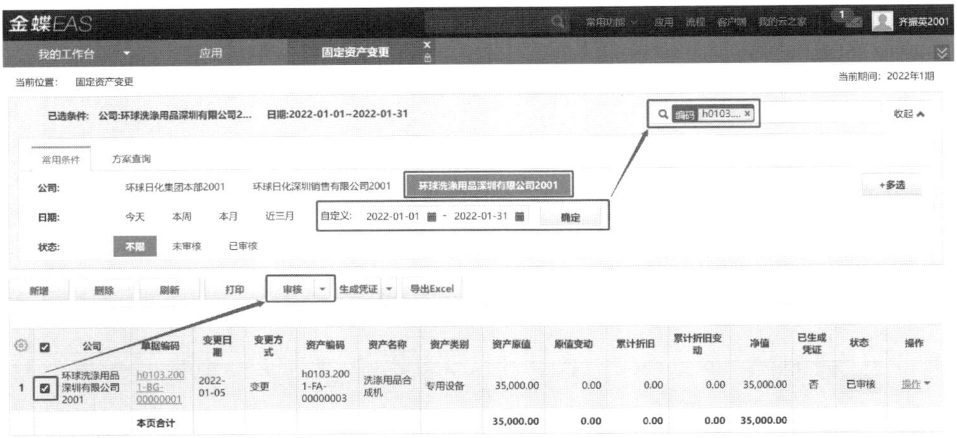

图4－69　固定资产变更单审核

案例四：固定资产调拨业务

◎ 实验数据

20××年1月12日，环球洗涤用品深圳有限公司向深圳星联心电脑设备有限公司购入投影仪8台，安装在各大会议室，设备原值为6 000元/台。固定资产会计崔文涛提交固定资产卡片，如表4－9、表4－10所示。

1月20日，环球日化深圳销售有限公司计划购买3台投影仪，与环球洗涤用品深圳有限公司协商沟通后，从洗涤公司调拨3台投影仪到销售公司，调出时间为月底，调出组织为环球洗涤用品深圳有限公司，调入组织为环球日化深圳销售有限公司。由各公司的固定资产会计负责调拨业务。

表4－9　环球洗涤用品深圳有限公司固定资产卡片信息

资产类别	通用设备		资产名称		投影仪	
公司			环球洗涤用品深圳有限公司＋学号			
基本信息						
资产数量	8	计量单位	台		实物入账日期	20××－01－12
来源方式	购入	使用状态	使用中		财务入账日期	20××－01－12
存放地点	中国广东深圳高新南十二路	经济用途	非生产经营用		管理部门	环球洗涤用品深圳有限公司＋学号
来源类型	供应商		来源单位		深圳星联心电脑设备有限公司＋学号	
原值与折旧						
币别	人民币		原币金额	48 000	进项税额	6 240
交付日期	20××－01－12	开始使用日期	20××－01－12		已折旧期间数	0
预计使用年限	10		预计使用期间数		120	
累计折旧	0	预计净残值	2 400		净残值率	5%
折旧方法	平均年限法（基于原值）		全寿命累计折旧		0	
核算信息						
固定资产科目			固定资产—通用设备			
累计折旧科目			累计折旧—通用设备			
减值准备科目			固定资产减值准备—通用设备			
折旧费用分摊						
折旧费用分摊科目	管理费用—管理费用—折旧费		分摊比例		100%	
使用部门			环球洗涤用品深圳有限公司＋学号			

表 4－10　　环球日化深圳销售有限公司固定资产卡片信息

<table>
<tr><td>资产类型</td><td colspan="2">通用设备</td><td>资产名称</td><td colspan="2">投影仪</td></tr>
<tr><td colspan="3">公司</td><td colspan="3">环球日化深圳销售有限公司＋学号</td></tr>
<tr><td colspan="6">基本信息</td></tr>
<tr><td>资产数量</td><td>3</td><td>计量单位</td><td>台</td><td>实物入账日期</td><td>20××－03－31</td></tr>
<tr><td>来源方式</td><td>调入</td><td>使用状态</td><td>使用中</td><td>财务入账日期</td><td>20××－03－31</td></tr>
<tr><td>存放地点</td><td>中国广东深圳高新南十二路</td><td>经济用途</td><td>非生产经营用</td><td>管理部门</td><td>环球日化深圳销售有限公司＋学号</td></tr>
<tr><td>来源类型</td><td colspan="2">内部公司</td><td>来源单位</td><td colspan="2">环球日化集团本部＋学号</td></tr>
<tr><td colspan="6">原值与折旧</td></tr>
<tr><td>币别</td><td colspan="2">人民币</td><td>原币金额</td><td colspan="2">48 000</td></tr>
<tr><td>交付日期</td><td>20××－03－31</td><td>开始使用日期</td><td>20××－03－31</td><td>已折旧期间数</td><td>0</td></tr>
<tr><td>预计使用年限</td><td colspan="2">10</td><td>预计使用期间数</td><td colspan="2">120</td></tr>
<tr><td>累计折旧</td><td>0</td><td>预计净残值</td><td>2 400</td><td>净残值率</td><td>5%</td></tr>
<tr><td>折旧方法</td><td colspan="2">平均年限法（基于原值）</td><td>全寿命累计折旧</td><td colspan="2">0</td></tr>
<tr><td colspan="6">核算信息</td></tr>
<tr><td colspan="3">固定资产科目</td><td colspan="3">固定资产—通用设备</td></tr>
<tr><td colspan="3">累计折旧科目</td><td colspan="3">累计折旧—通用设备</td></tr>
<tr><td colspan="3">减值准备科目</td><td colspan="3">固定资产减值准备—通用设备</td></tr>
<tr><td colspan="6">折旧费用分摊</td></tr>
<tr><td>折旧费用分摊科目</td><td colspan="2">管理费用—管理费用—折旧费</td><td>分摊比例</td><td colspan="2">100%</td></tr>
<tr><td colspan="3">使用部门</td><td colspan="3">环球日化深圳销售有限公司＋学号</td></tr>
</table>

◎ 操作指导

1. 固定资产卡片提交

环球洗涤用品深圳有限公司固定资产会计崔文涛提交固定资产卡。崔文涛进入 EASweb 端，用户名：cwt＋学号，密码：空，点击【登录】进入我的工作台页面。点击【崔文涛】—【组织—切换】切换组织为环球洗涤用品深圳有限公司＋学号，点击【确定】，如图 4－70 所示。

点击【应用】—【财务会计】—【固定资产】—【固定资产新增】新增固定资产卡片，如图 4－71 所示。

根据实验数据录入卡片信息、实物信息，如图 4－72 所示。

图 4－70　EAS 网页端登录

图 4－71　固定资产新增

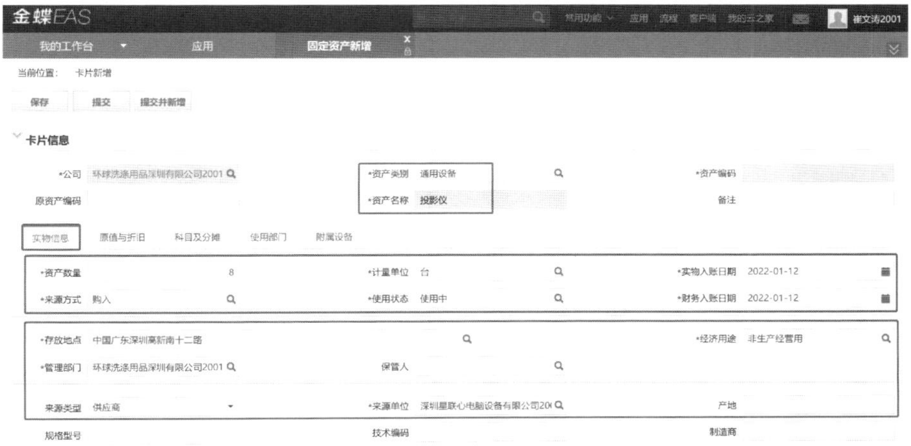

图 4－72　固定资产实物信息录入

根据实验数据录入原值与折旧页签信息，如图 4－73 所示。

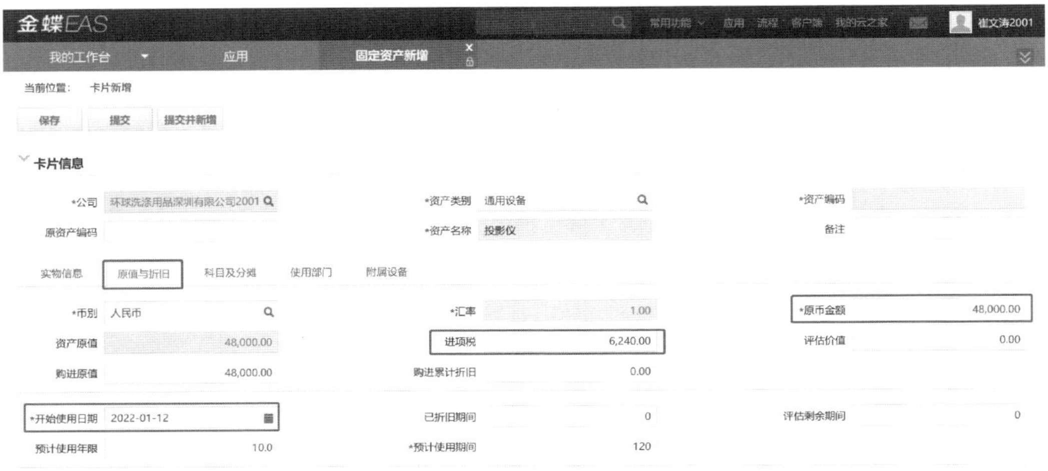

图 4－73　固定资产原值与折旧录入

根据实验数据录入科目与分摊页签信息，如图 4－74 所示。

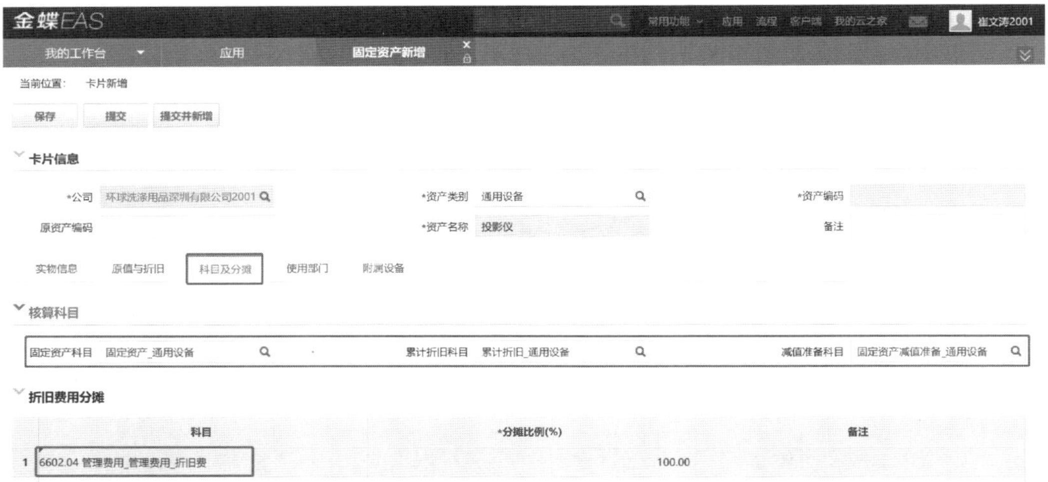

图 4－74　固定资产科目与分摊录入

根据实验数据录入使用部门页签信息，上传发票附件，点击【保存】—【提交】，并记录提交后的资产编码，如图 4－75 所示。

2. 固定资产卡片审批

固定资产共享岗齐振英共享审批固定资产卡片。齐振英进入 EASweb 端，用户名：qzy + 学号，密码：空，点击【登录】进入我的工作台页面。点击【应用】—【财

图 4－75　固定资产使用部门录入完成并提交

务共享】—【固定资产共享】—【固定资产查询】进入固定资产卡片序时簿，如图 4－76 所示。

图 4－76　固定资产查询

选择公司为环球洗涤用品深圳有限公司＋学号、日期为 20××－01－01 至 20××－12－31，点击【确定】筛选固定资产卡片。如果列表单据过多，还可通过搜索功能搜索单据编号，精确查找对应单据。勾选相应固定资产卡片（通过资产编码确认），点击【审核】，如图 4－77 所示。

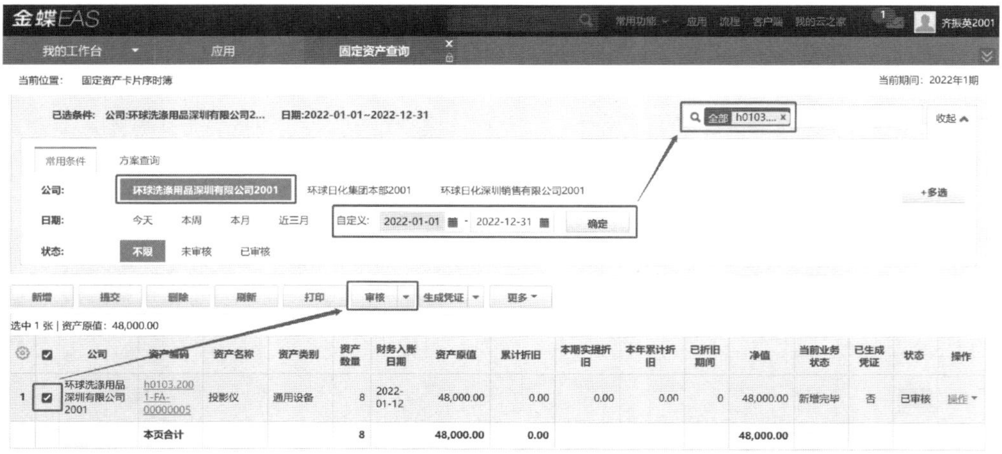

图 4－77　固定资产卡片审核

3. 关联生成付款单

固定资产共享岗齐振英根据审批后的固定资产卡片下推付款单。勾选相应固定资产卡片（通过资产编码确认），点击【更多】—【关联生成】，如图 4－78 所示。

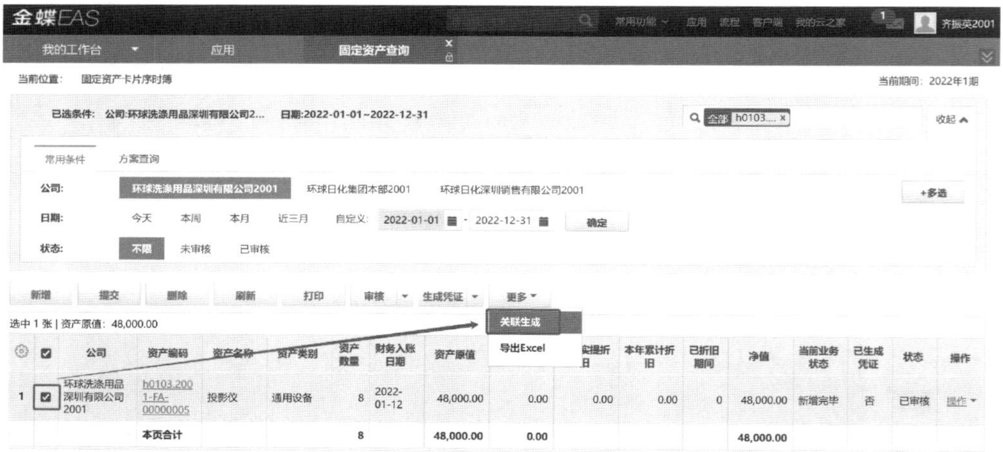

图 4－78　关联生成

选择目标单据为付款单，转换规则为卡片生成付款单，点击【确定】进入付款单编辑页面，如图 4－79 所示。

根据实验数据录入相关信息。付款公司为环球洗涤用品深圳有限公司＋学号，业务日期为 20××－01－12，付款类型为其他，付款账户为“招商银行时代广场支行＋学号”，付款科目为商业银行存款；收款人名称为深圳星联心电脑设备有限公

图 4－79　转换规则卡片生成付款单

司＋学号；对方科目分别为固定资产—通用设备和应交增值税—进项税额，录入完毕后点击【保存】【提交】，并记录单据编号，如图 4－80 所示。

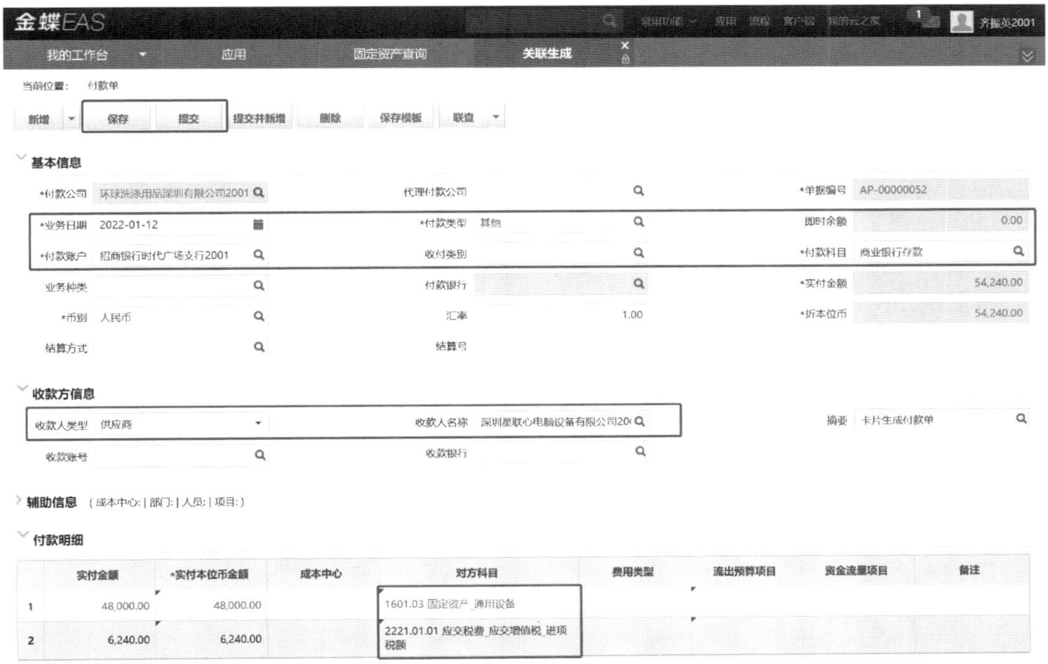

图 4－80　付款单录入完成并提交

4. 付款单共享审批并付款

资金共享岗欧阳杨审批付款单并付款。欧阳杨进入 EASweb 端，用户名：oyy + 学号，密码：空，点击【登录】进入我的工作台页面。点击【应用】—【财务共享】—【共享任务管理】—【共享任务池】进入共享任务池页面，如图 4－81 所示。

图 4－81 进入共享任务池

点击【我的任务】—【出纳付款单审核】—【更多】—【获取任务】获取付款单，如图 4－82 所示。

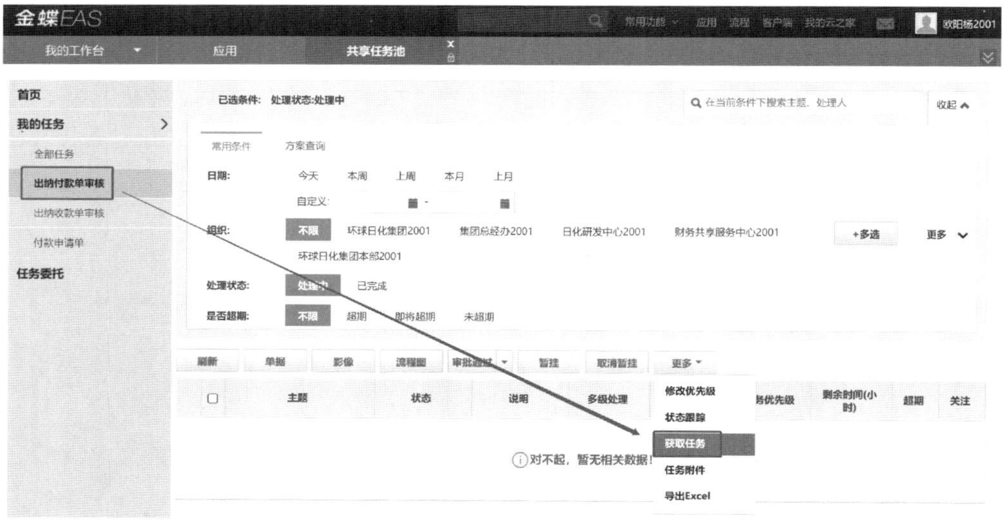

图 4－82 付款单获取

点击相应单据主题（通过单据编号确认）进入单据处理页面，如图4－83和图4－84所示。

图4－83　进入单据处理

资金共享岗根据财务审批规则审批该案例，本案例审批通过，点击【提交】，如图4－84所示。

图4－84　付款单共享审批

资金共享岗对已审批的付款单执行付款。点击【应用】—【财务共享】—【出纳共享】—【付款单处理】进入付款单序时簿，如图 4-85 所示。

图 4-85　付款单处理

选择公司为环球日化集团本部+学号，日期为 20××-01-01 至 20××-01-31，点击【确定】筛选付款单。如果列表单据过多，还可通过搜索功能搜索单据编号，精确查找对应单据。勾选相应单据（通过单据编号确认），点击【付款】，如图 4-86 所示。

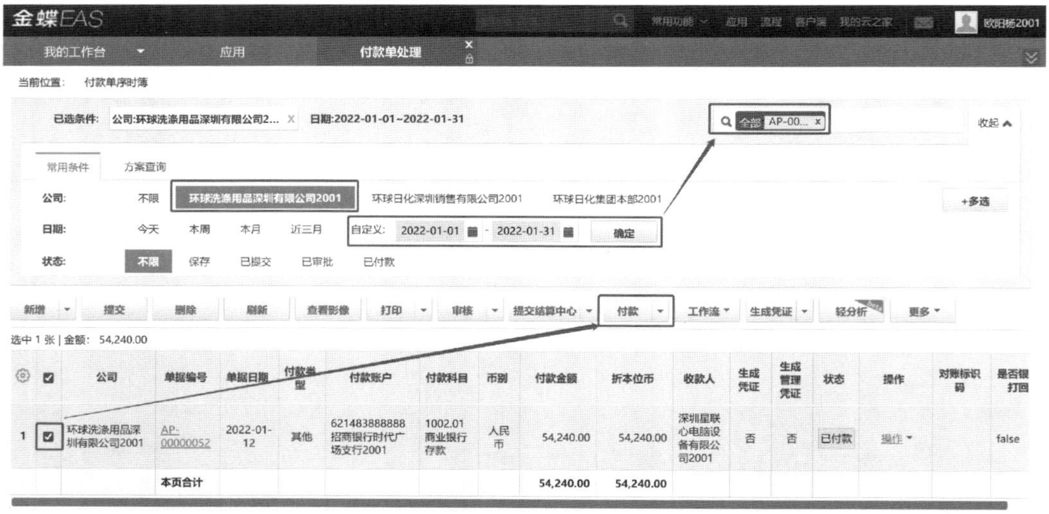

图 4-86　付款单付款

5. 凭证生成、指定流量并复核

资金共享岗欧阳杨根据审批后的付款单进行凭证处理。在付款单序时簿，勾选相应单据（通过单据编号确认），点击【生成凭证】进入凭证编辑页面，如图4-87所示。

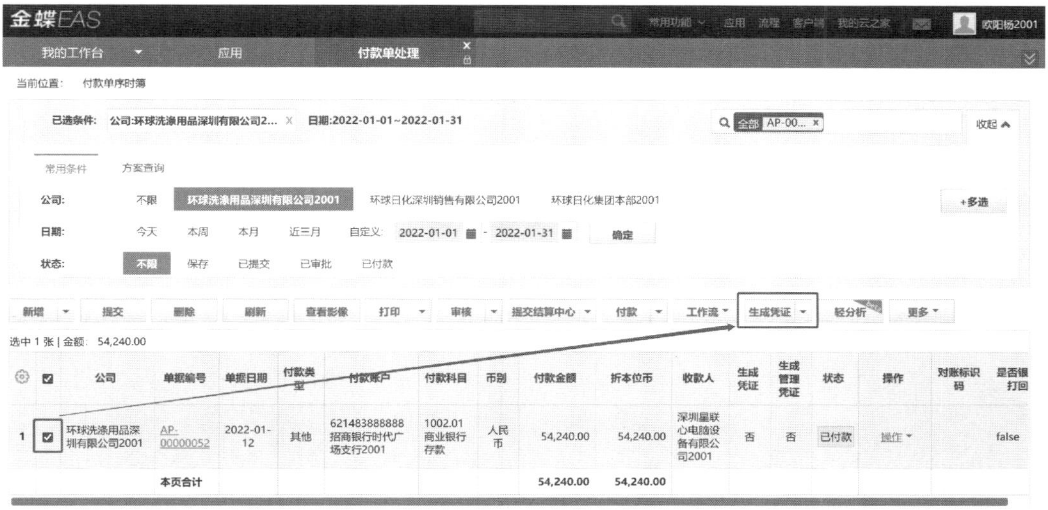

图4-87 付款单生成凭证

点击【生成凭证】后，系统会自动生成暂存凭证，点击单据后的【操作】—【联查】，可查看上下游单据，如图4-88所示。

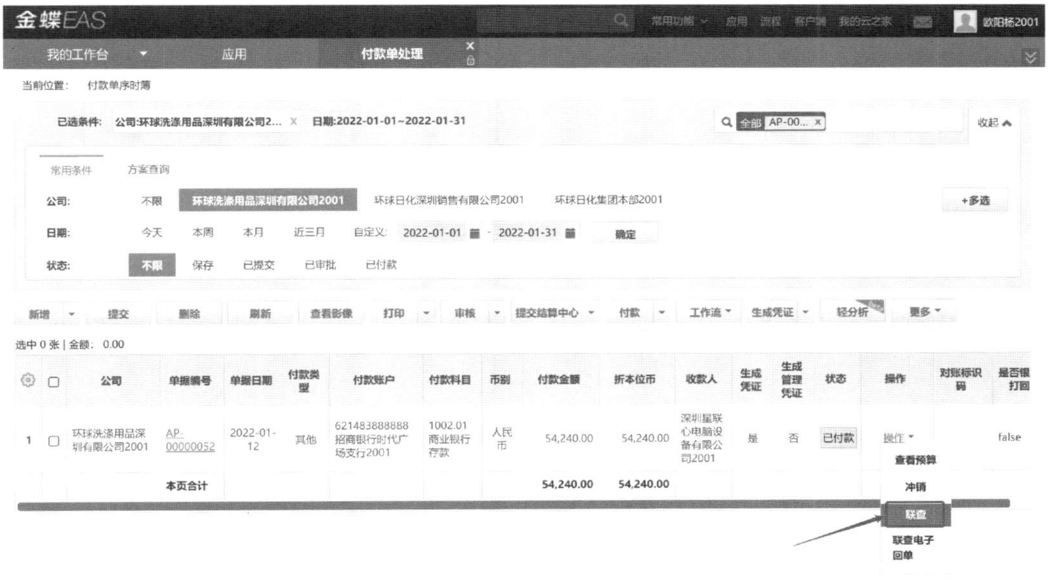

图4-88 联查单据

点击【联查单据】后进入关联查询界面，点击【下游单据】中对应凭证，下方显示出凭证列表，刚关联生成的凭证处于“暂存”状态，点击【凭证字号】进入凭证查看界面，如图4－89所示。

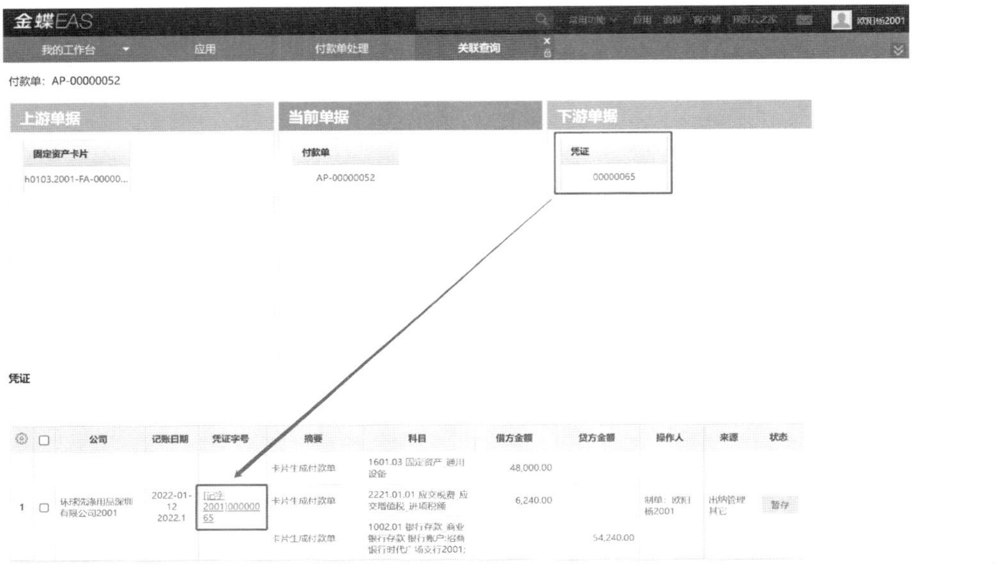

图4－89 凭证查看

在凭证查看界面，若需修改凭证则点击【修改】进入凭证编辑界面，如图4－90所示。

图4－90 凭证编辑

根据案例背景录入相关信息，记账日期为 20××-01-12，业务日期为 20××-01-12，录入完毕后点击【保存】【提交】进入现金流量页面，如图 4-91 所示。

图 4-91　凭证录入完成并提交

输入主表项目分别为购建固定资产、无形资产和其他长期资产所支付的现金与支付的各项税费，点击【保存】进入凭证编辑页面，如图 4-92 所示。

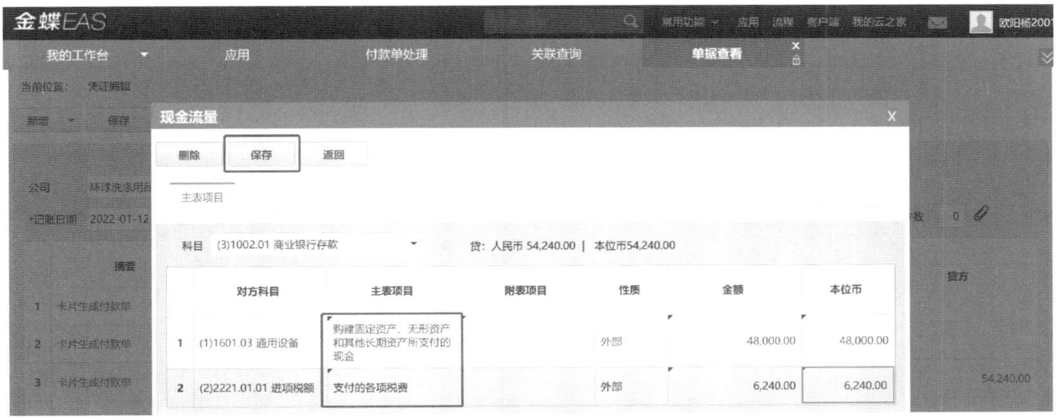

图 4-92　凭证指定现金流量

在凭证编辑页面复核该凭证，点击【更多】—【复核】，如图 4-93 所示。

如果在该界面复核不成功，请点击【应用】—【财务共享】—【出纳共享】—【凭证

图 4-93　凭证复核

复核】，进入凭证复核界面，选择复核的公司，点击【登账参数】确认该组织的登账参数后再执行复核，如图 4-94 所示。

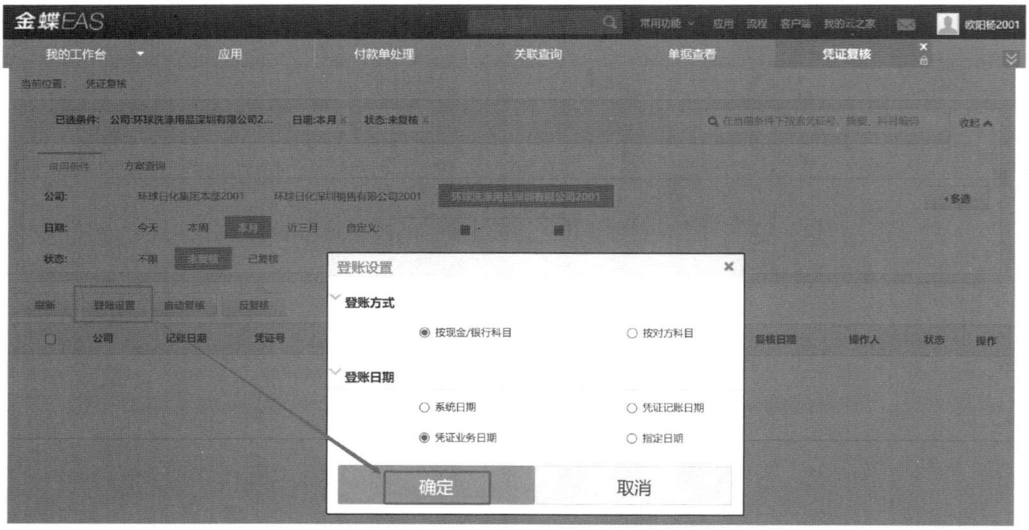

图 4-94　登账参数设置

凭证提交成功后，凭证状态由暂存变为已提交，并生成正式凭证字号，记录凭证字号，如图 4-95 所示。

图 4－95　记录凭证字号

6. 凭证审核

总账共享岗樊江波审核记账凭证。樊江波进入 EASweb 端，用户名：fjb＋学号，密码：空，点击【登录】进入我的工作台页面。

点击【应用】—【财务共享】—【总账共享】—【凭证查询】进入凭证查询页面，如图 4－96 所示。

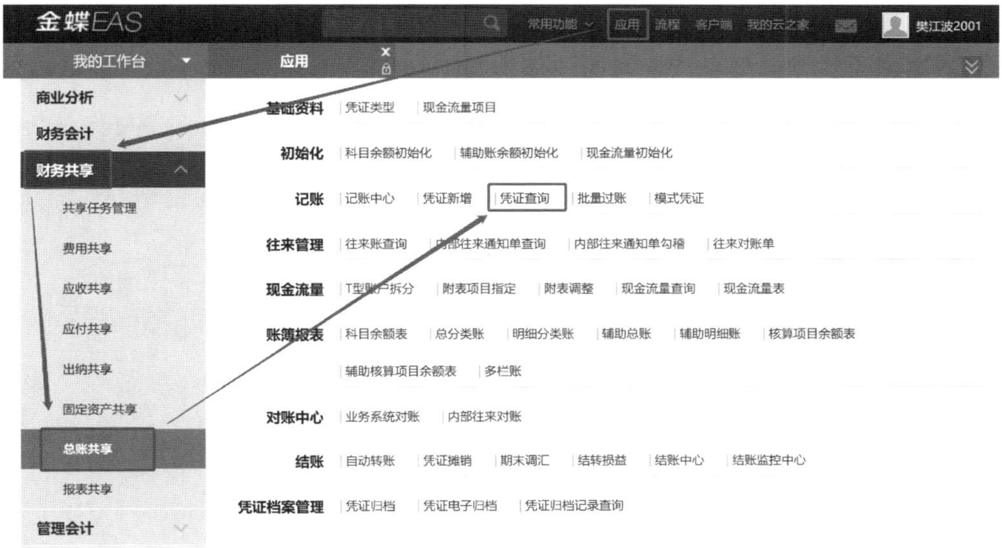

图 4－96　凭证查询

选择公司为环球洗涤用品深圳有限公司+学号，日期为20××-01-01至20××-01-31，点击【确定】筛选凭证。如果列表凭证过多，还可通过搜索功能搜索凭证编号，精确查找对应凭证。勾选相应凭证（通过凭证编号确认），点击【审核】，如图4-97所示。

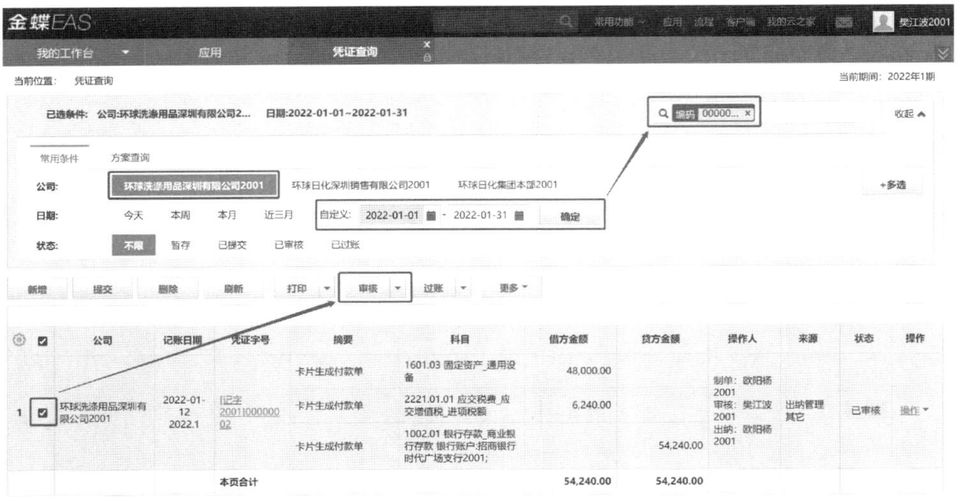

图4-97　凭证审核

7. 固定资产调拨单提交

1月20日，发生调拨业务，由调出组织环球洗涤用品深圳有限公司固定资产会计崔文涛新增固定资产调拨单。崔文涛进入EASweb端，用户名：cwt+学号，密码：空，点击【登录】进入我的工作台页面。点击【崔文涛】—【组织—切换】切换组织为环球洗涤用品深圳有限公司+学号，点击【确定】，如图4-98所示。

图4-98　EAS网页端登录

点击【应用】—【财务会计】—【固定资产】—【固定资产调拨】进入固定资产调拨单序时簿，如图 4－99 所示。

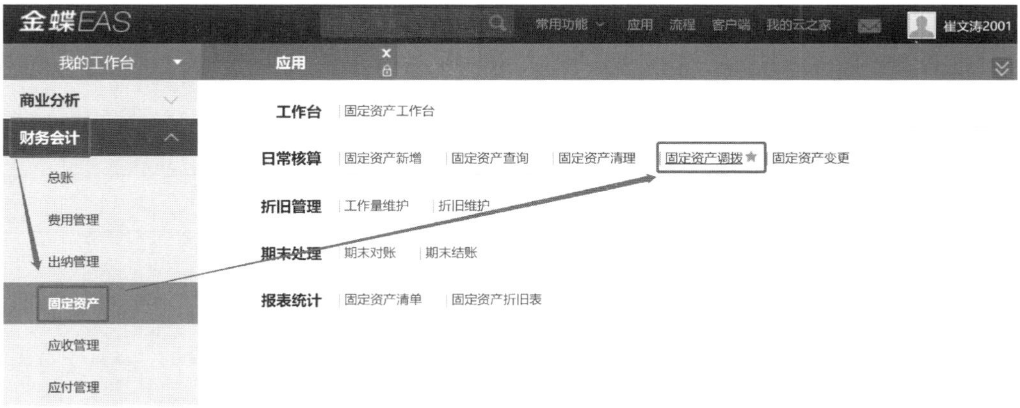

图 4－99　固定资产调拨

点击【新增】进入固定资产卡片序时簿，根据案例背景勾选需要调拨的固定资产卡片，点击【确定】进入调拨单编辑页面，如图 4－100 所示。

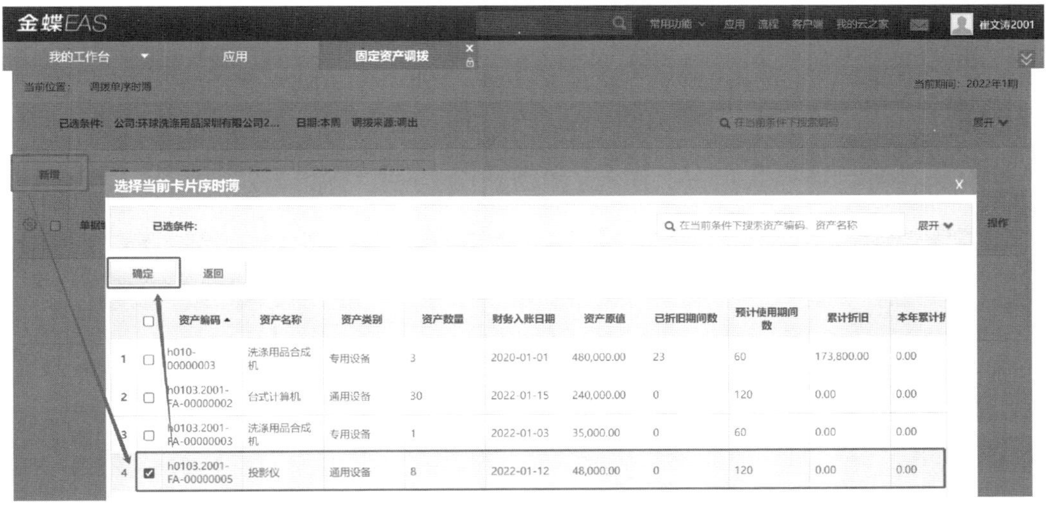

图 4－100　固定资产调拨单新增

根据实验数据相关信息。调拨日期为 20××－01－31，调出组织为环球洗涤用品深圳有限公司＋学号，调入组织为环球日化深圳销售有限公司＋学号，调拨方式为调出，调出方负责人为崔文涛＋学号，调入方负责人为周爱民＋学号（在职员列表勾选显示所有组织即可查看其他组织单元的职员）；资产明细—调拨数量为 3，添加附件：

调拨申请单．png，录入完毕后点击【保存】【提交】，并记录单据编号，如图 4－101 所示。

图 4－101　固定资产调拨单录入完成并提交

8. 固定资产调拨单审核

固定资产共享岗齐振英审核固定资产调拨单。齐振英进入 EASweb 端，用户名：qzy＋学号，密码：空，点击【登录】进入我的工作台页面。点击【应用】—【财务共享】—【固定资产共享】—【固定资产调拨】进入固定资产调拨单序时簿，如图 4－102 所示。

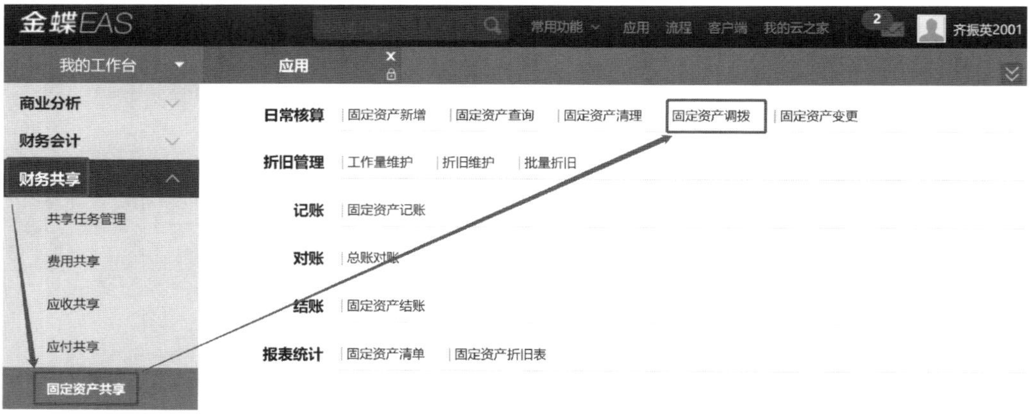

图 4－102　进入固定资产调拨单序时簿

选择公司为环球洗涤用品深圳有限公司＋学号，调拨日期为 20××－01－01 至

20××-01-31，调拨来源为调出，点击【确定】筛选调拨单。如果列表单据过多，还可通过搜索功能搜索单据编号，精确查找对应单据。勾选相应单据（通过单据编号确认），点击【审核】，如图4-103所示。

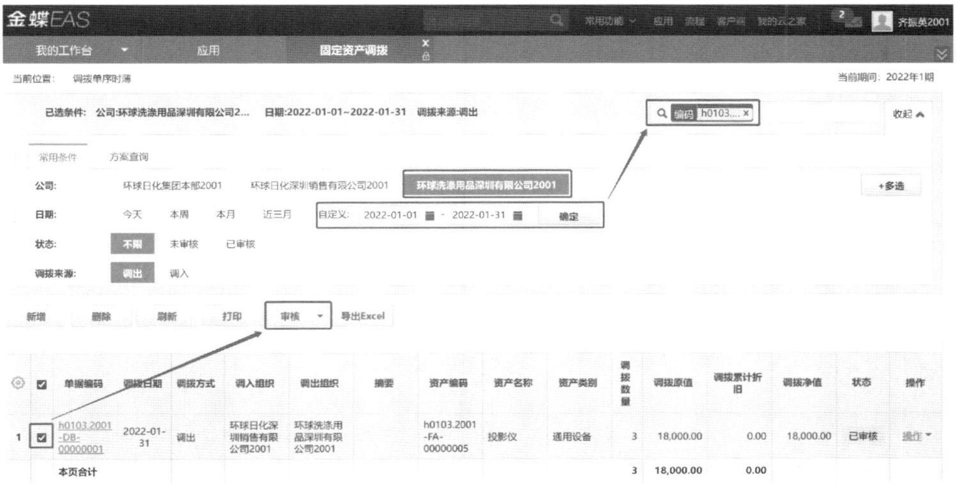

图4-103　固定资产调拨单审核

9. 固定资产调拨单确认

调入组织环球日化深圳销售有限公司固定资产会计周爱民确认资产调拨。周爱民进入EASweb端，用户名：zam+学号，密码：空，点击【登录】进入我的工作台页面。点击【周爱民】—【组织—切换】切换组织为环球日化深圳销售有限公司+学号，点击【确定】，如图4-104所示。

图4-104　EAS网页端登录

点击【应用】—【财务会计】—【固定资产】—【固定资产调拨】进入固定资产调拨单序时簿，如图4－105所示。

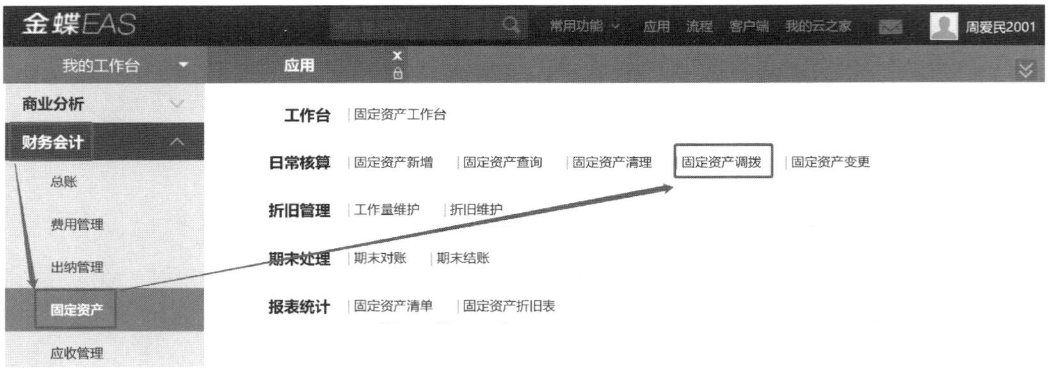

图4－105 固定资产调拨单查询

选择公司为环球日化深圳销售有限公司＋学号、日期为20××－01－01至20××－01－31，调拨来源为调入，点击【确定】筛选固定资产调拨单。勾选相应单据（通过单据编号确认），点击【确认】，如图4－106所示。

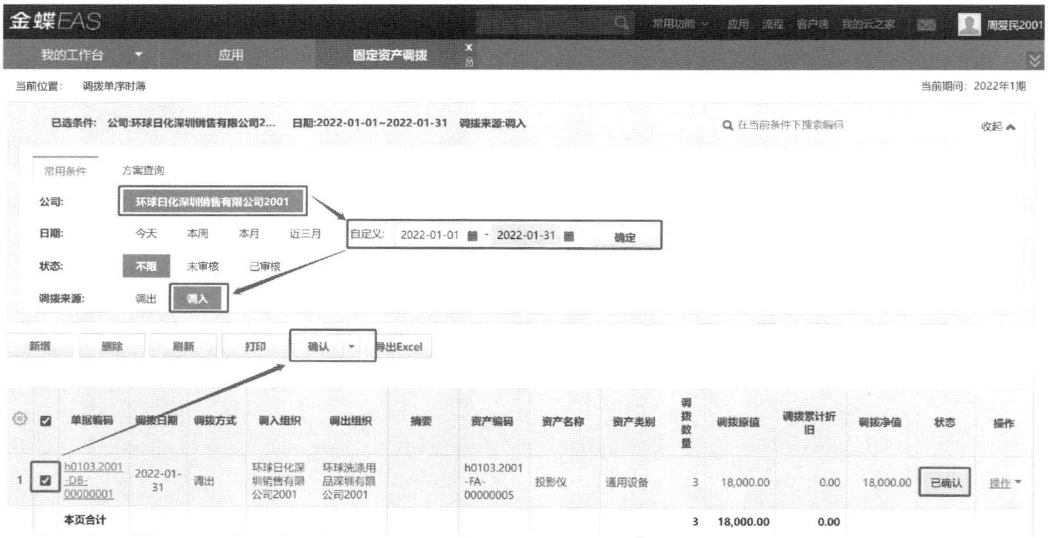

图4－106 固定资产调拨单确认

10. 固定资产清理单审核

固定资产调拨单被确认后，调出组织环球洗涤用品深圳有限公司会自动提交一张固定资产清理卡片，由固定资产共享岗齐振英审核清理单。齐振英进入EASweb端，用户名：qzy + 学号，密码：空，点击【登录】进入我的工作台页面。

点击【应用】—【财务共享】—【固定资产共享】—【固定资产清理】进入固定资产清理单序时簿，如图 4－107 所示。

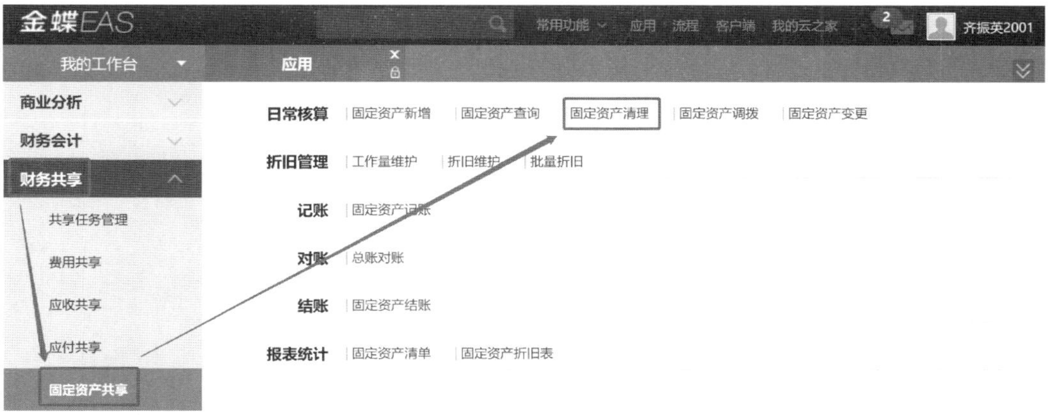

图 4－107　固定资产清理单查询

选择公司为环球洗涤用品深圳有限公司＋学号，清理日期为 20××－01－01 至 20××－01－31，点击【确定】筛选固定资产清理单。勾选相应单据（通过单据编码确认），点击【审核】，如图 4－108 所示。

图 4－108　固定资产清理单审核

11. 固定资产卡片提交

资产调拨单被确认后，调入组织环球日化深圳销售有限公司会自动提交一张固定资产卡片，由固定资产会计周爱民提交。周爱民进入 EASweb 端，用户名：zam + 学号，密码：空，点击【登录】进入我的工作台页面。点击【周爱民】—【组织—切换】切换组织为环球日化深圳销售有限公司 + 学号，点击【确定】，如图 4 – 109 所示。

图 4 – 109　EAS 网页端登录

点击【应用】—【财务会计】—【固定资产】—【固定资产查询】进入固定资产卡片序时簿，如图 4 – 110 所示。

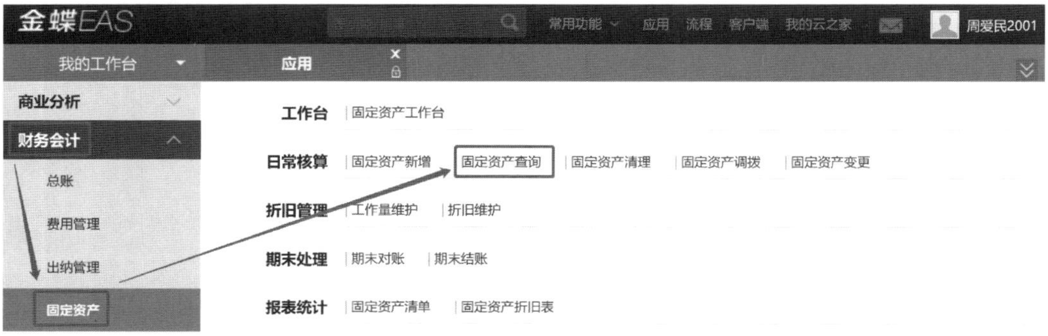

图 4 – 110　进入固定资产卡片序时簿

选择公司为环球日化深圳销售有限公司 + 学号，日期为 20 × × – 01 – 01 至 20 × × – 01 – 31，点击【确定】筛选固定资产卡片，如图 4 – 111 所示。

点击相应固定资产卡片编码进入卡片查看页面，点击【修改】进入卡片编辑页面，如图 4 – 112 所示。

根据实验数据录入卡片信息、实物信息，如图 4 – 113 所示。

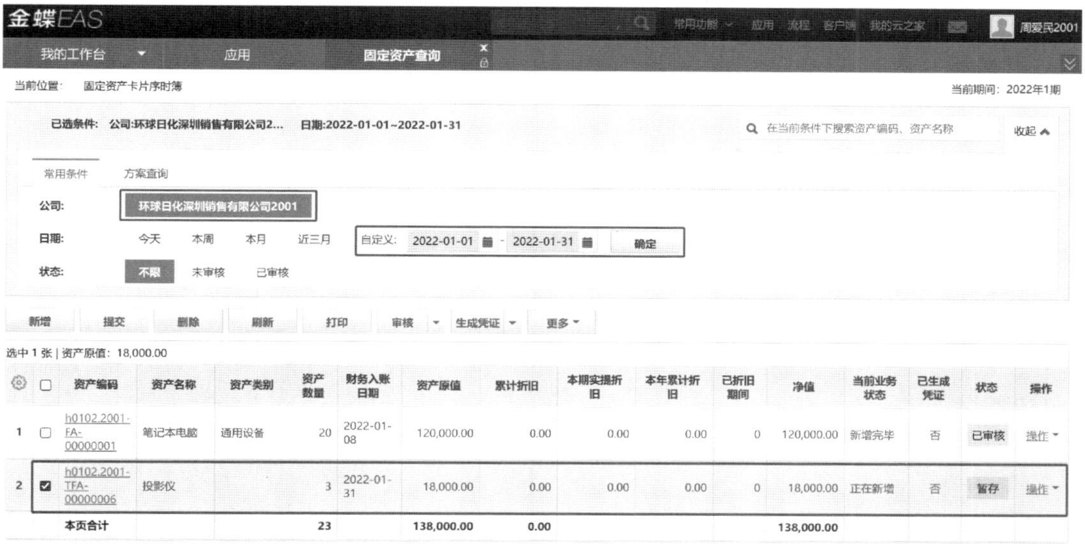

图 4－111　固定资产卡片查询

图 4－112　固定资产卡片修改

根据实验数据录入原值与折旧页签信息，如图 4－114 所示。

根据实验数据录入科目及分摊页签信息，如图 4－115 所示。

根据实验数据录入使用部门页签信息，完成后点击【保存】【提交】。并记录提交后的单据编码，如图 4－116 所示。

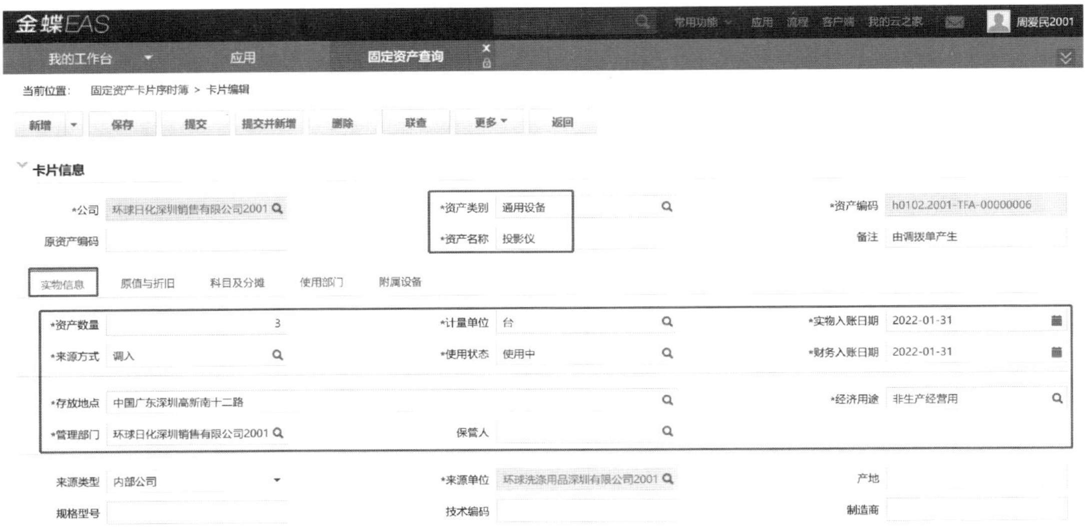

图 4-113　固定资产实物信息录入

图 4-114　固定资产原值与折旧录入

12. 固定资产卡片审核

固定资产共享岗齐振英审核由调入组织固定资产会计周爱民提交的固定资产卡片。齐振英进入 EASweb 端，用户名：qzy + 学号，密码：空，点击【登录】进入我的工作台页面。

点击【应用】—【财务共享】—【固定资产共享】—【固定资产查询】进入固定资产卡片序时簿，如图 4-117 所示。

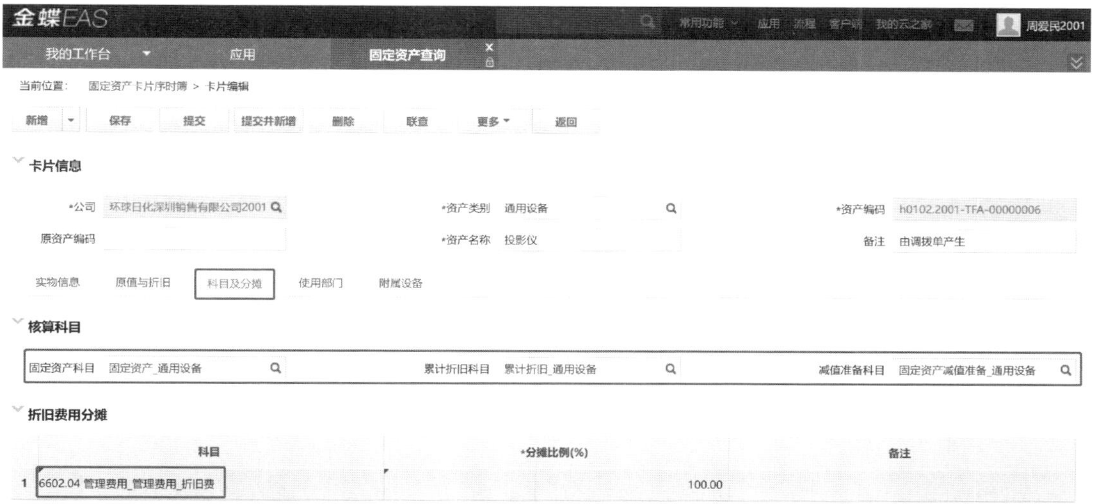

图 4－115　固定资产科目与分摊录入

图 4－116　固定资产使用部门录入并提交

选择公司为环球日化深圳销售有限公司＋学号，日期为 20××－01－01 至 20××－01－31，点击【确定】筛选固定资产卡片。如果列表单据过多，还可通过搜索功能搜索单据编号，精确查找对应单据。勾选相应固定资产卡片（通过资产编码确认），点击【审核】，如图 4－118 所示。

图 4－117　固定资产查询

图 4－118　固定资产卡片审核

案例五：固定资产清理业务

◎ 实验数据

20××年 1 月 31 日，环球洗涤用品深圳有限公司生产部有一台期初的洗涤用品合成机报废，出售残料收到现金 1 200 元。环球洗涤用品深圳有限公司固定资产会计崔文涛（cwt＋学号）提交固定资产清理单。

◎ 操作指导

1. 固定资产清理单提交

如果是新增的固定资产卡片发生清理业务，请先完成固定资产卡片的新增及审核；若是期初的固定资产卡片发生清理业务，选择期初固定资产卡片进行固定资产清理即可。

环球洗涤用品深圳有限公司固定资产会计崔文涛进入 EASweb 端，用户名：cwt + 学号，密码：空，点击【登录】进入我的工作台页面。点击【崔文涛】—【组织—切换】切换组织为环球洗涤用品深圳有限公司 + 学号，点击【确定】，如图 4 - 119 所示。

图 4 - 119　EAS 网页端登录

点击【应用】—【财务会计】—【固定资产】—【固定资产清理】进入固定资产清理单序时簿，如图 4 - 120 所示。

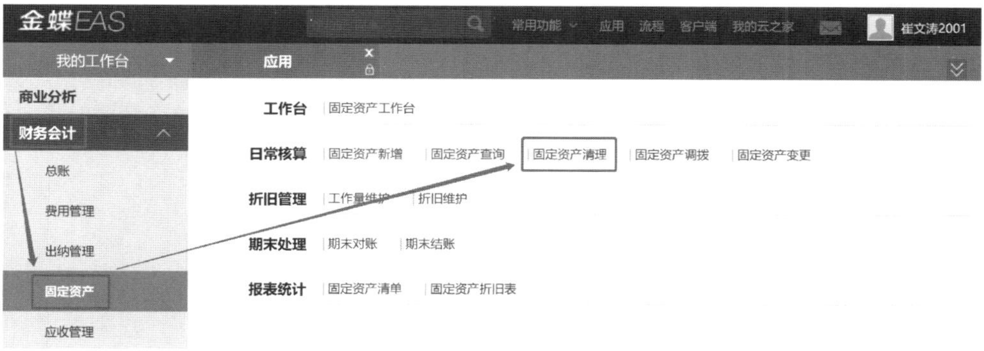

图 4 - 120　固定资产清理

点击【新增】进入固定资产卡片序时簿，勾选需要清理的洗涤用品合成机期初固定资产卡片，点击【确定】新增固定资产清理单，如图 4 - 121 所示。

图 4－121　新增固定资产清理单

根据实验数据录入相关信息，清理日期为 20××－01－31，清理方式为报废；资产明细—清理数量为 1，处置收入为 1200；添加附件：报废申请单 . png。录入完毕后点击【保存】【提交】，并记录单据编号，如图 4－122 所示。

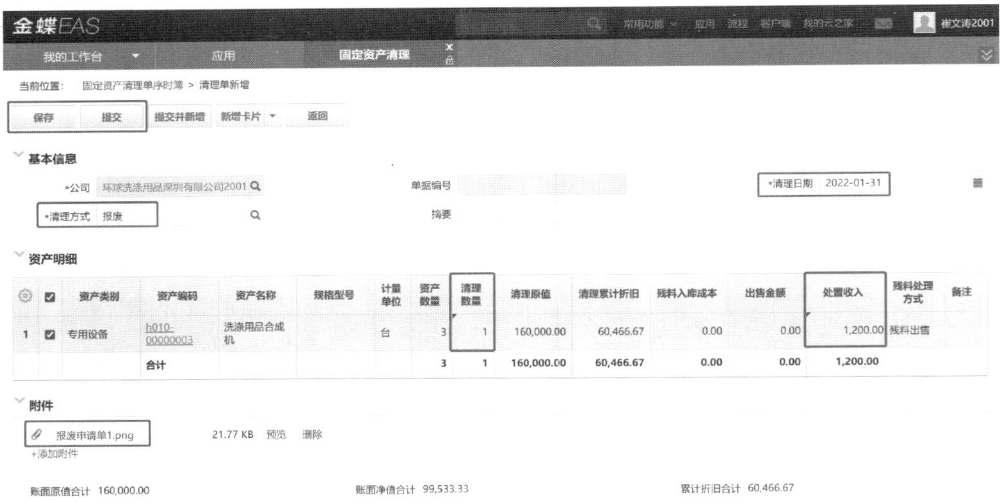

图 4－122　固定资产清理单录入完成并提交

2. 固定资产清理单审批

资产共享岗齐振英审核清理单，如果不符合审核规则，则不审核。齐振英进入 EASweb 端，用户名：qzy＋学号，密码：空，点击【登录】进入我的工作台页面。点击【应用】—【财务共享】—【固定资产共享】—【固定资产清理】进入固定资产清理单序时簿，如图 4－123 所示。

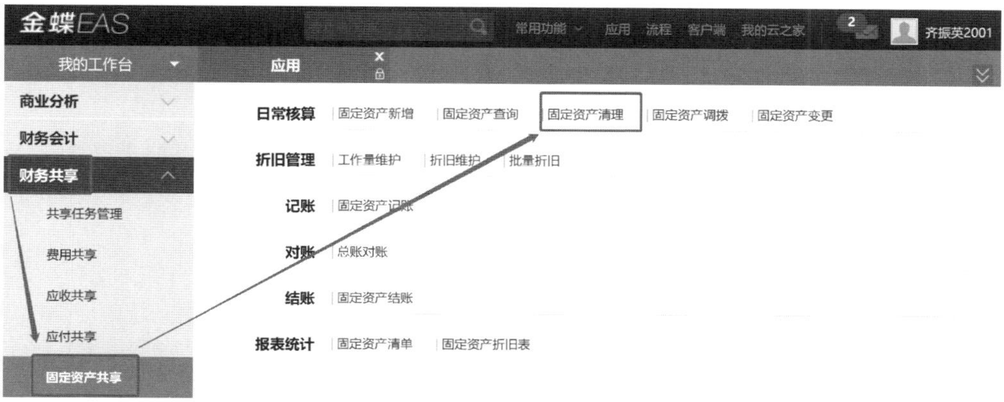

图 4－123　固定资产清理单查询

选择公司为环球洗涤用品深圳有限公司＋学号，清理日期为 20××－01－01 至 20××－01－31，点击【确定】筛选固定资产清理单。如果列表单据过多，还可通过搜索功能搜索单据编号，精确查找对应单据。勾选相应单据（通过单据编码确认），点击【审核】，如图 4－124 所示。

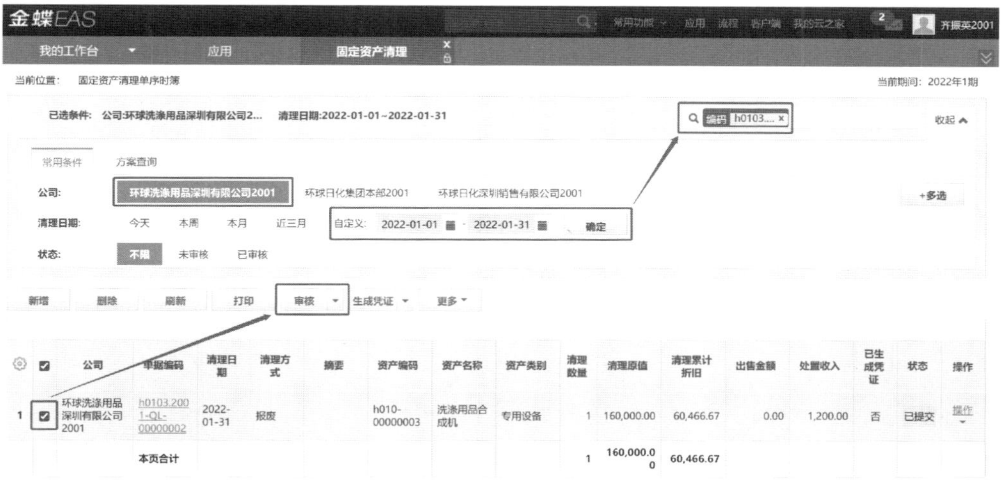

图 4－124　固定资产清理单审核

单据审核后，点击【生成凭证】，如图 4－125 所示。

点击【生成凭证】后，系统会自动生成暂存凭证，点击单据后的【操作】—【联查】，可查看上下游单据，如图 4－126 所示。

点击【联查】后进入关联查询界面，点击【下游单据】中对应凭证，下方显示出凭证列表，刚关联生成的凭证处于“暂存”状态，点击【凭证字号】进入凭证查

图 4－125　生成凭证

图 4－126　联查单据

看界面，如图 4－127 所示。

在凭证查看界面，若需修改凭证则点击【修改】按钮进入凭证编辑界面。记账日期为 20××－01－31，修改固定资产清理借方金额为 98 333.33；新增一行分录，科目为人民币，借方金额为 1 200，录入完毕后点击【保存】，记录暂存的凭证字号，如图 4－128 所示。

3. 提交凭证并指定现金流量、复核

资金共享岗欧阳杨对已生成的凭证指定现金流量、复核。欧阳杨进入 EASweb

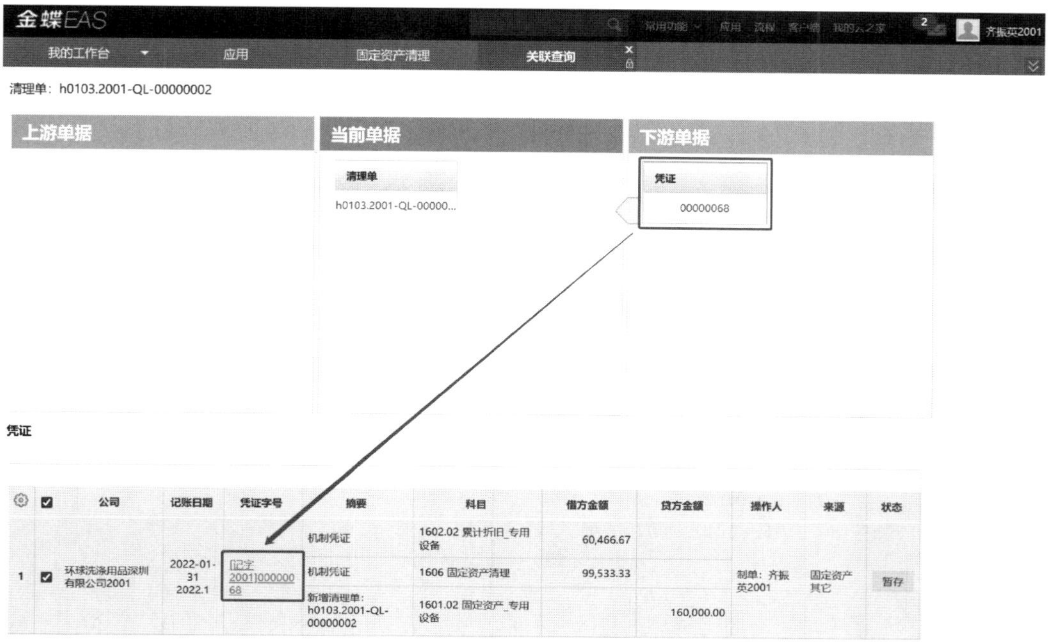

图 4－127　凭证查看

图 4－128　凭证录入完成并保存

端，用户名：oyy＋学号，密码：空，点击【登录】进入我的工作台页面。点击【应用】—【财务共享】—【总账共享】—【凭证查询】进入凭证查询页面，如图 4－129 所示。

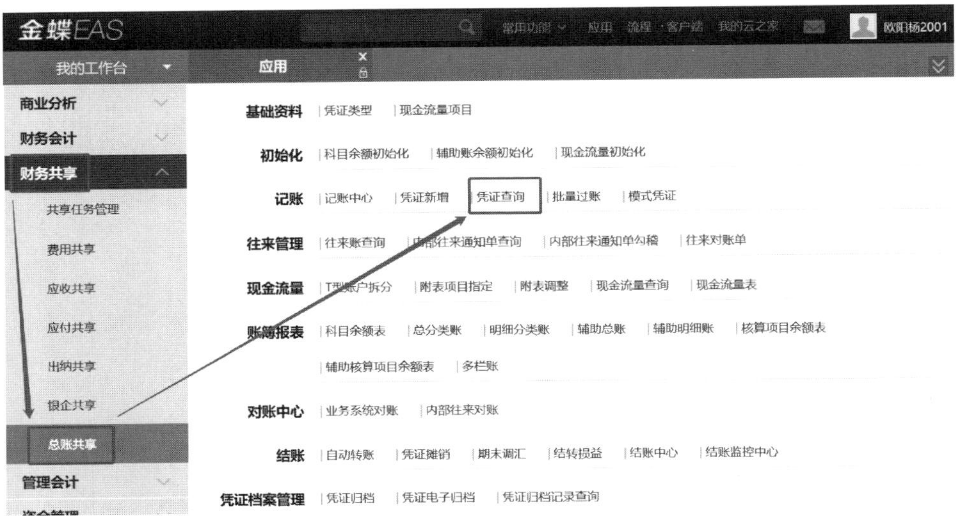

图 4－129 凭证查询

选择公司为环球洗涤用品深圳有限公司＋学号，日期为 20××－01－01 至 20××－01－31，点击【确定】筛选凭证。点击相应凭证（通过凭证编码确认）进入凭证查看页面，如图 4－130 所示。

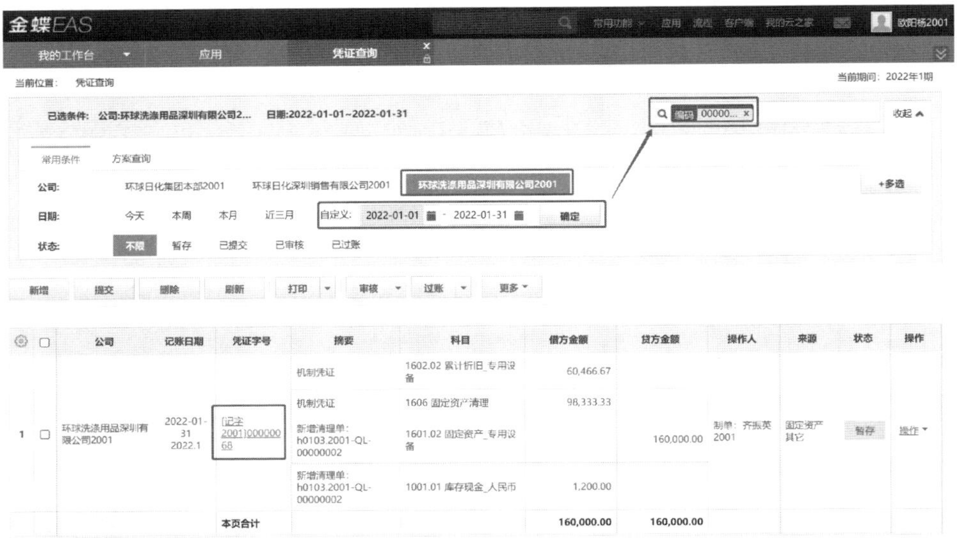

图 4－130 凭证查看

在凭证查看页面，点击【修改】按钮，然后点击【现金流量】进入现金流量页面，如图 4－131 所示。

图 4－131　凭证查看

选择主表项目为收到的其他与经营活动有关的现金，点击【保存】进入凭证编辑页面，如图 4－132 所示。

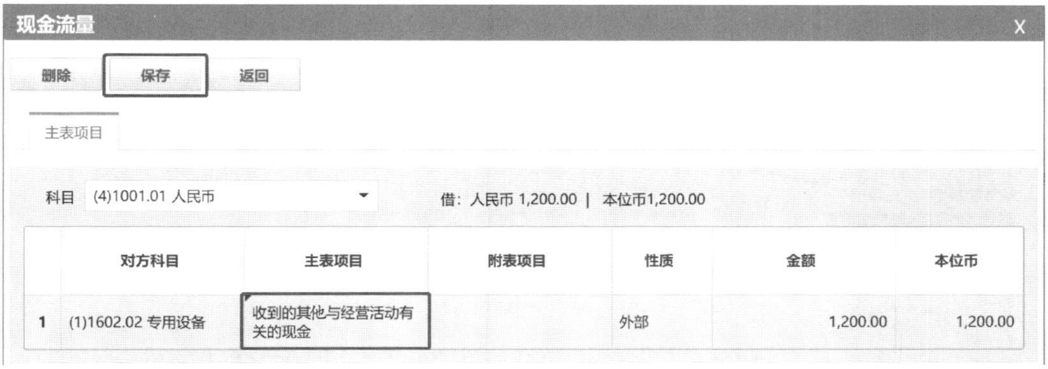

图 4－132　凭证指定现金流量

现金流量指定后，点击【提交】，提交成功后在凭证编辑页面复核该凭证，点击【更多】—【复核】，复核后记录正式的凭证字号，如图 4－133 所示。

4. 凭证审核

总账共享岗樊江波审核记账凭证。樊江波进入 EASweb 端，用户名：fjb＋学号，密码：空，点击【登录】进入我的工作台页面。

点击【应用】—【财务共享】—【总账共享】—【凭证查询】进入凭证查询页面，如图 4－134 所示。

选择公司为环球洗涤用品深圳有限公司＋学号，日期为 20××－01－01 至 20××－

图 4-133　凭证复核

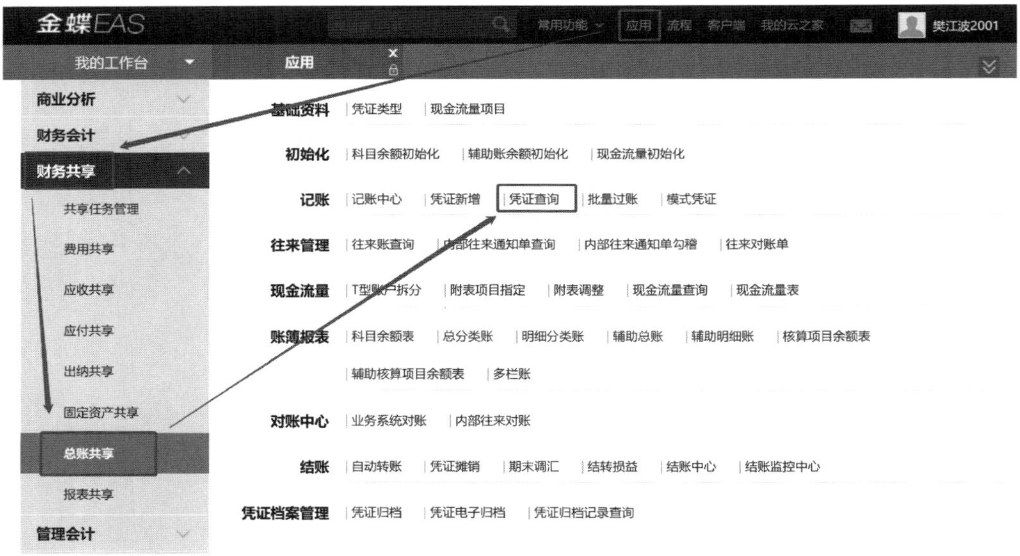

图 4-134　凭证查询

01-31，点击【确定】筛选凭证。如果列表凭证过多，还可通过搜索功能搜索凭证编号，精确查找对应凭证。勾选相应凭证（通过凭证编号确认），点击【审核】，如图 4-135 所示。

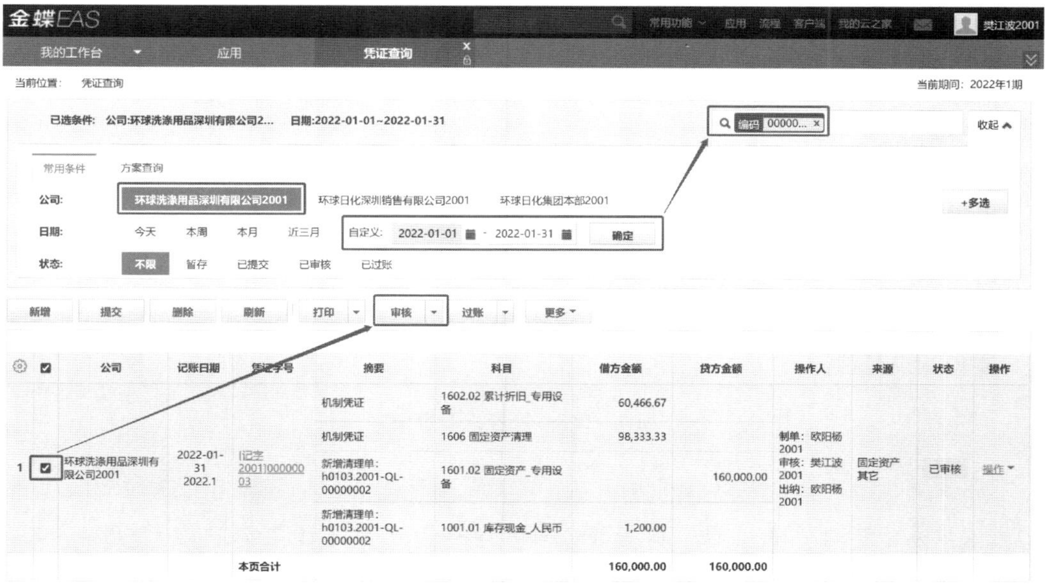

图 4－135　凭证审核

第四节

固定资产共享折旧处理

案例六：折旧业务

◎ 实验数据

20××年 1 月底，固定资产共享岗齐振英（qzy＋学号）批量完成各个分子公司折旧的计提。

◎ 操作指导

1. 批量计提折旧并审核折旧

资产共享岗齐振英使用批量折旧功能，批量计提各个分子公司资产折旧。齐振英进入 EASweb 端，用户名：qzy＋学号，密码：空，点击【登录】进入我的工作台页面。点击【应用】—【财务共享】—【固定资产共享】—【批量折旧】进入批量折旧页面，如图 4－136 所示。

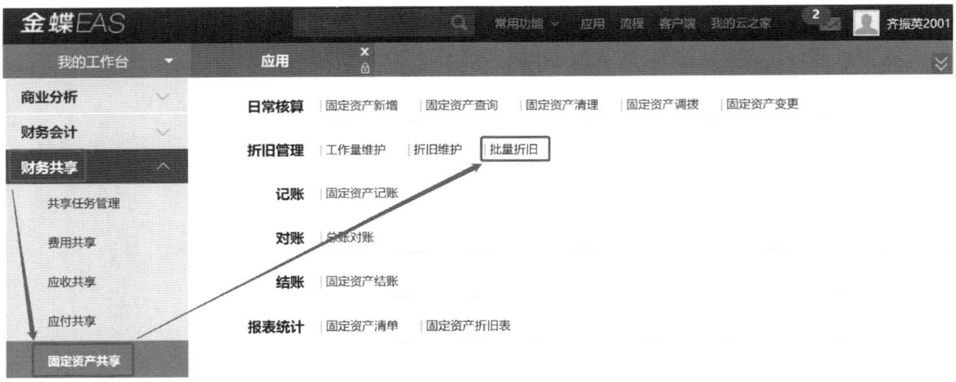

图 4－136　批量折旧页面

在批量折旧页面，勾选公司为环球日化集团本部＋学号、环球日化深圳销售有限公司＋学号、环球洗涤用品深圳有限公司＋学号，点击【计提折旧】，如图 4－137 所示。

图 4－137　计提折旧

折旧已计提后，勾选各个子公司，点击【审核】，如图 4－138 所示。

图 4－138　折旧审核

2. 生成折旧凭证

资产共享岗齐振英分别生成各个分子公司的折旧凭证。点击【应用】—【财务共享】—【固定资产共享】—【折旧维护】进入折旧管理页面，如图4－139所示。

图4－139 折旧维护

选择公司为环球日化集团本部＋学号，点击【确定】筛选固定资产卡片。选择相应固定资产卡片，点击【生成凭证】然后点击【联查】查看对应凭证，如图4－140所示。

图4－140 环球日化集团本部生成折旧凭证

点击【联查】后进入关联查询界面，点击【下游单据】中对应凭证，下方显示出凭证列表，刚关联生成的凭证处于“暂存”状态，点击【凭证字号】进入凭证查看界面，如图4－141所示。

点击【修改】按钮进入凭证编辑界面，在凭证编辑页面，输入记账日期为20××－01－31，点击【保存】【提交】，如图4－142所示。

图 4－141　凭证查看

图 4－142　凭证录入完成并提交

返回折旧维护页面，选择公司为环球日化深圳销售有限公司＋学号，点击【确定】筛选固定资产卡片。选择相应固定资产卡片，点击【生成凭证】然后点击【联查】查看对应凭证，如图 4－143 所示。

点击【联查】后进入关联查询界面，点击【下游单据】中对应凭证，下方显示出凭证列表，刚关联生成的凭证处于“暂存”状态，点击【凭证字号】进入凭证查看界面。

点击【修改】按钮进入凭证编辑界面，输入记账日期为 20××－01－31，点击【保存】【提交】，如图 4－144 所示。

图 4－143　环球日化深圳销售有限公司生成折旧凭证

图 4－144　凭证录入完成并提交

返回折旧维护页面，选择公司为环球洗涤用品深圳有限公司＋学号，点击【确定】筛选固定资产卡片。选择相应固定资产卡片，点击【生成凭证】然后点击【联查】查看对应凭证，如图 4－145 所示。

图 4－145　环球洗涤用品深圳有限公司生成折旧凭证

点击【联查】后进入关联查询界面，点击【下游单据】中对应凭证，下方显示出凭证列表，刚关联生成的凭证处于“暂存”状态，点击【凭证字号】进入凭证查看界面。

点击【修改】按钮进入凭证编辑界面，在凭证编辑页面，输入记账日期为20××-01-31，点击【保存】【提交】，如图4-146所示。

图4-146　凭证录入完成并提交

3. 凭证审核

总账共享岗樊江波审核折旧凭证。樊江波进入EASweb端，用户名：fjb+学号，密码：空，点击【登录】进入我的工作台页面。点击【应用】—【财务共享】—【总账共享】—【凭证查询】进入凭证查询页面，如图4-147所示。

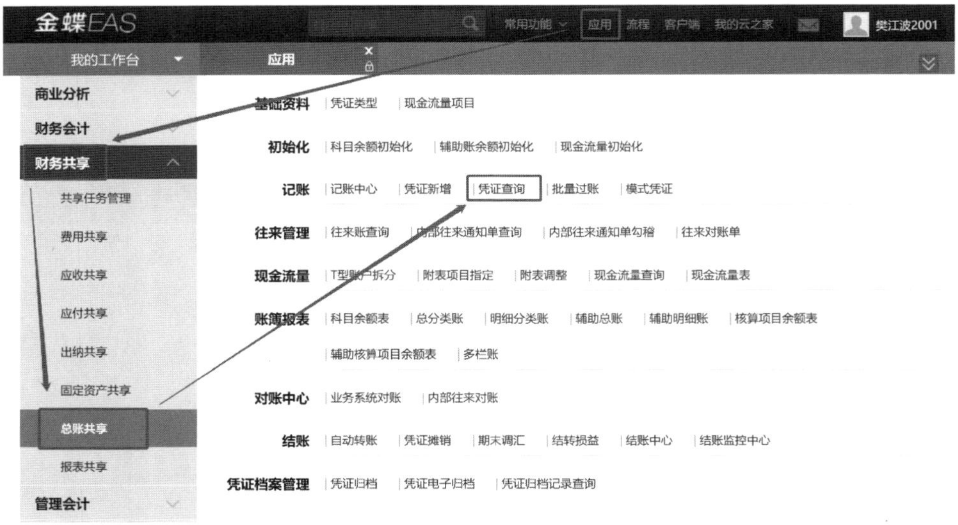

图4-147　凭证查询

在凭证查询页面，选择公司为环球日化集团本部+学号，日期为20××-01-01至20××-01-31，点击【确定】筛选凭证。勾选相应凭证，点击【审核】，如图4-148所示。

图4-148 环球日化集团本部凭证审核

在凭证查询页面，选择公司为环球日化深圳销售有限公司+学号，日期为20××-01-01至20××-01-31，点击【确定】筛选凭证。勾选相应凭证，点击【审核】，如图4-149所示。

图4-149 环球日化深圳销售有限公司凭证审核

在凭证查询页面，选择公司为环球洗涤用品深圳有限公司+学号，日期为20××-01-01至20××-01-31，点击【确定】筛选凭证。勾选相应凭证，点击【审核】，如图4-150所示。

图4-150　环球洗涤用品深圳有限公司凭证审核

第五章　应收共享

第一节

系统概述

应收款项泛指企业拥有的将来获取现款、商品或劳动的权利。它是企业在日常生产经营过程中发生的各种债权，是企业重要的流动资产。主要包括：应收账款、应收票据、预付款项、其他应收款等。应收账款是企业由于采用赊销方式销售商品或提供劳务而享有的向顾客收取款项的权利。它是以商业信用为基础，以购销合同、商品出库单、发票和发运单等书面文件为依据而确认的。

一、应收共享系统简介

应收管理系统处理客户往来管理的业务，是供应链销售及分销管理资金结算的重要流程部分，同时又是财务资金管理的重要内容。应收共享系统是财务共享管理信息系统的组成模块，全面支持 Web 页面，为用户提供互联网式的操作体验。在财务共享服务中心进行相关配置后，财务人员可以在应收任务池进行任务处理，查询已分配的单据及任务处理进度、工作量、工作效率及排名情况。

该系统既可以独立运行，又可以与出纳共享、应付共享、总账共享等模块集成应用，提供更完整全面的财务共享管理解决方案，实现业务财务一体化的高度集成，为企业决策层提供实时的业务管理信息。

二、应收共享系统主要功能

（一）应收共享系统初始化

初始化处理是进行应收业务处理的基础与前提条件，是对上线应收系统前的业务数据的整理过程。初始化处理包括启用期间设置、对账科目设置、期初单据录入、年初至启用期间的发生额录入、结束初始化。

（二）应收共享系统日常核算

应收共享日常核算包括应收任务池、应收业务处理、收款业务处理、结算处理等模块，通过集中办理各业务部门及分支机构的应收单、收款单及办理结算，满足客户应收款项业务的会计核算和管理工作，有效提升服务质量和运作效率，同时实现集团范围的财务监控。

三、应收共享系统主要业务

（一）确认应收业务

应收账款确认业务通过金蝶财务共享应用实践平台中的应收单进行处理，应收单是确认债权的重要凭据；若与物流系统联用，应收单审核时，可以反写核心单据行号的累计应收信息，供用户围绕核心单据进行管理；应收单可以关联生成收款单，且在收款时系统会自动结算，供用户进行准确的往来管理。应收账款确认业务的流程如图 5－1 所示。

（二）债权转移业务

债权转移是将原对 A 的债权转移为对 B 的债权，而且仅仅用来处理转移到 B，但是 B 并没有付款的情况。债权转移业务的流程如图 5－2 所示。

（三）应收折让业务

应收折让是指由于商品的质量、规格等不符合要求，销售单位同意在商品价格上给予的减让。应收折让业务的流程如图 5－3 所示。

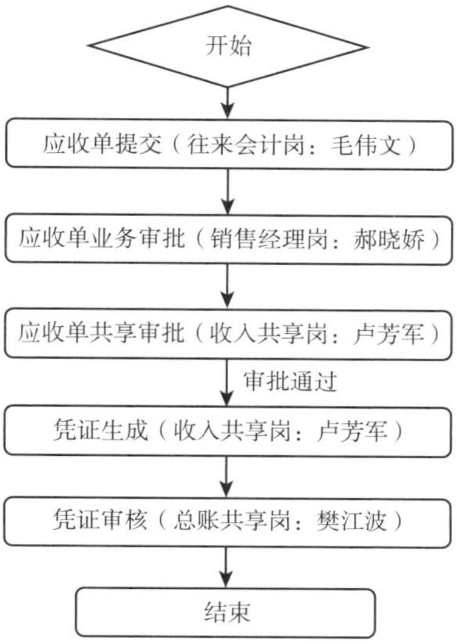

图 5－1　确认应收业务流程图

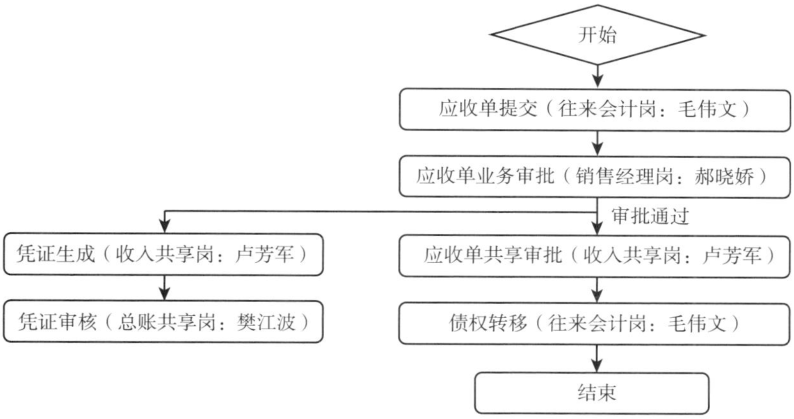

图 5－2　债权转移业务流程图

（四）应收调整业务

应收调整业务主要处理不调整应收数量但需要调整应收金额的业务场景。应收调整业务的流程如图 5－4 所示。

（五）应收冲销业务

冲销就是将两个因素一样，形成的原因一样，但由于记账错误或需要并账处理的业务

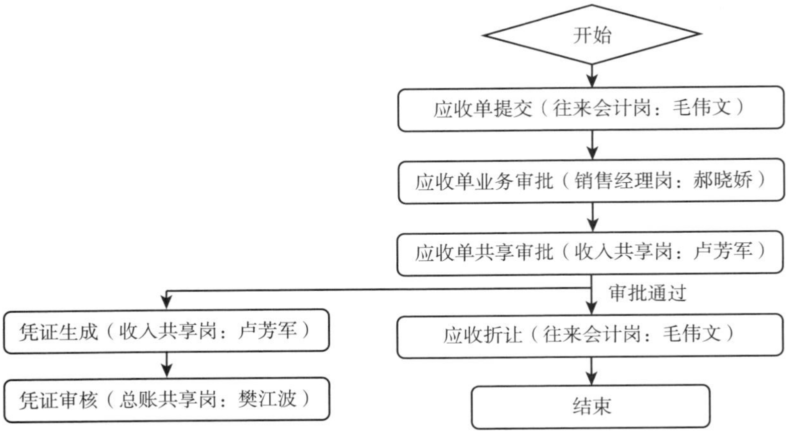

图 5-3　应收折让业务流程图

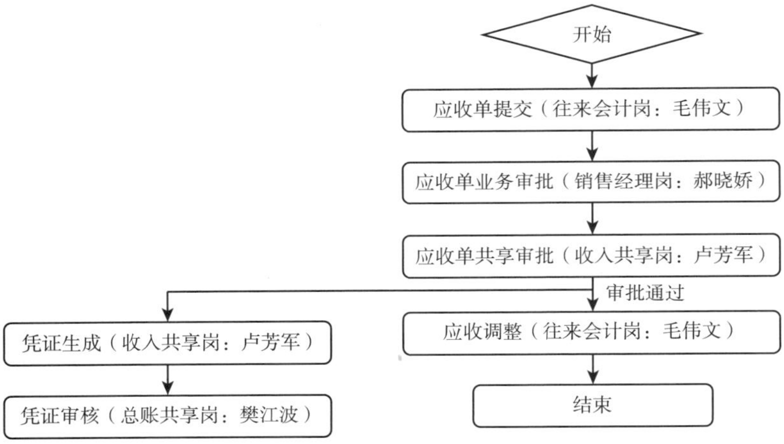

图 5-4　应收调整业务流程图

记录进行对冲。已审核未结算、未核销的应收单才能进行冲销。已经冲销过的应收单不能再次冲销。应收冲销业务的流程如图 5-5 所示。

（六）销售回款业务

销售回款结算通过应收单和收款单结算进行处理。

对于关联应收单生成的收款单，系统将在收款单进行收款操作时，进行自动结算，生成销售回款的结算记录；对于没有通过关联关系自动结算和按核心单据号自动匹配结算的应收单和收款单，可通过销售回款结算进行结算。

自动结算：是由系统自动查找应收单与收款单的匹配数据，进行结算。

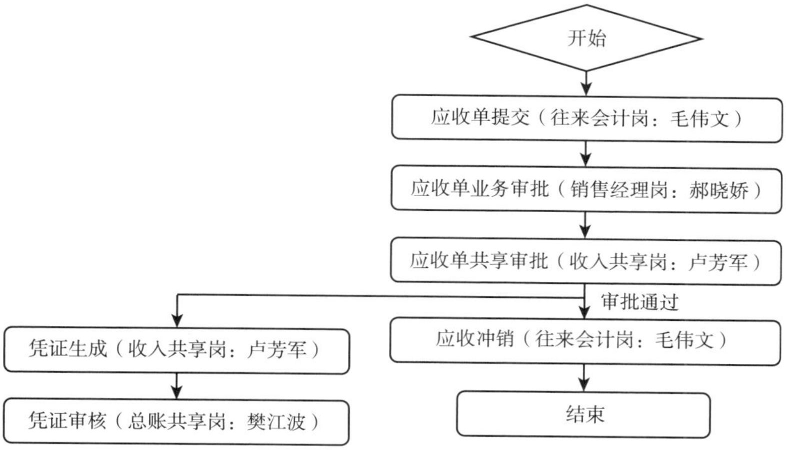

图 5－5　应收冲销业务流程图

手工结算：手工选择应收单和收款单进行结算。同时支持同币种结算和异币种结算。销售回款业务的流程如图 5－6 所示。

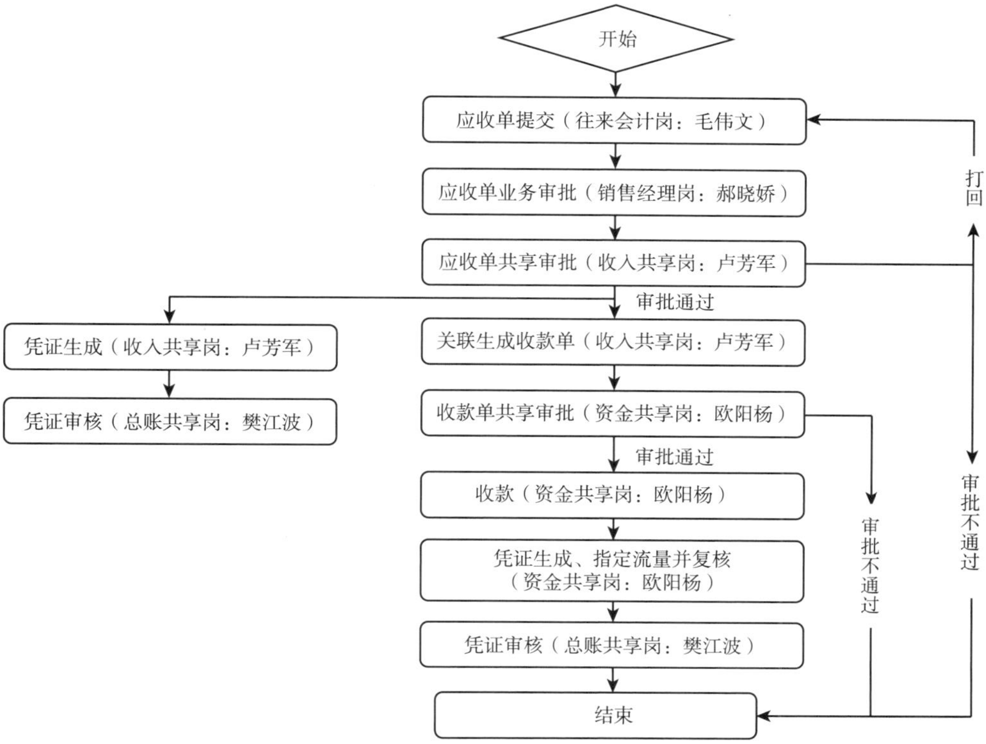

图 5－6　销售回款业务流程图

第二节

应收共享初始化

案例一：应收系统初始化

◎ 应用场景

以环球日化集团本部为例，信息管理员康路达（kld + 学号）结束环球日化集团本部应收系统初始化并与总账联用，应收系统启用期间是20××年第1期。

◎ 实验步骤

- 启用期间设置
- 对账科目设置
- 初始数据引入
- 结束初始化并与总账联用

◎ 实验前准备

- 建立集团资料已全部录入
- 总账系统已启用

◎ 实验数据

表5-1　环球日化集团本部应收系统初始化信息

组织名称	客户	启用期间	科目	业务类型	物料	期初余额
环球日化集团本部+学号	广州天天日用贸易有限公司	20××年第1期	应收账款	销售发票	彩膜	100 000.00

◎ 操作指导

1. 启用期间设置

启用期间设置是应收系统初始化的操作前提。信息管理员康路达（kld + 学号）登录金蝶EAS客户端，切换组织到环球日化集团本部+学号。点击【系统平台】—【系统工具】—【系统配置】—【系统状态控制】进入系统状态控制界面，点击应收系统启用期间栏放大镜进入会计期间列表，选择会计期间为20××年第1期，点击【确定】，如图 5－7 所示。

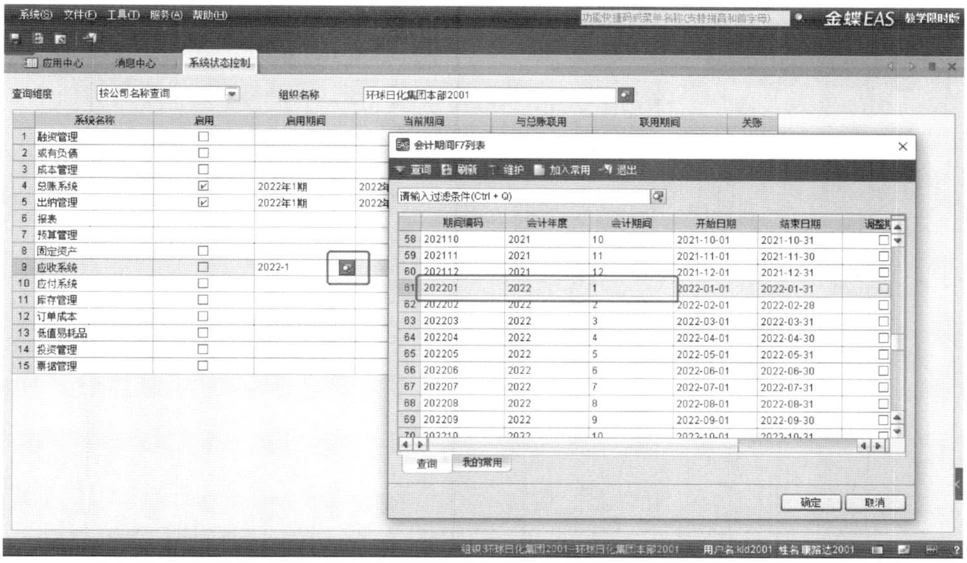

图 5－7　应收系统启用期间设置

2. 对账科目设置

设置在应收系统中需要与总账系统对账的科目。信息管理员康路达（kld + 学号）登录金蝶 EAS 客户端，切换组织到环球日化集团本部 + 学号。点击【财务会计】—【应收管理】—【初始化】—【对账科目设置】进入对账科目设置界面，如图 5－8 所示。

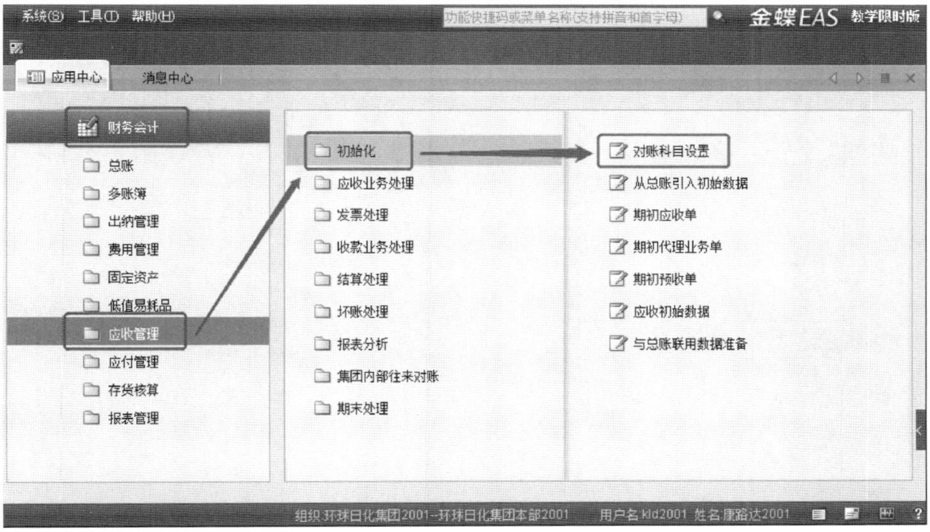

图 5－8　对账科目设置查询

点击工具栏【新增】对账科目，科目编码为1122应收账款，其他默认，点击【保存】，如图5-9所示。

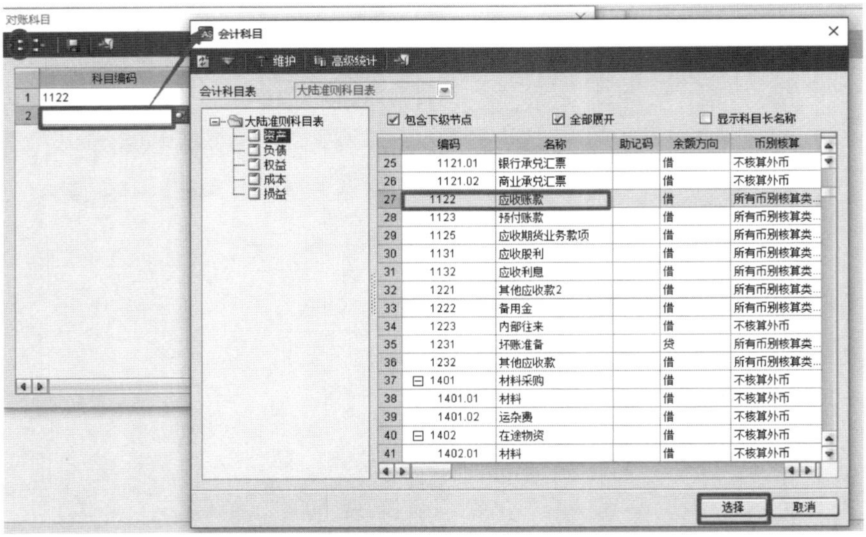

图5-9　对账科目新增

3. 初始数据引入

系统将总账系统的辅助账余额或科目余额引入到应收系统的对账科目余额表。信息管理员康路达（kld+学号）登录金蝶EAS客户端，切换组织到环球日化集团本部+学号，点击【财务会计】—【应收管理】—【初始化】—【从总账引入初始数据】进入从总账引入初始数据界面，如图5-10所示。

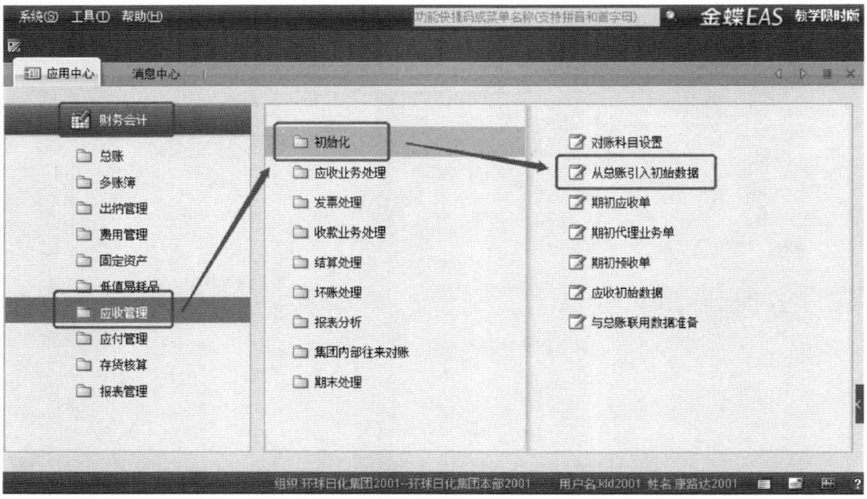

图5-10　从总账引入初始数据查询

根据实验数据表 5－1 环球日化集团本部应收系统初始化信息录入，科目为应收账款，单据类型为销售发票，物料为彩膜，录入完毕后点击【下一步】，然后点击完成即可。如图 5－11 所示。

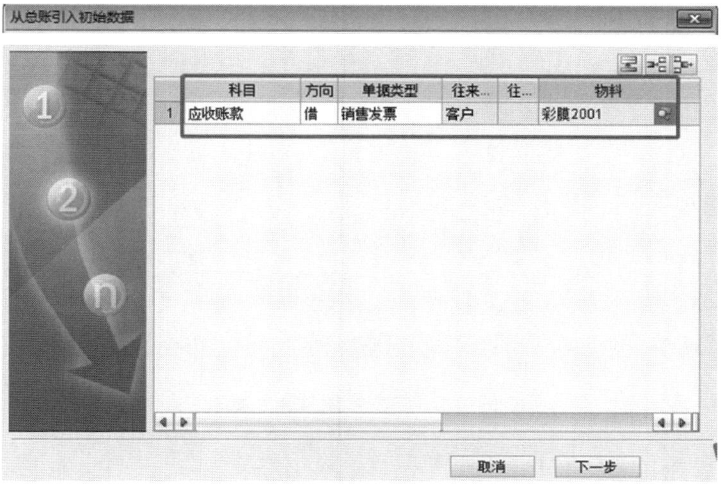

图 5－11　从总账引入初始数据

4. 结束初始化并联用总账

结束初始化是对启用期间、初始余额数据的确认。信息管理员康路达（kld＋学号）登录金蝶 EAS 客户端，切换组织到环球日化集团本部＋学号，点击【财务会计】—【应收管理】—【初始化】—【应收初始数据】进入应收初始数据界面。点击工具栏【结束初始化】，如图 5－12 和图 5－13 所示。

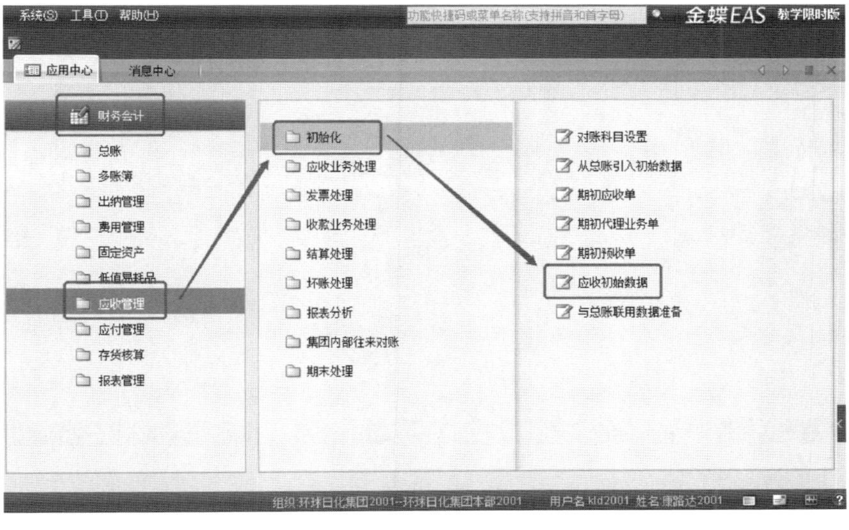

图 5－12　应收初始数据查询

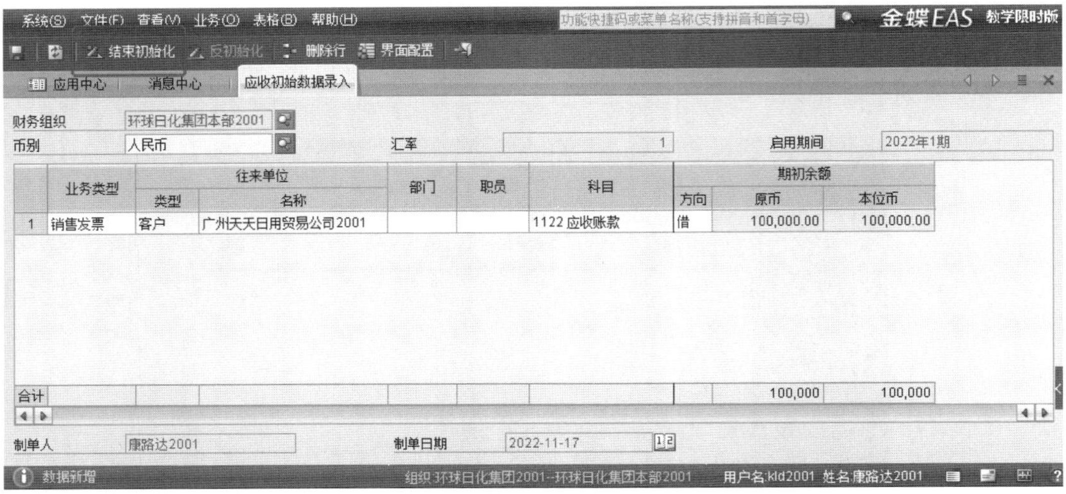

图 5-13 应收系统结束初始化

信息管理员康路达（kld + 学号）登录金蝶 EAS 客户端，切换组织到环球日化集团本部 + 学号，点击【系统平台】—【系统工具】—【系统配置】—【系统状态控制】，选择应收系统，点击工具栏【与总账联用】，完成应收系统与总账系统的联用，如图 5-14 和图 5-15 所示。

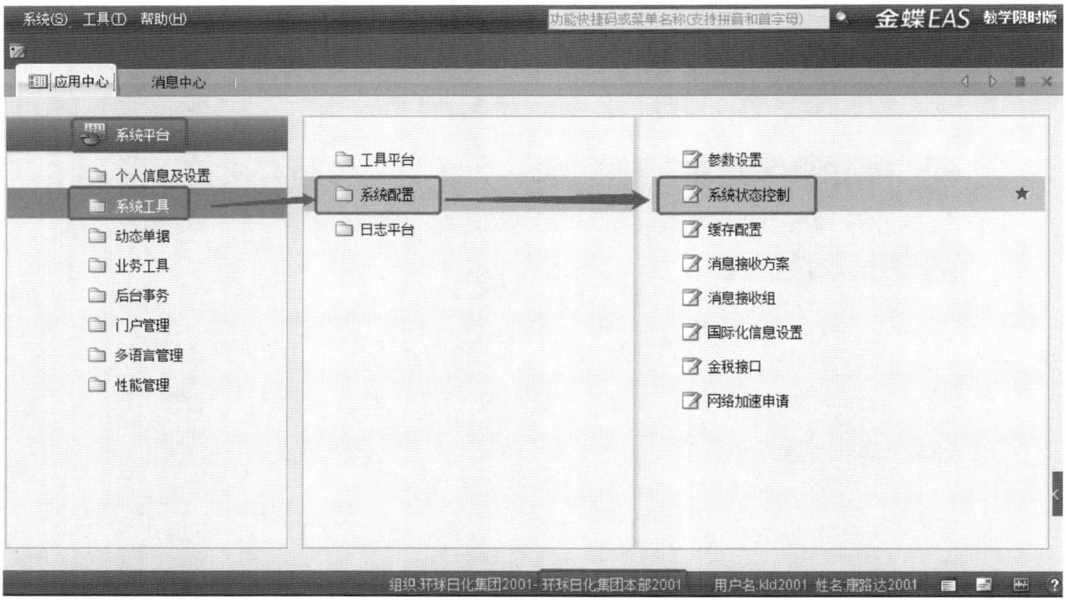

图 5-14 系统状态控制查询

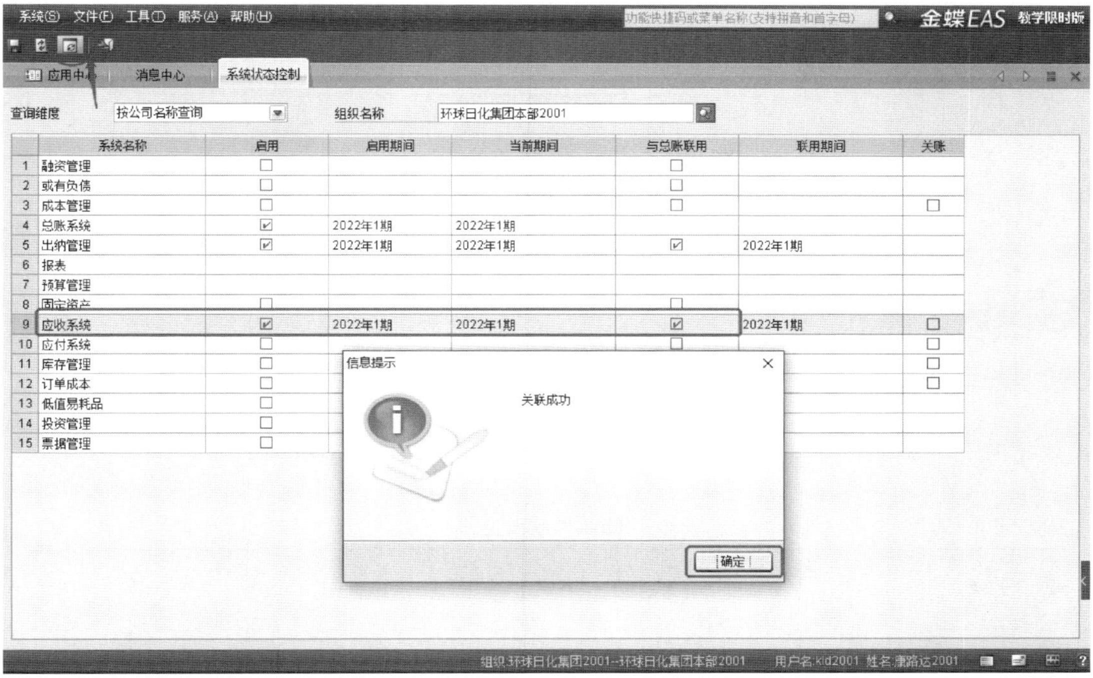

图 5－15 应收系统与总账系统联用

◎ 拓展任务

根据下列数据，信息管理员康路达（kld＋学号）完成环球日化深圳销售有限公司、环球洗涤用品深圳有限公司应收系统启用、对账科目设置、从总账引入初始数据、结束初始化并与总账联用，应收系统启用期间均为 20××年第 1 期（见表 5－2、表 5－3）。

表 5－2 环球日化深圳销售有限公司应收系统初始化信息

组织名称	客户	启用期间	科目	业务类型	物料	期初余额
环球日化深圳销售有限公司＋学号	深圳盼盼洗涤用品贸易公司	20××年第 1 期	应收账款	销售发票	电波拉皮除皱仪	50 000.00
	深圳日日用品贸易公司	20××年第 1 期	应收账款	销售发票	电波拉皮除皱仪	100 000.00

表 5－3 环球洗涤用品深圳有限公司应收系统初始化信息

组织名称	客户	启用期间	科目	业务类型	物料	期初余额
环球洗涤用品深圳有限公司＋学号	成都贝贝商贸有限公司	20××年第 1 期	应收账款	销售发票	去屑洗发水	100 000.00

第三节

应收共享业务处理

案例二：确认应收业务

◎ 实验数据

环球日化深圳销售有限公司今年发生的业务中有关应收业务如表 5 - 4 所示。

表 5 - 4　　确认应收业务

往来户	业务描述	金额（RMB）			
		应收	收款	应付	预付
深圳盼盼洗涤用品贸易公司	7 月 3 日，环球日化深圳销售有限公司赊销 1 000 瓶 220mL 焗油顺滑洗发露（去屑系列）给客户深圳盼盼洗涤用品贸易公司，税率 13%，含税单价 22.6 元，确认应收款 22 600 元，计划 20 天后收款。环球日化深圳销售有限公司往来会计毛伟文（mww + 学号）提交应收单。	22 600			

◎ 操作指导

1. 应收单提交

环球日化深圳销售有限公司往来会计毛伟文提交应收单。毛伟文进入 EASweb 端，选择题目下方要求的数据中心，用户名：mww + 学号，密码：空，点击【登录】进入我的工作台页面。点击【毛伟文】—【组织—切换】切换组织为环球日化深圳销售有限公司 + 学号，如图 5 - 16 所示。

点击【应用】—【财务会计】—【应收管理】—【应收单新增】新增应收单，如图 5 - 17 所示。

根据实验数据录入应收单。单据日期为 20 × × - 07 - 03，往来户为深圳盼盼洗涤用品贸易公司 + 学号；物料为 220mL 焗油顺滑洗发露（去屑系列），计量单位为瓶，数量为 1 000，含税单价为 22.6，税率为 13%，应收日期为 20 × × - 07 - 23；添加附件：销售发票、销售合同，录入完毕后点击【保存】【提交】，并记录应收单单据编

图 5－16　切换组织

图 5－17　应收单新增

号，如图 5－18 所示。

2. 应收单业务审批

往来会计提交应收单后由环球日化深圳销售有限公司销售经理郝晓娇进行应收单业务审批。郝晓娇进入 EASweb 端，用户名：hxj＋学号，密码：空，点击【登录】进入我的工作台页面。

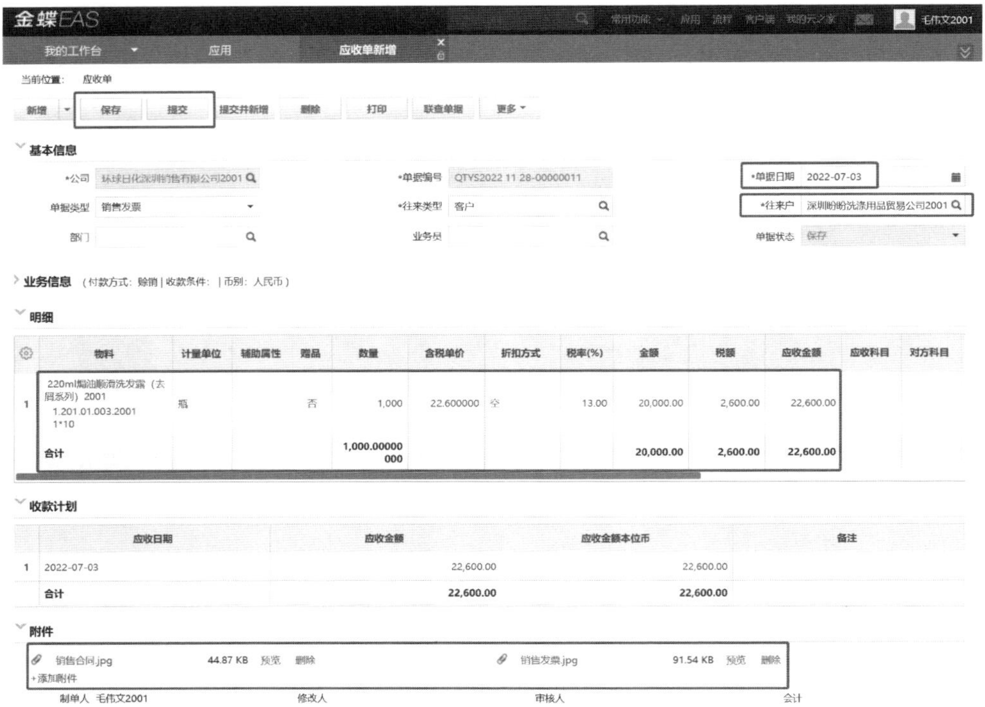

图 5－18　应收单录入

点击【流程】—【待办任务】—【常规待办】进入常规待办任务页面，点击【处理】或双击刚刚提交的应收单（通过应收单单据编号确认）进入单据审批页面，如图 5－19 所示。

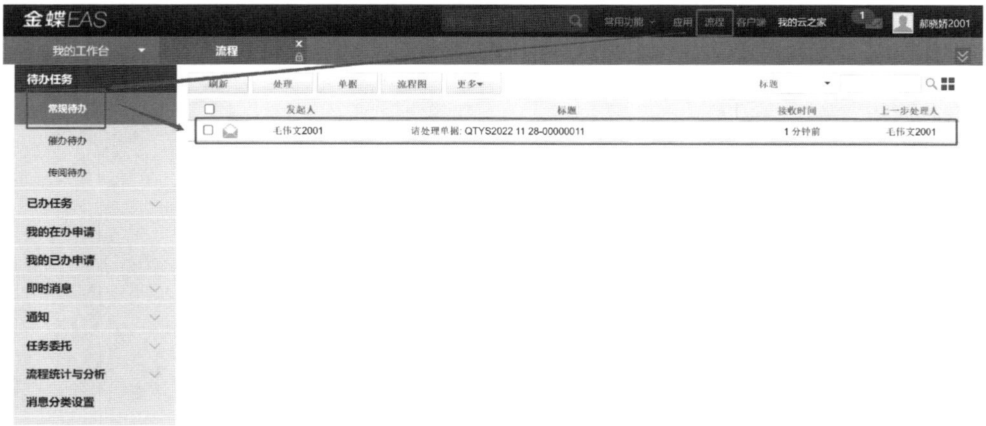

图 5－19　常规待办任务查询

业务审批主要针对业务背景真实性进行审批，此处业务真实发生，因此审批处理选择【同意】并点击【提交】，如图5－20所示。

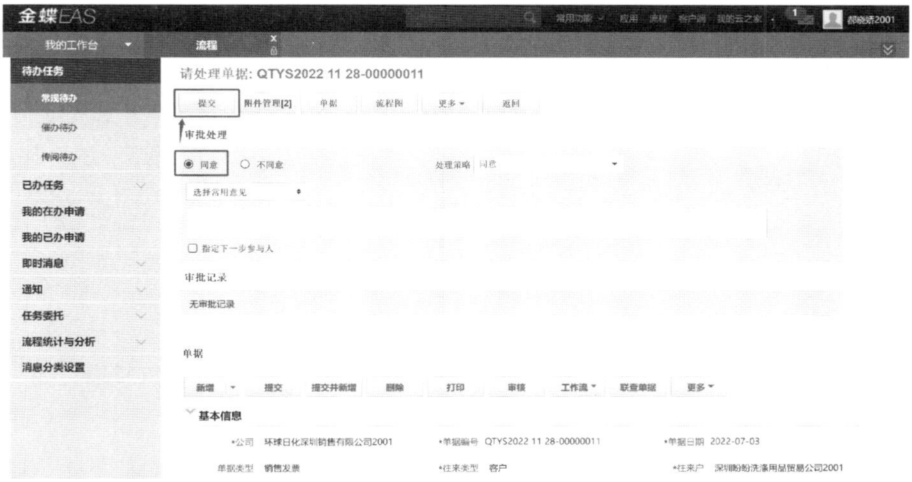

图5－20　应收单业务审批

3. 应收单共享审批

收入共享岗卢芳军共享审批应收单。卢芳军进入EASweb端，用户名：lfj＋学号，密码：空，点击【登录】进入我的工作台页面。点击【卢芳军】—【组织—切换】切换组织为环球日化深圳销售有限公司＋学号。

点击【应用】—【财务共享】—【应收共享】—【应收任务池】进入应收任务池页面，如图5－21所示。

图5－21　应收任务池

点击【我的任务】—【应收单】—【更多】—【获取任务】获取应收单，如图 5－22 所示。

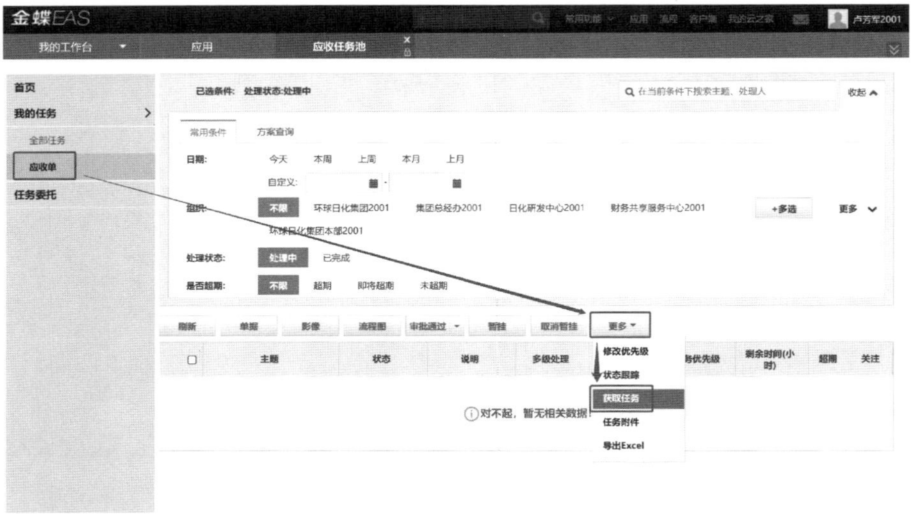

图 5－22　获取应收单

点击相应单据主题（通过应收单单据编号确认）进入单据处理页面，如图 5－23 所示。

图 5－23　进入单据处理页面

收入共享岗根据财务审批规则审批该案例，本案例审批通过，点击【提交】，如图 5－24 所示。

图 5－24 应收单共享审批

4. 应收单生成凭证

收入共享岗卢芳军关联应收单生成凭证。点击【应用】—【财务共享】—【应收共享】—【应收单维护】进入应收单维护页面，如图 5－25 所示。

图 5－25 应收单维护

选择组织为环球日化深圳销售有限公司＋学号，设置日期为 20××－01－01 至 20××－12－31，点击【确定】筛选应收单，通过应收单单据编号确认对应单据，或如果列表单据过多，可通过单据编号搜索功能精确查找对应单据，勾选单据，然后点击【生成凭证】进入凭证编辑页面，如图 5－26 所示。

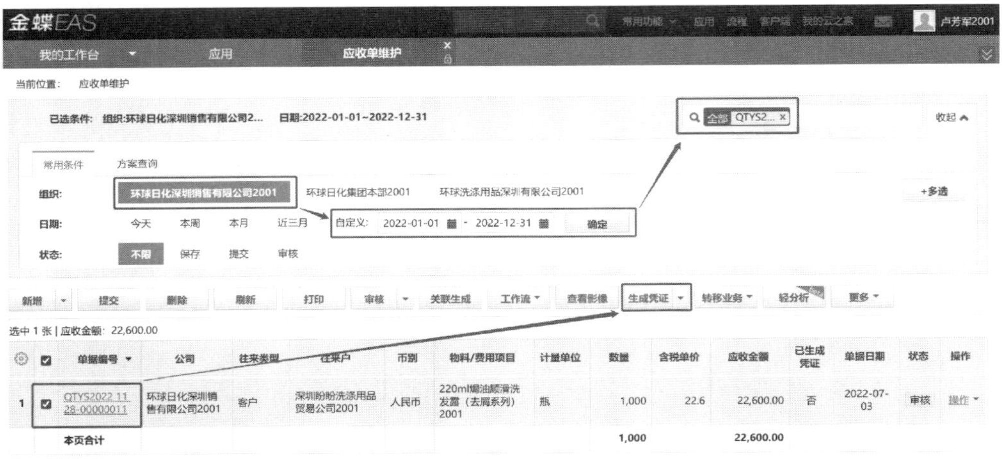

图 5－26　应收单生成凭证

点击【生成凭证】后，系统会自动生成暂存凭证，点击单据后的【操作】—【联查单据】，可查看上下游单据，如图 5－27 所示。

图 5－27　联查单据

点击【联查单据】后进入关联查询界面，点击【下游单据】中对应凭证，下方显示出凭证列表，刚关联生成的凭证处于“暂存”状态，点击【凭证字号】进入凭证查看界面，如图 5－28 所示。

在凭证查看界面，若需修改凭证则点击【修改】按钮进入凭证编辑界面，如图 5－29 所示。

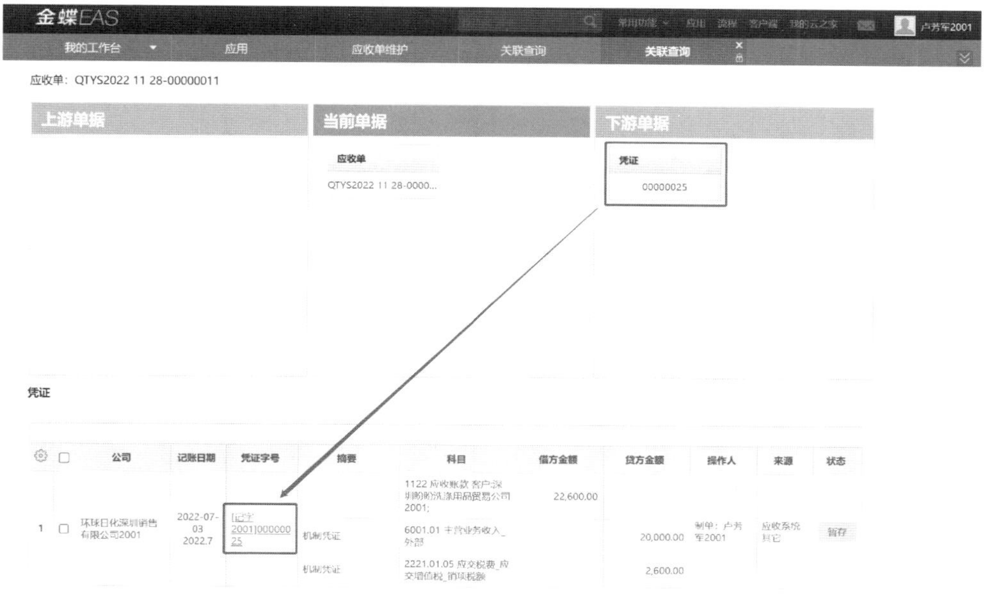

图 5－28　联查凭证

图 5－29　修改凭证

根据案例背景修改凭证，该凭证公司为环球日化深圳销售有限公司＋学号，记账日期为 20××－07－03，业务日期为 20××－07－03，确认无误后点击【保存】【提交】，完成凭证编辑，如图 5－30 所示。

图 5－30 凭证录入完成并提交

凭证提交成功后，凭证状态由暂存变为已提交，并生成正式凭证字号，记录凭证字号，如图 5－31 所示。

图 5－31 提交凭证

5. 凭证审核

总账共享岗樊江波审核记账凭证。樊江波进入 EASweb 端，用户名：fjb＋学号，密码：空，点击【登录】进入我的工作台页面。点击【应用】—【财务共享】—【总账共享】—【凭证查询】进入凭证查询页面，如图 5－32 所示。

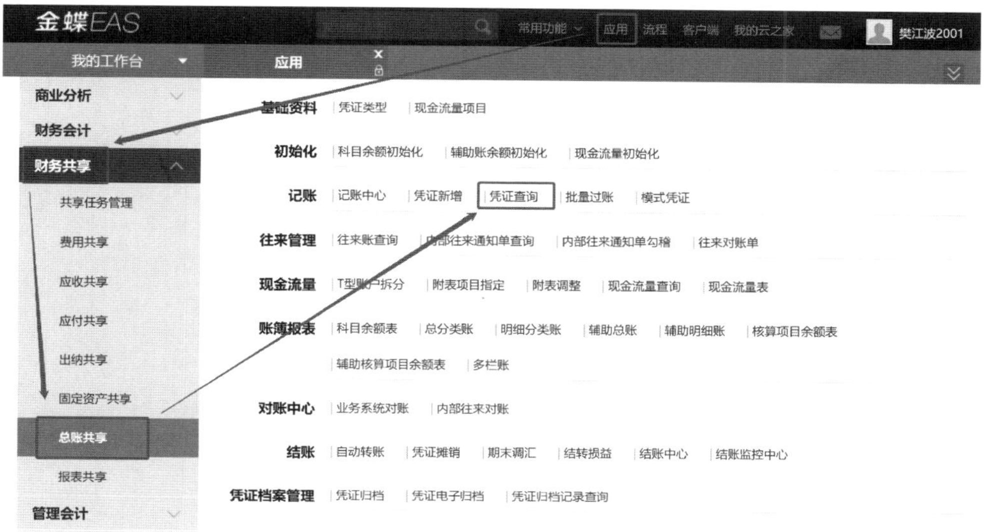

图 5－32 凭证查询

选择组织为环球日化深圳销售有限公司＋学号，日期为 20××－07－01 至 20××－07－31，点击【确定】筛选凭证。如果该期间凭证过多，还可通过搜索功能搜索提交后的凭证编号，精确查找对应凭证。然后勾选相应凭证（通过记账日期和凭证编号确认），点击【审核】，完成凭证审核，如图 5－33 所示。

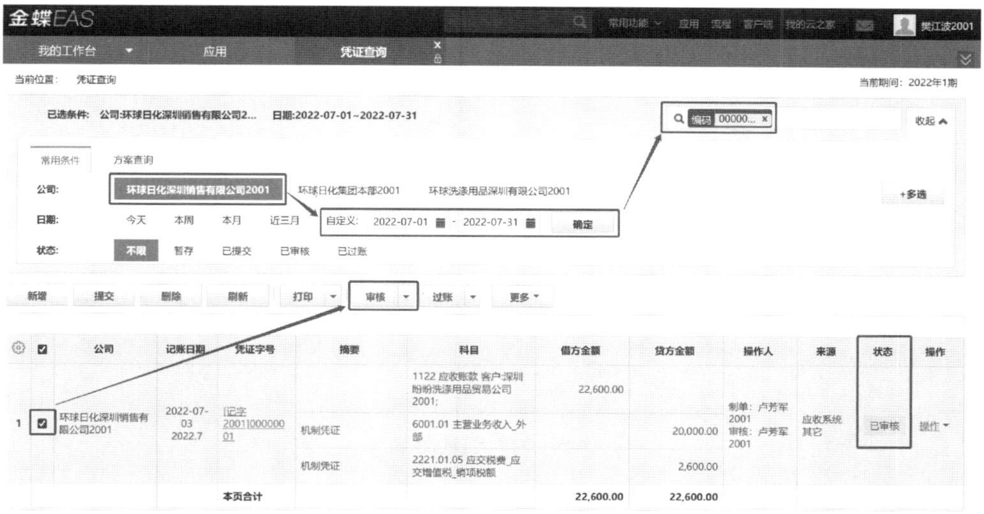

图 5－33 凭证审核

案例三：债权转移

◎ 实验数据

环球日化深圳销售有限公司今年发生的业务中有关应收业务如表5－5所示。

表5－5　　债权转移业务

往来户	业务描述	金额（RMB）			
		应收	收款	应付	预付
深圳日用品贸易公司	7月9日，深圳日用品贸易公司合并深圳盼盼洗涤用品贸易公司，原深圳盼盼洗涤用品贸易公司债务转移到深圳日用品贸易公司。环球日化深圳销售有限公司往来会计毛伟文（mww＋学号）确认债权转移。	22 600			

◎ 操作指导

债权转移

环球日化深圳销售有限公司往来会计毛伟文确认债权转移。毛伟文进入EASweb端，用户名：mww＋学号，密码：空，点击【登录】进入我的工作台页面。点击【毛伟文】—【组织—切换】切换组织为环球日化深圳销售有限公司＋学号，如图5－34所示。

图5－34　切换组织

点击【应用】—【财务会计】—【应收管理】—【应收单维护】进入应收单维护页面，如图5－35所示。

图 5－35　应收单维护

选择组织为环球日化深圳销售有限公司＋学号，日期为20××－01－01至20××－12－31，点击【确定】筛选应收单，或直接搜索应收单单据编号精准查找。勾选相应凭证（通过应收单据编号确认），点击【转移业务】—【债权转移】进入应收单编辑页面，如图5－36所示。

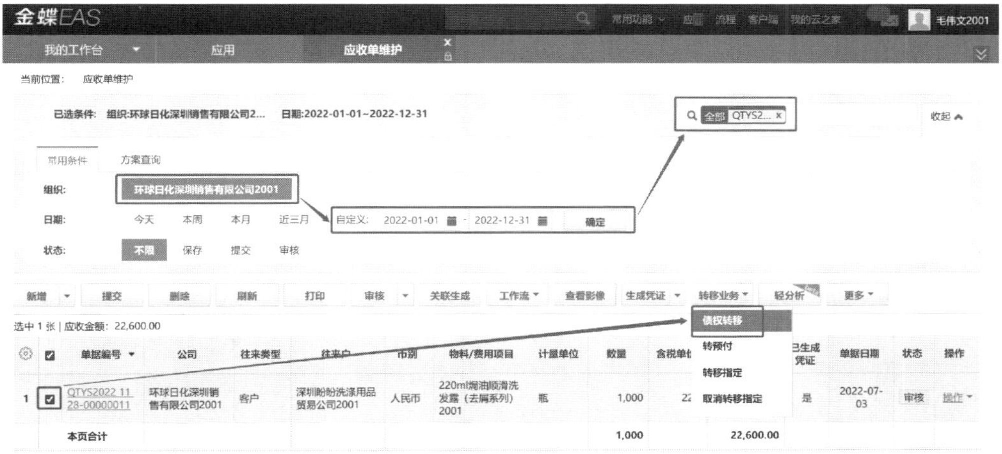

图 5－36　债权转移

根据案例背景修改相关信息，单据日期为20××－07－09，往来户为深圳日日用品贸易公司＋学号，是否同时修改往来户相关信息选择“否”所示，如图5－37所示。

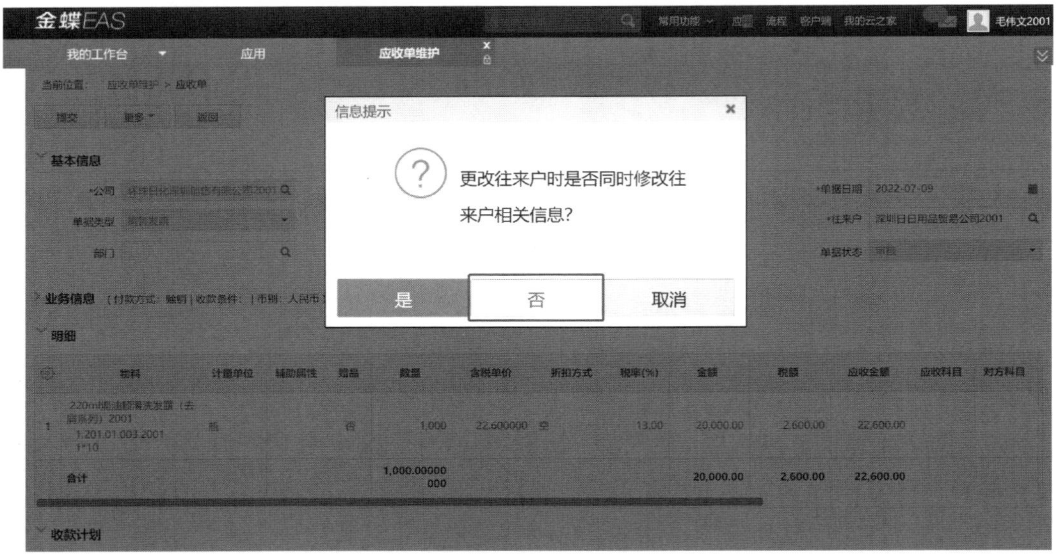

图 5-37 应收单修改

修改完毕后点击【提交】，如图 5-38 所示。

图 5-38 应收单修改完成并提交

提交完成后，系统自动生成新的应收单并自动审核，在单据业务信息页签，可看到该应收单为“转移生成”，如图 5-39 所示。

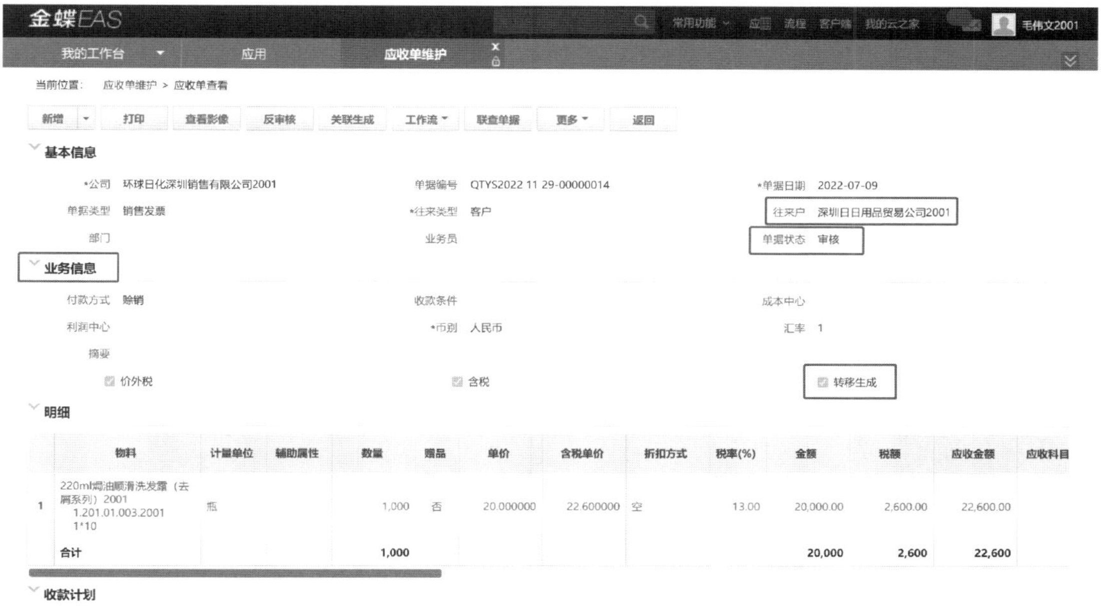

图 5－39　应收单债权转移

案例四：应收折让

◎ 实验数据

环球日化深圳销售有限公司今年发生的业务中有关应收业务如表 5－6 所示。

表 5－6　　应收折让业务

往来户	业务描述	金额（RMB）			
		应收	收款	应付	预付
深圳日日用品贸易公司	7 月 12 日，环球日化深圳销售有限公司赊销 300 瓶 520mL 香薰去屑修护洗发乳给深圳日日用品贸易公司，税率 13%，含税单价 27.12 元/瓶，确认应收款 8 136 元，计划 10 天后收款。 7 月 15 日，深圳日日用品贸易公司收到商品后，发现有 10 瓶 520mL 香熏去屑修护洗发乳规格不符合要求，反馈后，环球日化深圳销售有限公司给予深圳日日用品贸易公司 5% 的折让，环球日化深圳销售有限公司往来会计毛伟文（mww＋学号）提交应收单。	8 136			

◎ 操作指导

1. 应收单提交

环球日化深圳销售有限公司往来会计毛伟文提交应收单。毛伟文进入 EASweb 端，用户名：mww + 学号，密码：空，点击【登录】进入我的工作台页面。点击【毛伟文】—【组织—切换】切换组织为环球日化深圳销售有限公司 + 学号，如图 5 – 40 所示。

图 5 – 40　切换组织

点击【应用】—【财务会计】—【应收管理】—【应收单新增】新增应收单，如图 5 – 41 所示。

图 5 – 41　应收单新增

根据实验数据录入应收单。单据日期为 20×× - 07 - 12，往来户为深圳日日用品贸易公司 + 学号；物料为 520mL 香薰去屑修护洗发乳，计量单位为瓶，数量为 300，含税单价为 27.12，税率为 13%，收款计划应收日期为 20×× - 07 - 22；添加附件：销售发票、销售合同，录入完毕后点击【保存】【提交】，并记录应收单单据编号，如图 5 - 42 所示。

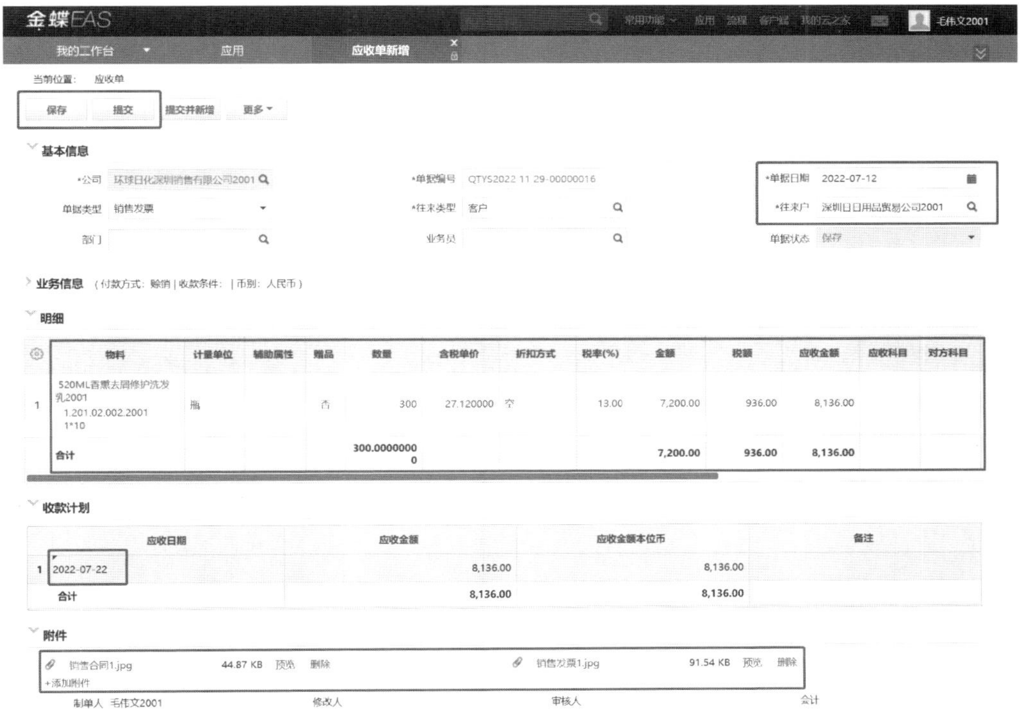

图 5 - 42　应收单录入完成并提交

2. 应收单业务审批

环球日化深圳销售有限公司销售经理郝晓娇业务审批应收单。郝晓娇进入 EASweb 端，用户名：hxj + 学号，密码：空，点击【登录】进入我的工作台页面。

点击【流程】—【待办任务】—【常规待办】进入常规待办任务页面，点击【处理】或双击刚刚提交的应收单（通过应收单单据编号确认）进入单据审批页面，如图 5 - 43 所示。

业务审批主要针对业务背景真实性进行审批，此处业务真实发生，因此审批处理选择【同意】，并点击【提交】，如图 5 - 44 所示。

3. 应收单共享审批

收入共享岗卢芳军共享审批应收单。卢芳军进入 EASweb 端，用户名：lfj + 学号，

图 5－43　常规待办任务查询

图 5－44　应收单业务审批

密码：空，点击【登录】进入我的工作台页面。点击【卢芳军】—【组织—切换】切换组织为环球日化深圳销售有限公司＋学号，如图 5－45 所示。

点击【应用】—【财务共享】—【应收共享】—【应收任务池】进入应收任务池页面，如图 5－46 所示。

点击【我的任务】—【应收单】—【更多】—【获取任务】获取应收单，如图 5－47 所示。

图 5－45　切换组织

图 5－46　应收任务池

点击相应单据主题（通过应收单据编号确认）进入单据处理页面，如图 5－48 所示。

收入共享岗查看单据详情及附件，根据财务审批规则审批该案例。本案例符合财

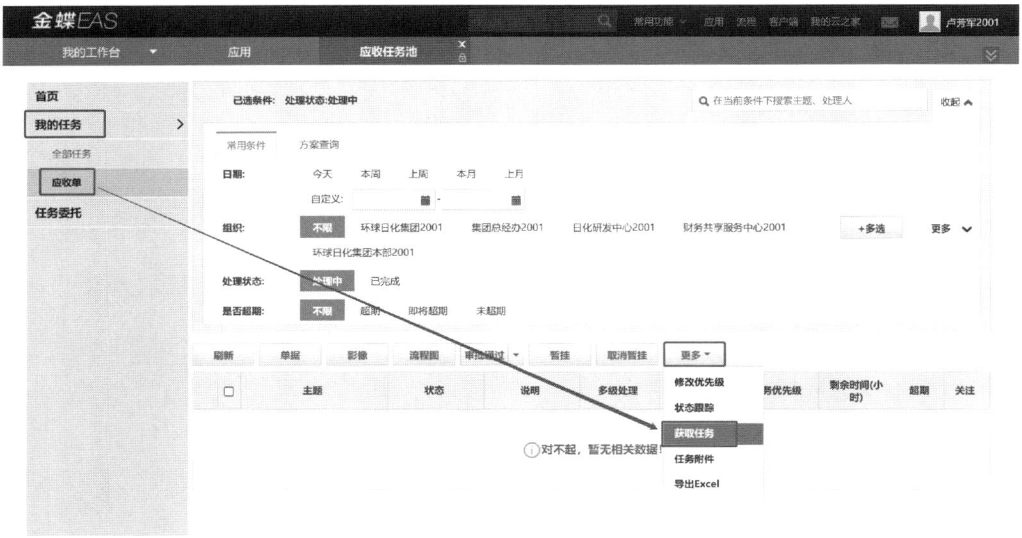

图 5-47　应收单获取

图 5-48　进入单据处理页面

务审批规则，审批通过，点击【提交】，如图 5-49 所示。

4. 应收单凭证生成

收入共享岗卢芳军关联应收单生成凭证。点击【应用】—【财务共享】—【应收共享】—【应收单维护】进入应收单维护页面，如图 5-50 所示。

选择组织为环球日化深圳销售有限公司+学号，设置日期为 20××-01-01 至

图 5－49　应收单共享审批

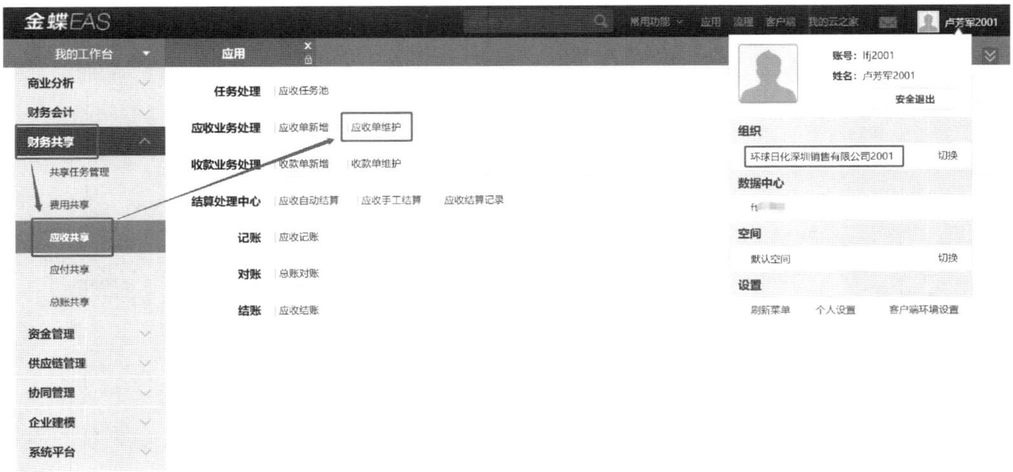

图 5－50　应收单维护

20××-12-31，点击【确定】筛选应收单。如果列表单据过多，还可通过搜索功能搜索单据编号，精确查找对应单据。勾选相应单据（通过应收单据编号确认），点击【生成凭证】进入凭证编辑页面，如图5-51所示。

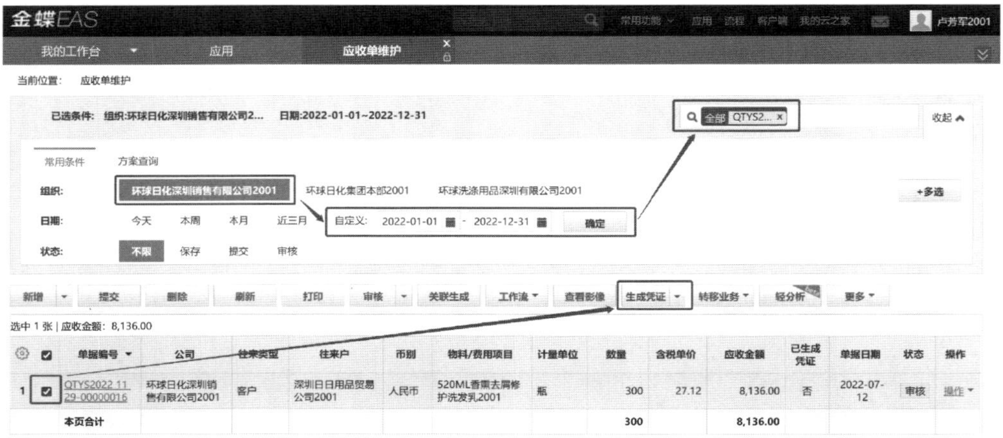

图5-51 应收单生成凭证

点击【生成凭证】后，系统会自动生成暂存凭证，点击单据后的【操作】—【联查单据】，可查看上下游单据，如图5-52所示。

图5-52 联查单据

点击【联查单据】后进入关联查询界面，点击【下游单据】中对应凭证，下方显示出凭证列表，刚关联生成的凭证处于“暂存”状态，点击【凭证字号】进入凭证查看界面，如图5-53所示。

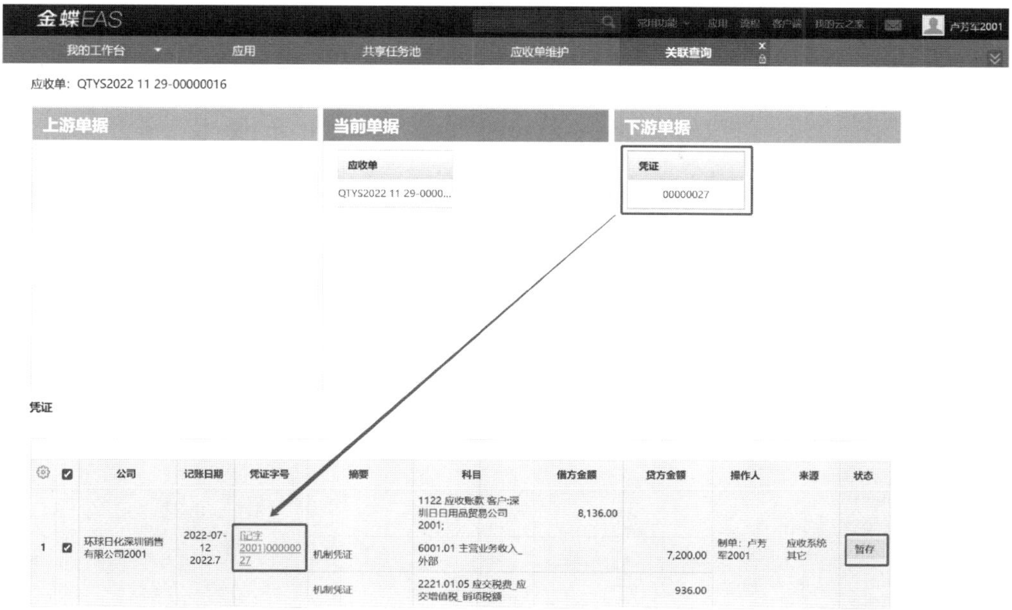

图 5 – 53　联查凭证

在凭证查看界面，若需修改凭证则点击【修改】按钮进入凭证编辑界面，如图 5 – 54 所示。

图 5 – 54　凭证修改

根据案例背景修改凭证，该凭证公司为环球日化深圳销售有限公司+学号，记账日期为20××-07-12，业务日期为20××-07-12，确认无误后点击【保存】【提交】，完成凭证编辑，如图5-55所示。

图5-55 凭证录入完成并提交

凭证提交成功后，凭证状态由暂存变为已提交，并生成正式凭证字号，记录凭证字号，如图5-56所示。

图5-56 凭证提交

5. 凭证审核

总账共享岗樊江波审核记账凭证。樊江波进入 EASweb 端，用户名：fjb + 学号，密码：空，点击【登录】进入我的工作台页面。点击【应用】—【财务共享】—【总账共享】—【凭证查询】进入凭证查询页面，如图 5 – 57 所示。

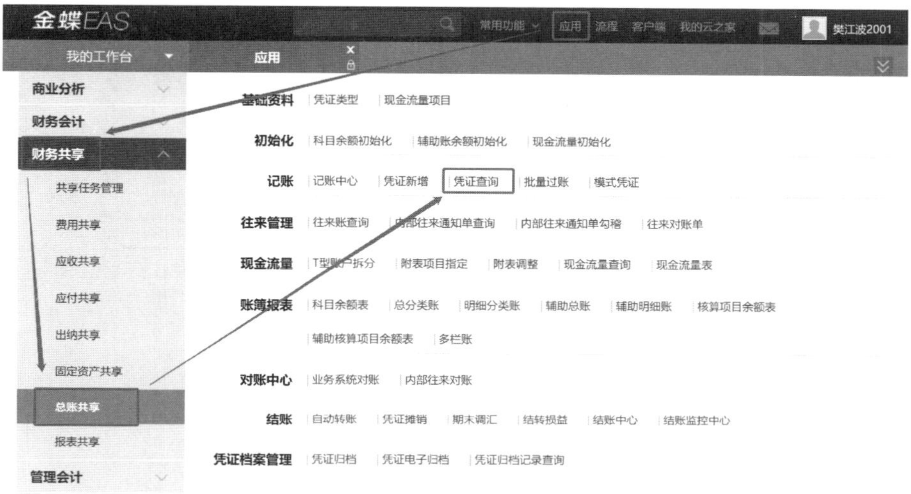

图 5 – 57　凭证查询

选择组织为环球日化深圳销售有限公司 + 学号，日期为 20 × × – 07 – 01 至 20 × × – 07 – 31，点击【确定】筛选凭证。如果列表凭证过多，还可通过搜索功能搜索凭证编号，精确查找对应凭证。勾选相应凭证（通过凭证编号确认），点击【审核】，如图 5 – 58 所示。

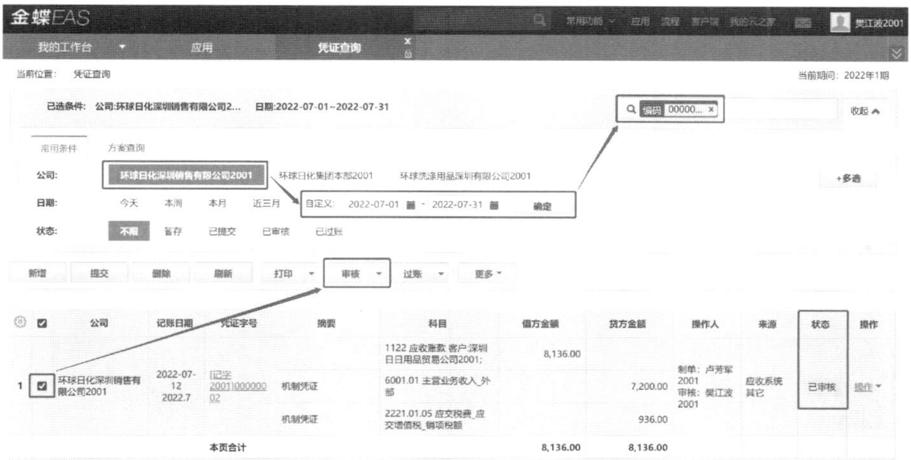

图 5 – 58　凭证审核

6. 应收折让

20××年7月15日，环球日化深圳销售有限公司给予深圳日日用品贸易公司5%的折让，销售公司往来会计毛伟文确认应收折让。毛伟文进入EASweb端，用户名：mww+学号，密码：空，点击【登录】进入我的工作台页面。点击【毛伟文】—【组织—切换】切换组织为环球日化深圳销售有限公司+学号，如图5-59所示。

图5-59　切换组织

点击【应用】—【财务会计】—【应收管理】—【应收单维护】进入应收单维护页面，如图5-60所示。

图5-60　应收单维护

选择组织为环球日化深圳销售有限公司+学号，日期为20××-01-01至20××-12-31，点击【确定】筛选应收单。如果列表单据过多，还可通过搜索功能搜索应收单单据编号，精确查找对应单据。勾选相应单据（通过应收单据编号确认），点击【更多】—【折让】进入应收单编辑页面，如图5-61所示。

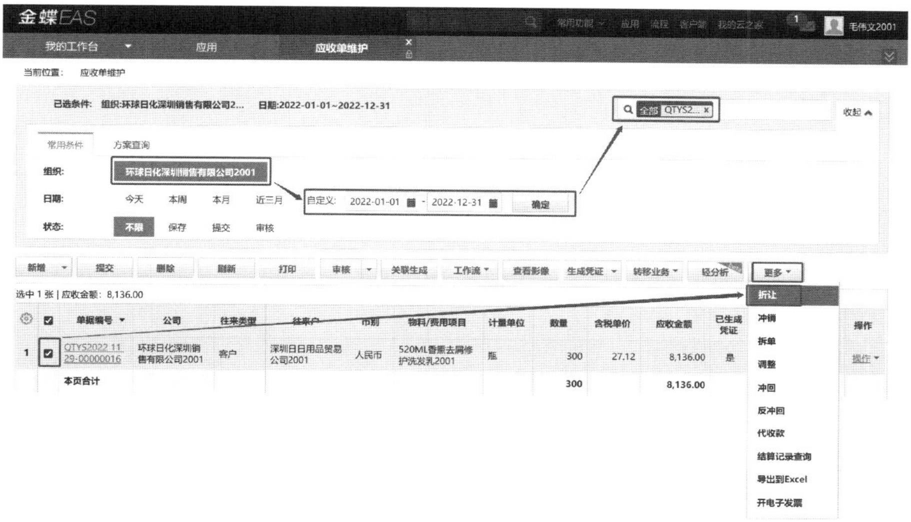

图5-61 应收折让

根据案例背景修改相关信息，单据日期为20××-07-15，税率为13%，明细—应收金额为-406.8，修改完毕后点击【保存】【提交】，如图5-62所示。

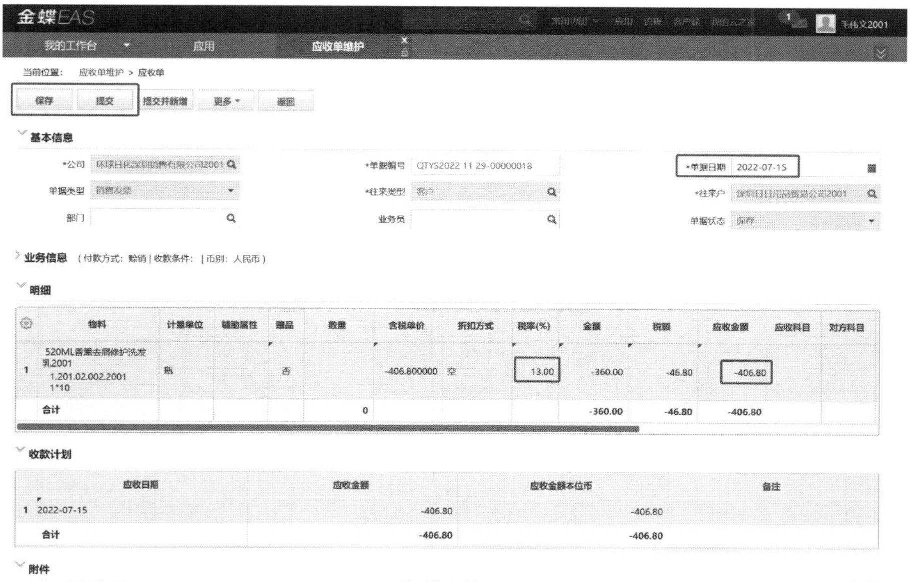

图5-62 应收单修改完成并提交

提交完成后，系统自动生成新的应收单并自动审核，在单据业务信息页签，可看到该应收单为“折让单据”，如图 5－63 所示。

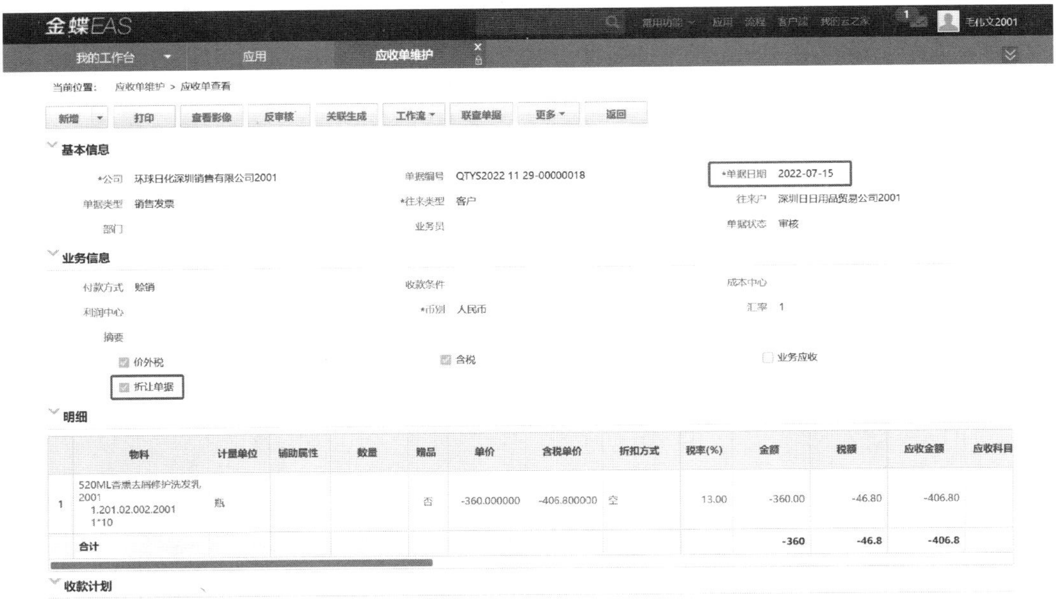

图 5－63　应收单自动生成并审核

返回应收单维护列表，清除搜索栏单据编号，可看到折让前与折让后的两张应收单，如图 5－64 所示。

图 5－64　应收折让

案例五：应收调整

◎ 实验数据

环球日化深圳销售有限公司今年发生的业务中有关应收业务如表 5－7 所示。

表 5－7　　应收调整业务

往来户	业务描述	金额（RMB）			
		应收	收款	应付	预付
广州佳佳化妆品贸易公司	8 月 10 日，广州佳佳化妆品贸易公司向环球日化深圳销售公司赊购 1 000 瓶 420mL 葡萄多酚儿童洗手液，含税单价 13.56 元/瓶，税率 13%，计划 15 天后付款。8 月 18 日，环球日化深圳销售有限公司举办“818 购物节”促销活动：满 5 000 减 300，满 10 000 减 800，满 20 000 减 2 000。在 10 日保价范围内，环球日化深圳销售公司给予广州佳佳化妆品贸易公司 800 元优惠，8 月 18 日环球日化深圳销售有限公司往来会计毛伟文（mww＋学号）调整应收日期与应收金额，并提交应收单。	12 760			

◎ 操作指导

1. 应收单提交

环球日化深圳销售有限公司往来会计毛伟文提交应收单。毛伟文进入 EASweb 端，用户名：mww＋学号，密码：空，点击【登录】进入我的工作台页面。点击【毛伟文】—【组织—切换】切换组织为环球日化深圳销售有限公司＋学号，如图 5－65 所示。

图 5－65　切换组织

点击【应用】—【财务会计】—【应收管理】—【应收单新增】新增应收单，如图 5－66 所示。

图 5－66 应收单新增

根据实验数据录入应收单。单据日期为 20××－08－10，往来户为广州佳佳化妆品贸易公司＋学号；物料为 420mL 葡萄多酚儿童洗手液，计量单位为瓶，数量为 1 000，含税单价为 13.56，税率为 13%，应收日期为 20××－08－25；添加附件：销售发票、销售合同，录入完毕后点击【保存】【提交】，并记录应收单单据编号，如图 5－67 所示。

2. 应收单业务审批

环球日化深圳销售有限公司销售经理郝晓娇业务审批应收单。郝晓娇进入 EASweb 端，用户名：hxj＋学号，密码：空，点击【登录】进入我的工作台页面。

点击【流程】—【待办任务】—【常规待办】进入常规待办任务页面，点击【处理】或双击刚刚提交的应收单（通过应收单单据编号确认）进入单据审批页面，如图 5－68 所示。

业务审批主要针对业务背景真实性进行审批，此处业务真实发生，因此审批处理选择【同意】，并点击【提交】，如图 5－69 所示。

3. 应收单共享审批

收入共享岗卢芳军共享审批应收单。卢芳军进入 EASweb 端，用户名：lfj＋学号，

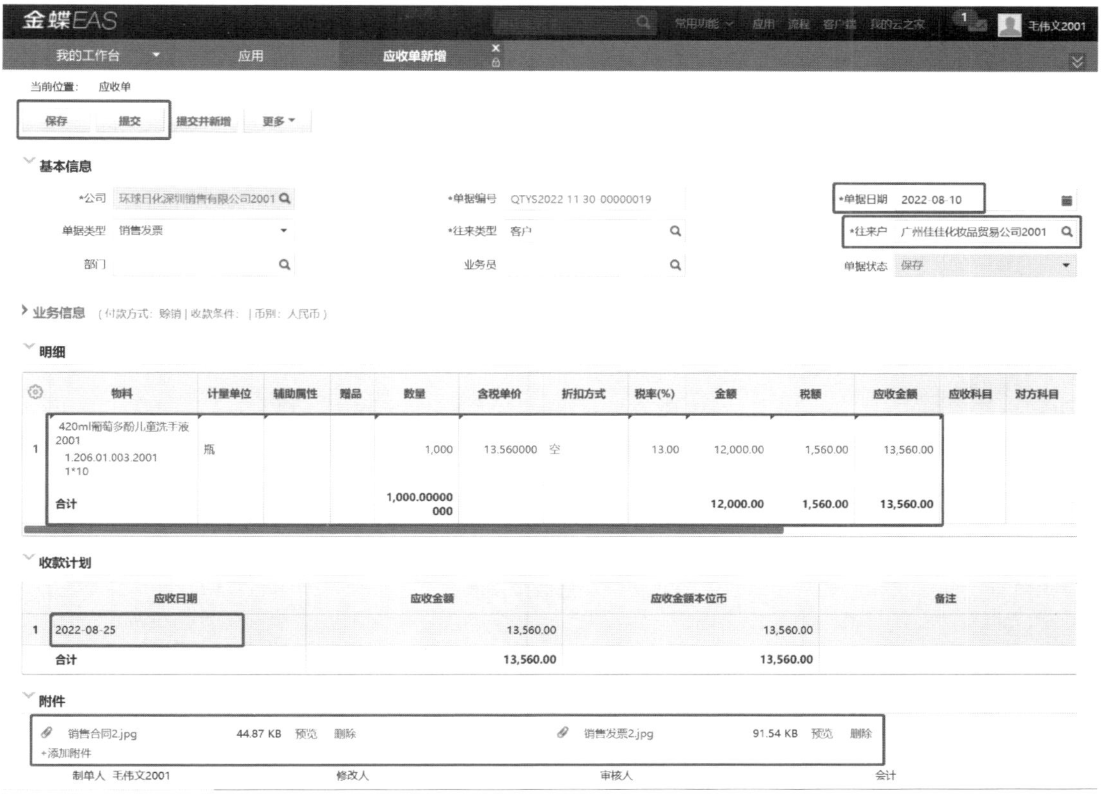

图 5－67 应收单录入完成并提交

图 5－68 常规待办任务查询

图 5－69　应收单业务审批

密码：空，点击【登录】进入我的工作台页面。点击【卢芳军】—【组织—切换】切换组织为环球日化深圳销售有限公司＋学号，如图 5－70 所示。

图 5－70　切换组织

点击【应用】—【财务共享】—【应收共享】—【应收任务池】进入应收任务池页

面，如图 5－71 所示。

图 5－71　应收任务池

点击【我的任务】—【应收单】—【更多】—【获取任务】获取应收单，如图 5－72 所示。

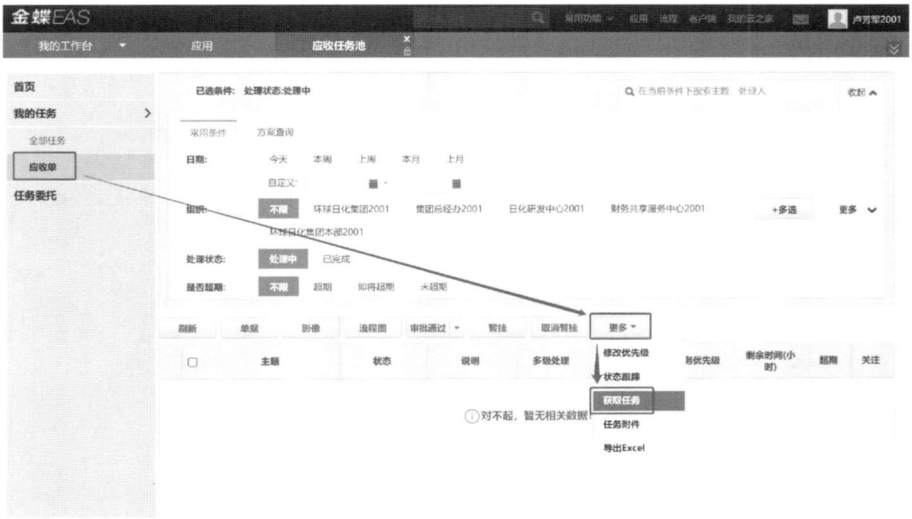

图 5－72　应收单获取

点击相应单据主题（通过应收单据编号确认）进入单据处理页面，如图 5－73 所示。

图 5 – 73　进入单据处理页面

收入共享岗根据财务审批规则审批该案例，本案例审批通过，点击【提交】，如图 5 – 74 所示。

图 5 – 74　应收单共享审批

4. 应收单凭证生成

收入共享岗卢芳军关联应收单生成凭证。点击【应用】—【财务共享】—【应收共享】—【应收单维护】进入应收单维护页面，如图 5 – 75 所示。

选择组织为环球日化深圳销售有限公司 + 学号，日期为 20 × × – 01 – 01 至 20 × × –

图 5－75 应收单维护

12－31，点击【确定】筛选应收单。如果列表单据过多，还可通过搜索功能搜索单据编号，精确查找对应单据。勾选相应单据（通过应收单据编号确认），点击【生成凭证】进入凭证编辑页面，如图 5－76 所示。

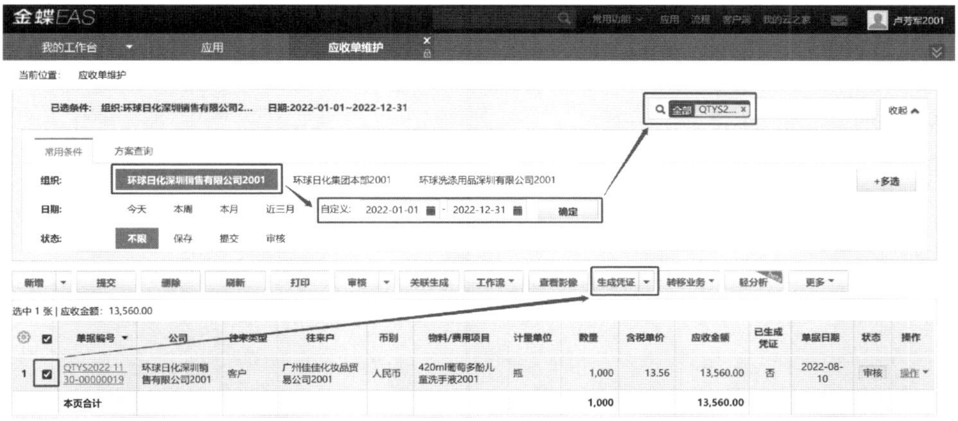

图 5－76 应收单生成凭证

点击【生成凭证】后，系统会自动生成暂存凭证，点击单据后的【操作】—【联查单据】，可查看上下游单据，如图 5－77 所示。

点击【联查单据】后进入关联查询界面，点击【下游单据】中对应凭证，下方显示出凭证列表，刚关联生成的凭证处于“暂存”状态，点击【凭证字号】进入凭证查看界面，如图 5－78 所示。

在凭证查看界面，若需修改凭证则点击【修改】按钮进入凭证编辑界面，如图 5－79

图 5－77　联查单据

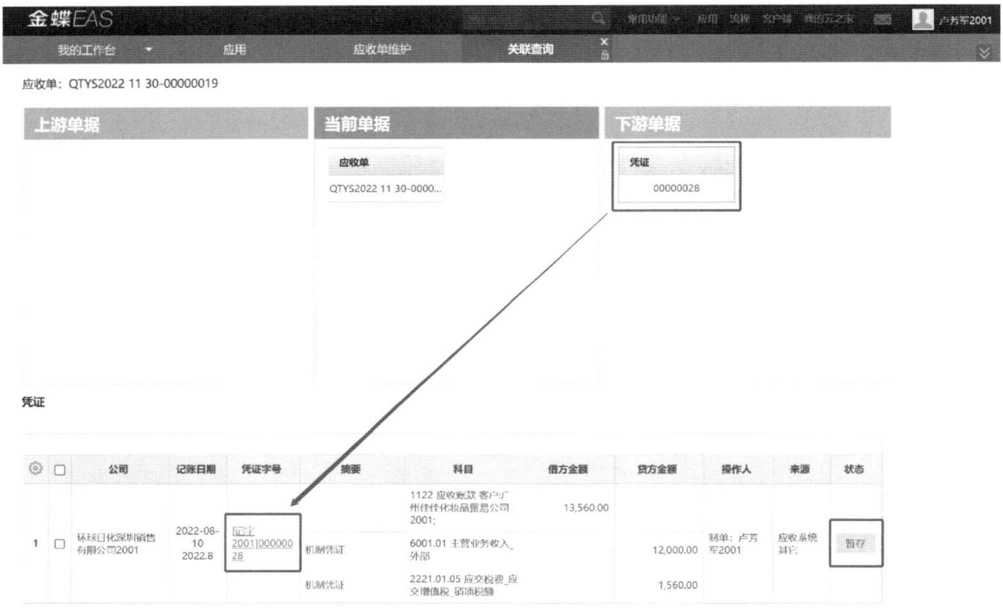

图 5－78　联查凭证

所示。

根据案例背景录入相关信息。记账日期为 20××－08－10，业务日期为 20××－08－10，录入完毕后点击【保存】【提交】，如图 5－80 所示。

凭证提交成功后，凭证状态由暂存变为已提交，并生成正式凭证字号，记录凭证字号，如图 5－81 所示。

图 5－79 修改凭证

图 5－80 凭证录入完成并提交

5. 凭证审核

总账共享岗樊江波审核记账凭证。樊江波进入 EASweb 端，用户名：fjb＋学号，密码：空，点击【登录】进入我的工作台页面。点击【应用】—【财务共享】—【总账共享】—【凭证查询】进入凭证查询页面，如图 5－82 所示。

选择组织为环球日化深圳销售有限公司＋学号，日期为 20×× －08－01 至 20×× －

图 5－81　凭证提交成功

图 5－82　凭证查询

08－31，点击【确定】筛选凭证。勾选相应凭证（通过记账日期和凭证编号确认），点击【审核】，如图 5－83 所示。

6. 应收调整

环球日化深圳销售有限公司往来会计毛伟文确认应收折让。毛伟文进入 EASweb 端，用户名：mww＋学号，密码：空，点击【登录】进入我的工作台页面。点击【毛伟文】—【组织—切换】切换组织为环球日化深圳销售有限公司＋学号。

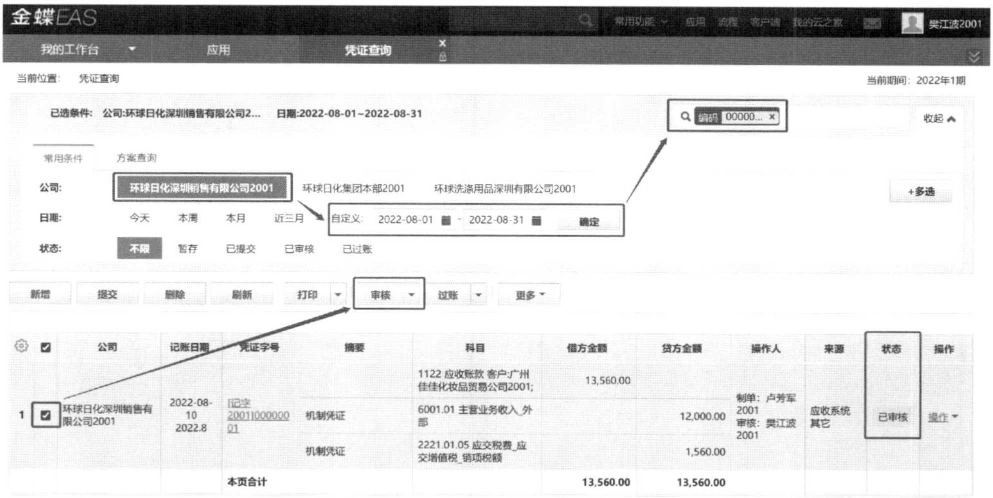

图 5－83　凭证审核

点击【应用】—【财务会计】—【应收管理】—【应收单维护】进入应收单维护页面，如图 5－84 所示。

图 5－84　应收单维护

选择组织为环球日化深圳销售有限公司＋学号，日期为 20××－01－01 至 20××－12－31，点击【确定】筛选应收单。如果列表单据过多，还可通过搜索功能搜索单据编号，精确查找对应单据。勾选相应单据（通过应收单据编号确认），点击【更多】—【调整】进入应收单编辑页面，如图 5－85 所示。

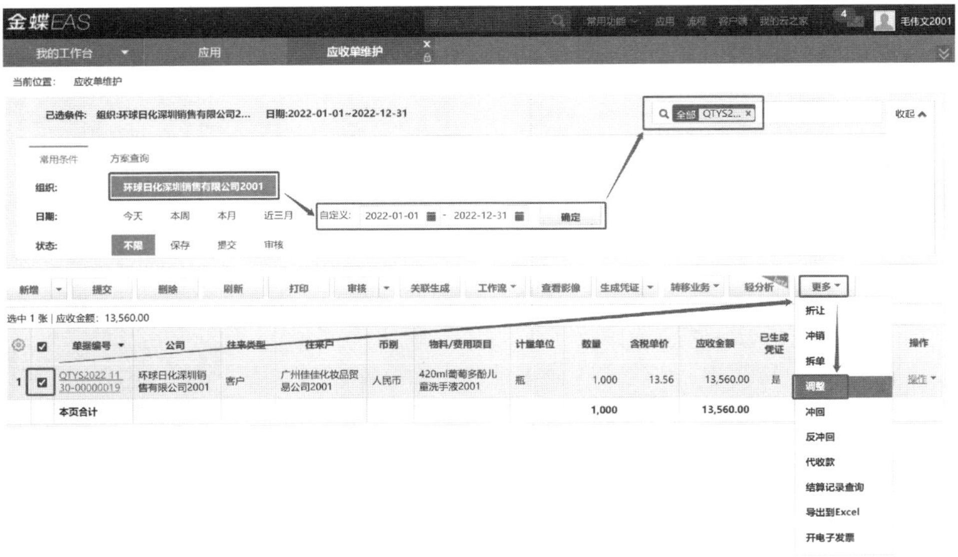

图 5－85　应收调整

根据案例背景修改相关信息，单据日期为 20××－08－18，明细—应收金额为－800，收款计划—应收日期为原计划的 20××－08－25，修改完毕后点击【保存】【提交】，如图 5－86 所示。

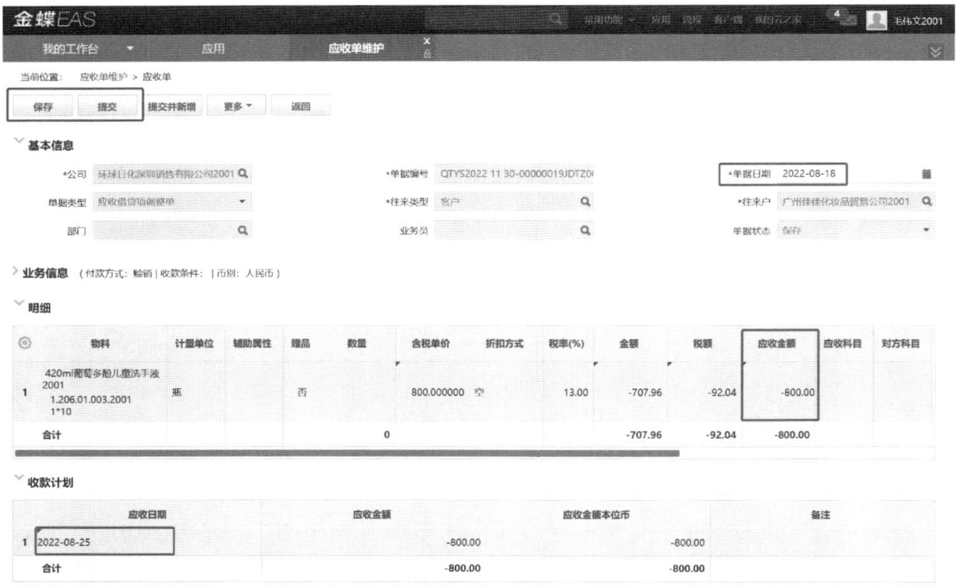

图 5－86　应收单修改完成并提交

提交完成后，系统自动生成新的应收单，在单据基本信息页签，可看到该应收单单据类型为“应收借贷项调整单”，单据状态为提交，如图5－87所示。

图5－87　应收调整

案例六：应收冲销

◎ 实验数据

环球日化深圳销售有限公司今年发生的业务中有关应收业务如表5－8所示。

表5－8　　　　　　　　　　　应收冲销业务

往来户	业务描述	金额（RMB）			
		应收	收款	应付	预付
湖南明珠化妆品有限公司	8月20日，环球日化深圳销售有限公司赊销2 000瓶220ml焗油顺滑洗发露（去屑系列）给湖南明珠化妆品有限公司，含税单价23.73元/瓶，税率13%，计划9月9日收款。湖南明珠化妆品有限公司由于发展迅速合并湖南多家小型化妆品有限公司，目标成为湖南规模最大的化妆品有限公司。9月1日，湖南明珠化妆品有限公司改名为湖南东方明珠化妆品有限公司，往来会计毛伟文（mww＋学号）做往来冲销。	47 460			

◎ 操作指导

1. 应收单提交

环球日化深圳销售有限公司往来会计毛伟文提交应收单。毛伟文进入 EASweb 端，用户名：mww + 学号，密码：空，点击【登录】进入我的工作台页面。点击【毛伟文】—【组织—切换】切换组织为环球日化深圳销售有限公司 + 学号，如图 5 – 88 所示。

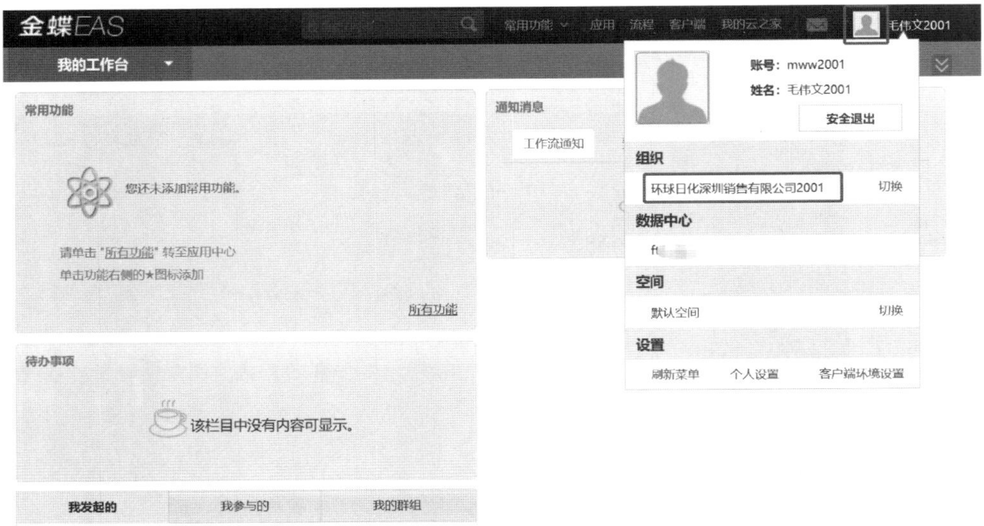

图 5 – 88　切换组织

点击【应用】—【财务会计】—【应收管理】—【应收单新增】新增应收单，如图 5 – 89 所示。

根据实验数据录入应收单。单据日期为 20 × × – 08 – 20，往来户为湖南明珠化妆品有限公司 + 学号；物料为 220mL 焗油顺滑洗发露（去屑系列），计量单位为瓶，数量为 2 000，含税单价为 23.73，税率为 13%，应收日期为 20 × × – 09 – 09；添加附件：销售发票、销售合同，录入完毕后点击【保存】【提交】，并记录应收单单据编号，如图 5 – 90 所示。

2. 应收单业务审批

环球日化深圳销售有限公司销售经理郝晓娇业务审批应收单。郝晓娇进入 EASweb 端，用户名：hxj + 学号，密码：空，点击【登录】进入我的工作台页面。

点击【流程】—【待办任务】—【常规待办】进入常规待办任务页面，点击【处理】或双击刚刚提交的应收单（通过应收单单据编号确认）进入单据审批页面，如图 5 – 91 所示。

图 5－89　应收单新增

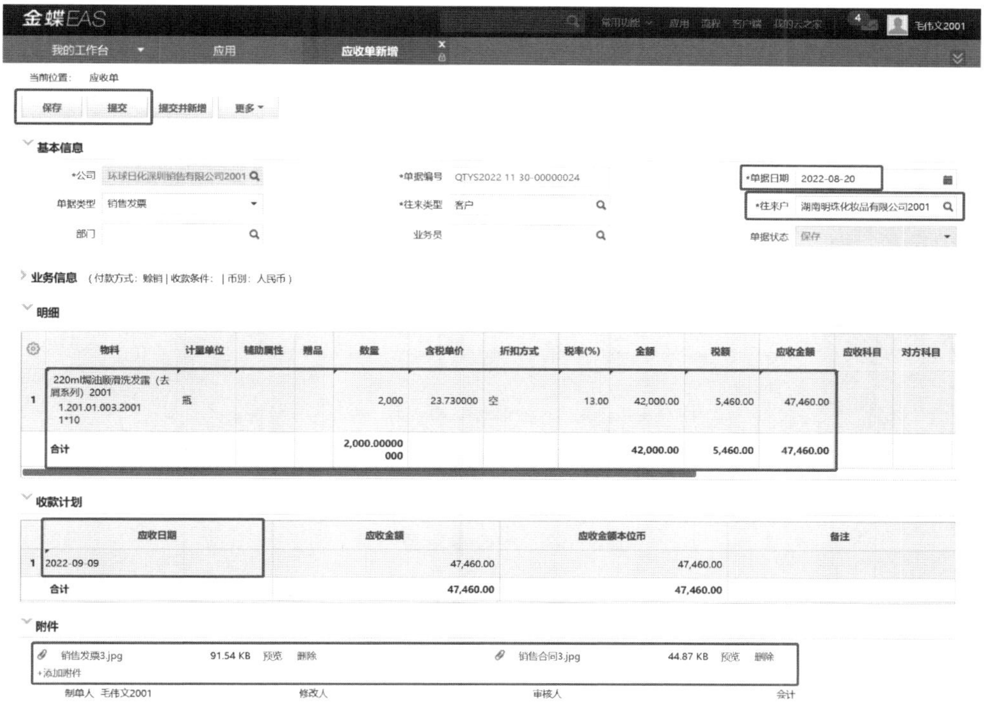

图 5－90　应收单录入完成并提交

业务审批主要针对业务背景真实性进行审批，此处业务真实发生，因此审批处理选择【同意】，并点击【提交】，如图 5－92 所示。

图 5－91　常规待办任务查询

图 5－92　应收单业务审批

3. 应收单共享审批

收入共享岗卢芳军共享审批应收单。卢芳军进入 EASweb 端，用户名：lfj＋学号，密码：空，点击【登录】进入我的工作台页面。点击【卢芳军】—【组织—切换】切换组织为环球日化深圳销售有限公司＋学号，如图 5－93 所示。

点击【应用】—【财务共享】—【应收共享】—【应收任务池】进入应收任务池页面，如图 5－94 所示。

图 5－93　切换组织

图 5－94　应收任务池

点击【我的任务】—【应收单】—【更多】—【获取任务】获取应收单，如图 5－95 所示。

点击相应单据主题（通过应收单据编号确认）进入单据处理页面，如图 5－96 所示。

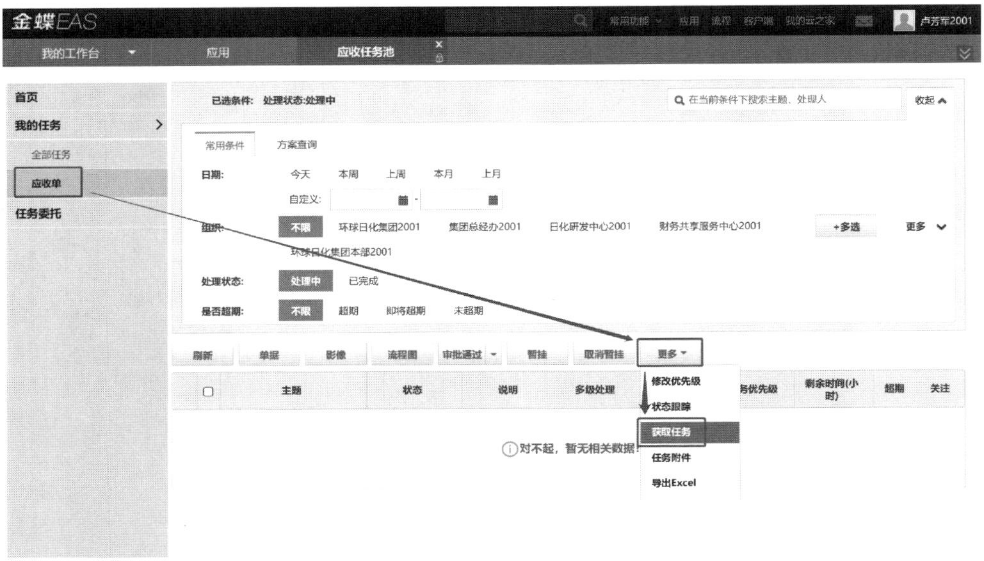

图 5-95　获取应收单

图 5-96　应收单获取

收入共享岗根据财务审批规则审批该案例，本案例审批通过，点击【提交】，如图 5-97 所示。

4. 应收单凭证生成

收入共享岗卢芳军关联应收单生成凭证。点击【应用】—【财务共享】—【应收共享】—【应收单维护】进入应收单维护页面，如图 5-98 所示。

图 5－97　应收单共享审批

图 5－98　应收单维护

选择组织为环球日化深圳销售有限公司＋学号，日期为 20××－01－01 至 20××－12－31，点击【确定】筛选应收单。如果列表单据过多，还可通过搜索功能搜索单据编号，精确查找对应单据。勾选相应单据（通过应收单据编号确认），点击【生成凭证】进入凭证编辑页面，如图 5－99 所示。

点击【生成凭证】后，系统会自动生成暂存凭证，点击单据后的【操作】—【联查单据】，可查看上下游单据，如图 5－100 所示。

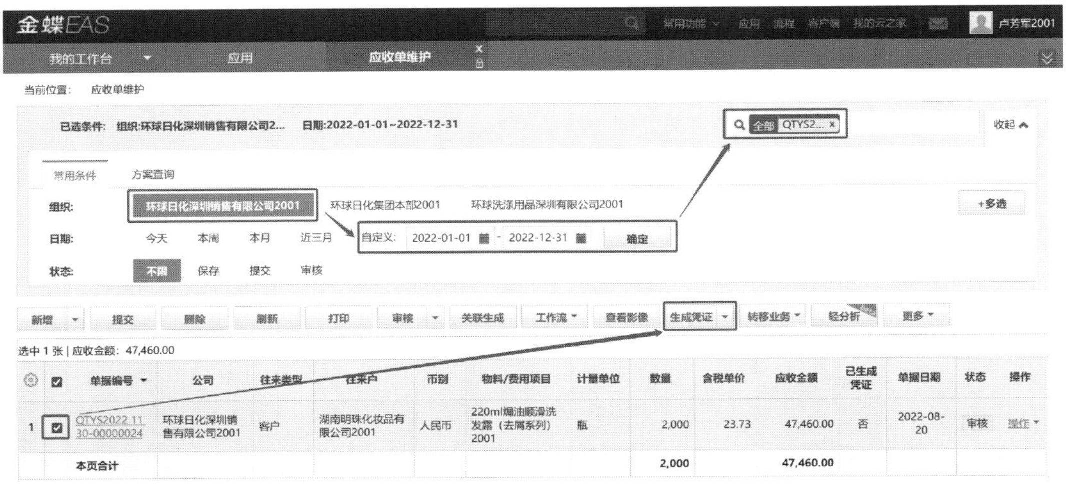

图 5－99　应收单生成凭证

图 5－100　联查单据

点击【联查单据】后进入关联查询界面，点击【下游单据】中对应凭证，下方显示出凭证列表，刚关联生成的凭证处于“暂存”状态，点击【凭证字号】进入凭证查看界面，如图 5－101 所示。

在凭证查看界面，若需修改凭证则点击【修改】按钮进入凭证编辑界面，如图 5－102 所示。

根据案例背景录入相关信息。记账日期为 20××－08－20，业务日期为 20××－08－20，录入完毕后点击【保存】【提交】，如图 5－103 所示。

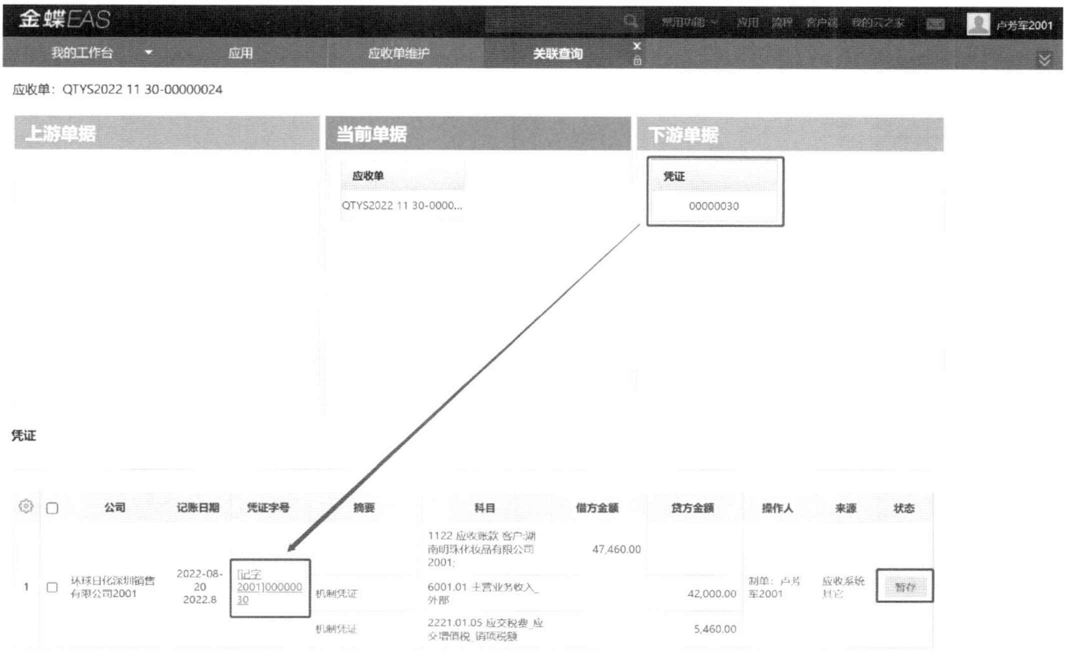

图 5－101　联查凭证

图 5－102　修改凭证

图 5－103　凭证录入完成并提交

凭证提交成功后，凭证状态由暂存变为已提交，并生成正式凭证字号，记录凭证字号，如图 5－104 所示。

图 5－104　凭证提交成功

5. 凭证审核

总账共享岗樊江波审核记账凭证。樊江波进入 EASweb 端，用户名：fjb + 学号，密码：空，点击【登录】进入我的工作台页面。点击【应用】—【财务共享】—【总账共享】—【凭证查询】进入凭证查询页面，如图 5 – 105 所示。

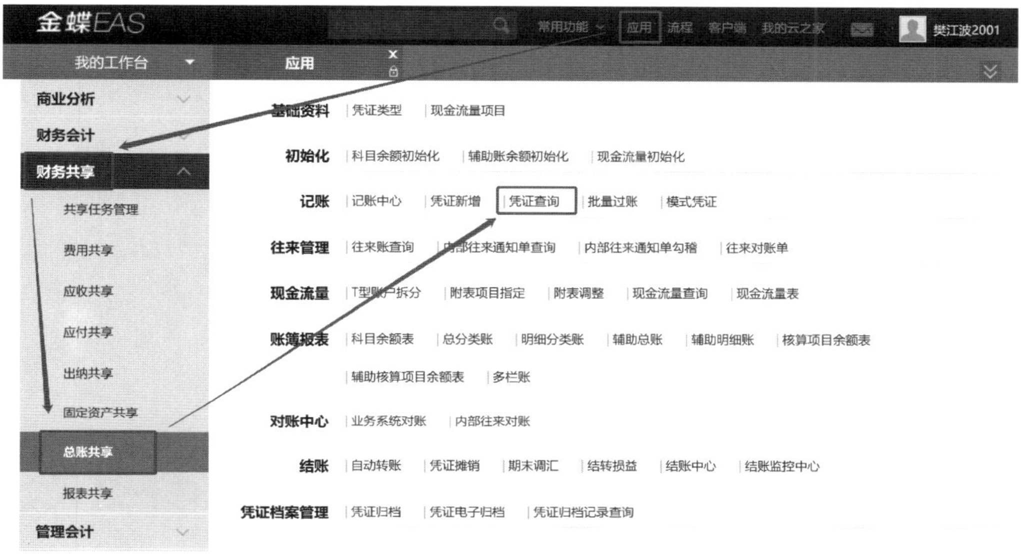

图 5 – 105　凭证查询

选择组织为环球日化深圳销售有限公司 + 学号，日期为 20××–08–01 至 20××–08–31，点击【确定】筛选凭证。如果列表凭证过多，还可通过搜索功能搜索凭证编号，精确查找对应凭证。勾选相应凭证（通过记账日期和凭证编号确认），点击【审核】，如图 5 – 106 所示。

6. 应收冲销

环球日化深圳销售有限公司往来会计毛伟文确认应收折让。毛伟文进入 EASweb 端，用户名：mww + 学号，密码：空，点击【登录】进入我的工作台页面。点击【毛伟文】—【组织—切换】切换组织为环球日化深圳销售有限公司 + 学号。

点击【应用】—【财务会计】—【应收管理】—【应收单维护】进入应收单维护页面，如图 5 – 107 所示。

选择组织为环球日化深圳销售有限公司 + 学号，日期为 20××–01–01 至 20××–12–31，点击【确定】筛选应收单。如果列表单据过多，还可通过搜索功能搜索单据编号，精确查找对应单据。勾选相应单据（通过应收单据编号确认），点击【更多】—【冲销】，如图 5 – 108 所示。

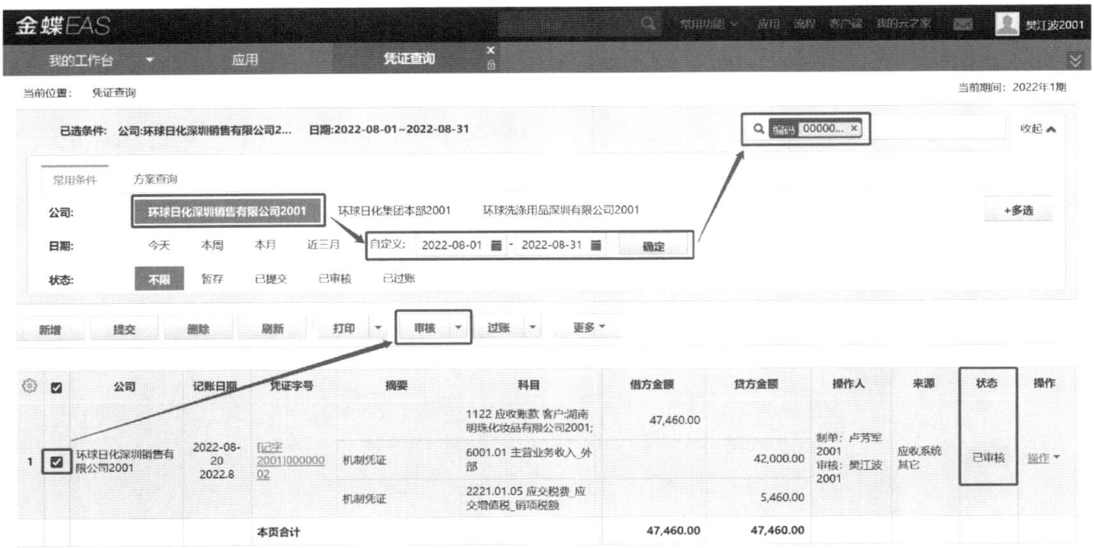

图 5－106　凭证审核

图 5－107　应收单维护

点击冲销后，系统自动生成新的应收单并自动审核。点击【操作】—【联查单据】查询关联生成的冲销应收单，如图 5－109 所示。

点击【联查单据】后进入关联查询界面，点击【下游单据】中的关联“应收单”，下方显示出应收单列表，点击【单据编号】进入单据查看界面，如图 5－110

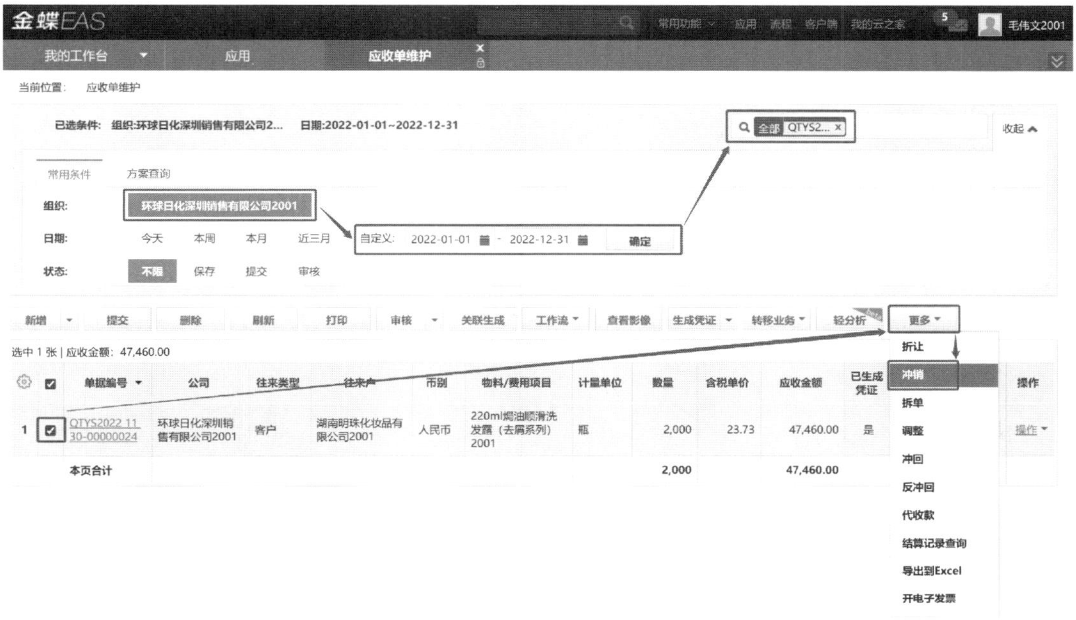

图 5－108 应收冲销

图 5－109 联查单据

所示。

在单据查看界面，点击【业务信息】页签，可见该单据摘要自动填充冲销信息，在【明细页签】，可查看冲销具体明细，如图 5－111 所示。

图 5－110 联查凭证

图 5－111 应收冲销查看

案例七：销售回款

◎ 实验数据

环球日化深圳销售有限公司今年发生的业务中有关应收业务如表 5－9 所示。

表 5－9　　销售回款业务

往来户	业务描述	金额（RMB）			
		应收	收款	应付	预付
福州佳佳洗涤用品公司	9 月 12 日，环球日化深圳销售有限公司赊销 500 瓶 260mL 香熏丝质垂顺洗发乳给福州佳佳洗涤用品公司，含税单价 47.46 元/瓶，税率 13%，确认应收款 23 730，并开具增值税专用发票。9 月 15 日收到全部货款。	23 730	23 730		

往来户开票信息如表 5－10 所示。

表 5－10　　往来户开票信息表

地区	开票日期	购货单位	纳税人识别号	地址、电话
深圳	20××年 9 月 12 日	福州佳佳洗涤用品公司	620102438002318	福州市城关区平凉路××号 1352872××××
开户行及账号	货物名称	数量	含税单价	税率
东方红广场支行 270111111100000	260mL 香薰丝质垂顺洗发乳	500	47.46	13%

◎ 操作指导

1. 开具发票

应收单提交前，环球日化深圳销售有限公司先针对该笔销售开具增值税专用发票。

点击【税务共享服务平台】—【增值税专用开票】，进入增值税专用发票开票界面，如图 5－112 所示。

开票地区为“深圳”，开票日期为“20××年 9 月 12 日”，购买方名称“福州佳佳洗涤用品公司”，纳税人识别号“620102438002318”，地址、电话“福州市城关区平凉路××号 1352872××××”，开户行及账号“东方红广场支行 270111111100000”，货物名称“260mL 香薰丝质垂顺洗发乳”，数量“500”，含税单价“47.46”，税率 13%，录入完成后点击【开票】按钮，如图 5－113 所示。

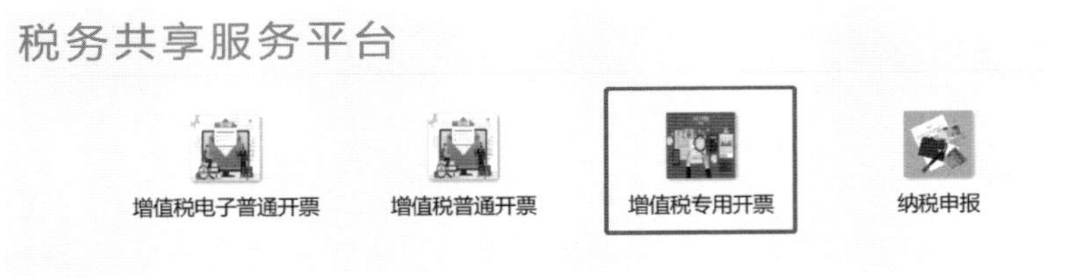

图 5－112　增值税专用发票开票

图 5－113　增值税专用发票开票

点击开票后，系统自动“另存为”提示框，将发票保存至本地即可，如图 5－114 所示。

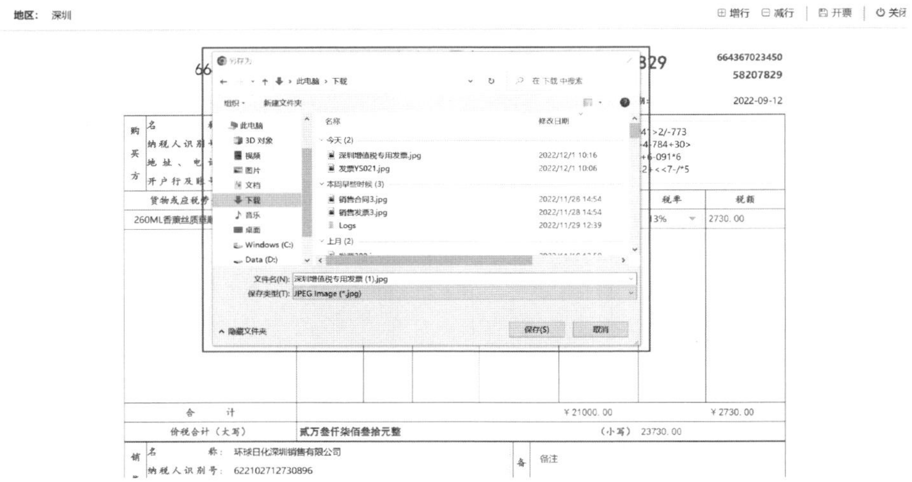

图 5－114　保存发票至本地

2. 应收单提交

环球日化深圳销售有限公司往来会计毛伟文提交应收单。毛伟文进入 EASweb 端，用户名：mww + 学号，密码：空，点击【登录】进入我的工作台页面。点击【毛伟文】—【组织—切换】切换组织为环球日化深圳销售有限公司 + 学号，如图 5 - 115 所示。

图 5 - 115　切换组织

点击【应用】—【财务会计】—【应收管理】—【应收单新增】新增应收单，如图 5 - 116 所示。

图 5 - 116　应收单新增

根据实验数据录入应收单。单据日期为20××-09-12，往来户为福州佳佳洗涤用品公司+学号；物料为260mL香熏丝质垂顺洗发乳，计量单位为瓶，数量为500，含税单价为47.46，税率为13%，应收日期为20××-09-15；添加附件：销售发票（刚开具的）、销售合同，录入完毕后点击【保存】【提交】，并记录应收单单据编号，如图5-117所示。

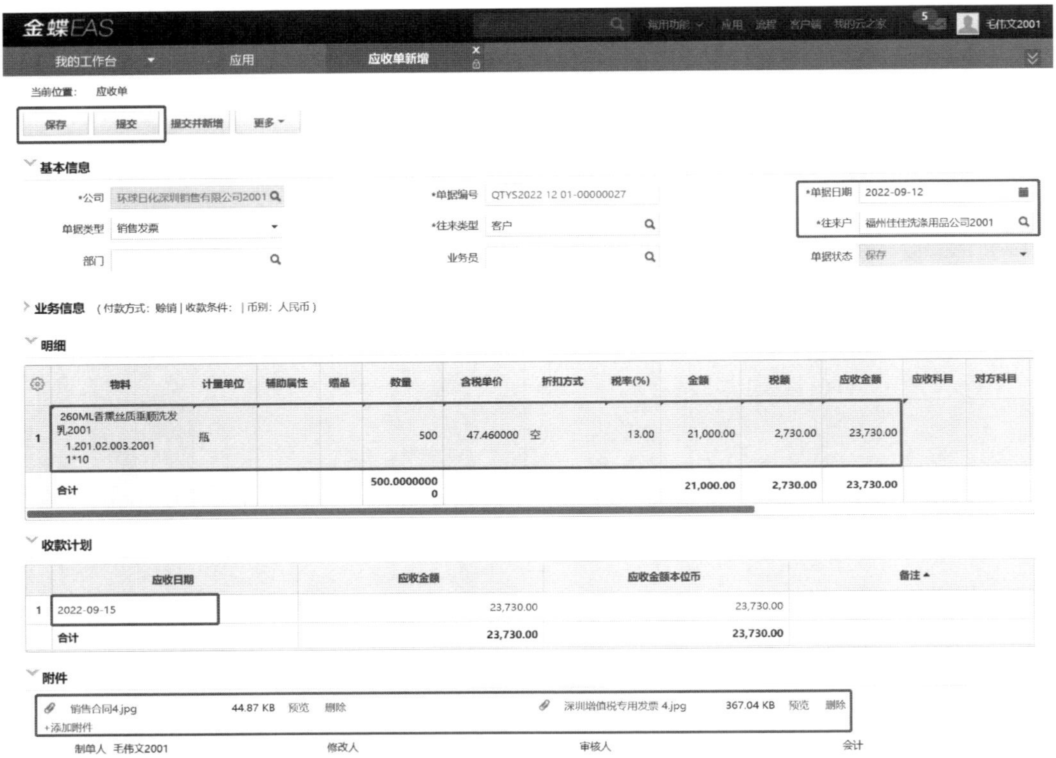

图5-117 应收单录入完成并提交

3. 应收单业务审批

环球日化深圳销售有限公司销售经理郝晓娇业务审批应收单。郝晓娇进入EASweb端，用户名：hxj+学号，密码：空，点击【登录】进入我的工作台页面。

点击【流程】—【待办任务】—【常规待办】进入常规待办任务页面，点击【处理】或双击刚刚提交的应收单（通过应收单单据编号确认）进入单据审批页面，如图5-118所示。

业务审批主要针对业务背景真实性进行审批，此处业务真实发生，因此审批处理选择【同意】，并点击【提交】，如图5-119所示。

图 5－118　常规待办任务查询

图 5－119　应收单业务审批

4. 应收单共享审批

收入共享岗卢芳军共享审批应收单。卢芳军进入 EASweb 端，用户名：lfj + 学号，密码：空，点击【登录】进入我的工作台页面。点击【卢芳军】—【组织—切换】切换组织为环球日化深圳销售有限公司 + 学号，如图 5－120 所示。

点击【应用】—【财务共享】—【应收共享】—【应收任务池】进入应收任务池页面，如图 5－121 所示。

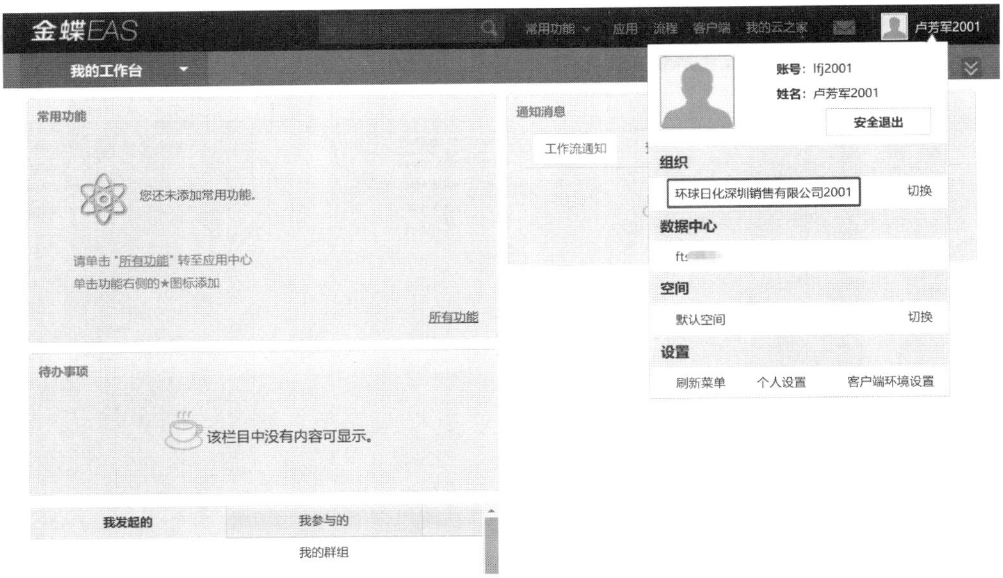

图 5－120　切换组织

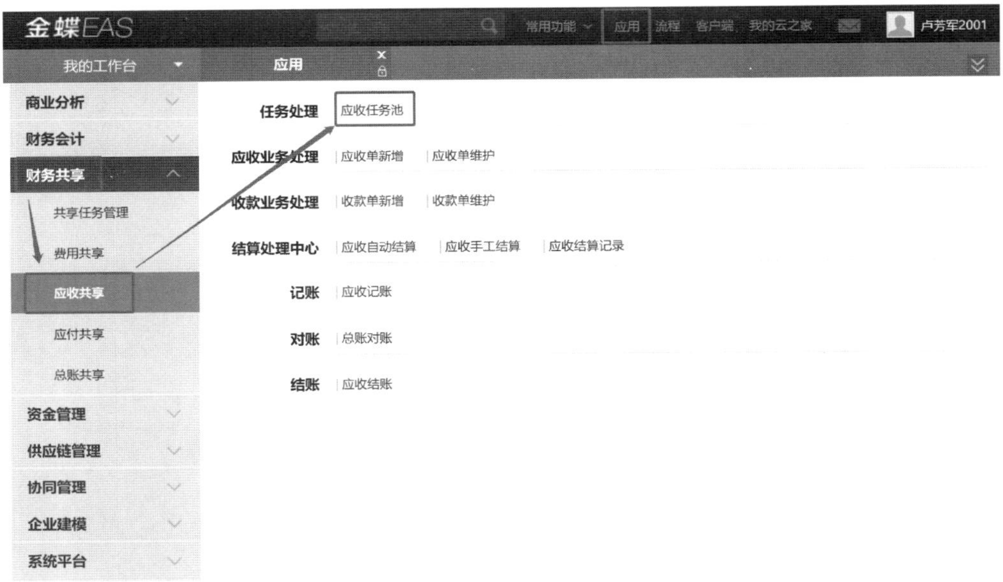

图 5－121　应收任务池

点击【我的任务】—【应收单】—【更多】—【获取任务】获取应收单，如图 5－122 所示。

点击相应单据主题（通过应收单据编号确认）进入单据处理页面，如图 5－123 所示。

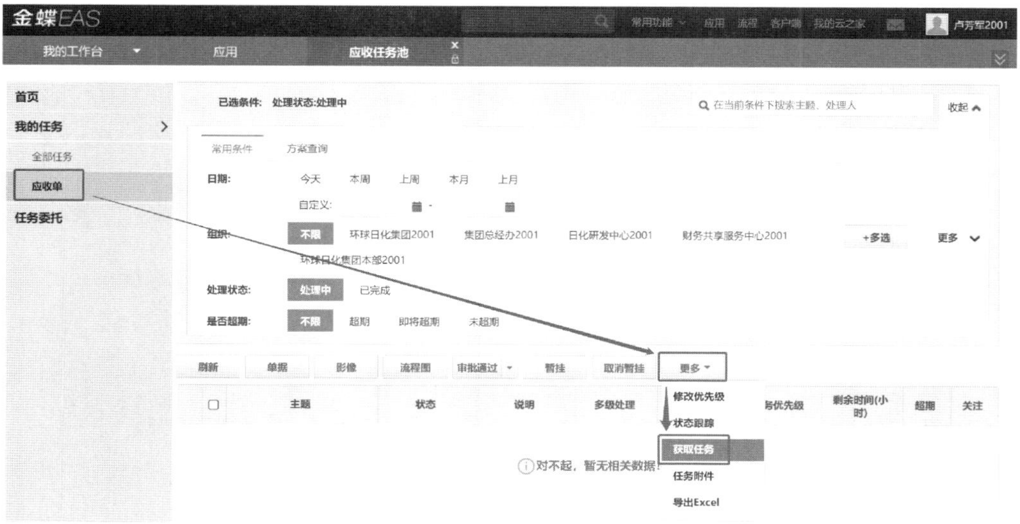

图 5－122　获取应收单

图 5－123　进入单据处理页面

收入共享岗根据财务审批规则审批该案例，本案例审批通过，点击【提交】，如图 5－124 所示。

5. 应收单凭证生成

收入共享岗卢芳军关联应收单生成凭证。点击【应用】—【财务共享】—【应收共享】—【应收单维护】进入应收单维护页面，如图 5－125 所示。

图 5－124　应收单共享审批

图 5－125　应收单维护

选择组织为环球日化深圳销售有限公司＋学号，日期为 20××－01－01 至 20××－12－31，点击【确定】筛选应收单。如果列表单据过多，还可通过搜索功能搜索单据编号，精确查找对应单据。勾选相应单据（通过应收单据编号确认），点击【生成凭证】进入凭证编辑页面，如图 5－126 所示。

点击【生成凭证】后，系统会自动生成暂存凭证，点击单据后的【操作】—【联查单据】，可查看上下游单据，如图 5－127 所示。

图 5－126　应收单生成凭证

图 5－127　联查单据

点击【联查单据】后进入关联查询界面，点击【下游单据】中对应凭证，下方显示出凭证列表，刚关联生成的凭证处于“暂存”状态，点击【凭证字号】进入凭证查看界面，如图 5－128 所示。

在凭证查看界面，若需修改凭证则点击【修改】按钮进入凭证编辑界面，如图 5－129 所示。

根据案例背景录入相关信息。记账日期为 20××－09－12，业务日期为 20××－09－12，录入完毕后点击【保存】【提交】，如图 5－130 所示。

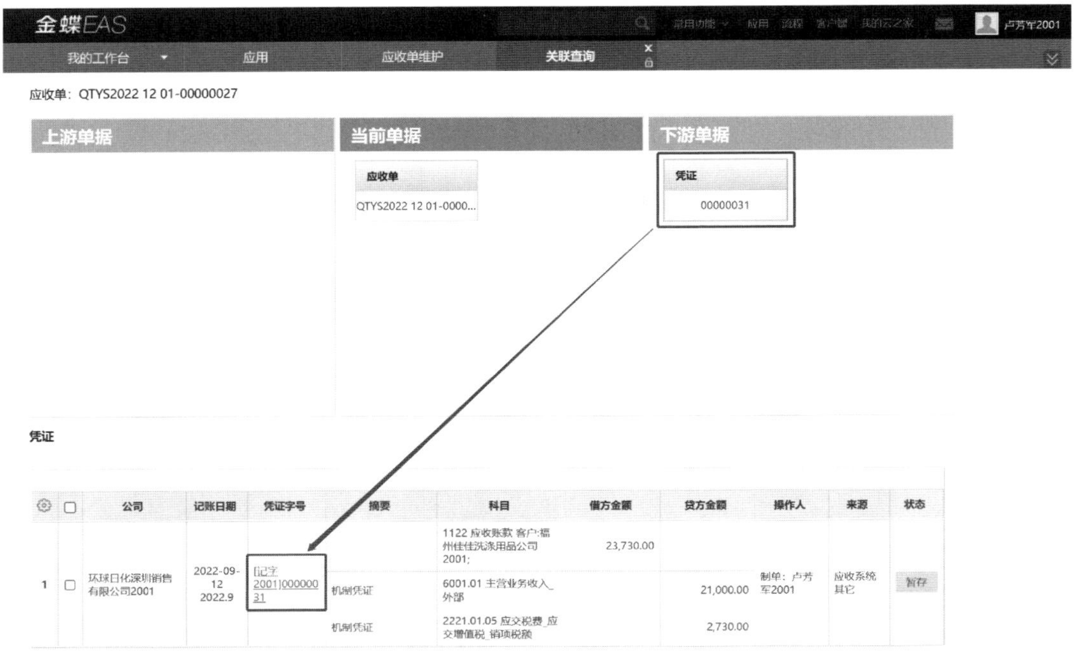

图 5－128 凭证查看

图 5－129 凭证修改

图 5－130　凭证录入完成并提交

凭证提交成功后，凭证状态由暂存变为已提交，并生成正式凭证字号，记录凭证字号，如图 5－131 所示。

图 5－131　记录凭证字号

6. 凭证审核

总账共享岗樊江波审核记账凭证。樊江波进入 EASweb 端，用户名：fjb + 学号，密码：空，点击【登录】进入我的工作台页面。点击【应用】—【财务共享】—【总账共享】—【凭证查询】进入凭证查询页面，如图 5－132 所示。

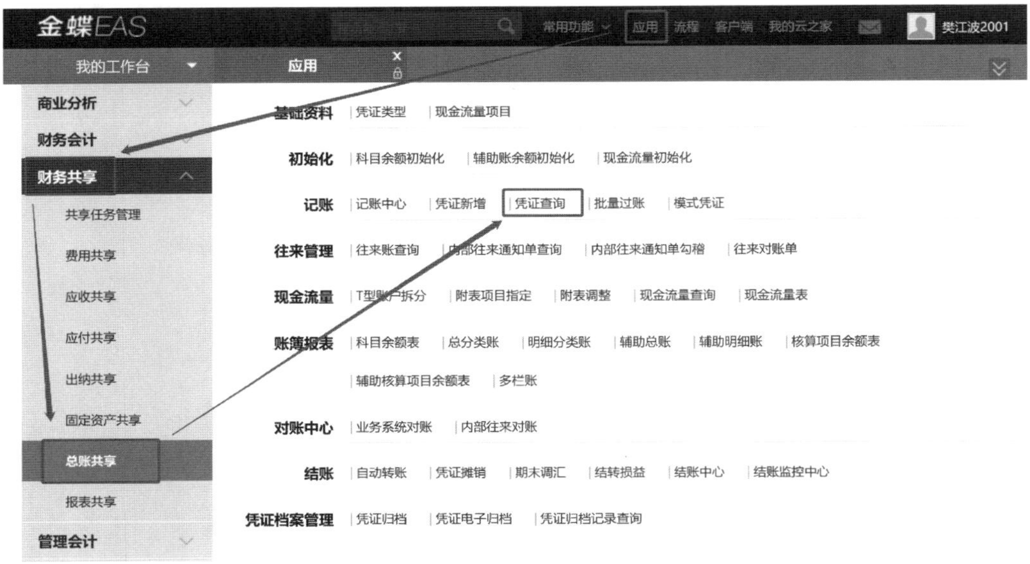

图 5－132　凭证查询

选择组织为环球日化深圳销售有限公司＋学号，日期为 20××－09－01 至 20××－09－30，点击【确定】筛选凭证。勾选相应凭证（通过凭证编号确认），点击【审核】，如图 5－133 所示。

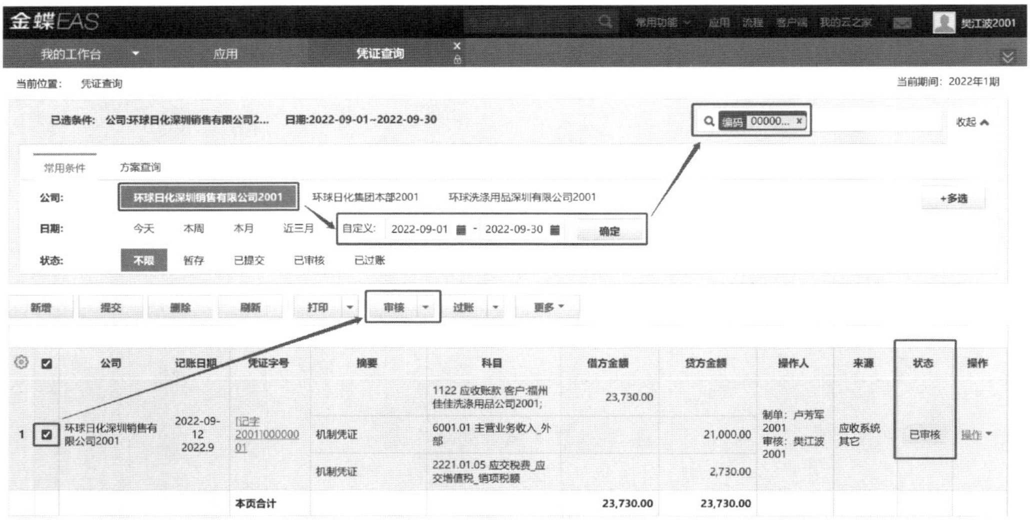

图 5－133　凭证审核

7. 关联生成收款单

9 月 15 日收到全部货款，收入共享岗卢芳军关联应收单生成收款单。卢芳军进入 EASweb 端，用户名：lfj + 学号，密码：空，点击【登录】进入我的工作台页面。

点击【应用】—【财务共享】—【应收共享】—【应收单维护】进入应收单维护页面，如图 5 – 134 所示。

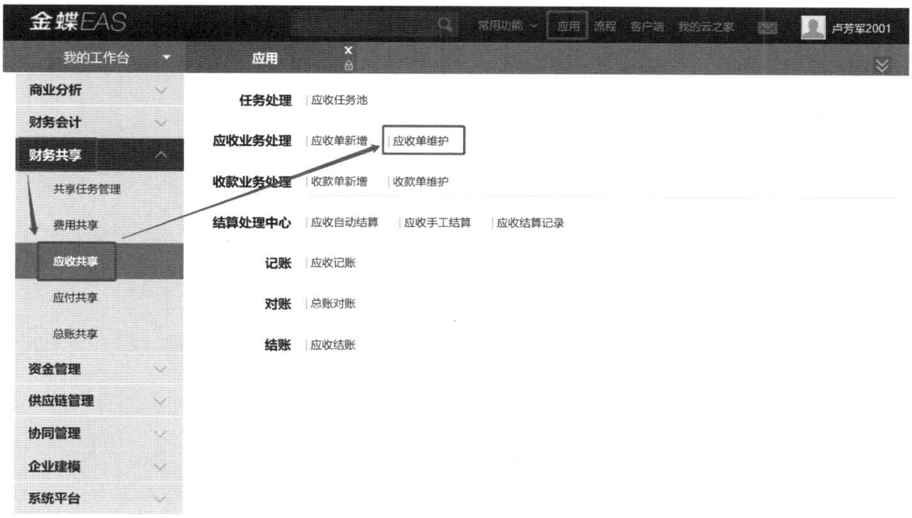

图 5 – 134　应收单维护

选择组织为环球日化深圳销售有限公司 + 学号，日期为 20 × × –01 –01 至 20 × × –12 –31，点击【确定】筛选应收单。如果列表单据过多，还可通过搜索功能搜索单据编号，精确查找对应单据。勾选相应单据（通过应收单据编号确认），点击【关联生成】，如图 5 – 135 所示。

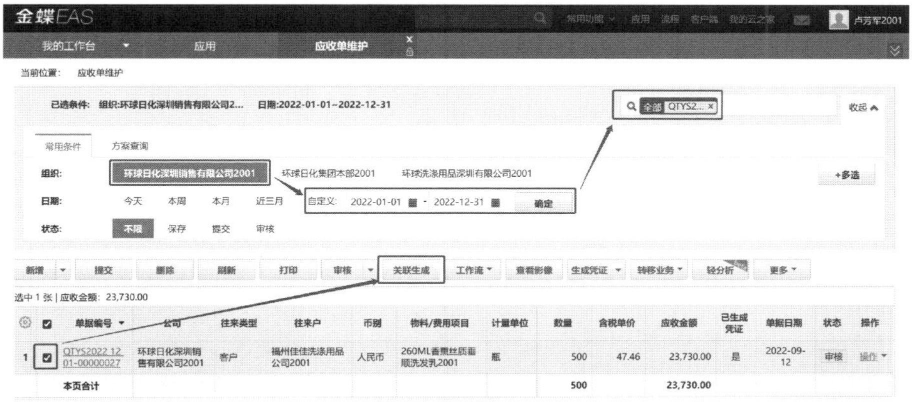

图 5 – 135　应收单关联生成收款单

选择目标单据为收款单，转换规则为应收单生成收款单 SSC + 学号，点击【确定】进入收款单编辑页面，如图 5 - 136 所示。

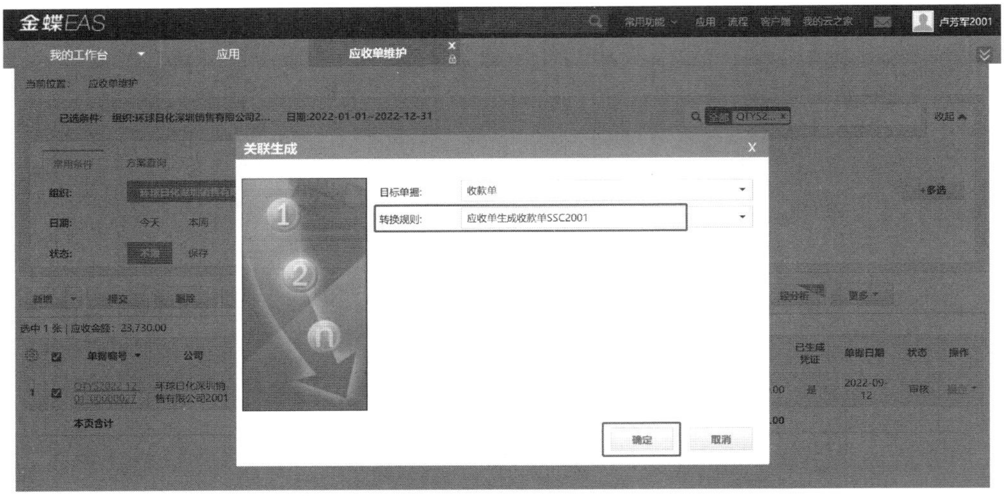

图 5 - 136　转换规则应收单生成收款单

根据案例背景录入相关信息，单据日期为 20 × × - 09 - 15，选择收款账户为“招商银行龙华支行 + 学号”，系统自动带出收款科目“商业银行存款”，上传附件：银行回执单，录入完毕后点击【保存】【提交】，并记录收款单单据编号，如图 5 - 137 所示。

图 5 - 137　收款单录入完成并提交

8. 收款单共享审批

资金共享岗欧阳杨共享审批收款单。欧阳杨进入 EASweb 端，用户名：oyy + 学号，密码：空，点击【登录】进入我的工作台页面。点击【应用】—【财务共享】—【共享任务管理】—【共享任务池】进入共享任务池页面，如图 5 - 138 所示。

图 5 - 138　共享任务池

点击【我的任务】—【出纳收款单审核】进入收款单查询页面，点击【更多】—【获取任务】获取收款单，如图 5 - 139 所示。

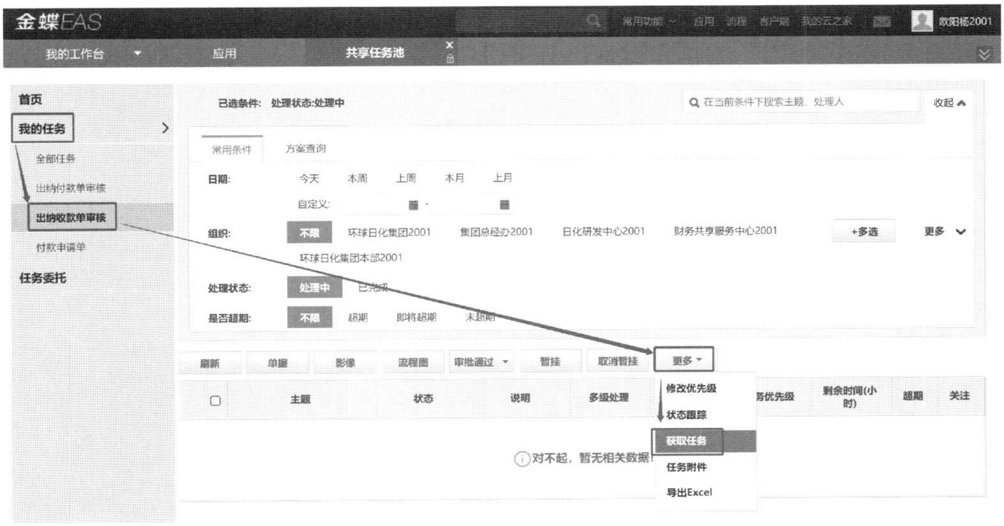

图 5 - 139　获取收款单

点击相应单据主题（通过收款单据编号确认）进入单据处理页面，如图5－140所示。

图5－140　进入单据处理页面

资金共享岗根据财务审批规则审批该案例，本案例审批通过，点击【提交】，如图5－141所示。

图5－141　收款单共享审批

9. 登账参数设置

资金共享岗进行登账设置。欧阳杨进入 EASweb 端，用户名：oyy + 学号，密码：空，点击【登录】进入我的工作台页面。点击【财务共享】—【出纳共享】—【凭证复核】进入凭证复核界面，如图 5 – 142 所示。

图 5 – 142　凭证复核

选择公司为环球日化深圳销售有限公司 + 学号，点击【登账设置】，确认该组织的登账参数后点击【确定】按钮，如图 5 – 143 所示。

图 5 – 143　登账参数设置

10. 收款单处理

资金共享岗欧阳杨确认收款。点击【应用】—【财务共享】—【出纳共享】—【收款单处理】进入收款单序时簿，如图 5－144 所示。

图 5－144 收款单处理

选择组织为环球日化深圳销售有限公司＋学号，日期为 20××－01－01 至 20××－12－31，点击【确定】筛选收款单。如果列表单据过多，还可通过搜索功能搜索收款单单据编号，精确查找对应单据。勾选相应单据（通过收款单据编号确认），点击【收款】，如图 5－145 所示。

图 5－145 收款单收款

资金共享岗欧阳杨关联收款单生成凭证。在收款单序时簿，勾选相应单据（通过收款单据编号确认），点击【生成凭证】进入凭证编辑页面，如图5－146所示。

图5－146　收款单生成凭证

点击【生成凭证】后，系统会自动生成暂存凭证，点击单据后的【操作】—【联查】，可查看上下游单据，如图5－147所示。

图5－147　联查单据

点击【联查】后进入关联查询界面，点击【下游单据】中对应凭证，下方显示出凭证列表，刚关联生成的凭证处于“暂存”状态，点击【凭证字号】进入凭证查

看界面，如图 5 – 148 所示。

图 5 – 148　联查凭证

在凭证查看界面，若需修改凭证则点击【修改】按钮进入凭证编辑界面，如图 5 – 149 所示。

图 5 – 149　凭证修改

根据案例背景录入相关信息。记账日期为20××-09-15，业务日期为20××-09-15，录入完毕后点击【保存】【提交】，进入指定现金流量页面，如图5-150所示。

图5-150 凭证录入并提交

点击【提交】后，系统自动弹出现金流量指定窗口，选择主表项目为销售商品、提供劳务收到的现金，点击【保存】，点击保存后凭证自动提交成功，如图5-151所示。

图5-151 凭证指定现金流量

在凭证编辑页面复核该凭证，点击【更多】—【复核】，完成凭证复核，如图 5－152 所示。

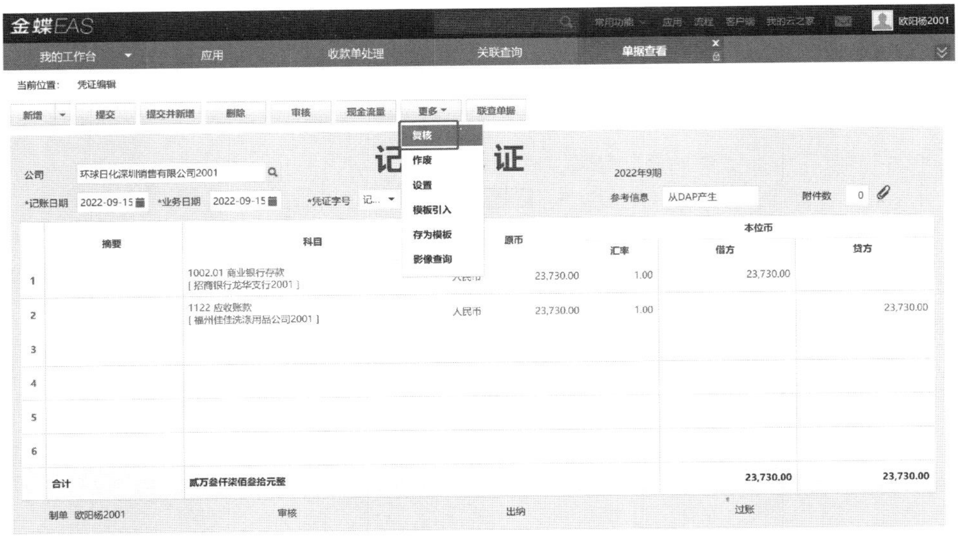

图 5－152 凭证复核

凭证提交成功后，凭证状态由暂存变为已提交，并生成正式凭证字号，记录凭证字号，如图 5－153 所示。

图 5－153 记录凭证字号

11. 凭证审核

总账共享岗樊江波审核记账凭证。樊江波进入 EASweb 端，用户名：fjb + 学号，密码：空，点击【登录】进入我的工作台页面。点击【应用】—【财务共享】—【总账共享】—【凭证查询】进入凭证查询页面，如图 5－154 所示。

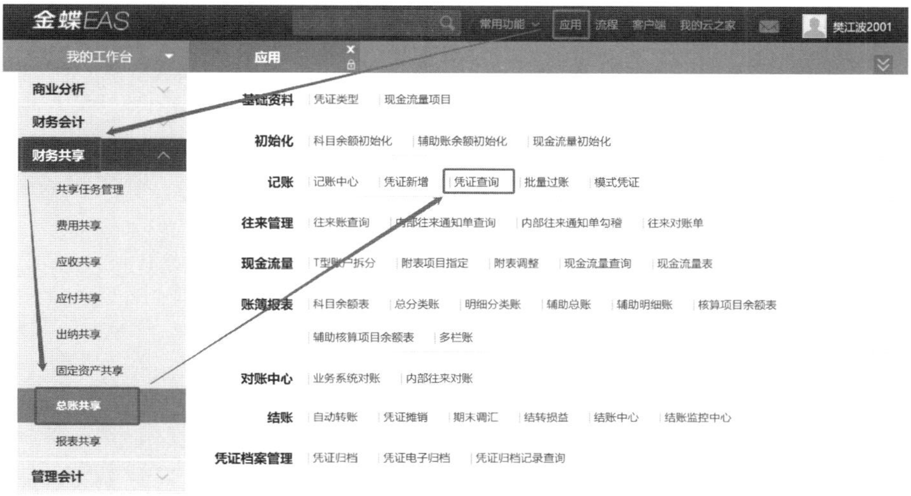

图 5－154　凭证查询

选择组织为环球日化深圳销售有限公司 + 学号，日期为 20××－09－01 至 20××－09－30，点击【确定】筛选凭证。如果列表凭证过多，还可通过搜索功能搜索凭证编号，精确查找对应凭证。勾选相应凭证（通过凭证编号确认），点击【审核】，如图 5－155 所示。

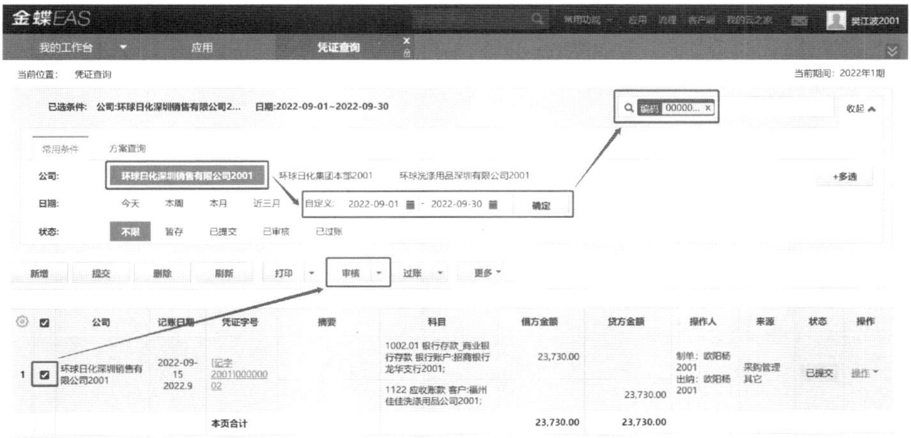

图 5－155　凭证审核

第六章　应付共享

第一节

系统概述

应付款项是指企业因购买材料、物资和接受劳务供应等而付给供货单位的账款。它是企业在日常生产经营过程中产生的债务，是企业重要的流动负债。主要包括：应付账款、应付票据、预收款项、其他应付款等。它是以商业信用为基础，以采购合同、发票和应付单等书面文件为依据而确认的。

一、应付共享系统简介

应付管理系统处理供应商往来管理的业务，是供应链采购及供应管理资金结算的重要流程部分，同时又是财务资金管理的重要内容。应付共享系统是财务共享管理信息系统的组成模块，全面支持 Web 页面，互联网式操作体验。该系统可以独立运行，又可以与出纳共享、应收共享、总账共享等模块集成应用，提供更完整的财务共享管理解决方案，实现业务财务一体化的高度集成。

二、应付共享系统主要功能

（一）应付共享系统初始化

初始化处理是进行应付业务处理的基础与前提条件，是对上线应付系统前的业务数据的整理过程。初始化处理包括启用期间设置、对账科目设置、期初单据录入、年初至启用期间的发生额录入、结束初始化。

（二）应付共享系统日常核算

在共享中心进行相关配置后，财务人员可以在应付任务池进行任务处理，查询已分配单据及其处理进度、工作量、工作效率及排名情况。应付共享系统提供多组织业务场景下应付单、付款申请单、付款单等单据的查询、批量处理以及批量结算、批量记账、批量对账和批量结账，满足供应商应付款项业务的会计核算和管理工作、发票等原始凭据、有关差异沟通和存档结合在一起，可以有效提高往来共享财务人员的效率，实现业务财务一体化的高度集成。

第二节

应付共享初始化

案例一：应付系统初始化

◎ 应用场景

以环球日化集团本部为例，信息管理员康路达（kld + 学号）结束环球日化集团本部应付系统初始化并与总账联用，应付系统启用期间是20××年第1期。

◎ 实验步骤

- 启用期间设置
- 对账科目设置
- 初始数据引入
- 结束初始化并联用总账

◎ 实验前准备

- 建立集团资料已全部录入
- 总账系统已启用

◎ **实验数据**（见表6－1）

表6－1　　　　环球日化集团本部应付系统初始化信息

组织名称	供应商	启用期间	科目	业务类型	物料	期初余额
环球日化集团本部＋姓名	深圳市元动化工有限公司	20××年第1期	应付账款	采购发票	矿油	60 000
	深圳中富包装容器有限公司					40 000

◎ **操作指导**

1. 启用期间设置

启用期间设置是应付系统初始化的操作前提。信息管理员康路达（kld＋学号）登录金蝶EAS客户端，切换组织到环球日化集团本部＋学号。点击【系统平台】—【系统工具】—【系统配置】—【系统状态控制】进入系统状态控制界面，如图6－1所示。

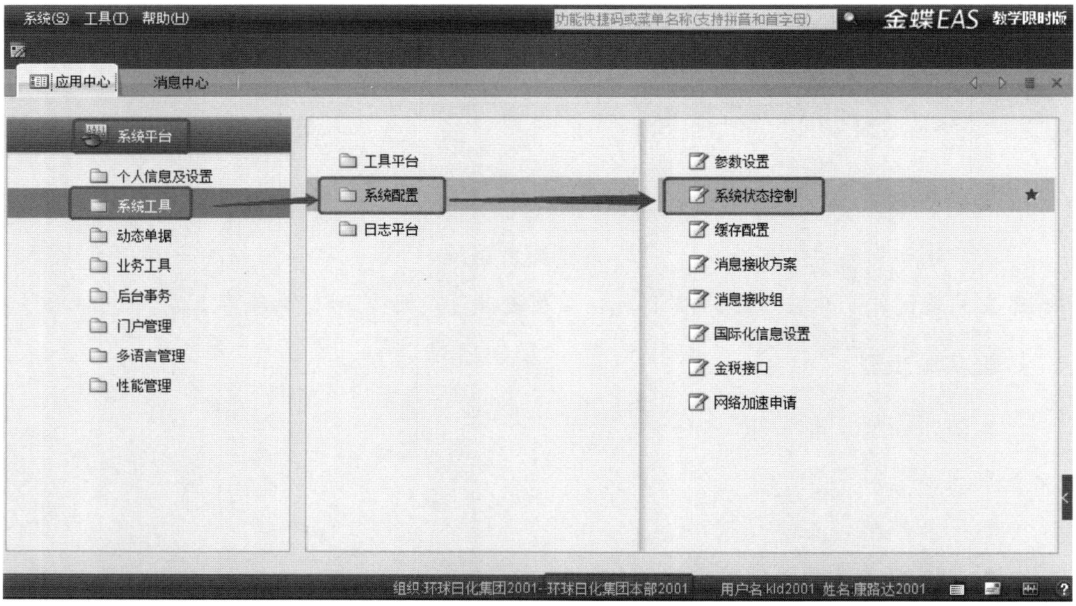

图6－1　系统状态控制查询

点击应付系统启用期间栏放大镜进入会计期间列表，选择会计期间为20××年第1期，点击【确定】，如图6－2所示。

图 6－2　应付系统启用期间设置

2. 对账科目设置

设置在应付系统中需要与总账系统对账的科目。信息管理员康路达（kld + 学号）登录金蝶 EAS 客户端，切换组织到环球日化集团本部 + 学号。点击【财务会计】—【应付管理】—【初始化】—【对账科目设置】进入对账科目设置界面，如图 6－3 所示。

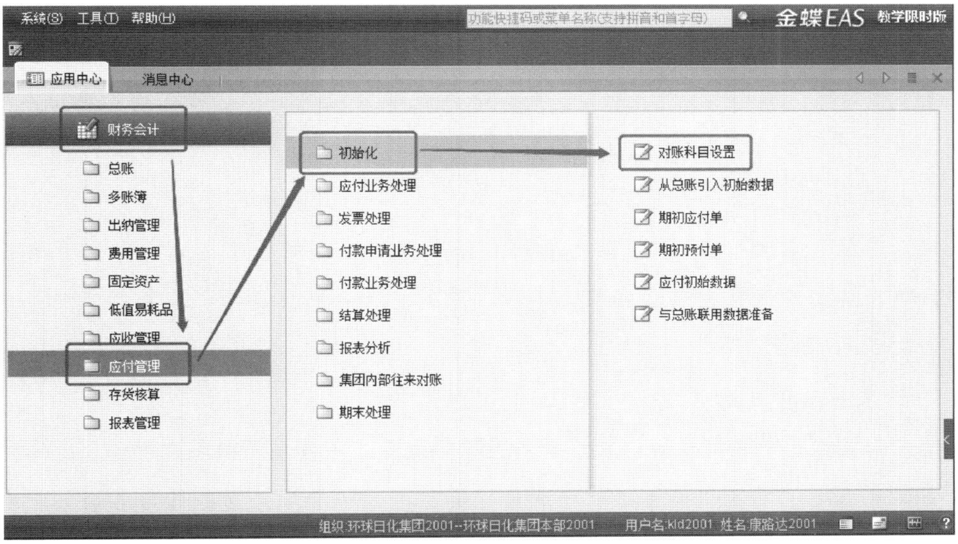

图 6－3　对账科目设置查询

点击工具栏【新增】对账科目，科目编码为2202应付账款，其他默认，点击【保存】，如图6-4所示。

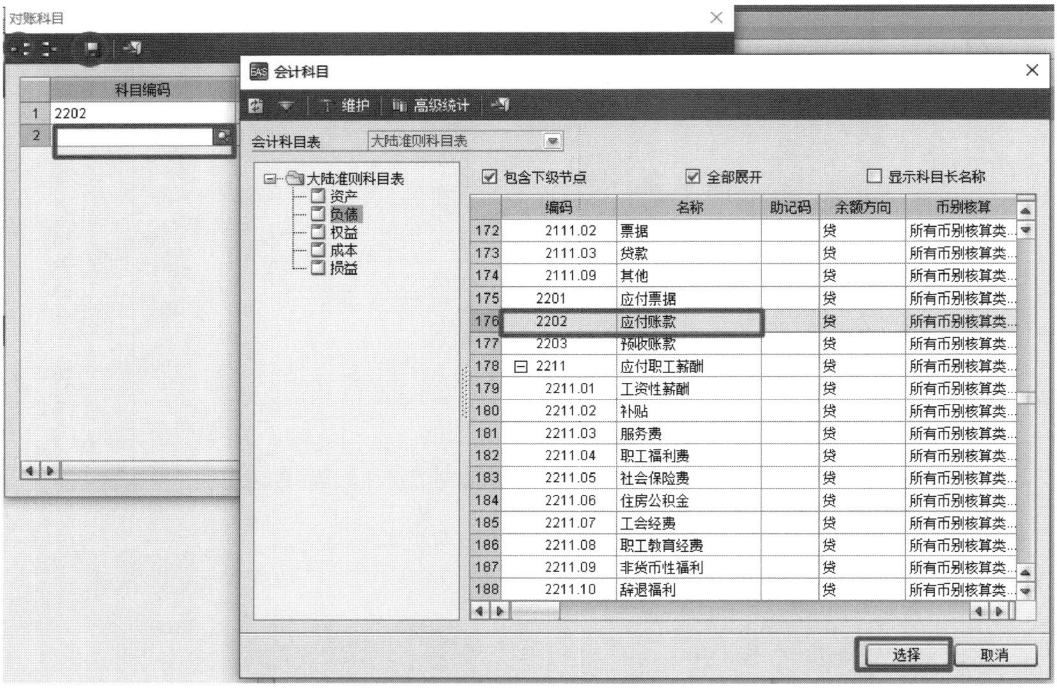

图6-4　对账科目新增

3. 初始数据引入

系统将总账系统的辅助账余额或科目余额引入到应付系统的对账科目余额表。信息管理员康路达（kld+学号）登录金蝶EAS客户端，切换组织到环球日化集团本部+学号，点击【财务会计】—【应付管理】—【初始化】—【从总账引入初始数据】进入从总账引入初始数据界面，如图6-5所示。

根据实验数据表6-1环球日化集团本部应付系统初始化信息录入，科目为应付账款，单据类型为采购发票，物料为矿油，录入完毕后点击【下一步】后点击完成即可。如图6-6所示。

4. 结束初始化并联用总账

结束初始化是对启用期间、初始余额数据的确认。信息管理员康路达（kld+学号）登录金蝶EAS客户端，切换组织到环球日化集团本部+学号，点击【财务会计】—【应付管理】—【初始化】—【应付初始数据】进入应付初始数据界面。点击工具栏【结束初始化】，如图6-7和图6-8所示。

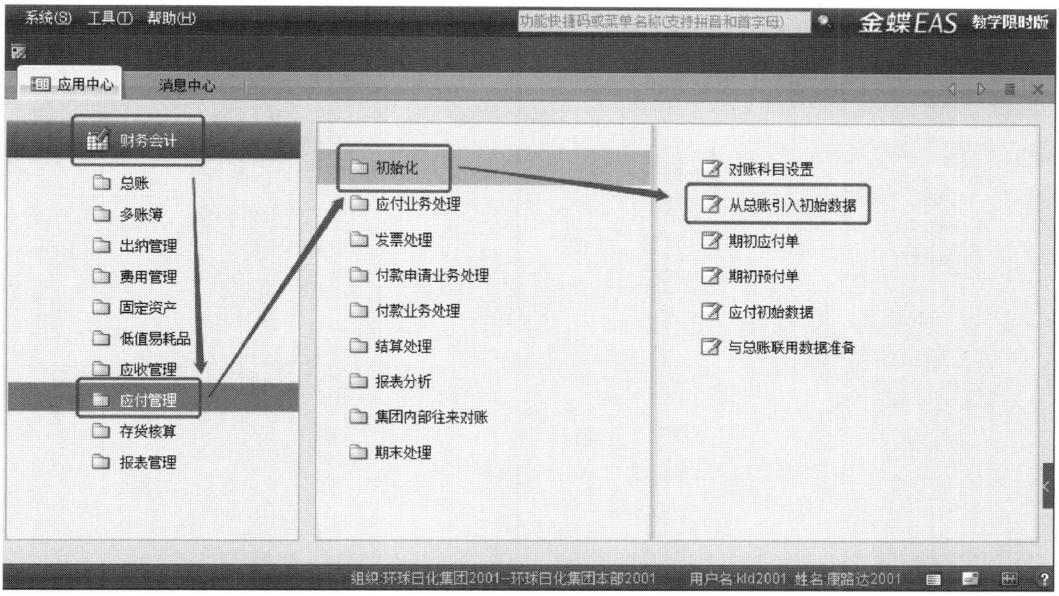

图 6－5　从总账引入初始数据查询

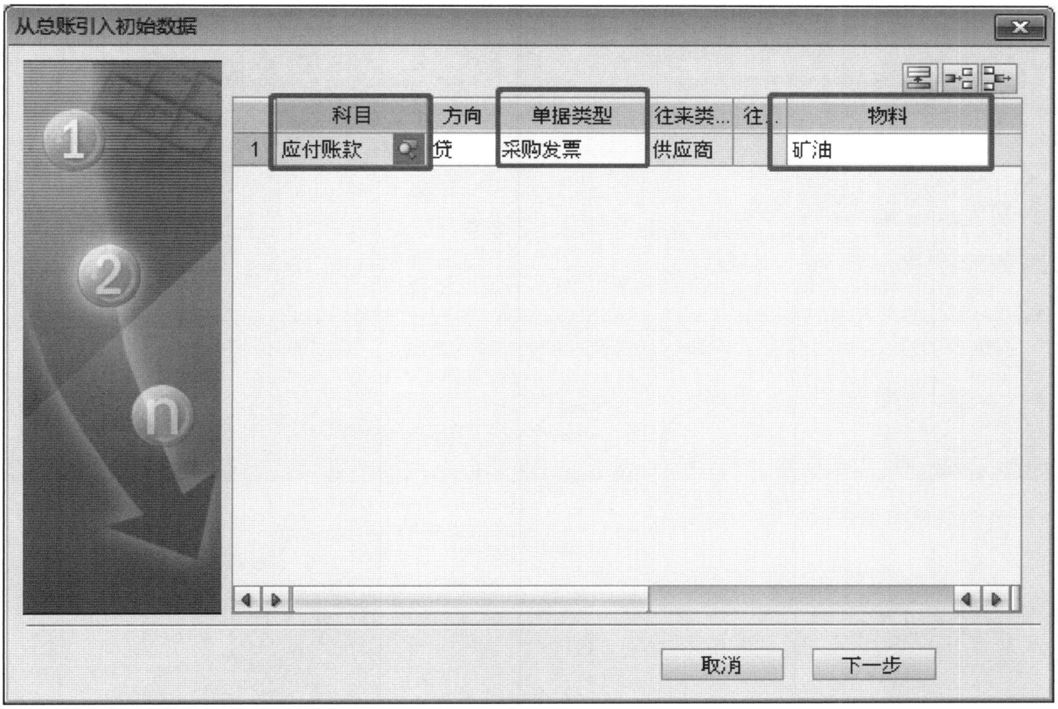

图 6－6　从总账引入初始数据

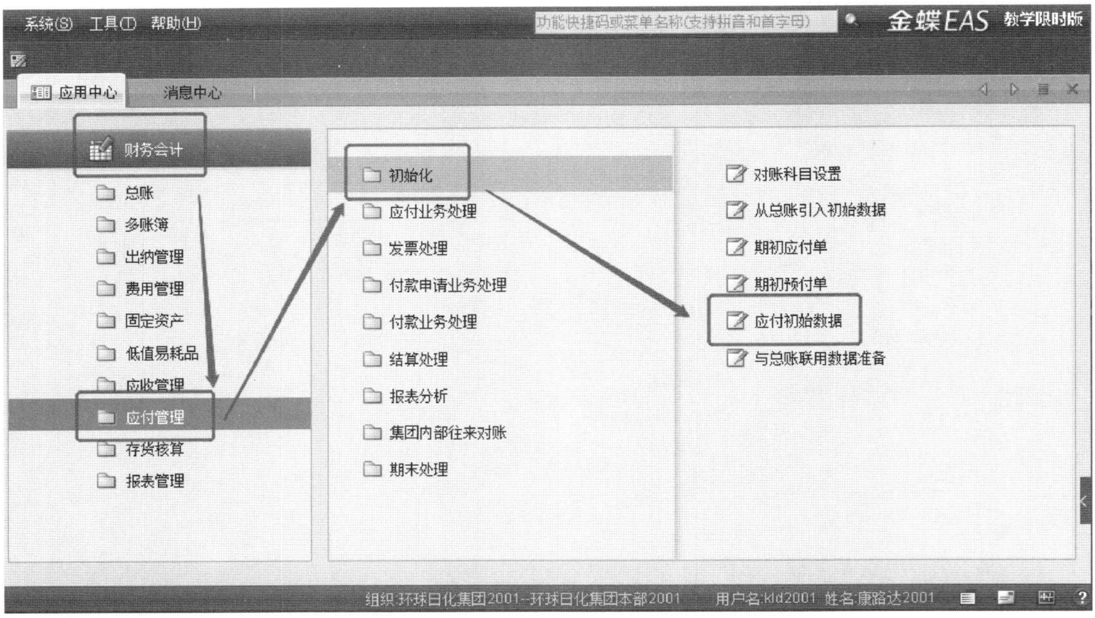

图 6-7　应付初始数据查询

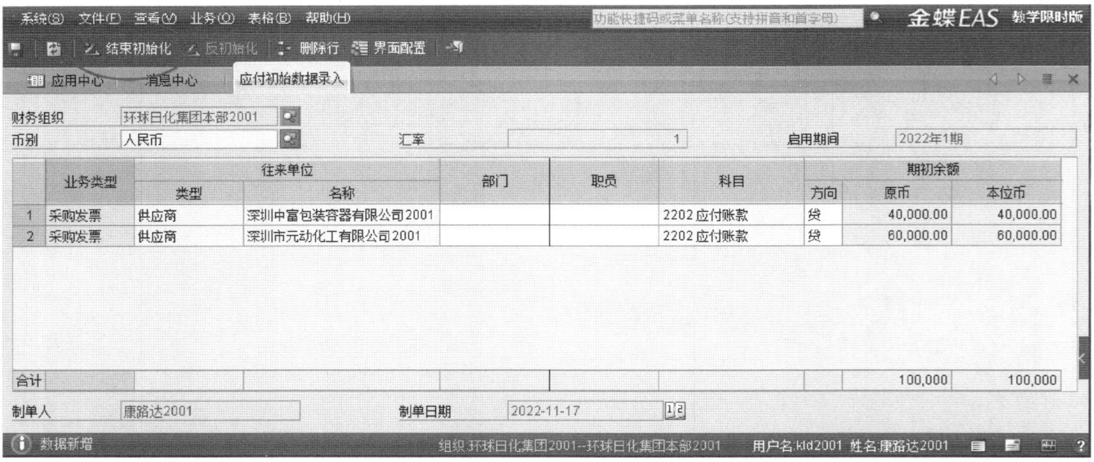

图 6-8　应付初始结束初始化

信息管理员康路达（kld+学号）登录金蝶 EAS 客户端，切换组织到环球日化集团本部+学号。点击【系统平台】—【系统工具】—【系统配置】—【系统状态控制】，选择应付系统，点击工具栏【与总账联用】，完成应付系统与总账系统的联用，如图 6-9 和图 6-10 所示。

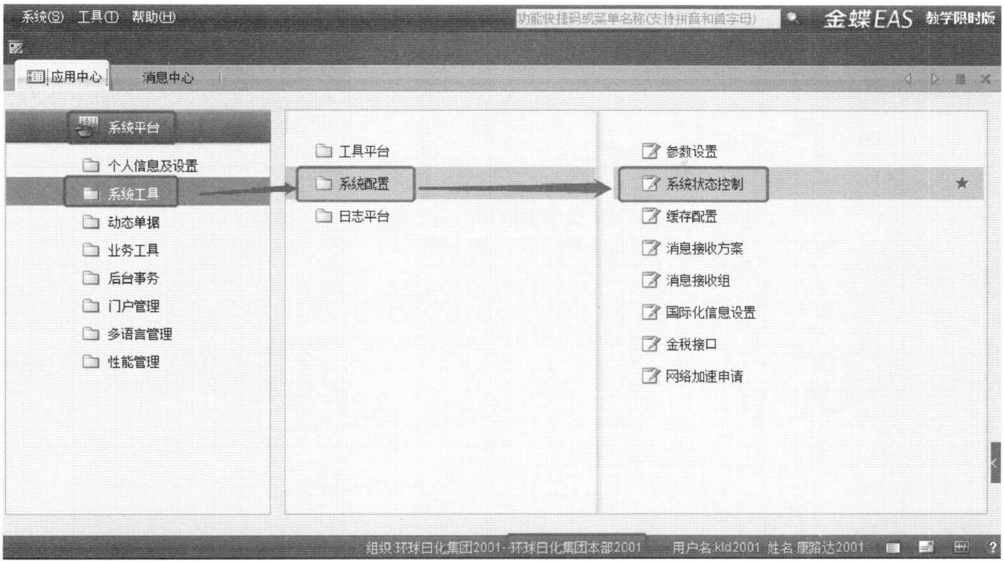

图 6－9　系统状态控制查询

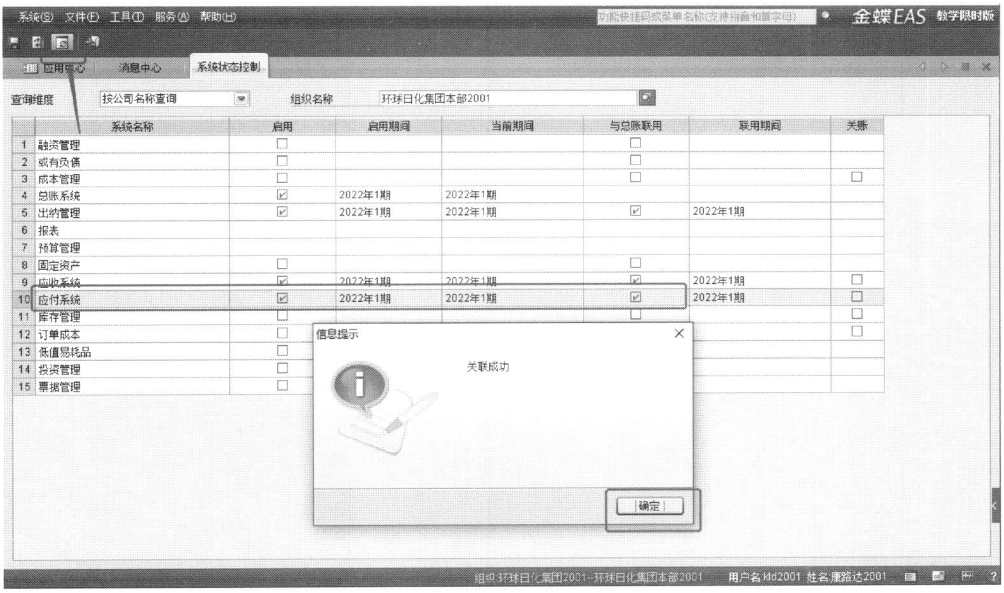

图 6－10　应付系统与总账系统联用

◎ 拓展任务

根据下列数据，信息管理员康路达（kld＋学号）完成环球日化深圳销售有限公司、环球洗涤用品深圳有限公司应付系统初始化并与总账联用，应付系统启用期间均为 20××年第 1 期，如表 6－2、表 6－3 所示。

表 6－2　　环球日化深圳销售有限公司应付系统初始化信息

组织名称	供应商	启用期间	科目	业务类型	物料	期初余额
环球日化深圳销售有限公司＋学号	深圳中富包装容器有限公司	20××年第 1 期	应付账款	采购发票	超滤膜	200 000

表 6－3　　环球洗涤用品深圳有限公司应付系统初始化信息

组织名称	供应商	启用期间	科目	业务类型	物料	期初余额
环球洗涤用品深圳有限公司＋学号	广州塑料包装材料有限公司	20××年第 1 期	应付账款	采购发票	220ml 屑根净深度滋养洗发水	40 000
	深圳市元动化工有限公司	20××年第 1 期				80 000

第三节

应付共享业务处理

案例二：确认应付业务

◎ 应用场景

应付单是确认债务的重要凭据，若与物流系统联用，应付单审核时，可以反写核心单据行号的累计应付信息，供用户围绕核心单据进行管理。应付单可以关联生成付款单，且在付款时系统会自动结算，供用户进行准确的往来管理。

◎ 实验数据

环球洗涤用品深圳有限公司今年发生的业务中有关应付业务如表 6－4 所示。

表 6－4　　确认应付业务

往来户	业务描述	金额（RMB）			
		应收	收款	应付	预付
广州市科萨商贸有限公司	7 月 5 日，环球洗涤用品深圳有限公司向广州市科萨商贸有限公司赊购 1 000 公斤清幽香精，含税单价 96.05 元/公斤，税率 13%，确认应付款 96 050。环球洗涤用品深圳有限公司往来会计高倩兰（gql＋学号）提交应付单。			96 050	

◎ **流程图**（见图 6－11）

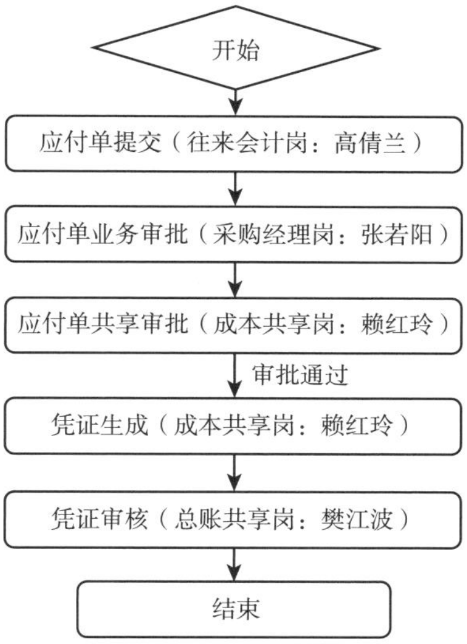

图 6－11　确认应付业务流程图

◎ **操作指导**

1. 应付单提交

环球洗涤用品深圳有限公司往来会计高倩兰提交应付单。高倩兰进入 EASweb 端，用户名：gql＋学号，密码：空，点击【登录】进入我的工作台页面。点击【高倩兰】—【组织—切换】切换组织为环球洗涤用品深圳有限公司＋学号，如图 6－12 所示。

图 6－12　切换组织

点击【应用】—【财务会计】—【应付管理】—【应付单新增】新增应付单，如图6－13所示。

图6－13　应付单新增

根据实验数据录入应付单。单据日期为20××－07－05，往来户为广州市科萨商贸有限公司＋学号；物料为清幽香精，计量单位为公斤，数量为1 000，含税单价为96.05，税率为13%；添加附件：采购发票、采购合同，录入完毕后点击【提交】并记录应付单单据编号，如图6－14所示。

图6－14　应付单录入完成并提交

2. 应付单业务审批

环球洗涤用品深圳有限公司采购经理张若阳业务审批应付单。张若阳进入 EASweb 端，用户名：zry + 学号，密码：空，点击【登录】进入我的工作台页面。

点击【流程】—【待办任务】—【常规待办】进入常规待办任务页面，点击【处理】或双击刚刚提交的应付单（通过应付单单据编号确认）进入单据审批页面，如图 6 – 15 所示。

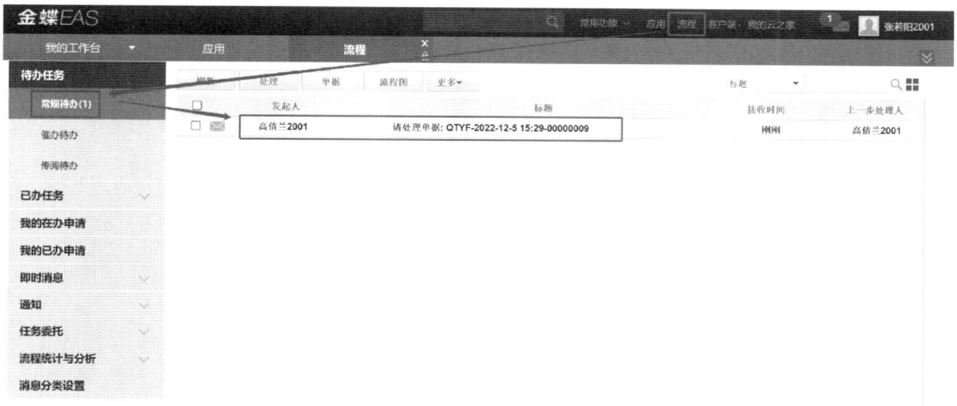

图 6 – 15　常规待办任务查询

业务审批主要针对业务背景真实性进行审批，此处业务真实发生，因此审批处理选择【同意】，并点击【提交】，如图 6 – 16 所示。

图 6 – 16　应付单业务审批

3. 应付单共享审批

成本共享岗赖红玲共享审批应付单。赖红玲进入 EASweb 端，用户名：lhl + 学号，密码：空，点击【登录】进入我的工作台页面。点击【应用】—【财务共享】—【应付共享】—【应付任务池】进入应付任务池页面，如图 6－17 所示。

图 6－17 应付任务池

点击【我的任务】—【应付单】—【更多】—【获取任务】获取应付单，如图 6－18 所示。

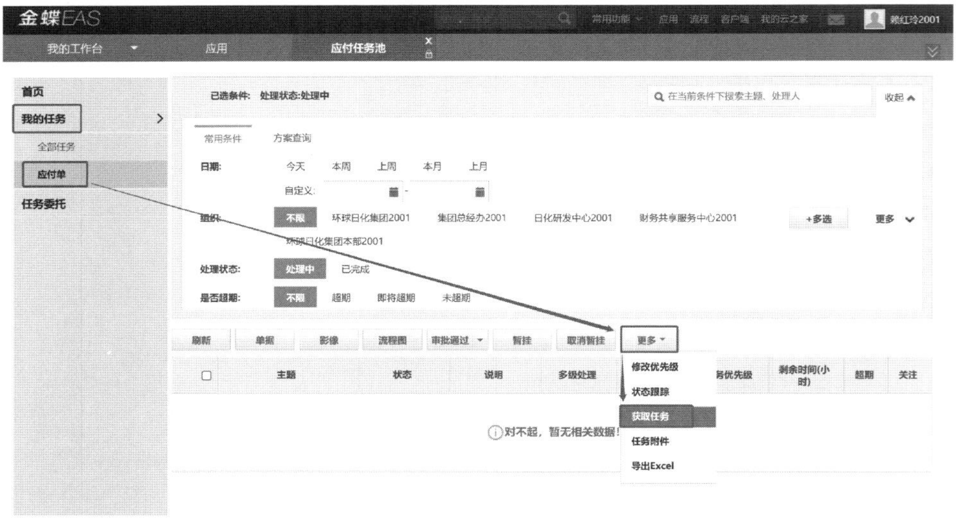

图 6－18 获取应付单

点击相应单据主题（通过应付单单据编号确认）进入单据处理页面，如图 6－19 所示。

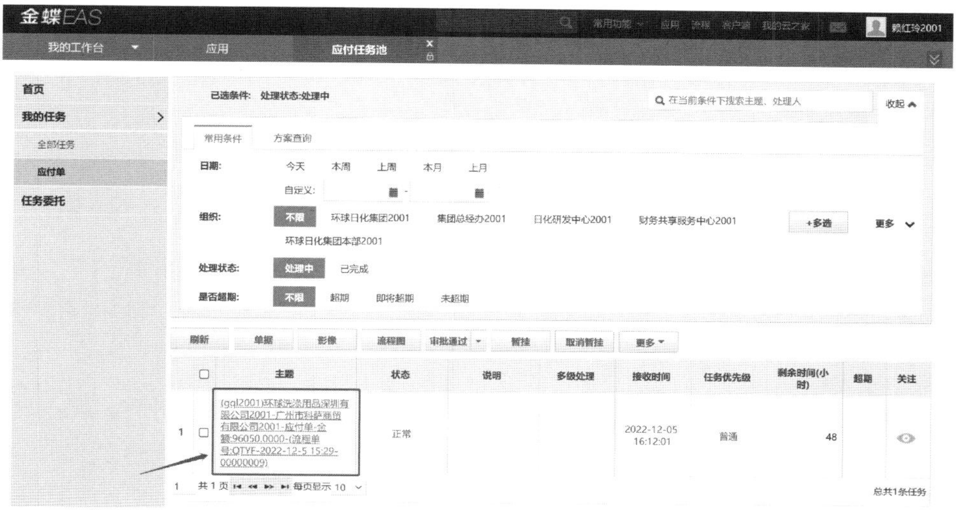

图 6－19　进入单据处理页面

成本共享岗根据财务审批规则审批该案例，本案例审批通过，点击【提交】，如图 6－20 所示。

图 6－20　应付单共享审批

4. 应付单凭证生成

成本共享岗赖红玲关联应付单生成凭证。点击【应用】—【财务共享】—【应付共享】—【应付单维护】进入应付单维护页面，如图 6－21 所示。

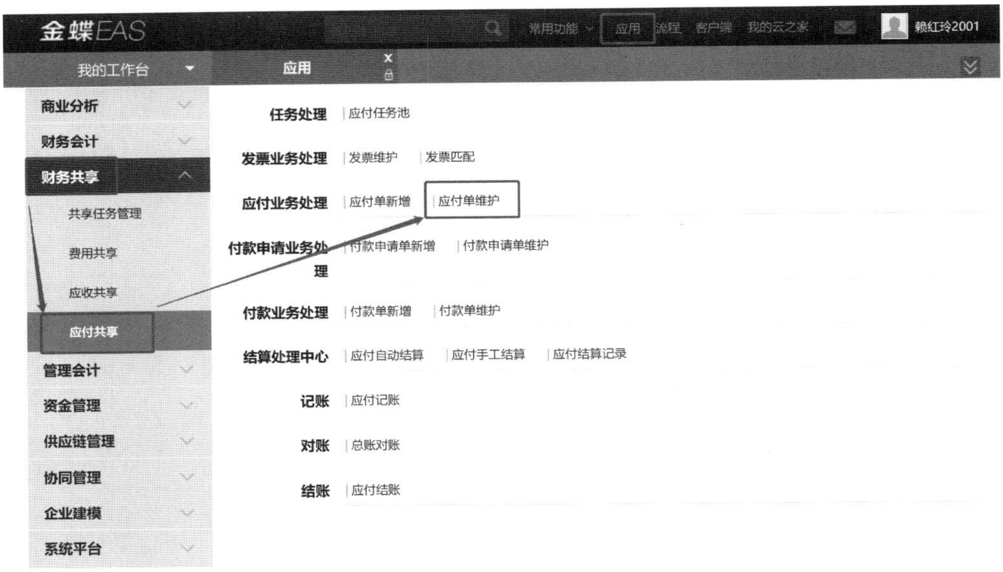

图 6－21　应付单维护

选择组织为环球洗涤用品深圳有限公司＋学号，日期为 20××－01－01 至 20××－12－31，点击【确定】筛选应付单。如果列表单据过多，还可通过搜索功能搜索单据编号，精确查找对应单据。勾选相应单据（通过应付单据编号确认），点击【生成凭证】进入凭证编辑页面，如图 6－22 所示。

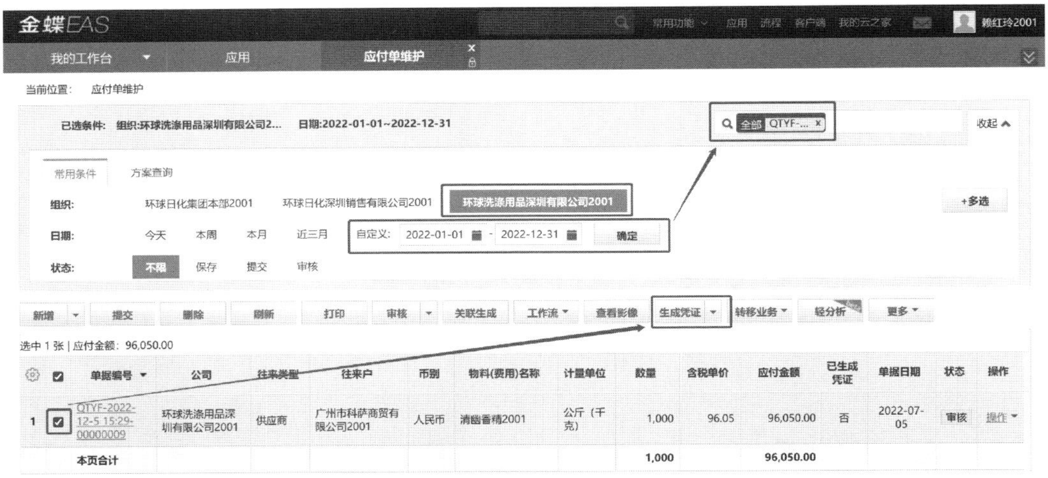

图 6－22　应付单生成凭证

点击【生成凭证】后，系统会自动生成暂存凭证，点击单据后的【操作】—【联查单据】，可查看上下游单据，如图 6－23 所示。

图 6－23　联查单据

点击【联查单据】后进入关联查询界面，点击【下游单据】中对应凭证，下方显示出凭证列表，刚关联生成的凭证处于“暂存”状态，点击【凭证字号】进入凭证查看界面，如图 6－24 所示。

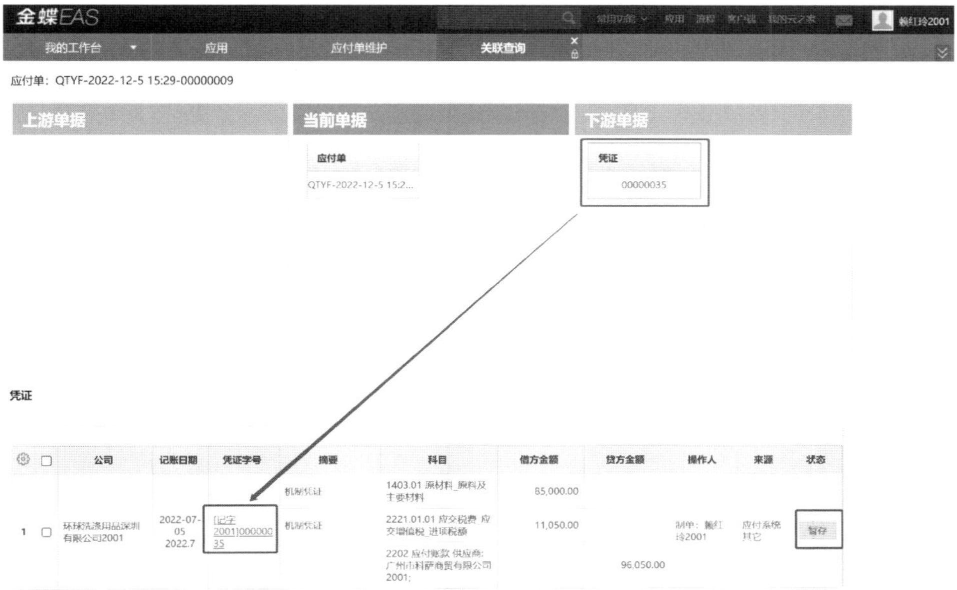

图 6－24　凭证查看

在凭证查看界面，若需修改凭证则点击【修改】按钮进入凭证编辑界面，如图6－25所示。

图6－25　凭证修改

根据案例背景修改相关信息。记账日期为20××－07－05，业务日期为20××－07－05，确认无误后点击【保存】【提交】，如图6－26所示。

图6－26　凭证录入完成并提交

凭证提交成功后，凭证状态由暂存变为已提交，并生成正式凭证字号，记录凭证字号，如图6-27所示。

图6-27　记录凭证字号

5. 凭证审核

总账共享岗樊江波审核记账凭证。樊江波进入EASweb端，用户名：fjb+学号，密码：空，点击【登录】进入我的工作台页面。

点击【应用】—【财务共享】—【总账共享】—【凭证查询】进入凭证查询页面，如图6-28所示。

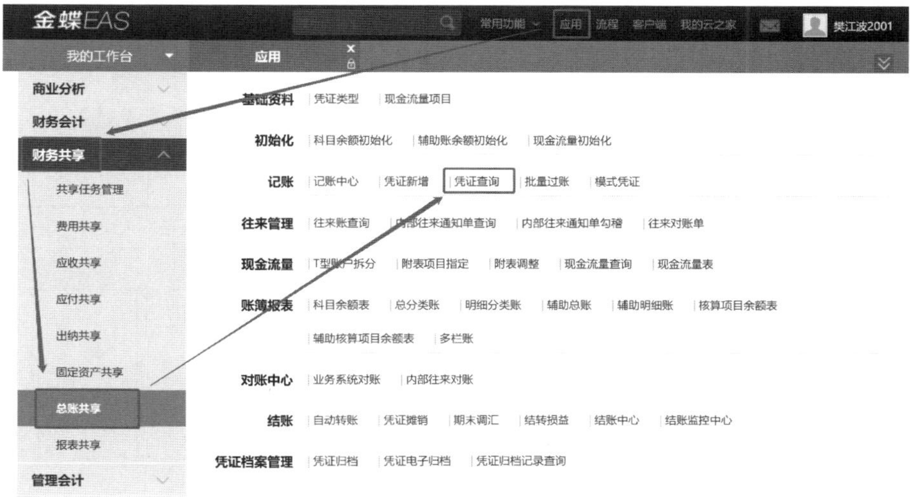

图6-28　凭证查询

选择组织为环球洗涤用品深圳有限公司+学号，日期为20××-07-01至20××-07-31，点击【确定】筛选凭证。如果列表凭证过多，还可通过搜索功能搜索凭证编号，精确查找对应凭证。勾选相应凭证（通过凭证编号确认），点击【审核】，如图6-29所示。

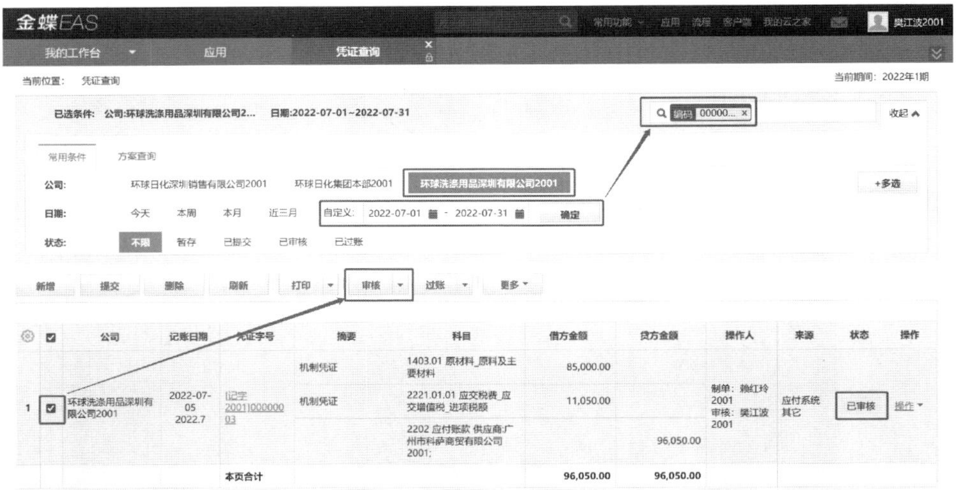

图6-29 凭证审核

案例三：债务转移

◎ 应用场景

债务转移是将原对A的债务转移为对B的债务。而且仅仅用来处理转移到B，但是B并没有付款的情况。对于债务转移并且B已经付款的情况，可以放在结算中进行处理。

◎ 实验数据

环球洗涤用品深圳有限公司今年发生的业务中有关应付业务如表6-5所示。

表6-5 债务转移业务

往来户	业务描述	金额（RMB）			
		应收	收款	应付	预付
广州塑料包装材料有限公司	7月8日，广州市科萨商贸有限公司与广州塑料包装材料有限公司发生业务往来，产生应付款100 000元。环球洗涤用品深圳有限公司与广州塑料包装材料有限公司有商业往来，为了便于结算，决定将对广州市科萨商贸有限公司的债务转移为对广州塑料包装材料有限公司的债务。环球洗涤用品深圳有限公司往来会计高倩兰（gql+学号）确认债务转移。			96 050	

◎ 流程图（见图 6－30）

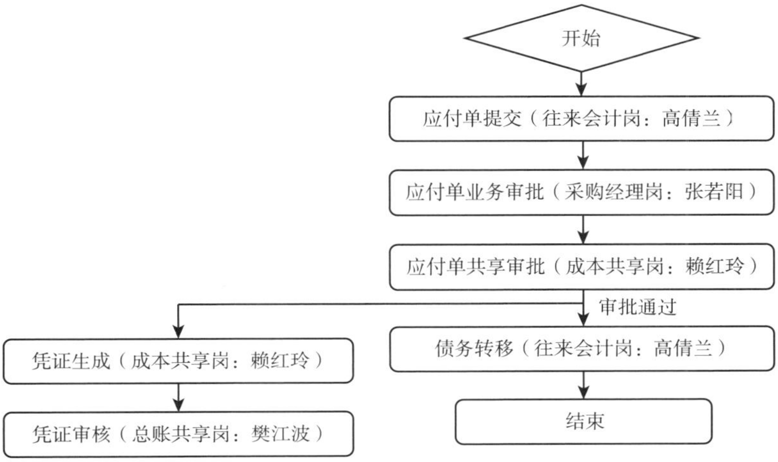

图 6－30　债务转移业务流程图

◎ 操作指导

债务转移

环球洗涤用品深圳有限公司往来会计高倩兰确认债务转移。高倩兰进入 EASweb 端，用户名：gql＋学号，密码：空，点击【登录】进入我的工作台页面。点击【高倩兰】—【组织—切换】切换组织为环球洗涤用品深圳有限公司＋学号，如图 6－31 所示。

图 6－31　切换组织

点击【应用】—【财务会计】—【应付管理】—【应付单维护】进入应付单维护页面，如图 6－32 所示。

图 6－32　应付单维护

选择组织为环球洗涤用品深圳有限公司＋学号，日期为 20××－01－01 至 20××－12－31，点击【确定】筛选应付单。如果列表单据过多，还可通过搜索功能搜索单据编号，精确查找对应单据，如图 6－33 所示。

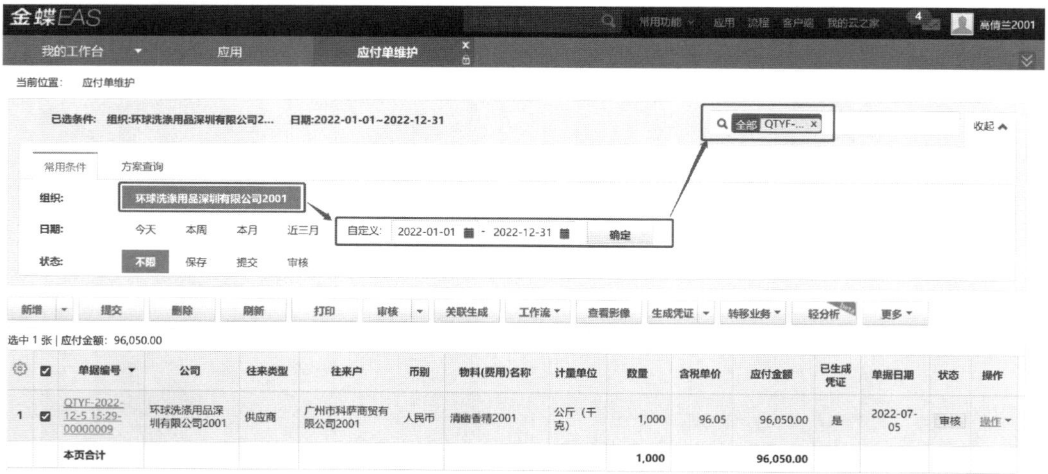

图 6－33　筛选应付单

勾选相应单据（通过应付单据编号确认），点击【转移业务】—【债务转移】进入应付单编辑页面，如图 6－34 所示。

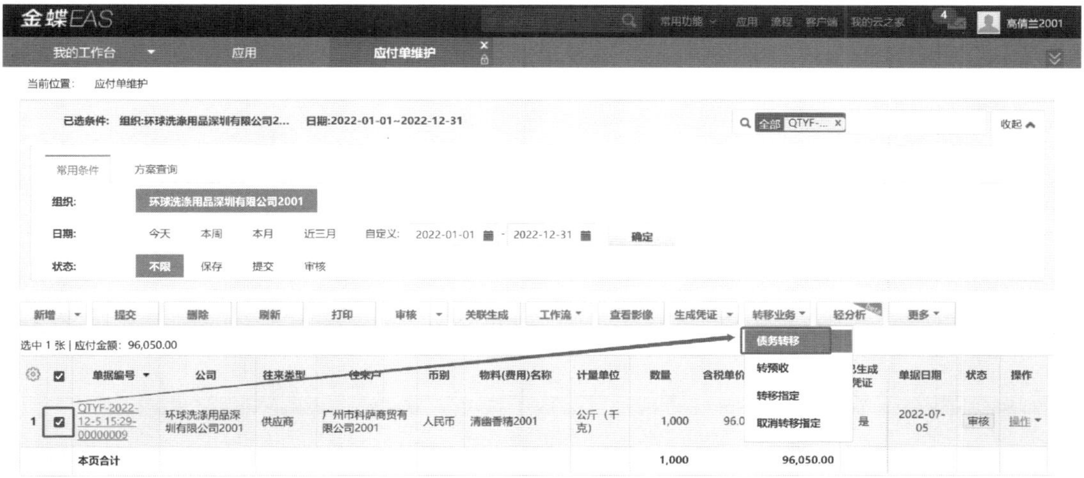

图 6－34　债务转移

根据案例背景修改相关信息，单据日期为 20××－07－08，往来户为广州塑料包装材料有限公司＋学号，修改完毕后点击【提交】，如图 6－35 和图 6－36 所示。

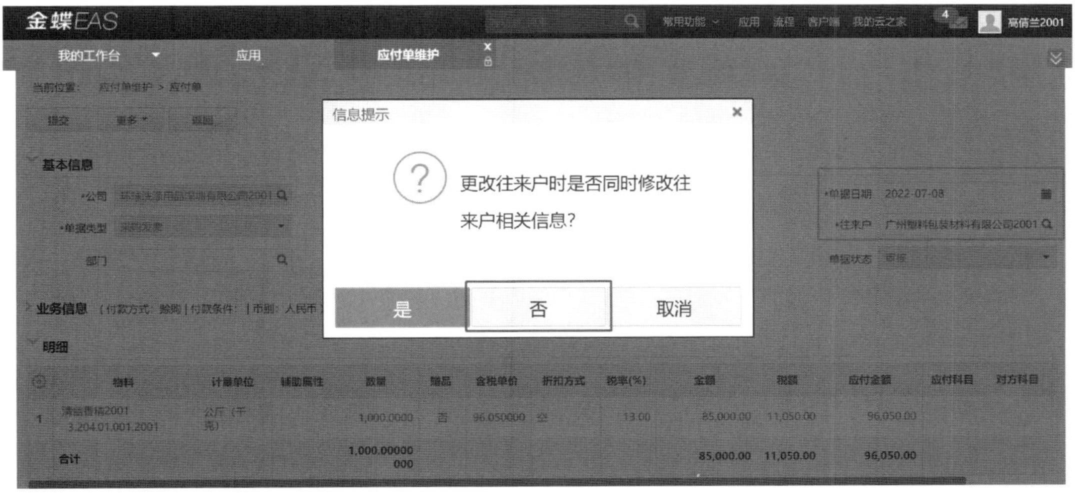

图 6－35　应付单修改

提交之后，系统自动生成新的应付单并审核，且该单据【业务信息】页签处，可见改该单据为“转移生成”，如图 6－37 所示。

图 6－36 应付单修改完成并提交

图 6－37 应付单单据查看

案例四：付款申请单

◎ 应用场景

付款申请单是为了处理应付系统跨月付款申请的业务，而特别增加的一张单据。

◎ 实验数据

环球洗涤用品深圳有限公司今年发生的业务中有关应付业务如表 6－6 所示。

表 6－6　付款申请单业务

往来户	业务描述	金额（RMB）			
		应收	收款	应付	预付
珠海市博聪生物科技有限公司	环球洗涤用品深圳有限公司即将生产一种新型产品需要原料角鲨烷，8 月 26 日向珠海市博聪生物科技有限公司购买 100 公斤角鲨烷（原料膏体），含税单价 113 元/公斤，税率 13%，计划 9 月 6 日付款。环球洗涤用品深圳有限公司往来会计高倩兰（gql＋学号）提交付款申请单。			11 300	

◎ 流程图（见图 6－38）

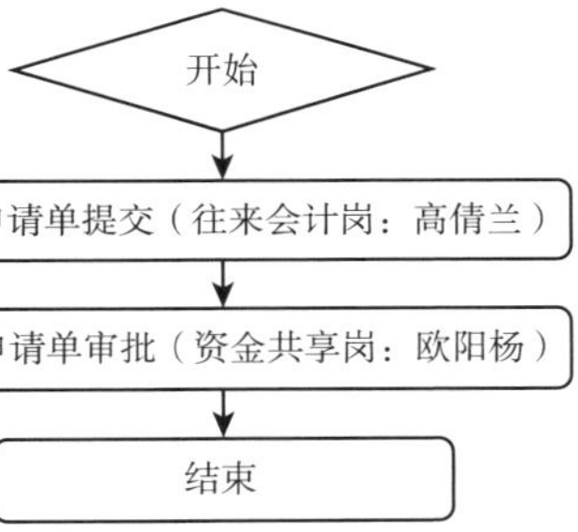

图 6－38　付款申请单业务流程图

◎ 操作指导

1. 付款申请单提交

环球洗涤用品深圳有限公司往来会计高倩兰提交付款申请单。高倩兰进入 EASweb 端，用户名：gql＋学号，密码：空，点击【登录】进入我的工作台页面。点击【高倩兰】—【组织—切换】切换组织为环球洗涤用品深圳有限公司＋学号，如图 6－39 所示。

点击【应用】—【财务会计】—【应付管理】—【付款申请单新增】新增付款申请单，如图 6－40 所示。

根据实验数据录入付款申请单。公司为环球洗涤用品深圳有限公司＋学号，单据日期为 20××－08－26，申请人为高倩兰＋学号；请款事由为购买产品原料角鲨烷；付款类型为采购付款，往来类型为供应商，往来户为珠海市博聪生物科技有限公司＋学号，申请付款金额为 11 300，付款日期为 20××－09－06，添加附件，录入完毕后

图 6－39　切换组织

图 6－40　付款申请单新增

点击【保存】【提交】，如图 6－41 所示。

2. 付款申请单审批

资金共享岗欧阳杨共享审批付款申请单。欧阳杨进入 EASweb 端，用户名：oyy + 学号，密码：空，点击【登录】进入我的工作台页面。点击【应用】—【财务共享】—【共享任务管理】—【共享任务池】进入共享任务池页面，如图 6－42 所示。

图 6－41　付款申请单录入完成并提交

图 6－42　共享任务池

点击【我的任务】—【付款申请单】—【更多】—【获取任务】获取付款申请单，如图 6－43 所示。

点击相应单据主题（通过付款申请单据编号确认）进入单据处理页面，如图 6－44 所示。

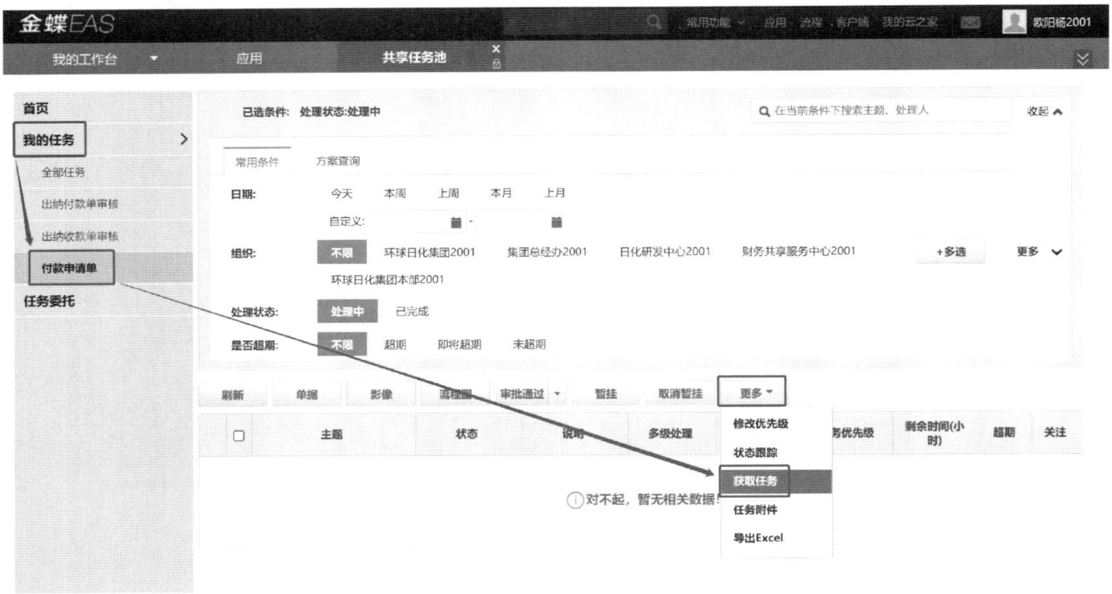

图 6 - 43　获取付款申请单

图 6 - 44　进入单据处理页面

资金共享岗根据财务审批规则审批该案例，本案例审批通过，点击【提交】，如图 6 - 45 所示。

图 6－45　付款申请单共享审批

案例五：采购付款

◎ 应用场景

企业发生采购业务时，填写应付单确认应付款项，支付款项时关联生成付款单并进行付款结算。

◎ 实验数据

环球洗涤用品深圳有限公司今年发生的业务中有关应付业务如表 6－7 所示。

表 6－7　　采购付款业务

往来户	业务描述	金额（RMB）			
		应收	收款	应付	预付
广州市蒂斯曼化工有限公司	9 月 17 日，环球洗涤用品深圳有限公司向广州市蒂斯曼化工有限公司赊购 5 000 公斤表面活性剂，含税单价为 25.6 元/公斤，税率 13%。计划 9 月 20 日付款。9 月 20 日通过网银支付全部货款。			128 000	

◎ **流程图**（见图 6－46）

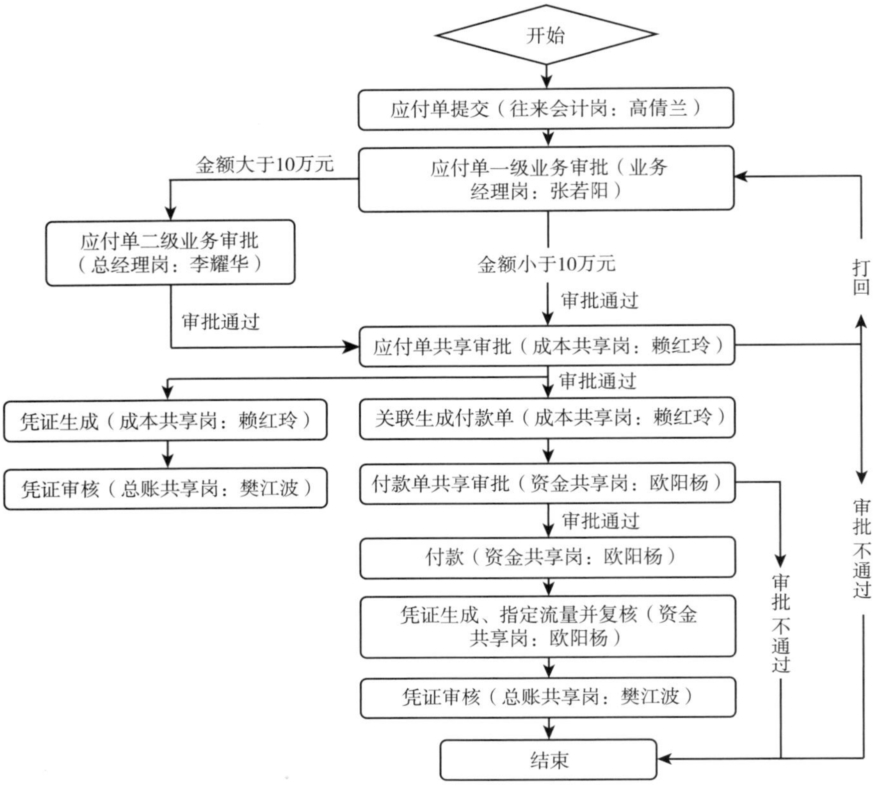

图 6－46　采购付款业务流程图

◎ **操作指导**

1. 应付单提交

环球洗涤用品深圳有限公司往来会计高倩兰提交应付单。高倩兰进入 EASweb 端，用户名：gql＋学号，密码：空，点击【登录】进入我的工作台页面。点击【高倩兰】—【组织一切换】切换组织为环球洗涤用品深圳有限公司＋学号，如图 6－47 所示。

点击【应用】—【财务会计】—【应付管理】—【应付单新增】新增应付单，如图 6－48 所示。

根据实验数据录入应付单。单据日期为 20××－09－17，往来户为广州市蒂斯曼化工有限公司＋学号；物料为表面活性剂，计量单位为公斤，数量为 5 000，含税单价为 25.6，税率为 13%；添加附件：采购发票、采购合同；付款计划—应付日期为 20××－09－20；录入完毕后点击【保存】【提交】，并记录单据编号，如图 6－49 所示。

图 6－47　切换组织

图 6－48　应付单新增

2. 应付单业务审批

根据前期规划的应付单多级审批共享流程，洗涤公司往来会计提交应付单后，单据先流转到业务经理处进行一级业务审批，若单据应付金额小于 10 万元，流程自动进入共享审批环节；若单据应付金额大于或等于 10 万元，则在业务经理进行一级业

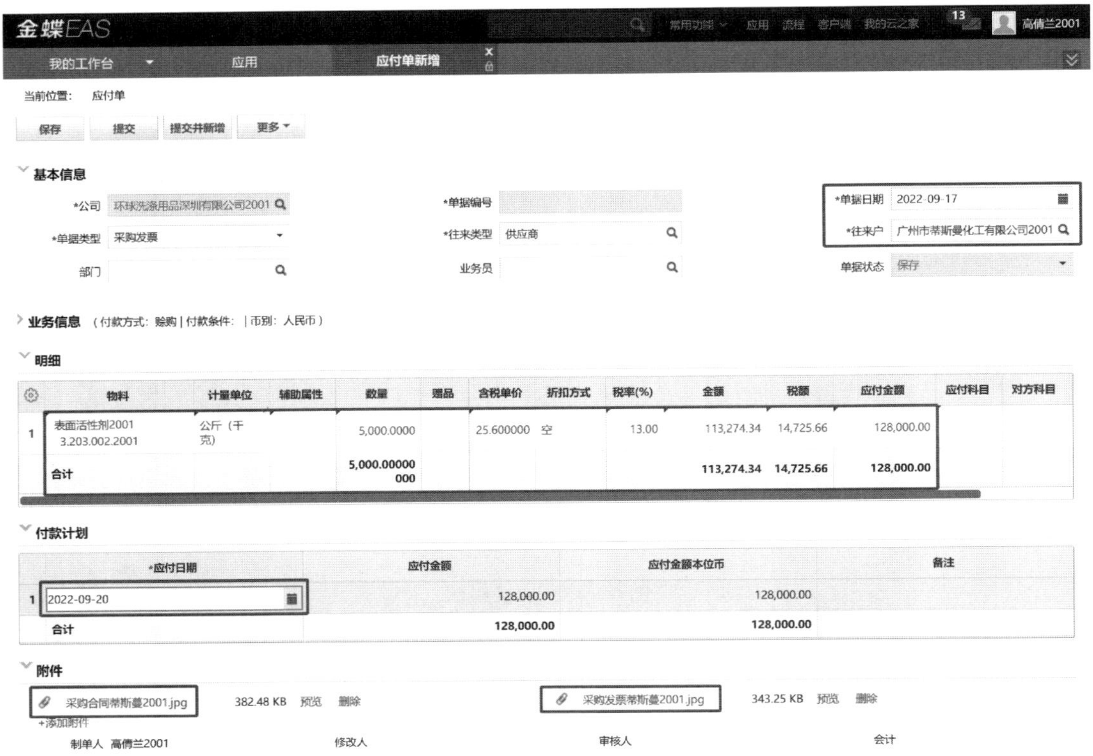

图 6-49　应付单录入完成并提交

务审批后，单据先流转到总经理审批进行二级业务审批，总经理审批通过后再流转进入共享审批环节。

因该应付单应付金额大于 10 万元，业务审批环节需经过业务经理审批和总经理审批。

环球洗涤用品深圳有限公司采购经理张若阳业务审批应付单。张若阳进入 EASweb 端，用户名：zry + 学号，密码：空，点击【登录】进入我的工作台页面。

点击【流程】—【待办任务】—【常规待办】进入常规待办任务页面，点击【处理】或双击刚刚提交的应付单（通过应付单单据编号确认）进入单据审批页面，如图 6-50 所示。

业务审批主要针对业务背景真实性进行审批，此处业务真实发生，因此审批处理选择【同意】，并点击【提交】，如图 6-51 所示。

环球洗涤用品深圳有限公司总经理李耀华进入 EASweb 端，用户名：lyh + 学号，密码：空，点击【登录】进入我的工作台页面。

点击【流程】—【待办任务】—【常规待办】进入常规待办任务页面，点击【处

图 6－50　常规待办任务查询

图 6－51　应付单业务审批

理】或双击刚刚提交的应付单（通过应付单单据编号确认）进入单据审批页面，如图 6－52 所示。

业务审批主要针对业务背景真实性进行审批，此处业务真实发生，因此审批处理选择【同意】，并点击【提交】，如图 6－53 所示。

3. 应付单共享审批

成本共享岗赖红玲共享审批应付单。赖红玲进入 EASweb 端，用户名：lhl＋学号，密码：空，点击【登录】进入我的工作台页面。点击【应用】—【财务共享】—

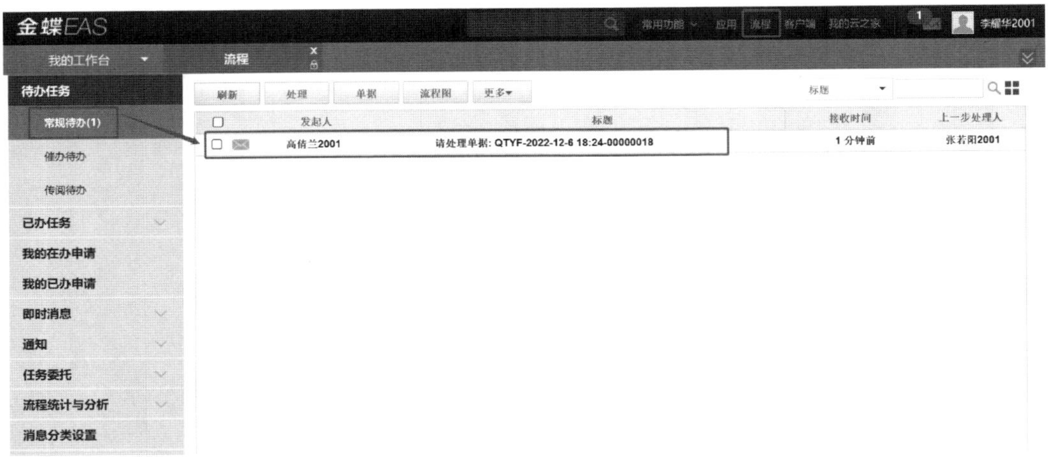

图 6－52　常规待办任务查询

图 6－53　业务审批

【应付共享】—【应付任务池】进入应付任务池页面，如图 6－54 所示。

点击【我的任务】—【应付单】—【更多】—【获取任务】获取应付单，如图 6－55 所示。

点击相应单据主题（通过应付单据编号确认），进入共享审批界面，如图 6－56 所示。

成本共享岗根据财务审批规则审批该案例，本案例审批通过，点击【提交】，如

图 6－54　应付任务池

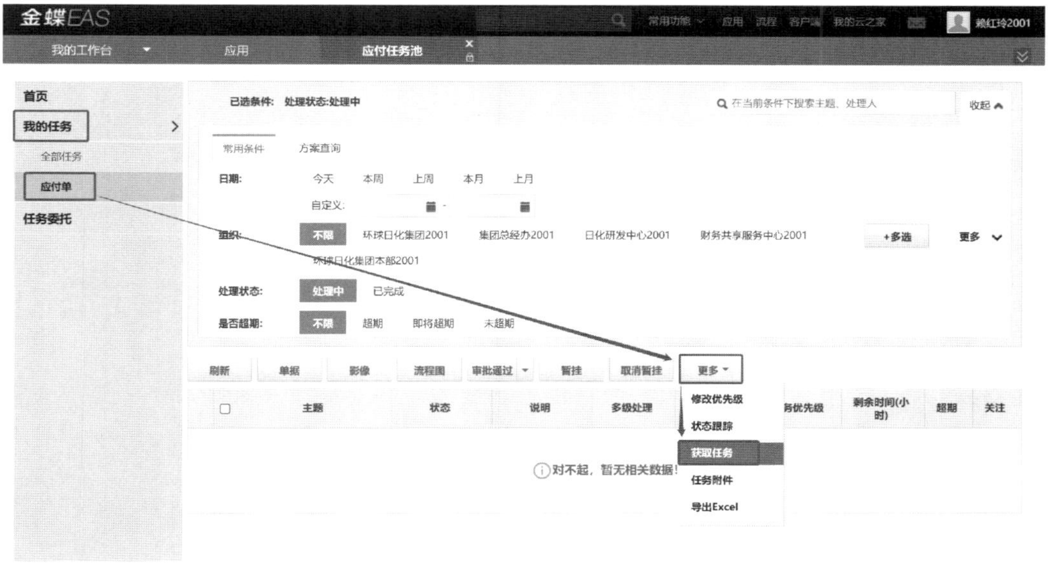

图 6－55　获取应付单

图 6－57 所示。

4. 应付单凭证生成

成本共享岗赖红玲关联应付单生成凭证。点击【应用】—【财务共享】—【应付共享】—【应付单维护】进入应付单维护页面，如图 6－58 所示。

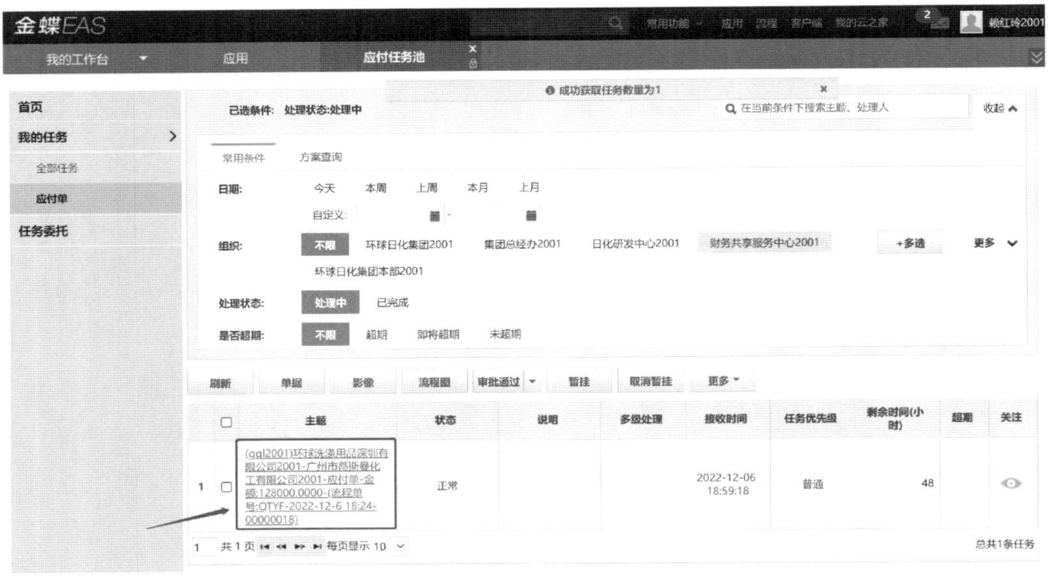

图 6－56　进入共享审批

图 6－57　应付单共享审批

选择组织为环球洗涤用品深圳有限公司＋学号，日期为20××－01－01至20××－12－31，点击【确定】筛选应付单。如果列表单据过多，还可通过搜索功能搜索单据编号，精确查找对应单据。勾选相应单据（通过应付单据编号确认），点击【生成凭证】进入凭证编辑页面，如图6－59所示。

图 6－58　应付单维护

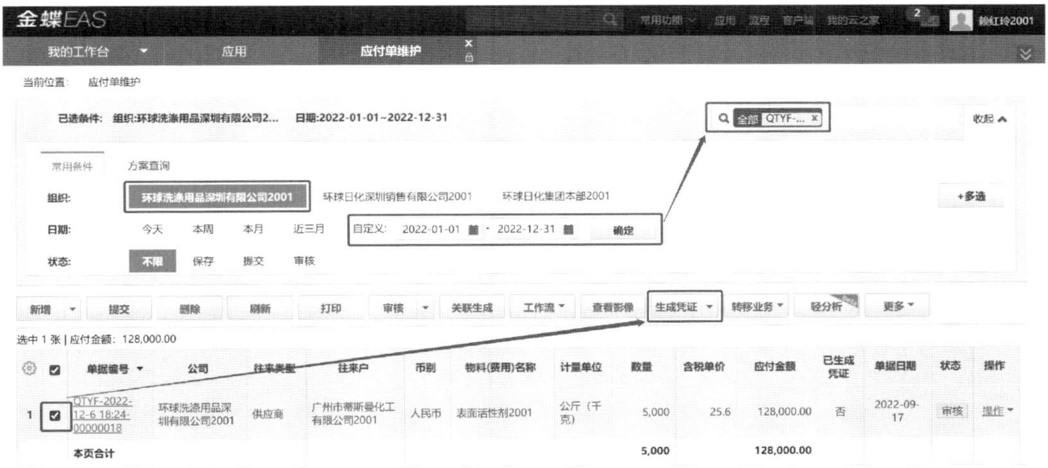

图 6－59　应付单生成凭证

点击【生成凭证】后，系统会自动生成暂存凭证，点击单据后的【操作】—【联查单据】，可查看上下游单据，如图 6－60 所示。

点击【联查单据】后进入关联查询界面，点击【下游单据】中对应凭证，下方显示出凭证列表，刚关联生成的凭证处于“暂存”状态，点击【凭证字号】进入凭证查看界面，如图 6－61 所示。

图 6-60 联查单据

图 6-61 凭证查看

在凭证查看界面，若需修改凭证则点击【修改】按钮进入凭证编辑界面，如图 6-62 所示。

根据案例背景修改相关信息。记账日期为 20×× -09-17，业务日期为 20×× -09-17，录入完毕后点击【保存】【提交】，如图 6-63 所示。

凭证提交成功后，凭证状态由暂存变为已提交，并生成正式凭证字号，记录凭证字号，如图 6-64 所示。

图6－62　凭证编辑

图6－63　凭证录入完成并提交

5. 凭证审核

总账共享岗樊江波审核记账凭证。樊江波进入EASweb端，用户名：fjb＋学号，密码：空，点击【登录】进入我的工作台页面。

图 6－64　记录凭证字号

点击【应用】—【财务共享】—【总账共享】—【凭证查询】进入凭证查询页面，如图 6－65 所示。

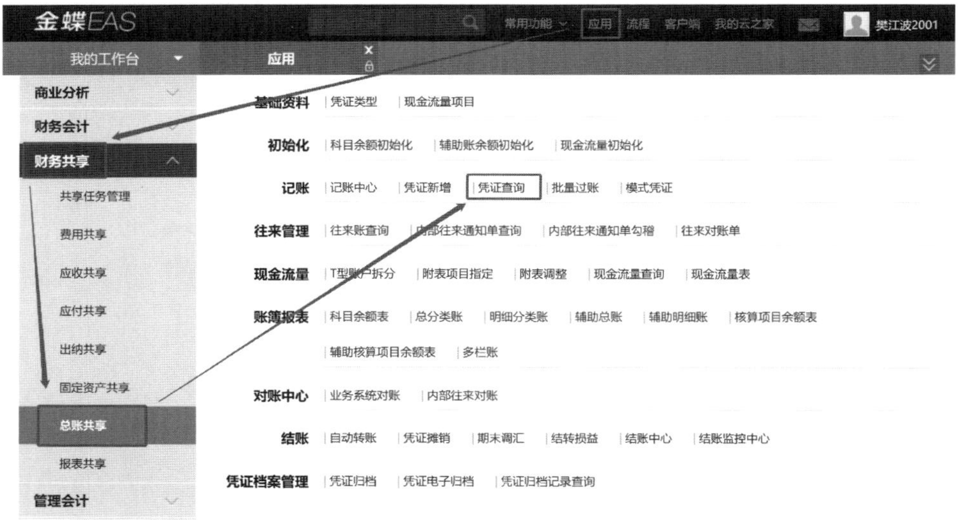

图 6－65　凭证查询

选择组织为环球洗涤用品深圳有限公司＋学号，日期为 20××－09－01 至 20××－09－30，点击【确定】筛选凭证。勾选相应凭证（通过凭证编号确认），点击【审核】，如图 6－66 所示。

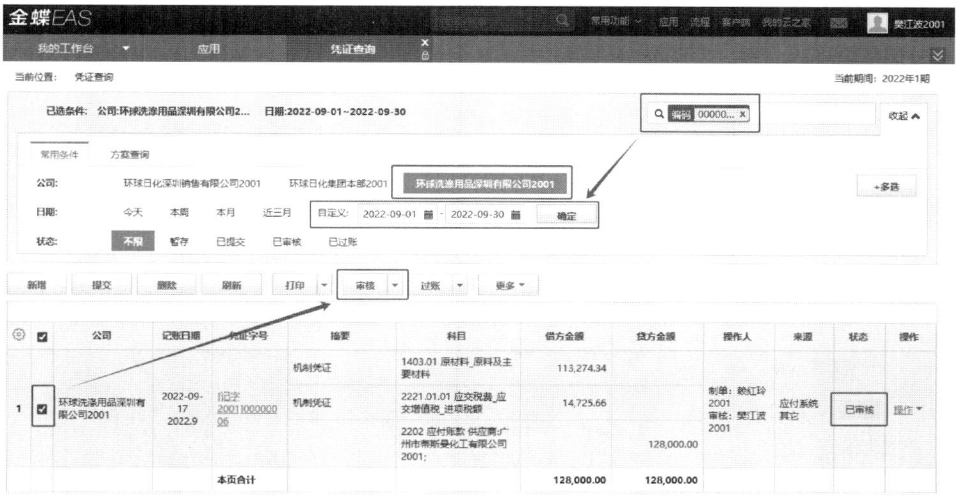

图 6－66　凭证审核

6. 关联生成付款单

成本共享岗赖红玲关联应付单生成付款单。赖红玲进入 EASweb 端，用户名：lhl＋学号，密码：空，点击【登录】进入我的工作台页面。点击【应用】—【财务共享】—【应付共享】—【应付单维护】进入应付单维护页面，如图 6－67 所示。

图 6－67　应付单维护

选择组织为环球洗涤用品深圳有限公司＋学号，日期为 20××－01－01 至 20××－12－31，点击【确定】筛选应付单。如果列表单据过多，还可通过搜索功能搜索单据编号，精确查找对应单据。勾选相应单据（通过应付单据编号确认），点击【关联生成】进入关联生成页面，如图6-68所示。

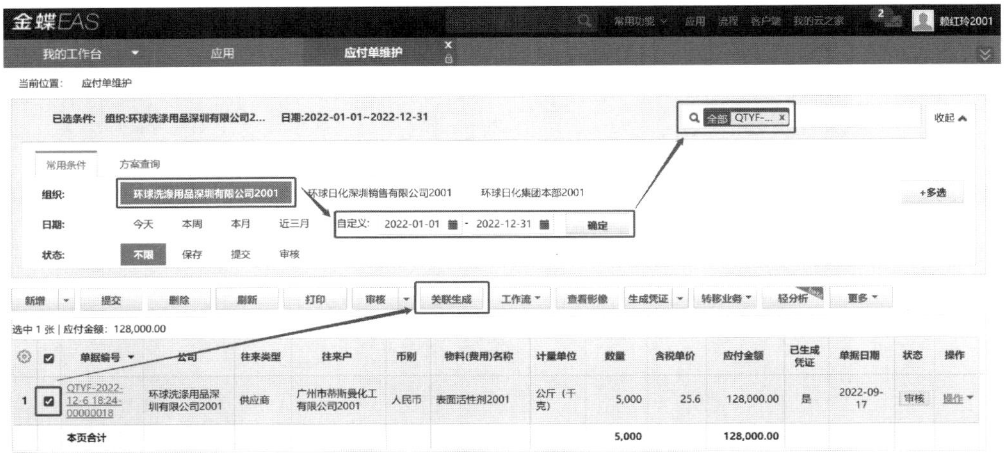

图6-68 关联生成

选择目标单据为付款单，转换规则为应付单生成付款单，点击【确定】进入付款单编辑页面，如图6-69所示。

图6-69 转换规则应付单生成付款单

根据实验数据录入相关信息。付款类型为采购付款，业务日期为20××-09-17，单据日期为20××-09-20，选择付款账户为“招商银行时代广场支行+学号”，录入完毕后点击【保存】【提交】，并记录付款单编码，如图6-70所示。

图 6-70　付款单录入完成并提交

7. 付款单共享审批

资金共享岗欧阳杨共享审批付款单。欧阳杨进入 EASweb 端，用户名：oyy + 学号，密码：空，点击【登录】进入我的工作台页面。点击【应用】—【财务共享】—【共享任务管理】—【共享任务池】进入共享任务池页面，如图 6-71 所示。

图 6-71　共享任务池

点击【我的任务】—【出纳付款单审核】—【更多】—【获取任务】获取付款单，如图 6-72 所示。

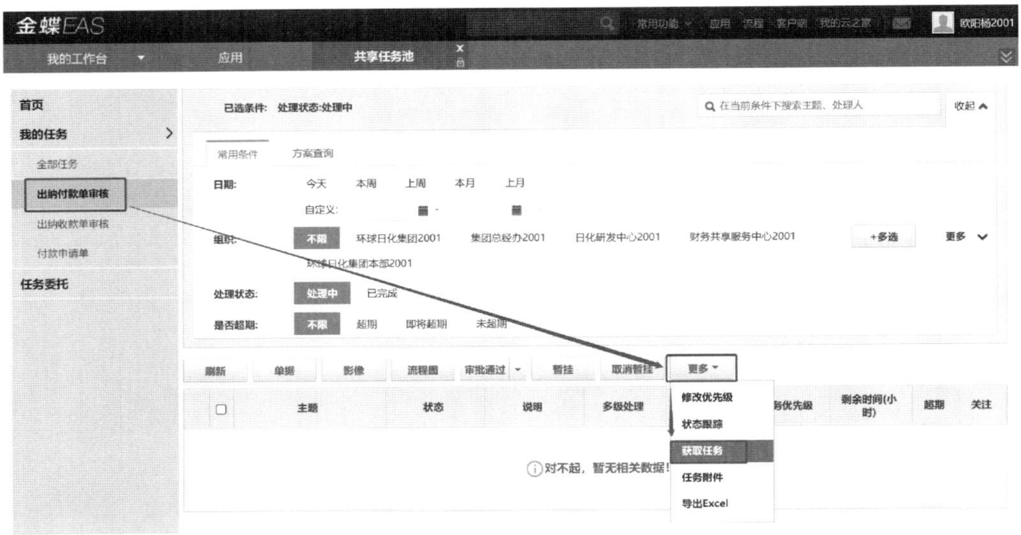

图 6－72　获取付款单

点击相应单据主题（通过付款单据编号确认），进入共享审批界面，如图 6－73 所示。

图 6－73　进入共享审批

资金共享岗根据财务审批规则审批该案例，本案例审批通过，点击【提交】，如图 6－74 所示。

图 6－74　付款单共享审批

8. 付款

资金共享岗欧阳杨确认付款。点击【应用】—【财务共享】—【出纳共享】—【付款单处理】进入付款单序时簿，如图 6－75 所示。

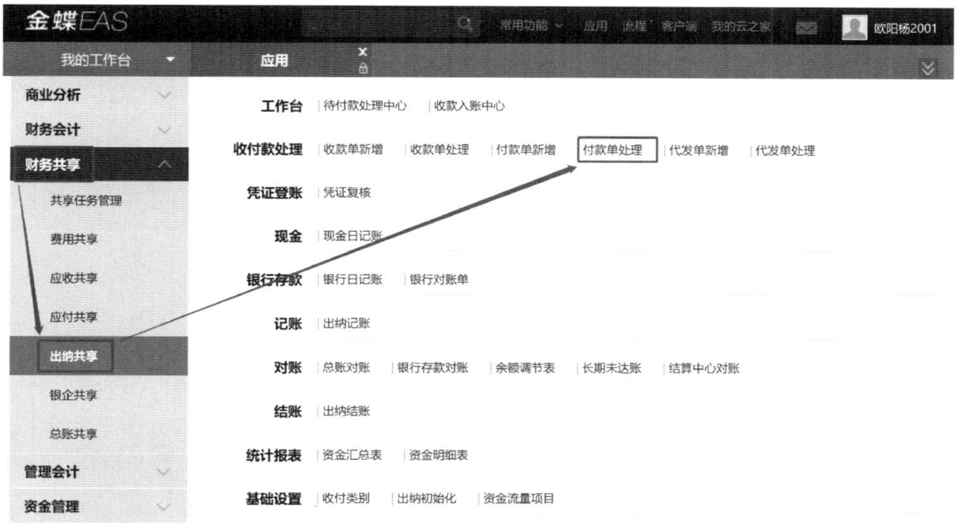

图 6－75　付款单处理

选择组织为环球洗涤用品深圳有限公司＋学号，日期为 20××－01－01 至 20××－12－31，点击【确定】筛选付款单。如果列表单据过多，还可通过搜索功能搜索单据编号，精确查找对应单据。勾选相应单据（通过付款单据编号确认），点击【付款】，如图6－76所示。

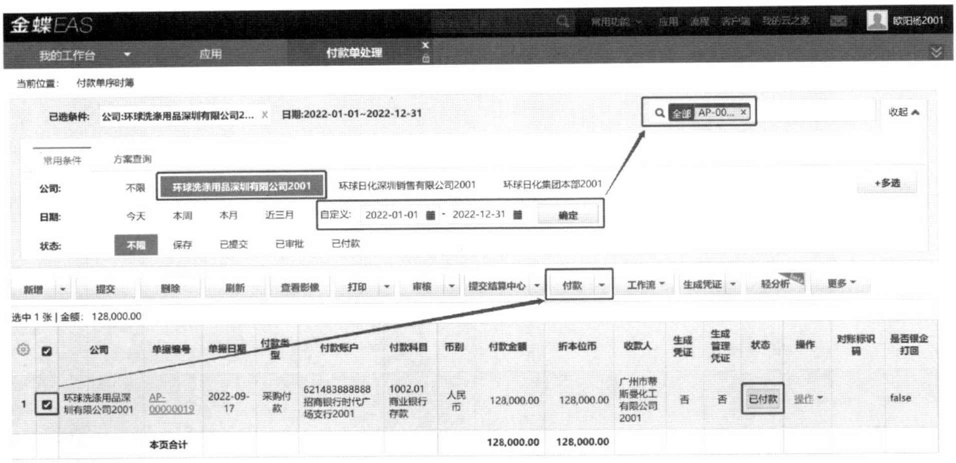

图6－76　付款单付款

9. 凭证生成、指定流量并复核

资金共享岗欧阳杨关联付款单生成凭证。在付款单序时簿，选择组织为环球洗涤用品深圳有限公司＋学号，日期为20××－01－01至20××－12－31，点击【确定】筛选付款单。如果列表单据过多，还可通过搜索功能搜索单据编号，精确查找对应单据。勾选相应单据（通过付款单据编号确认），点击【生成凭证】进入凭证编辑页面，如图6－77所示。

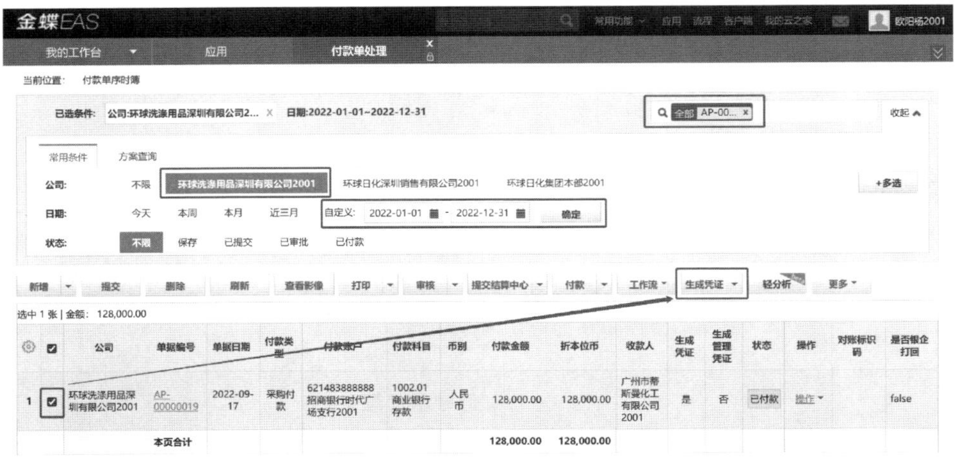

图6－77　付款单生成凭证

点击【生成凭证】后，系统会自动生成暂存凭证，点击单据后的【操作】—【联查】，可查看上下游单据，如图6－78所示。

图6－78　关联查询

点击【联查】后进入关联查询界面，点击【下游单据】中对应凭证，下方显示出凭证列表，刚关联生成的凭证处于“暂存”状态，点击【凭证字号】进入凭证查看界面，如图6－79所示。

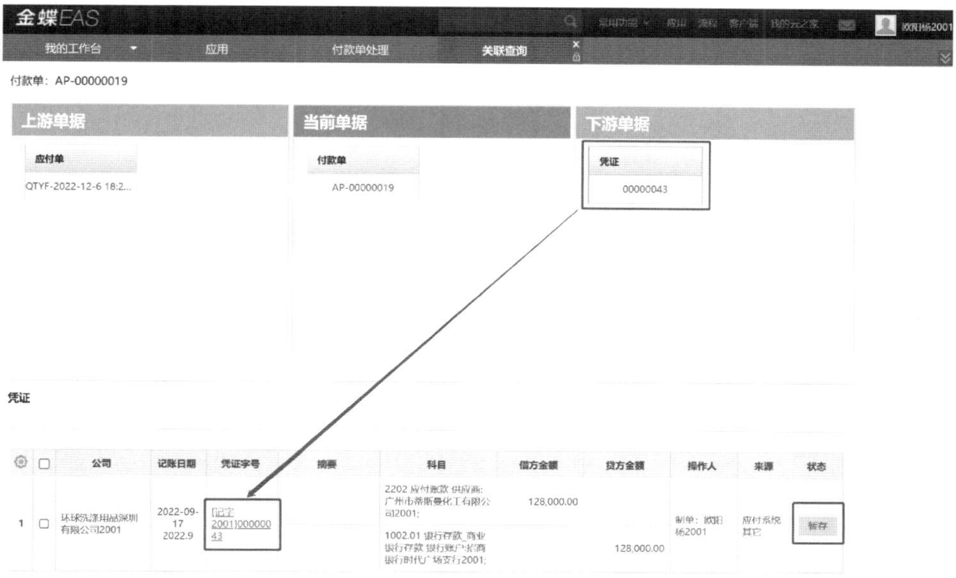

图6－79　凭证查看

在凭证查看界面，若需修改凭证则点击【修改】按钮进入凭证编辑界面，如图 6－80 所示。

图 6－80　凭证编辑

根据案例背景修改相关信息。记账日期为 20××－09－20，业务日期为 20××－09－20，录入完毕后点击【保存】【提交】进入现金流量页面，如图 6－81 所示。

图 6－81　凭证录入完成并提交

选择主表项目为购买商品、接受劳务支付的现金，点击【保存】进入凭证编辑页面，如图6-82所示。

图6-82 凭证指定现金流量

在凭证编辑页面复核该凭证，点击【更多】—【复核】，如图6-83所示。

图6-83 凭证复核

如果在该界面复核不成功，提示“请设置登账参数”，请点击【应用】—【财务共享】—【出纳共享】—【凭证复核】进入凭证复核界面，选择复核的公司，点击【登账参数】确认该组织的登账参数后再执行复核，如图6-84所示。

凭证提交成功后，凭证状态由暂存变为已提交，并生成正式凭证字号，记录凭证字号，如图6-85所示。

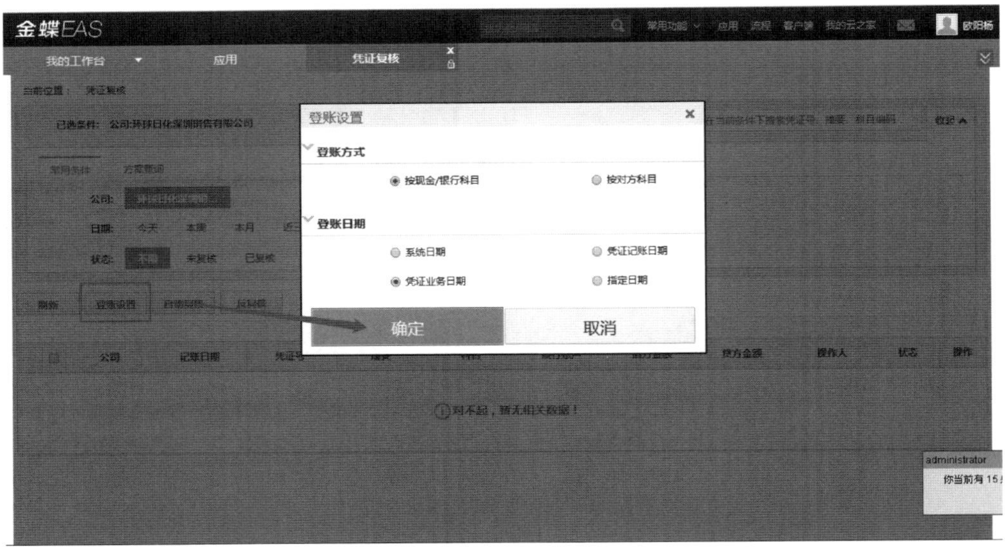

图 6-84　登账参数设置

图 6-85　记录凭证字号

10. 凭证审核

总账共享岗樊江波审核记账凭证。樊江波进入 EASweb 端，用户名：fjb + 学号，密码：空，点击【登录】进入我的工作台页面。

点击【应用】—【财务共享】—【总账共享】—【凭证查询】进入凭证查询页面，如图 6-86 所示。

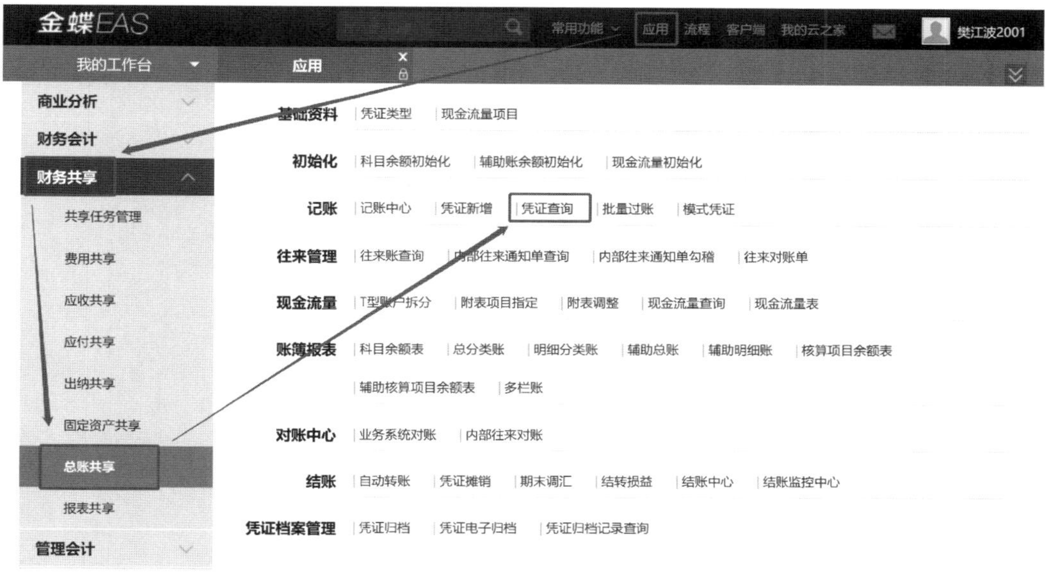

图 6－86　凭证查询

选择组织为环球洗涤用品深圳有限公司＋学号，日期为 20××－09－01 至 20××－09－30，点击【确定】筛选凭证。如果列表凭证过多，还可通过搜索功能搜索凭证编号，精确查找对应凭证。勾选相应凭证（通过凭证编号确认），点击【审核】，如图 6－87 所示。

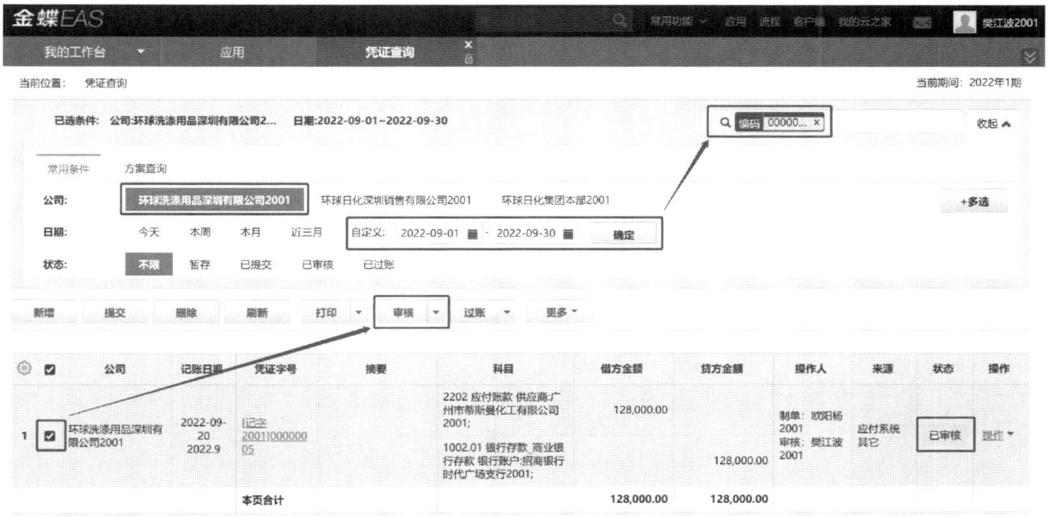

图 6－87　凭证审核

第七章　出纳共享

第一节

系统概述

一、出纳共享系统介绍

出纳共享系统是财务共享管理信息系统的组成模块，是按照财务共享模式重新设计的出纳管理系统。支持共享平台的任务推送，与影像系统的集成，更符合财务共享模式下的出纳岗位细分和多组织批量处理特点。系统提供了出纳全套业务流程，包括凭证登账、收付款业务处理、现金日记账、银行存款日记账、出纳记账、银行存款对账、总账对账、结账等支持多组织批量处理的业务功能和统计报表。出纳共享系统还与费用共享、应收共享、应付共享、资金预算、总账共享、银企功能紧密集成，为共享人员更高效快速地处理出纳业务提供了最佳管理工具。

二、出纳共享系统主要功能

（一）基础设置

提供收付类别、资金流量项目的设置，以及出纳初始化处理。出纳初始化支持切换组织录入有权限财务组织的现金日记账、银行日记账、银行对账单期初余额，进行结束初始化、反初始化处理。

（二）待付款处理中心

提供各种不同来源单据批量生成付款单的一个集成平台。支持费用报销模块的费用报销单和借款单的自定义筛选，支持应付管理模块的应付单和付款申请单的自定义筛选，支持手工或自动批量生成付款单。同时提供付款单业务处理入口和付款情况分析。

（三）收款入账中心

支持交易明细与收款单的自动匹配，自动筛选出银行未达收款记录，并提供预警列表。支持定义交易明细匹配提交或审批状态的收款单自动确认收款入账，建立收款单与交易明细的匹配关系，并支持联查交易明细、电子回单。还提供接收收款记录、收款业务处理的快速入口，已经当前操作员收款处理笔数及金额的统计。

（四）凭证登账

凭证复核适用于出纳登账方式为凭证登账时，支持多组织批量复核涉及现金、银行科目的凭证信息登记出纳日记账。提供登账设置、自动登账、手工登账、登账查看、反登账功能。

（五）收付款处理

1. 收款单

收款单用于登记企业日常的收款业务。支持销售回款的收款、应收账款到期收款、应收票据到期托收收款及委托结算中心对内收款、对外收款等业务场景的收款。支持多组织、多账户批量下载交易明细生成收款单。收款单查询提供多组织业务单据批量提交、审核、收款、生成凭证等处理，支持借助共享服务平台，任务驱动推式分配到不同职责业务人员，并能提供处理效率分析等数据。支持新资金预算对收款单的监控。

接收收款记录提供手工、自动接收交易明细生成收款单。

2. 付款单

付款单用于登记企业日常付款业务。支持采购付款、费用报销付款、应付账款到期付款、取现、转账、资金调拨、委托结算中心对内付款、对外付款、联动支付等付款业务场景。付款单查询提供多组织业务单据批量提交、审核、付款、提交银企付款、生成凭证等处理。支持借助共享服务平台，任务驱动推式分配到不同职责业务人员，并能提供处理效率分析等数据。

接收付款记录提供手工、自动接收代扣类交易明细生成付款单。

安全方面，对付款提交、审批、提交银企等关键环节支持 UKey，CA 认证，保证操作用户的权限及身份，还能对付款数据进行加密防篡改处理，多重手段保证企业资金安全。另外，根据账户管理策略对付款账户进行透支检查，还支持资金预算控制收付业务的发生，并及时提供统计和分析。

3. 代发单

处理工资代发业务，支持多组织多单据批量处理。代发单支持提交银企通过银企接口完成代发工资处理。处理费用报销批量支付业务，按费用报销模块的费用报销单、差旅费报销单、借款单等生成代发单，通过银企完成支付。

（六）现金业务

提供多组织出纳现金日记账的查询及记账。

（七）银行业务

提供多组织出纳银行日记账、银行对账单、银行存款对账、余额调节表、未达账等银行业务的处理。其中，银行对账单从银行下载交易明细生成功能，支持多组织、多账户批量下载，提高银行对账单新增效率。也支持银行对账单从结算中心下载内部银行账户的对账单。

银行存款对账支持多组织、多账户批量自动对账，对账结果汇总展示当前公司所有银行账户不同币别的对账结果。对账结果关联打开账户明细界面，支持查询未对账、已对账明细，及进一步手工对账处理。

（八）出纳记账

出纳记账提供出纳模块业务单据批量集中账务处理功能。系统自动过滤统计出纳各业务单据待生成凭证业务数据，提供自动匹配生成凭证规则批量生成凭证功能。

（九）期末处理

1. 总账对账

对账结果汇总展示当前公司所有现金科目及银行账户不同币别的对账结果。对账结果关联打开账户明细界面，支持查询未对账、已对账明细、对账差异以及进一步手工对账处理。

2. 结算中心对账

在资金集中管理模式下，支持成员单位内部银行存款与结算中心对账。

3. 期末结账

期末结账支持对有权限的多个组织批量结账、反结账。

结账处理时自动检查对账条件，满足条件，结账成功给出绿色成功标志；不满足条件，则红色失败标志，并罗列具体失败原因，提供处理链接。

4. 出纳报表

提供多组织资金汇总表、资金明细表的查询。

第二节

出纳共享初始化

案例一：出纳管理初始化

◎ 应用场景

出纳管理是企业日常收支必不可少的工作之一，涉及办理企业的现金收付、银行结算及有关账务。帮助企业及时地了解掌握某期间或某时间范围的现金收支记录和银行存款收支情况，并做到日清月结，随时查询、打印有关出纳报表。

出纳管理初始化是启用 EAS 出纳管理系统必需的前置步骤，用于将启用期间之前的现金、银行存款和银行对账单余额录入系统，以保证系统后续期间业务数据的连续性，初始化数据是否正确将直接影响整个出纳系统数据的正确性。出纳管理初始化包括以下内容：现金、银行存款、银行对账单。

以环球日化集团本部为例，信息管理员康路达（kld + 学号）结束环球日化集团本部出纳管理初始化并与总账联用，出纳管理启用期间是 20 × ×年第 1 期（见表 7 - 1）。

◎ 实验步骤

- 启用期间设置
- 录入初始余额
- 结束初始化并与总账联用

◎ 实验前准备

- 建立集团资料已全部录入
- 总账系统已启用

◎ 实验数据

表7-1　　环球日化集团本部出纳初始化信息

现金初始余额	
现金科目	初始余额（人民币/元）
1 001.01 人民币	150 000
银行存款与对账单	
银行账户名称	初始余额（人民币/元）
招商银行高新园支行+学号	3 200 000

◎ 操作指导

1. 启用期间设置

启用期间设置是出纳管理初始化的操作前提。信息管理员康路达（kld+学号）登录金蝶EAS客户端，切换组织到环球日化集团本部+学号。点击【系统平台】—【系统工具】—【系统配置】—【系统状态控制】进入系统状态控制界面，如图7-1所示。

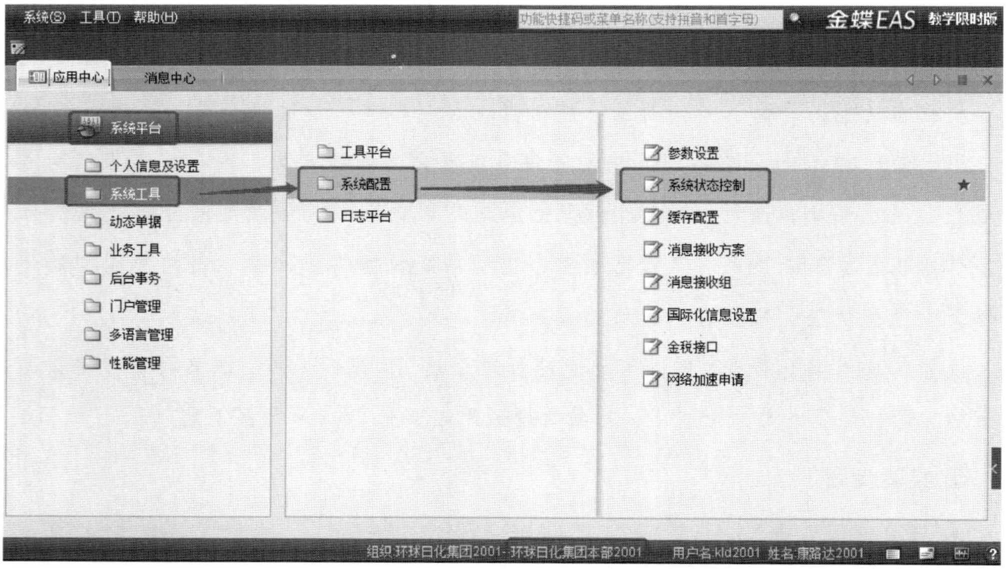

图7-1　系统状态控制查询

点击出纳管理启用期间栏放大镜进入会计期间列表，选择会计期间为20××年第1期，本教材以2022年第1期为例，确认无误后点击【保存】按钮。如图7－2所示。

图7－2　出纳管理系统启用期间设置

2. 录入初始余额

录入现金、银行存款、银行对账单初始余额，是启用EAS出纳管理系统必需的前置步骤。

信息管理员康路达（kld＋学号）登录金蝶EAS客户端，切换组织到环球日化集团本部＋学号，点击【财务会计】—【出纳管理】—【基础设置】—【出纳初始化】进入出纳初始化界面，如图7－3所示。

选择类型为现金，币别为人民币，根据实验数据表7－1环球日化集团本部出纳初始化信息录入。现金科目人民币初始余额为150 000，录入完毕后点击【保存】，如图7－4所示。

然后选择类型为银行存款，币别为人民币，根据实验数据表7－1环球日化集团本部出纳初始化信息录入。银行账户名称为招商银行高新园支行＋学号，初始余额录入3 200 000，录入完毕后点击【保存】，如图7－5所示。

然后选择类型为对账单，币别为人民币，根据实验数据表7－1环球日化集团本部出纳初始化信息录入。银行账户名称为招商银行高新园支行＋学号，初始余额为3 200 000，录入完毕后点击【保存】，系统会自动判定是否平衡。如图7－6所示。

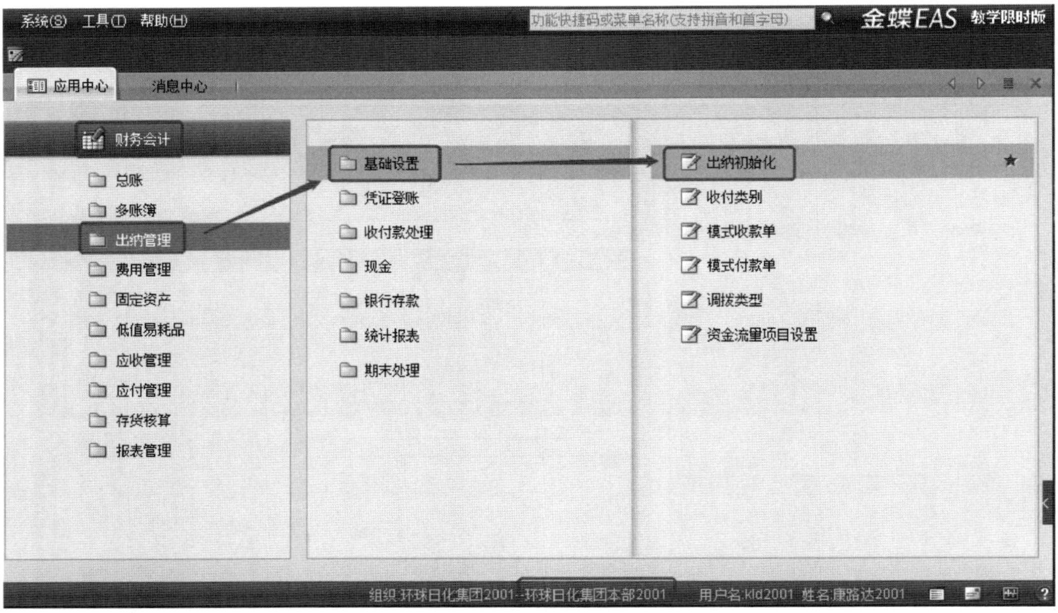

图 7－3 出纳初始化查询

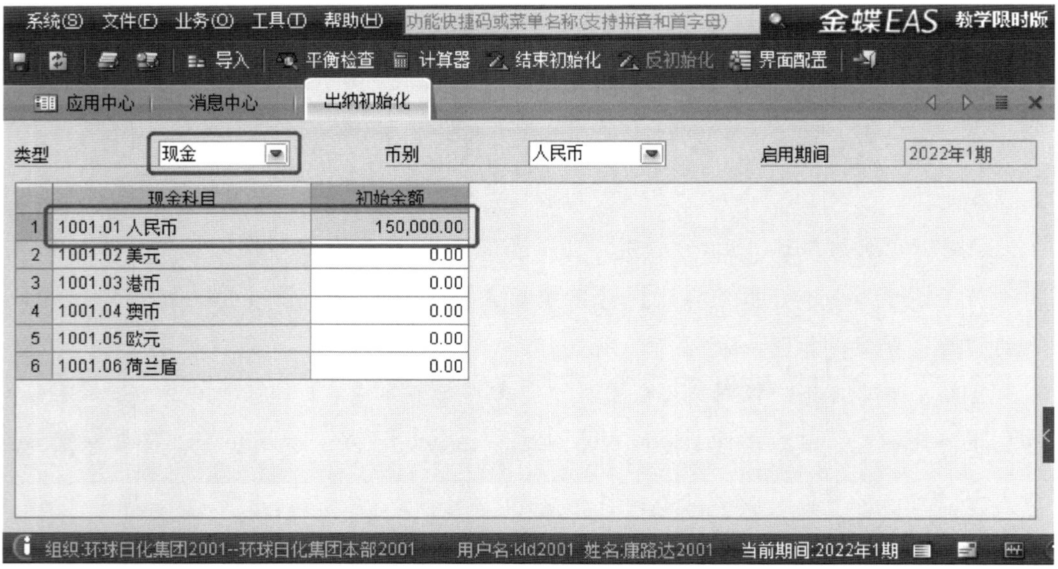

图 7－4 现金科目初始余额录入

3. 结束初始化并与总账联用

点击工具栏【平衡检查】，平衡后点击【结束初始化】，如图 7－7 所示。

信息管理员康路达（kld＋学号）登录金蝶 EAS 客户端，切换组织到环球日化集

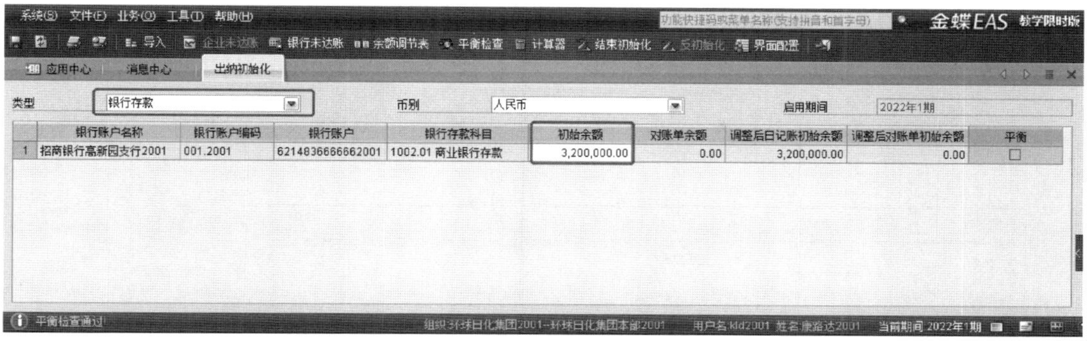

图 7－5　银行存款科目初始余额录入

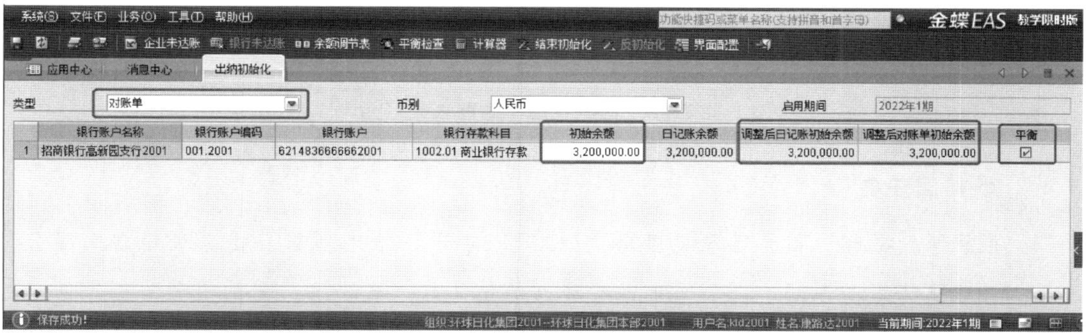

图 7－6　对账单初始余额录入

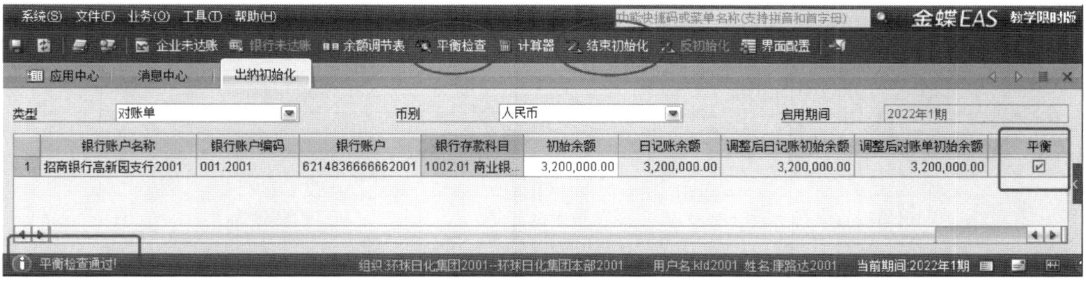

图 7－7　出纳管理系统结束初始化

团本部＋学号。点击【系统平台】—【系统工具】—【系统配置】—【系统状态控制】，选择出纳管理，点击工具栏【与总账联用】，完成出纳系统与总账系统的联用，如图 7－8 所示。

联用前提：1. 当前期间一致；2. 两个系统都结束了初始化；3. 初始化余额相同。

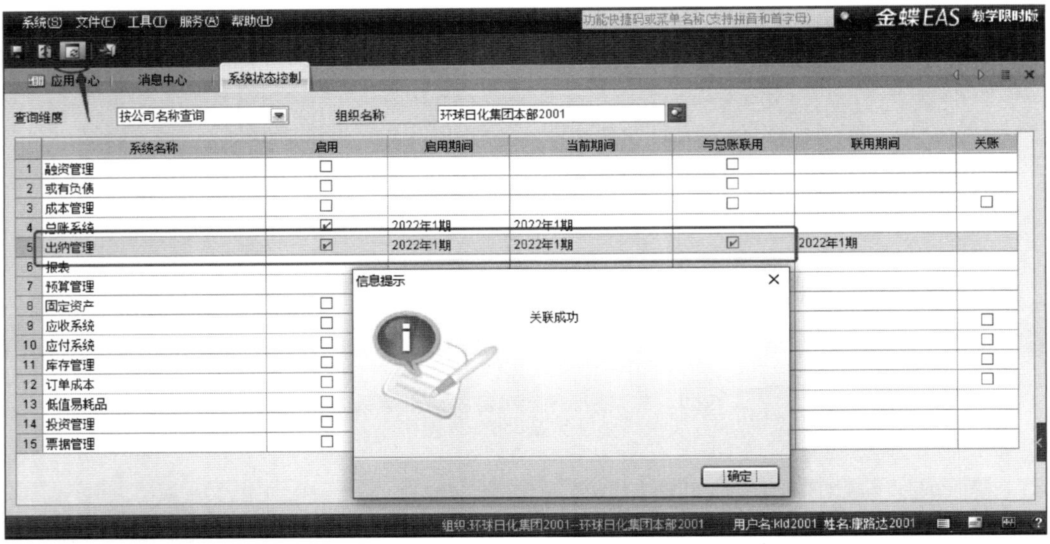

图 7－8 出纳系统与总账系统联用

◎ 拓展任务

根据下列数据，信息管理员康路达（kld＋学号）结束环球日化深圳销售有限公司、环球洗涤用品深圳有限公司出纳管理初始化并与总账联用，出纳管理启用期间均为 20××年第 1 期，如表 7－2、表 7－3 所示。

表 7－2 环球日化深圳销售有限公司出纳初始化

现金初始余额	
现金科目	初始余额（人民币/元）
1 001.01 人民币	100 000
银行存款与对账单	
银行账户名称	初始余额（人民币/元）
招商银行龙华支行＋学号	3 100 000

表 7－3 环球洗涤用品深圳有限公司出纳初始化

现金初始余额	
现金科目	初始余额（人民币/元）
1 001.01 人民币	80 000
银行存款与对账单	
银行账户名称	初始余额（人民币/元）
招商银行时代广场支行＋学号	2 700 000

第三节

出纳共享业务处理

案例二：收款业务

出纳共享收款业务通过金蝶财务共享应用实践平台出纳收款处理并生成凭证。适用范围：共享中心集中结算收款业务时，填写收款单，自动生成记账凭证并指定现金流量后提交、复核、审核。

◎ 实验数据

为支持环球日化集团本部新产品研发，环球日化集团于7月4日，下拨20万元研发专项资金，7月5日，环球日化集团本部的银行账户网银收到下拨资金。本部出纳陈晓陶（cxt + 学号）提交资金下拨收款单到共享中心审批。

◎ 审批规则

主要审批规则：

（1）已收到款项需提供银行结算票据；

（2）收款单结算方式与银行结算票据需一致。

◎ 流程图（见图7－9）

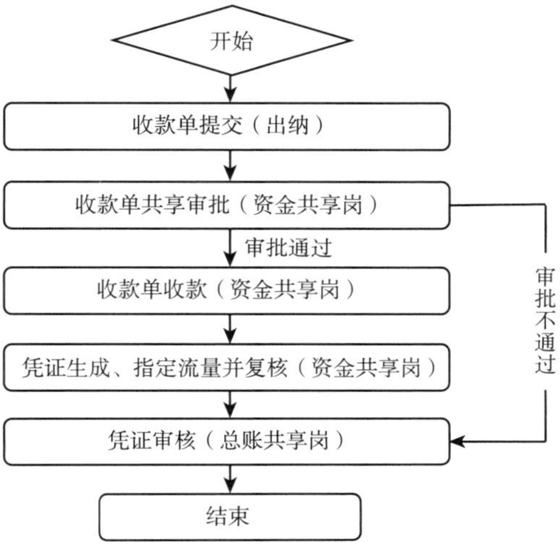

图7－9　收款业务流程图

◎ 操作指导

1. 收款单提交

发生收款业务时，出纳岗填写收款单，并保存、提交。本部出纳陈晓陶登录 EASweb 端，用户名：cxt + 学号，密码：空，点击【登录】进入我的工作台页面。点击【应用】—【财务会计】—【出纳管理】—【收款单新增】新增收款单，如图 7 – 10 所示。

图 7 – 10　收款单新增

在收款单新增页面，根据案例背景录入相关信息。收款类型为资金下拨，业务日期为 20 × × – 07 – 05，选择收款账户，结算方式为网银支付；付款方信息—往来类型为其他，付款单位为环球日化集团 + 学号；收款明细—实收金额为 200 000，对方科目为 2011 吸收存款；添加附件：资金调拨申请单 .png，录入完毕后点击【保存】【提交】，并记录单据编号，如图 7 – 11 所示。

图 7 – 11　收款单录入完成并提交

2. 收款单共享审核

资金共享岗欧阳杨共享审核收款单。欧阳杨进入 EASweb 端，用户名：oyy + 学号，密码：空，点击【登录】进入我的工作台页面。点击【应用】—【财务共享】—【共享任务管理】—【共享任务池】进入共享任务池页面，如图 7－12 所示。

图 7－12　共享任务池

在共享任务池页面，点击【我的任务】—【出纳收款单审核】—【更多】—【获取任务】获取收款单，如图 7－13 所示。

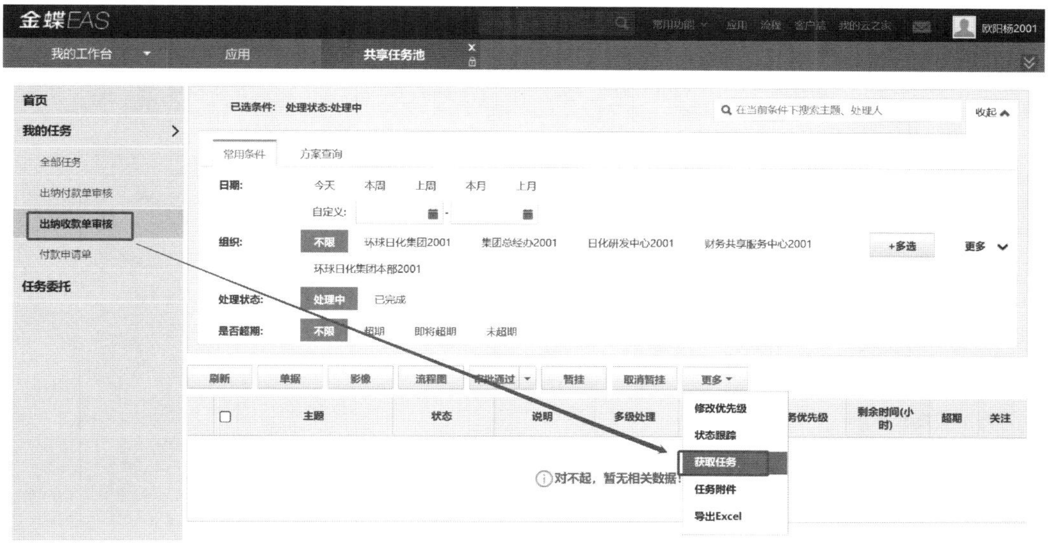

图 7－13　收款单获取

双击相应单据（通过单据编号确认）进入单据处理页面，资金共享岗根据财务审批规则审批该案例，本案例审批通过，点击【提交】，如图 7 – 14 所示。

图 7 – 14　收款单共享审批

3. 收款单执行收款

收到款项后，资金共享岗欧阳杨执行收款操作。点击【应用】—【财务共享】—【出纳共享】—【收款单处理】进入收款单序时簿，如图 7 – 15 所示。

图 7 – 15　收款单处理

在收款单序时簿，选择公司为环球日化集团本部＋学号，日期为20××－07－01至20××－07－31，点击【确定】筛选收款单。勾选相应单据（通过凭证编号确认），点击【收款】，如图7－16所示。

图7－16 收款单收款

4. 收款单生成凭证、指定现金流量并复核

资金共享岗欧阳杨将收款后的收款单生成凭证。点击【生成凭证】，然后点击【操作】—【联查】查询凭证，如图7－17所示。

点击【联查】后进入关联查询界面，点击【下游单据】中对应凭证，下方显示出凭证列表，刚关联生成的凭证处于“暂存”状态，点击【凭证字号】进入凭证查看界面。在凭证查看界面，点击【修改】进入凭证编辑界面。在凭证编辑页面，选择商业银行存款科目核算项目银行账户为招商银行高新园支行＋学号，第二行分录科目为吸收存款；记账日期为20××－07－05，录入完毕后点击【提交】进入现金流量页面，如图7－18所示。

点击提交后，系统自动弹出现金流量指定界面，在现金流量页面，选择主表项目为吸收投资收到的现金，点击【保存】进入凭证编辑页面，如图7－19所示。

现金流量指定后，系统自动提交凭证。在凭证编辑页面复核该凭证，点击【更多】—【复核】，完成凭证复核，并记录凭证编号，如图7－20所示。

5. 凭证审核

总账共享岗樊江波审核凭证。樊江波进入EASweb端，用户名：fjb＋学号，密

图 7－17　收款单生成凭证

图 7－18　凭证录入完成并提交

码：空，点击【登录】进入我的工作台页面。点击【应用】—【财务共享】—【总账共享】—【凭证查询】进入凭证查询页面，如图 7－21 所示。

在凭证查询页面，选择公司为环球日化集团本部＋学号，日期为 20××－07－01至 20××－07－31，点击【确定】筛选凭证。勾选相应凭证（通过凭证编号确认），点击【审核】，如图 7－22 所示。

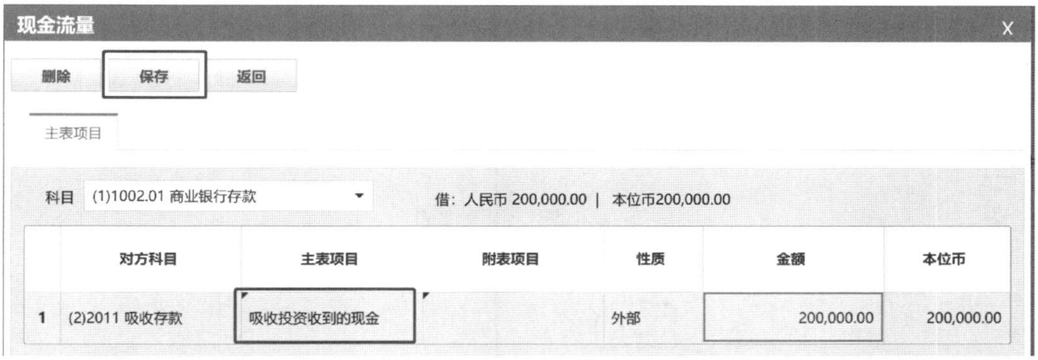

图 7－19　凭证指定现金流量

图 7－20　凭证复核

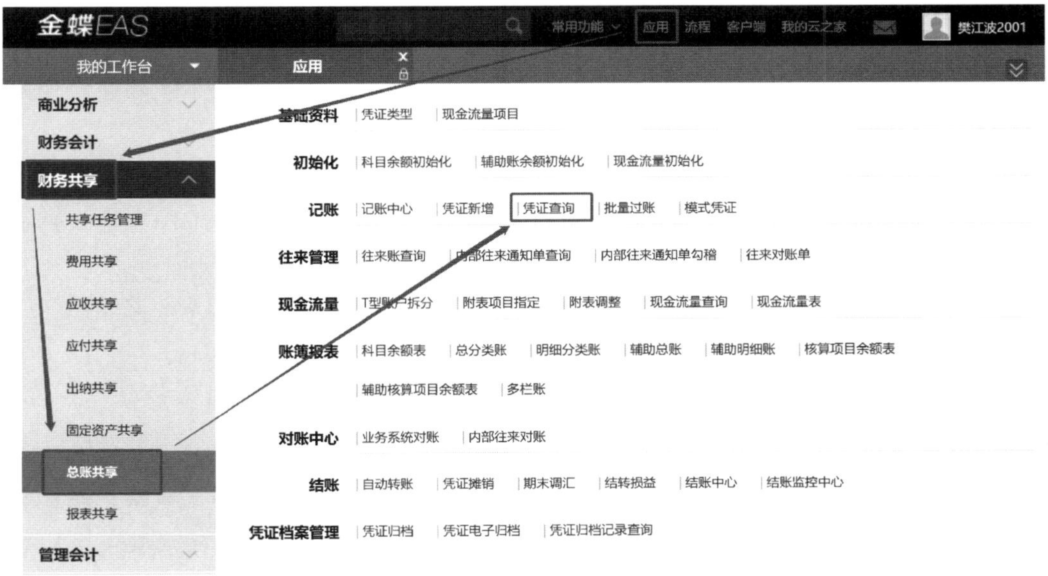

图 7－21　凭证查询

图 7－22 凭证审核

案例三：付款业务

出纳共享付款业务通过金蝶财务共享应用实践平台出纳付款处理并生成凭证。适用范围：共享中心集中结算付款业务时，填写付款单，自动生成记账凭证并指定现金流量后提交、复核、审核。

◎ 实验数据

公司鼓励内部员工参加美容师认证资质培训，培训费 5 000 元，若员工获得资质证书，公司承担一半培训费。

8 月，环球日化集团本部共 10 人获得资质证书，公司将退还一半的培训费给员工。20××年 8 月 30 日，共享中心集中结算支付，本部出纳陈晓陶（cxt + 学号）提交付款单到共享中心审批。

◎ 审批规则

如有合同，需要上传盖章生效的合同扫描件。

◎ 操作前准备

信息管理员康路达（kld + 学号）登录金蝶 EAS 客户端维护共享中心集中结算银行账户信息（见表 7－4）。操作步骤可参照建立集团案例：新建银行账户部分。

注意：登录 EAS 后注意切换当前组织为环球日化集团本部。

表 7-4　　集中结算银行账户信息

编码	银行账号	名称	开户单位	金融机构	科目	币别	用途	收支属性
005. 学号	622455555555 + 学号	环球日化本部集中结算账户 + 学号	环球日化集团本部 + 学号	工商银行深圳分行 + 学号	1002.01（商业银行存款）	单一币别人民币	活期	收支户

◎ **流程图**（见图 7-23）

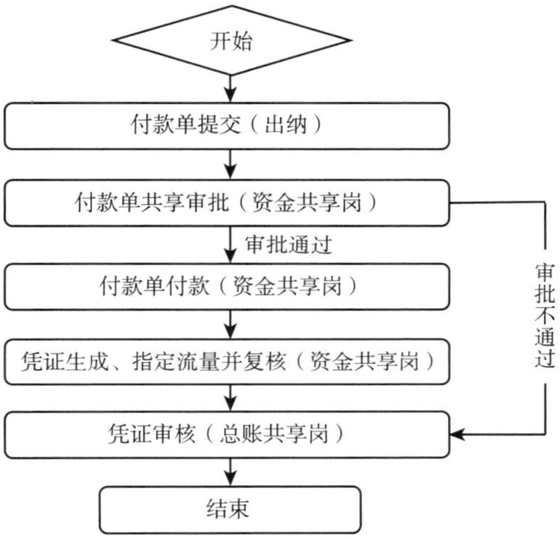

图 7-23　付款业务流程图

◎ **操作指导**

1. 付款单提交

发生付款业务时，出纳岗填写付款单，并保存、提交。本部出纳陈晓陶进入 EASweb 端，用户名：cxt + 学号，密码：空，点击【登录】进入我的工作台页面。切换组织到环球日化集团本部，点击【应用】—【财务会计】—【出纳管理】—【付款单新增】新增付款单，如图 7-24 所示。

在付款单新增页面，根据案例背景录入相关信息。付款公司为环球日化集团本部 + 学号，业务日期为 20×× -08-30，选择付款账户为环球日化本部集中结算账户，付款科目为商业银行存款，结算方式为集中结算；付款明细—实付金额为 25 000，对方科目为职工福利费；添加附件：培训费 .png，录入完毕后点击【保存】【提交】，并记录单据编号，如图 7-25 所示。

图 7－24　付款单新增

图 7－25　付款单录入完成并提交

2. 付款单共享审批

资金共享岗欧阳杨共享审批付款单。欧阳杨进入 EASweb 端，用户名：oyy + 学号，密码：空，点击【登录】进入我的工作台页面。点击【应用】—【财务共享】—【共享任务管理】—【共享任务池】进入共享任务池页面，如图 7－26 所示。

在共享任务池页面，点击【我的任务】—【出纳付款单审核】—【更多】—【获取任务】获取付款单，如图 7－27 所示。

图 7－26　共享任务池

图 7－27　付款单获取

双击相应单据（通过单据编号确认）进入单据处理页面，资金共享岗根据财务审批规则审批该案例，本案例审批通过，点击【提交】，如图 7－28 所示。

3. 付款单执行付款

资金共享岗对已审批的付款单执行付款。点击【应用】—【财务共享】—【出纳共享】—【付款单处理】进入付款单序时簿，如图 7－29 所示。

在付款单序时簿，选择公司为环球日化集团本部＋学号，日期为 20××－08－01 至 20××－08－31，点击【确定】筛选付款单。如果列表单据过多，还可通过搜索

图 7－28　付款单共享审批

图 7－29　付款单处理

功能搜索单据编号，精确查找对应单据。勾选相应单据（通过单据编号确认），点击【付款】，如图 7－30 所示。

4. 付款单生成凭证、指定现金流量并复核

资金共享岗欧阳杨根据审批后的付款单进行凭证处理。在付款单序时簿，勾选相应单据（通过单据编号确认），点击【生成凭证】然后点击【联查】查询对应凭证。如图 7－31 所示。

点击【联查】后进入关联查询界面，点击【下游单据】中对应凭证，下方显示出凭证列表，刚关联生成的凭证处于“暂存”状态，点击【凭证字号】进入凭证查

图 7－30　付款单付款

图 7－31　付款单生成凭证

看界面。点击【修改】按钮进入凭证编辑界面。在凭证编辑页面，输入记账日期为 20××－08－30，点击【提交】进入现金流量页面，如图 7－32 所示。

在现金流量页面，选择主表项目为支付给职工以及为职工支付的现金，点击【保存】进入凭证编辑页面，如图 7－33 所示。

现金流量指定后系统自动提交凭证。在凭证编辑页面复核该凭证，点击【更多】—【复核】，完成凭证复核，并记录提交后的凭证编号。如图 7－34 所示。

图 7-32　凭证录入完成并提交

图 7-33　凭证指定现金流量

图 7-34　凭证复核

5. 凭证审核

总账共享岗樊江波审核记账凭证。樊江波进入 EASweb 端，用户名：fjb + 学号，密码：空，点击【登录】进入我的工作台页面。

点击【应用】—【财务共享】—【总账共享】—【凭证查询】进入凭证查询页面，如图 7-35 所示。

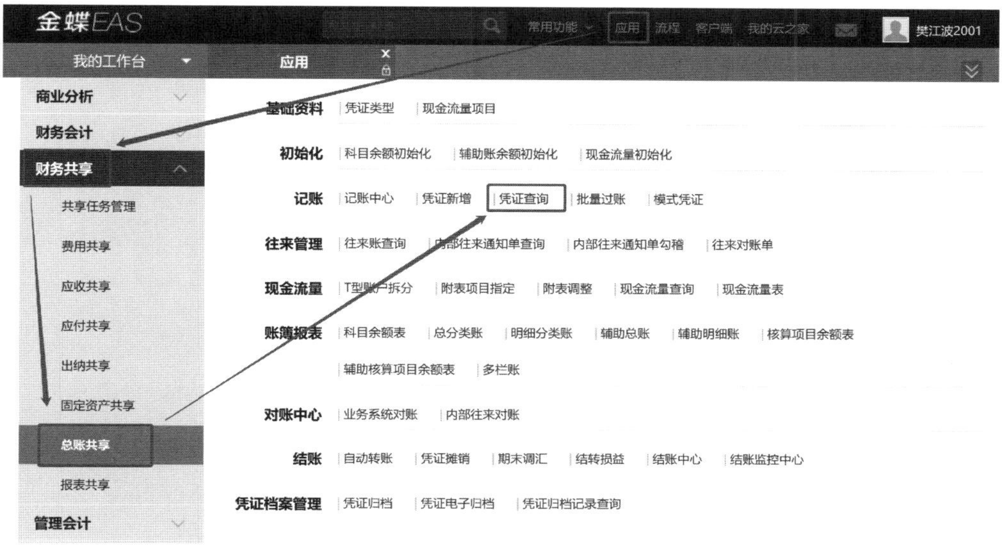

图7－35　凭证查询

在凭证查询页面，选择公司为环球日化集团本部＋学号，日期为20××－08－01至20××－08－31，点击【确定】筛选凭证。勾选相应凭证（通过凭证编号确认），点击【审核】，如图7－36所示。

图7－36　凭证审核

第八章 总账报表共享

第一节

总账系统概述

一、总账共享系统简介

总账共享系统帮助财务共享服务中心的财务人员实现高效准确地记账、对账和结账工作。系统提供记账、对账、结账、账簿报表、现金流量、初始化等会计核算功能，以及预算控制、现金流量表等财务管理功能。这些功能都按财务共享的场景进行了功能重新设计，打破了组织的界限，提供多组织的批量处理。另外还提供了记账中心，对账中心，结账中心等财务共享专有功能，旨在提高共享人员工作效率。该系统既可以独立运行，又可以与报表共享、出纳共享、费用共享、资产共享、应收共享、应付共享等模块共同使用，提供更完整、全面的财务共享管理解决方案。

二、总账共享系统主要功能

总账共享是按照财务共享模式重新设计的总账功能，与原有的总账系统相比，更符合财务共享模式下的岗位分工和业务处理特点，系统根据核算的主要流程，提供了记账中心、对账中心、结账中心几个业务处理中心，根据共享下的人员跨组织、更明细的分工特点，提供了多组织批量处理功能，为共享人员更高效快速地处理总账业务提供了最佳工具。

（一）系统初始化

初始化为系统上线时账务的初始余额录入，包括科目、辅助账、现金流量的初始化数据的录入，初始化之间相互关联项目的引入功能。初始化提供结束初始化和反结束初始化操作。

结束初始化时，会检查科目初始化、辅助账初始化以及往来账初始化之间科目金额是否一致。科目余额初始化支持组织切换，无须切换登录组织可完成所有组织的初始化工作。辅助账余额初始化支持组织切换，无须切换登录组织可完成所有组织的初始化工作。现金流量初始化支持组织切换，无须切换登录组织可完成所有组织的初始化工作。

（二）日常核算

1. 凭证管理

支持企业日常凭证处理，流程上包括复核、审核、过账等操作。支持日常外币核算、数量核算、辅助账核算、表外业务的业务处理。

2. 往来管理

往来管理主要用来管理企业的往来账项，提供往来查询、往来核销、账龄分析表的虚实体查询、内部往来通知单业务及内部现金流量业务。

通过内部往来通知单的核销，可以协助集团内部往来事项的日常对账工作，包括内部往来通知单查询和核销，对于在期末结账时不能勾稽的内部往来通知单可以通过解除结账检验功能予以解除结账检验。

通过现金流量通知单核销，可以满足集团内部现金流量的实时核对要求。

3. 现金流量业务

支持凭证单张指定现金流量，也支持通过 T 型账、附表项目进行批量指定现金流量，同时还提供附表项目调整菜单，对附表项目进行调整。

4. 账表管理

提供常用账表供企业查询数据，也提供各类以核算项目为口径的辅助账表。

包括总分类账、明细分类账、多栏账、科目余额表、日报表、试算平衡表、辅助总账、辅助明细账、核算项目余额表、辅助核算项目余额表、总分账余额表、核算项目组合表以及科目核算项目组合表。

账表查询支持跨期查询，也支持从集团到子公司的穿透查询。

（三）期末处理

包括期末调汇、结转损益、自动转账、期末结账、批量结账、凭证摊销。结转损益支持选择损益科目，也支持按币别进行结转；自动转账生成凭证提供3种排序方式，自动转账支持核算。

1. 对账

提供对账中心，支持多组织多子系统（应收管理、应付管理、固定资产、出纳管理）一键式对账，支持对账错误追踪查询，从对账结果到对账差异到差异明细逐级追踪查询。支持对账方案设置。

提供内部往来对账中心，可以集中对登录用户权限组织设置组织间对账方案，并对账。对账方案有两种，指定科目对账和按照公司汇总对账。内部交易差异数据可追溯；对账结果可联查到对应公司的往来对账单。

2. 结账

包括期末调汇、结转损益、自动转账、凭证摊销、结账中心，结账监控中心。支持多组织的期末处理批量执行。

提供结账中心，支持多组织多子系统批量结账。提供结账前检查，并可根据错误类型直接打开相关的功能进行处理。

提供结账监控中心，可对集团的结账设置计划、责任人，可实时查看各公司的结账进度，并支持结账效率分析。

（四）凭证档案管理

凭证归档：能够快速而准确地将系统中的电子单据（凭证和源单据）与各地机构寄送来的实物票据进行匹配关联，方便凭证与发票粘贴与归档处理，以提高财务人员的工作效率，降低归档差错率。

凭证电子归档：财政部发文第七条：单位内部形成的除明细账（不含固定资产卡片）外的电子会计资料，同时满足下列条件的，可仅以电子形式归档保存：（一）电子会计资料来源真实有效，由信息系统生成和传输。（二）使用的会计核算信息系统能够准确、完整、有效接收和读取电子会计资料。

根据财政部发文，产品新设对凭证以及对应的单据影像化处理功能，可以个性化设置归档凭证范围。支持在登录组织对权限组织范围内的凭证批量处理。归档结果可在凭证归档记录集中列示，支持联查凭证、单据影像。该功能提高了会计档案管理的效率，减少了会计档案管理的成本。

第二节

总账共享初始化

案例一：总账系统初始化

◎ 应用场景

总账系统是财务管理信息系统的核心，通过独特的核算项目功能，以凭证处理为中心，进行账簿报表的管理，实现企业各项业务的精细化核算。

本案例主要讲述了金蝶EAS总账系统在使用前的初始化工作，主要包括系统启用期间设置及期初数据录入。期初数据录入主要包括科目初始余额录入、辅助账科目初始余额录入和往来账科目初始余额录入及现金流量初始余额录入四部分的工作。当科目初始数据录入工作完成，并且在综合本位币下的试算结果平衡后，就可以进行总账的结束初始化工作。总账结束初始化之后，才能进行凭证处理等操作。

以环球日化集团本部为例，信息管理员康路达（kld + 学号）结束环球日化集团本部总账初始化并修改参数设置，总账系统启用期间是20××年第1期（见表8-1）。

◎ 实验步骤

- 启用期间设置
- 科目余额初始化
- 辅助账初始化
- 修改参数设置

◎ 实验前准备

- 建立集团资料已全部录入

◎ 实验数据

表 8-1　　　　环球日化集团本部初始化余额信息表

<table>
<tr><th colspan="4">科目</th><th colspan="2">期初余额</th></tr>
<tr><th rowspan="2">代码</th><th rowspan="2">名称</th><th colspan="2">辅助科目</th><th rowspan="2">方向</th><th rowspan="2">原币</th></tr>
<tr><th>名称</th><th>原币</th></tr>
<tr><td>1001.01</td><td>库存现金—人民币</td><td></td><td></td><td>借</td><td>150 000.00</td></tr>
<tr><td>1002.01</td><td>银行存款—商业银行存款</td><td>招商银行高新园支行+学号</td><td>3 200 000.00</td><td>借</td><td>3 200 000.00</td></tr>
<tr><td>1122</td><td>应收账款</td><td>广州天天日用贸易公司</td><td>100 000.00</td><td>借</td><td>100 000.00</td></tr>
<tr><td>1403.01</td><td>原材料—原料及主要材料</td><td></td><td></td><td>借</td><td>396 000.00</td></tr>
<tr><td>1405</td><td>库存商品</td><td></td><td></td><td>借</td><td>2 800 000.00</td></tr>
<tr><td>1511</td><td>长期股权投资</td><td></td><td></td><td>借</td><td>125 667 142.86</td></tr>
<tr><td>1601.01</td><td>固定资产—房屋及建筑物</td><td></td><td></td><td>借</td><td>24 000 000.00</td></tr>
<tr><td>1602.01</td><td>累计折旧—房屋及建筑物</td><td></td><td></td><td>贷</td><td>12 317 142.86</td></tr>
<tr><td rowspan="2">2202</td><td rowspan="2">应付账款</td><td>深圳市元动化工有限公司</td><td>60 000.00</td><td>贷</td><td rowspan="2">100 000.00</td></tr>
<tr><td>深圳中富包装容器有限公司</td><td>40 000.00</td><td>贷</td></tr>
<tr><td>4001</td><td>股本</td><td></td><td></td><td>贷</td><td>127 696 000.00</td></tr>
<tr><td>4101.01</td><td>盈余公积—法定盈余公积</td><td></td><td></td><td>贷</td><td>16 200 000.00</td></tr>
</table>

◎ 操作指导

1. 启用期间设置

启用期间设置是科目余额初始化的操作前提。信息管理员康路达（kld+学号）登录金蝶EAS，切换组织到环球日化集团本部+学号。点击【系统平台】—【系统工具】—【系统配置】—【系统状态控制】进入系统状态控制界面，如图8-1所示。

点击总账系统启用期间栏放大镜进入会计期间列表，选择会计期间为20××年第1期，本教材以2022年第1期为例，确认无误后点击【保存】按钮。如图8-2所示。

2. 科目余额初始化

科目余额初始化操作是在使用总账系统进行日常业务操作之前，需要在总账系统中进行初始设置工作。信息管理员康路达（kld+学号）登录金蝶EAS，切换组织到

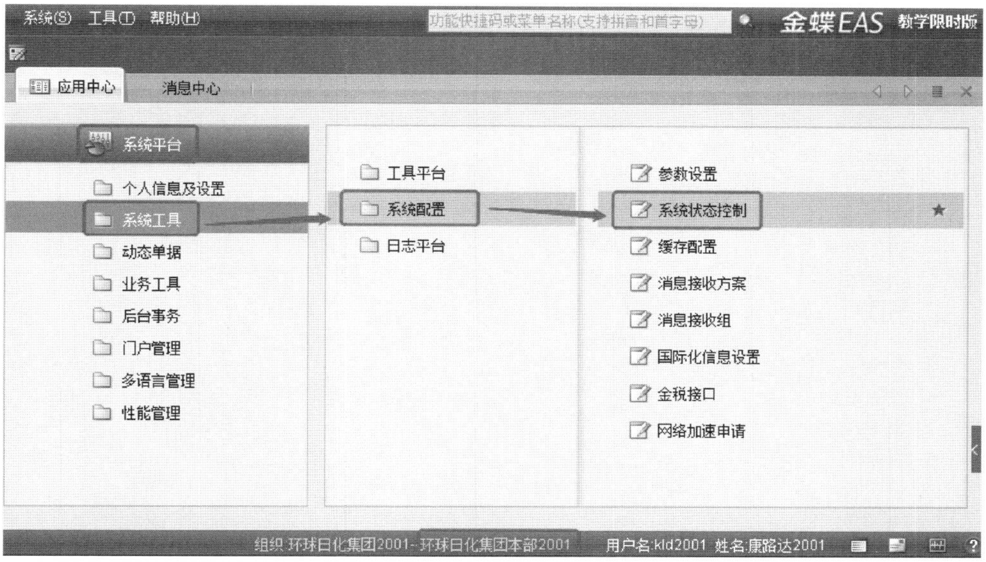

图 8－1 系统状态控制查询

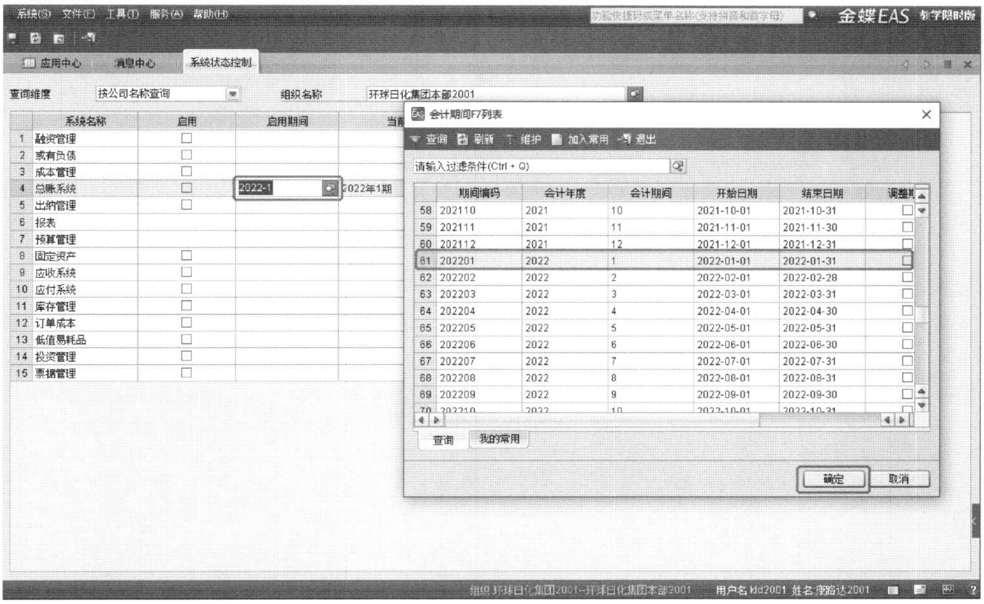

图 8－2 总账系统启用期间设置

环球日化集团本部＋学号，点击【财务会计】—【总账】—【初始化】—【科目初始余额录入】进入科目余额初始化界面，如图 8－3 所示。

选择币别为人民币，根据实验数据表 8－1 环球日化集团本部初始化余额信息表录入科目初始余额，如图 8－4 所示。

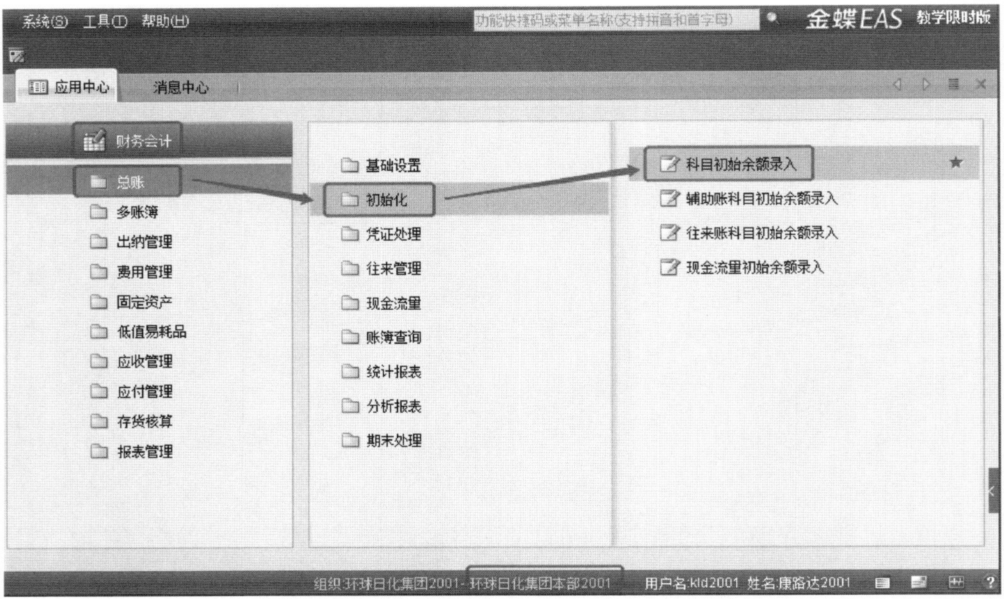

图 8-3 科目余额初始化查询

图 8-4 科目初始余额录入

科目初始余额录入完毕后，选择币别为综合本位币，点击【试算平衡】。若试算结果平衡，则点击【结束初始化】；若试算结果不平衡，则根据差额提示检查、调整科目初始余额，直至试算结果平衡，如图 8-5 和图 8-6 所示。

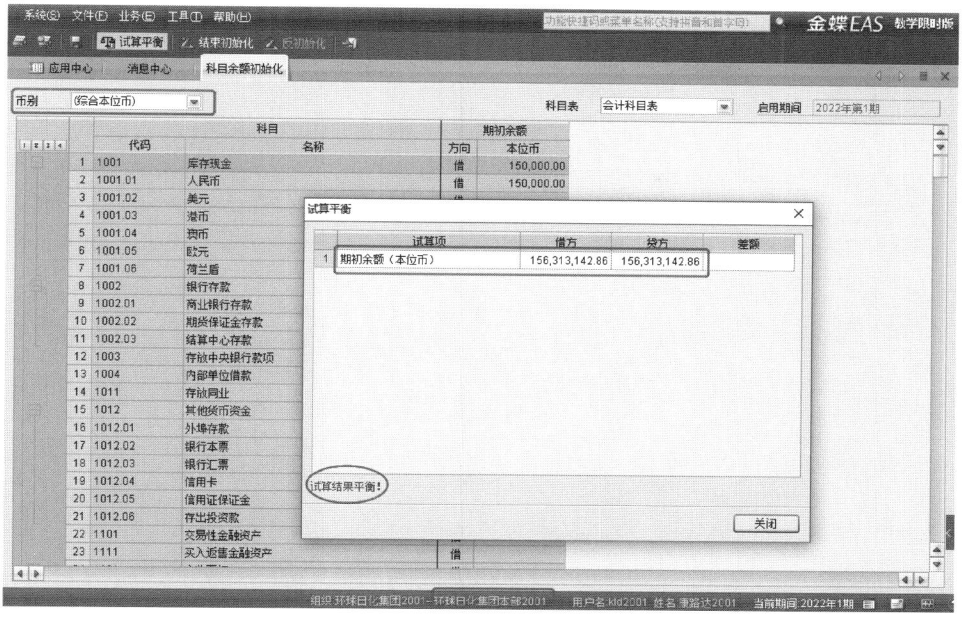

图 8－5　试算平衡

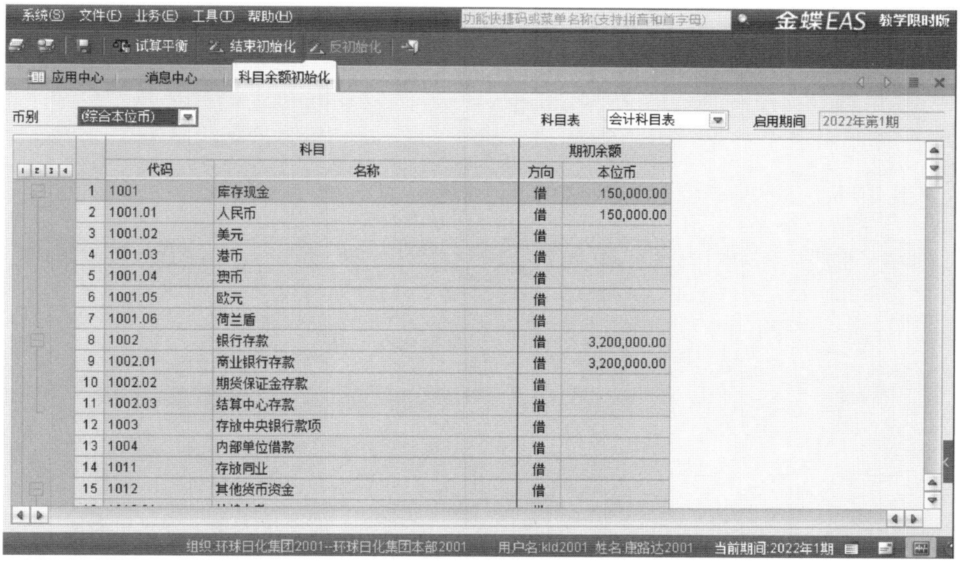

图 8－6　结束初始化

3. 辅助账初始化

辅助账科目初始余额录入是针对有挂辅助账的科目，录入对应的辅助核算项目的初始数据。

信息管理员康路达（kld＋学号）登录金蝶 EAS，切换组织到环球日化集团本部＋

学号，点击【应用中心】—【财务会计】—【总账】—【初始化】—【辅助账科目初始余额录入】，如图 8－7 所示，根据实验数据表 8－1 环球日化集团本部初始化余额信息表录入辅助账初始化信息。

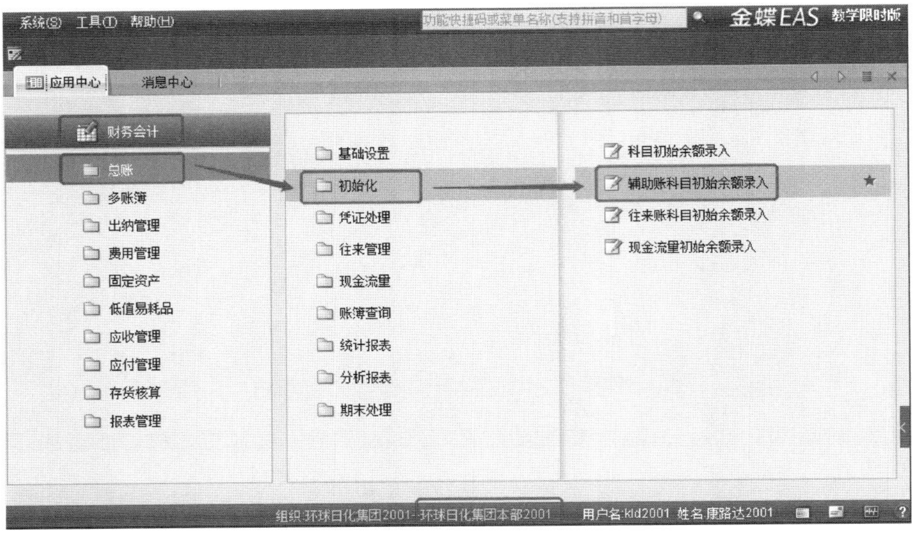

图 8－7　辅助账科目初始余额查询

例如，挂有辅助账的科目商业银行存款，选择科目为商业银行存款，点击工具栏【新增】辅助账。银行账户为招商银行高新园支行＋学号，原币为 320 万，录入完毕后点击【保存】，如图 8－8 所示。

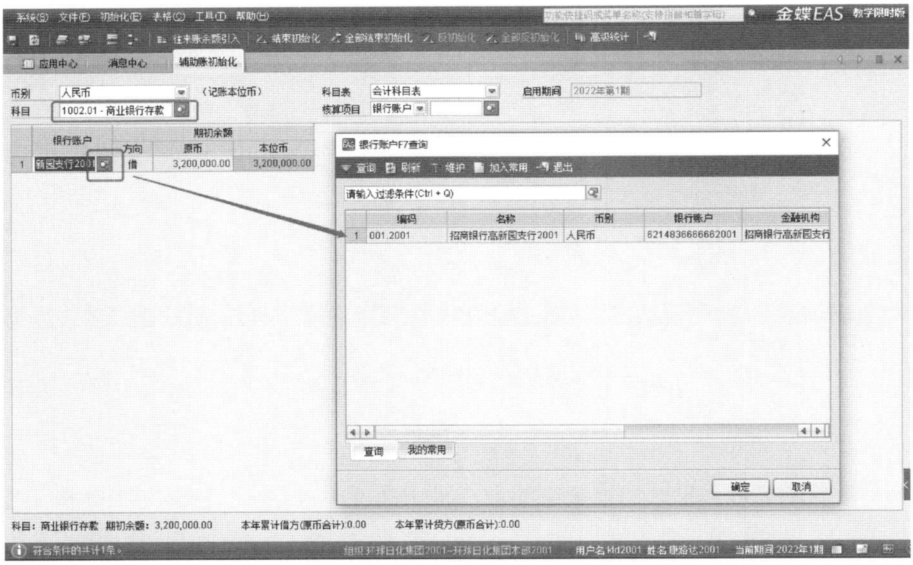

图 8－8　辅助账科目初始余额录入

录入挂有辅助账的科目：应收账款，客户选择广州天天日用贸易公司，原币为10万。录完后点击保存，如图8-9所示。

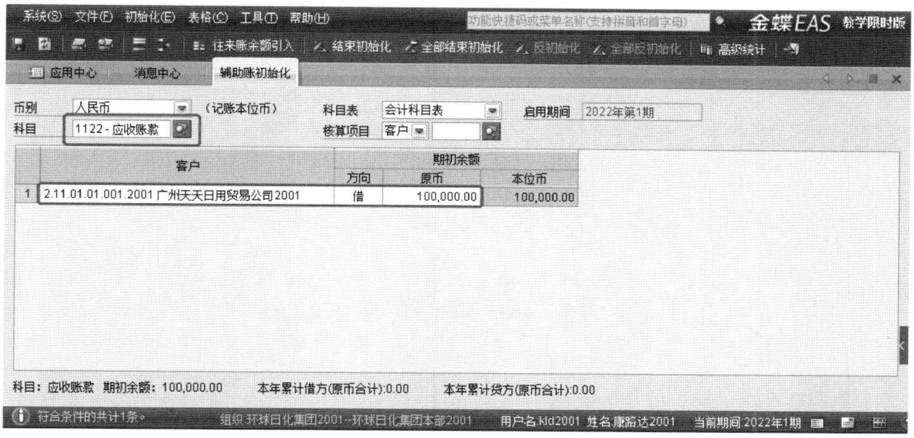

图8-9 辅助账科目初始余额录入

录入挂有辅助账的科目：应付账款，增加两行分录，分别选择供应商深圳市元动化工有限公司、深圳中富包装容器有限公司，原币分别为6万、4万。录入完成后点击保存，确认无误后点击工具栏【全部结束初始化】，如图8-10所示。

注意：如果选择客户、供应商时看不到相应信息，勾选“包含下级节点”。

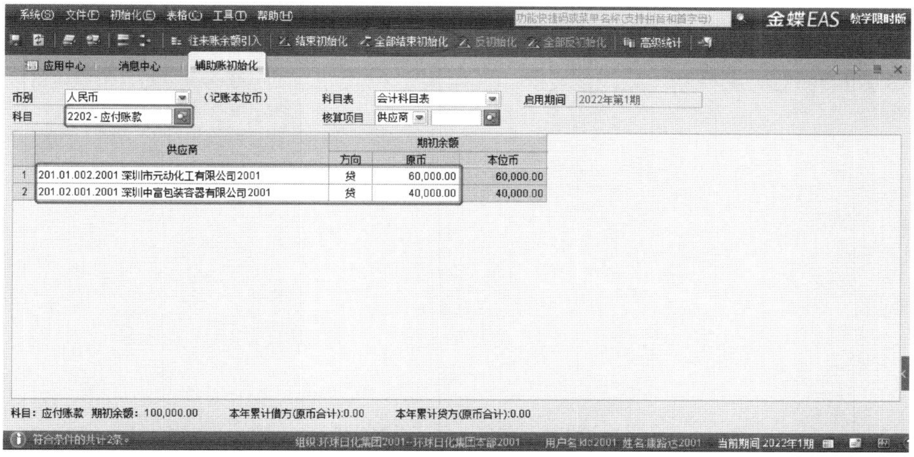

图8-10 辅助账科目录入并结束初始化

4. 修改参数设置

信息管理员康路达（kld+学号）登录金蝶EAS，切换组织到环球日化集团本部+学号。依次点击【系统平台】—【系统工具】—【系统配置】—【参数设置】进入参数设置界面，如图 8－11 所示。

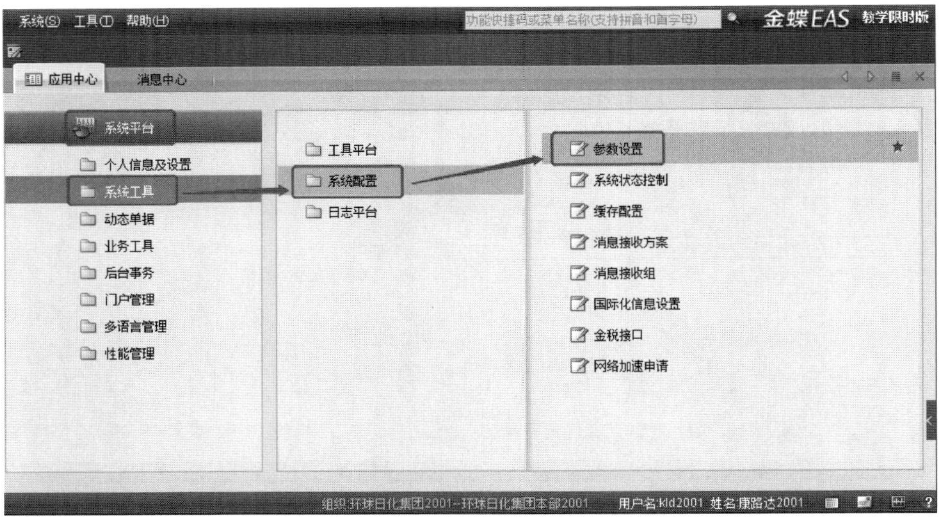

图 8－11 参数设置

打开【财务会计】—【总账】切换到其他参数界面。

1. “删除和作废机制凭证”参数，选择参数值为“业务系统和总账系统”。

2. “允许修改业务系统生成的机制凭证”参数，勾选全部模块。

修改后，点击【保存】，如图 8－12 所示。

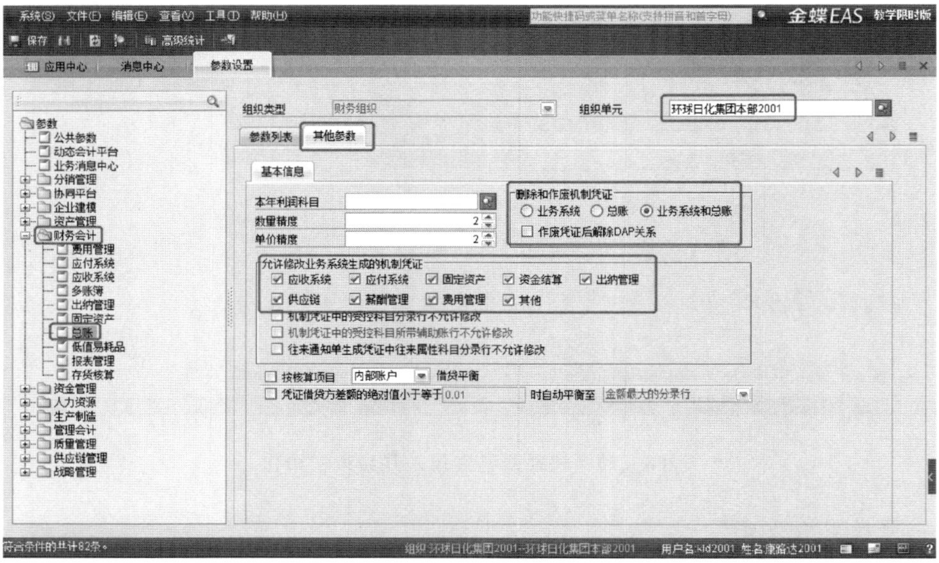

图 8－12 其他参数

打开【财务会计】—【费用管理】切换到其他参数界面。“备用金辅助账类型”新增勾选职员，修改后，点击【保存】，如图 8－13 所示。

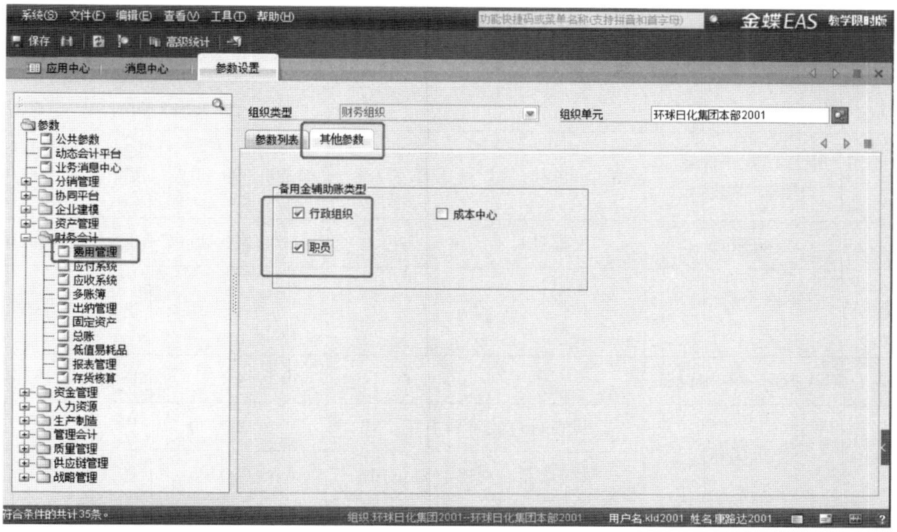

图 8－13　其他参数

任务：

根据下列数据，信息管理员康路达（kld＋学号）完成环球日化深圳销售有限公司、环球洗涤用品深圳有限公司总账初始化，总账系统启用期间均为 20××年第 1 期，并修改环球日化深圳销售有限公司、环球洗涤用品深圳有限公司参数设置（见表 8－2、表 8－3）。

表 8－2　　环球日化深圳销售有限公司科目初始化信息表

科目				期初余额	
代码	名称	辅助科目		方向	原币
		名称	原币		
1001.01	库存现金—人民币			借	100 000.00
1002.01	银行存款—商业银行存款	招商银行龙华支行＋学号	3 100 000.00	借	3 100 000.00
1122	应收账款	深圳盼盼洗涤用品贸易公司	50 000.00	借	150 000.00
		深圳日日用品贸易公司	100 000.00	借	
1601.03	固定资产—通用设备			借	600 000.00
1602.03	累计折旧—通用设备			贷	166 250.00
2202	应付账款	深圳中富包装容器有限公司	200 000.00	贷	200 000.00
4101.01	盈余公积—法定盈余公积			贷	3 583 750.00

表 8－3　　　　环球洗涤用品有限公司科目初始化信息表

科目				期初余额	
代码	名称	辅助科目		方向	原币
		名称	原币		
1001.01	库存现金—人民币			借	80 000.00
1002.01	银行存款—商业银行存款	招商银行时代广场支行＋学号	2 700 000.00	借	2 700 000.00
1122	应收账款	成都贝贝商贸有限公司	100 000.00	借	100 000.00
1601.02	固定资产—专用设备			借	480 000.00
1602.02	累计折旧—专用设备			贷	173 800.00
2202	应付账款	广州塑料包装材料有限公司	40 000.00	贷	120 000.00
		深圳市元动化工有限公司	80 000.00	贷	
4101.01	盈余公积—法定盈余公积			贷	3 066 200.00

第三节

总账共享业务处理

案例二：结转损益

◎ 实验数据

环球日化集团本部总账会计樊江波（fjb＋学号）结束环球日化集团本部20××年1月的所有业务，生成结转损益凭证并过账（见表8－4）。

表 8－4　　　　结转损益方案

方案编码	方案名称
001.学号	结转损益方案＋学号

◎ **流程图**（见图 8－14）

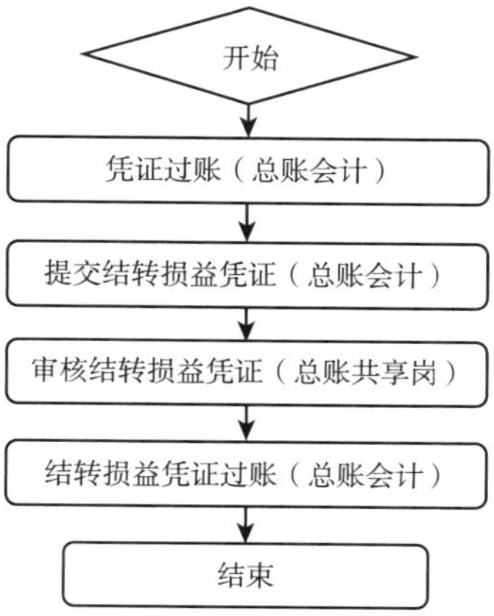

图 8－14　结转损益业务流程图

◎ **操作指导**

1. 凭证过账

总账会计樊江波在环球日化集团本部过账所有凭证。樊江波进入 EASweb 端，用户名：fjb + 学号，密码：空，点击【登录】进入我的工作台页面。点击【樊江波】—【组织—切换】切换组织为环球日化集团本部 + 学号，点击【确定】，如图 8－15 所示。

图 8－15　切换组织

点击【应用】—【财务会计】—【总账】—【总账工作台】进入总账工作台页面，如图 8－16 所示。

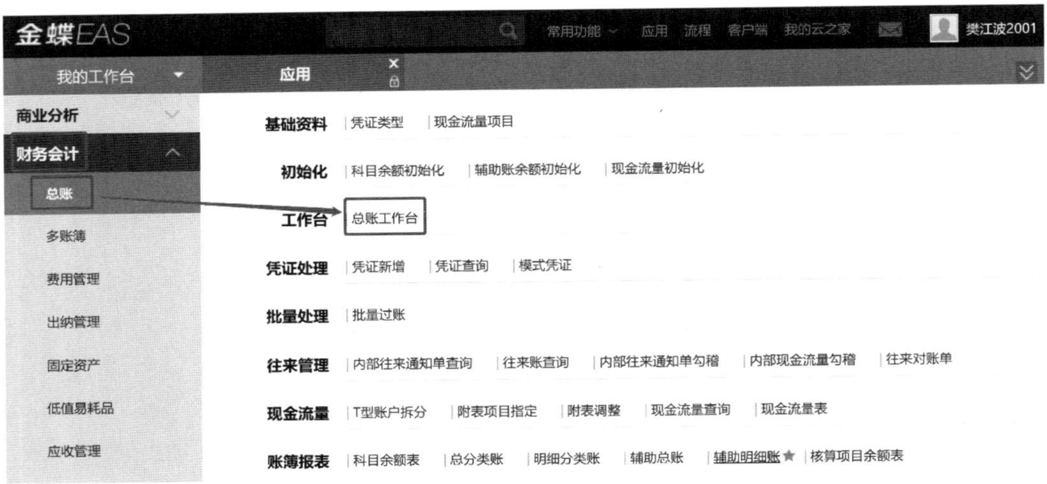

图 8－16　总账工作台

在总账工作台页面，点击【未过账凭证】进入凭证查询页面，如图 8－17 所示。

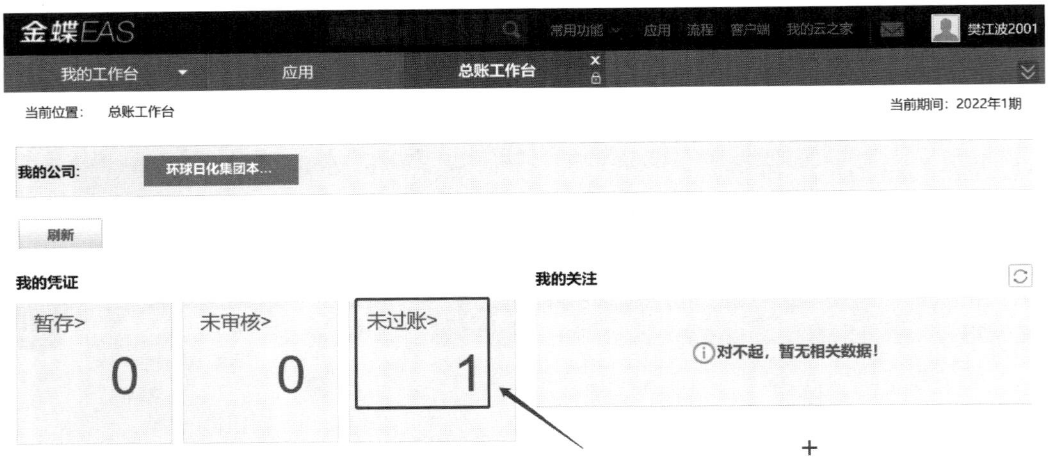

图 8－17　未过账凭证查询

在凭证查询页面，勾选所有未过账凭证，点击【过账】，如图 8－18 所示。

2. 提交结转损益凭证

本部总账会计樊江波在环球日化集团本部新建结转损益方案并生成结算损益凭证。点击【应用】—【财务会计】—【总账】—【结转损益】进入结转损益页面，如图 8－19 所示。

在结转损益页面，点击【新增】新增结转损益方案，如图 8－20 所示。

图 8－18　凭证过账

图 8－19　结转损益页面

根据实验数据新增结转损益方案。公司为环球日化集团本部＋学号，方案编码为001.学号，方案名称为结转损益方案＋学号；凭证信息—本年利润科目为本年利润，勾选全部损益科目结转，录入完毕后点击【保存】，如图 8－21 所示。

点击【返回】进入结转损益页面，勾选相关结转损益方案，点击【生成凭证】，然后点击【已生成凭证】字号进入凭证查看页面，如图 8－22 所示。

点击【修改】进入凭证编辑页面，在凭证编辑页面，输入记账日期为 20××－01－31，点击【保存】【提交】，记录提交后的凭证编号，如图 8－23 所示。

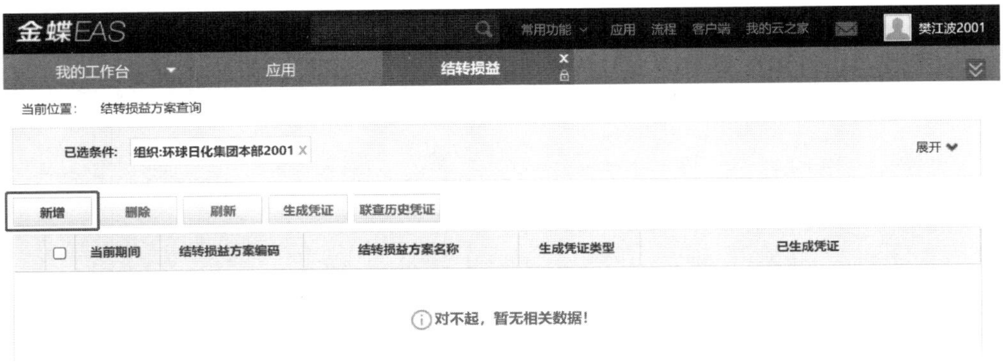

图 8－20　结转损益方案新增

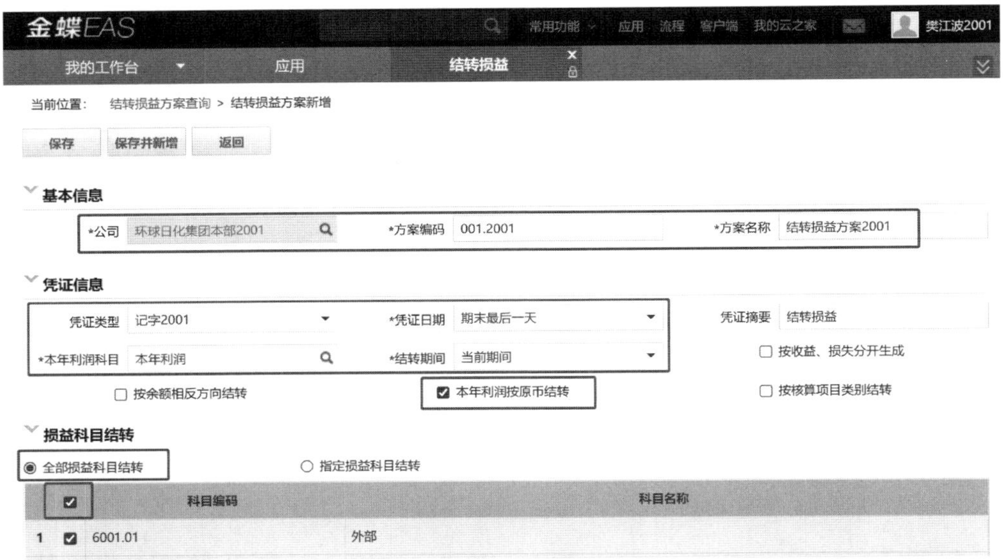

图 8－21　结转损益方案录入完成并提交

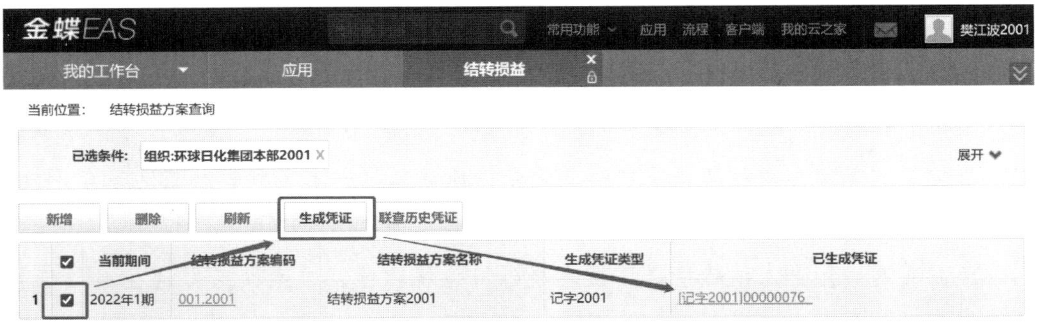

图 8－22　生成凭证

图 8-23　凭证录入完成并提交

3. 审核结转损益凭证

总账共享岗樊江波审核环球日化集团本部提交的结转损益凭证。樊江波进入 EASweb 端，用户名：fjb + 学号，密码：空，点击【登录】进入我的工作台页面。点击【应用】—【财务共享】—【总账共享】—【凭证查询】进入凭证查询页面，如图 8-24 所示。

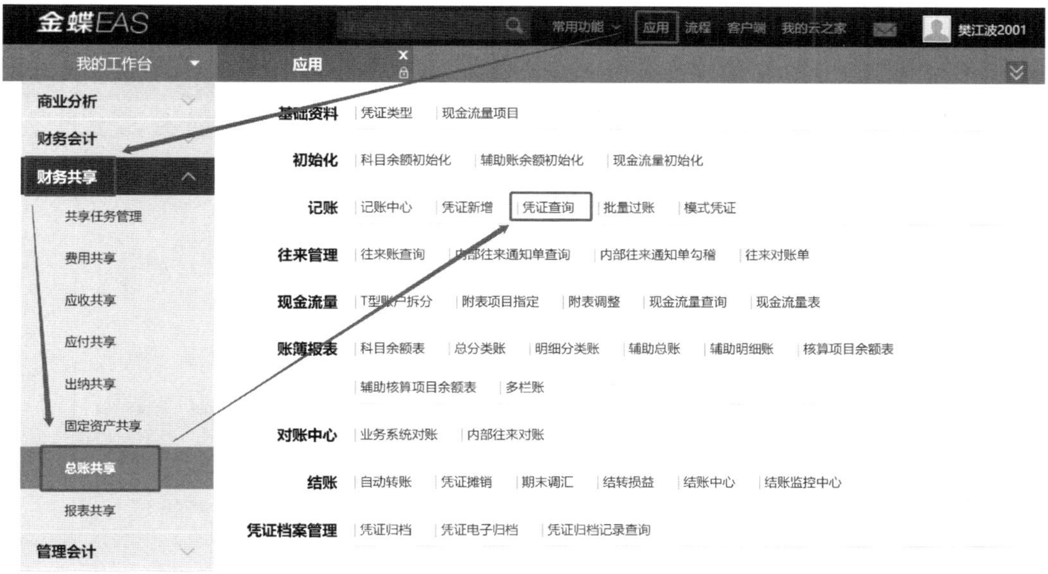

图 8-24　凭证查询

在凭证查询页面，选择公司为环球日化集团本部 + 学号，日期为 20×× -01 -01 至 20×× -01 -31，点击【确定】筛选凭证。勾选相应凭证，点击【审核】，如图 8-25 所示。

图 8-25　凭证审核

4. 过账结转损益凭证

本部总账会计樊江波过账结转损益凭证。点击【应用】—【财务会计】—【总账】—【凭证查询】进入凭证查询页面，如图 8-26 所示。

图 8-26　凭证查询

在凭证查询页面，选择公司为环球日化集团本部 + 学号，日期为 20××-01-01 至 20××-01-31，点击【确定】筛选凭证。勾选相应凭证，点击【过账】，如图 8-27 所示。

图 8 – 27　凭证过账

案例三：报表

◎ 实验数据

报表共享岗刘长欢在环球日化集团导入三大报表模板作为公共报表模板，环球日化集团本部总账会计樊江波（fjb + 学号）新增并计算 20 × × 年 1 月三大报表（见表 8 – 5）。

表 8 – 5　　报表模板

模板编码	模板名称	是否为公共模板	是否允许下级组织修改模板
学号 . 001	报表模板 + 学号	是	是

◎ 流程图（见图 8 – 28）

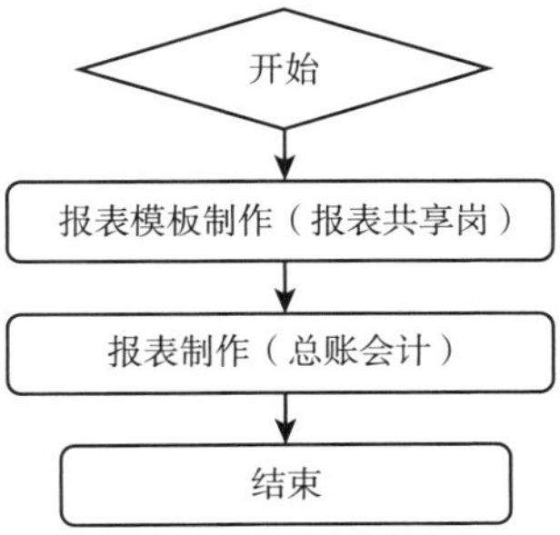

图 8 – 28　报表业务流程图

◎ 操作指导

1. 报表模板制作

报表共享岗刘长欢登录 EAS 客户端，导入报表模板并审核。刘长欢进入 EAS 客户端，用户名：lch + 学号，密码：空，点击【登录】进入系统平台页面，如图 8－29 所示。

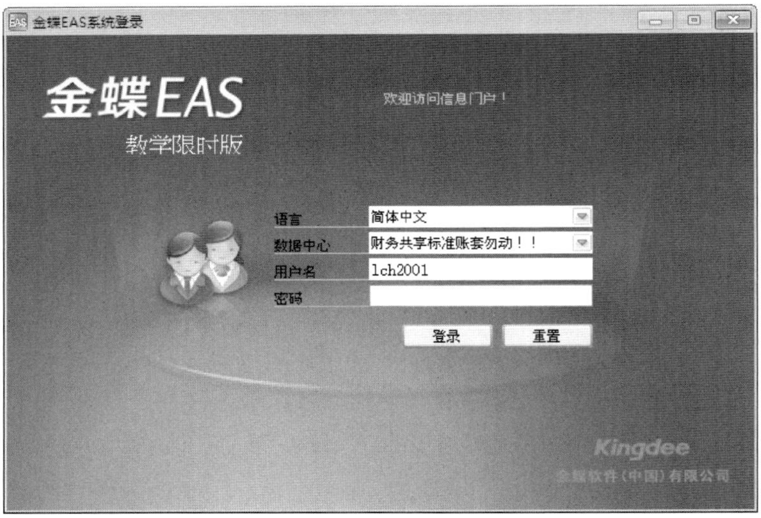

图 8－29 EAS 客户端登录

在系统平台页面，选择组织为环球日化集团 + 学号，点击【财务会计】—【报表管理】—【报表编制】—【模板制作】进入模板制作页面，如图 8－30 所示。

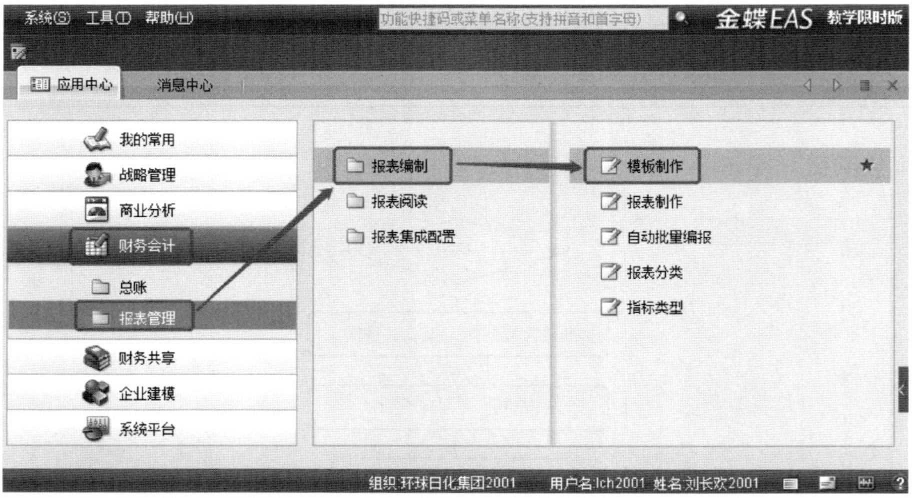

图 8－30 模板制作查询

在模板制作页面，点击【新增】新建模板，如图8-31所示。

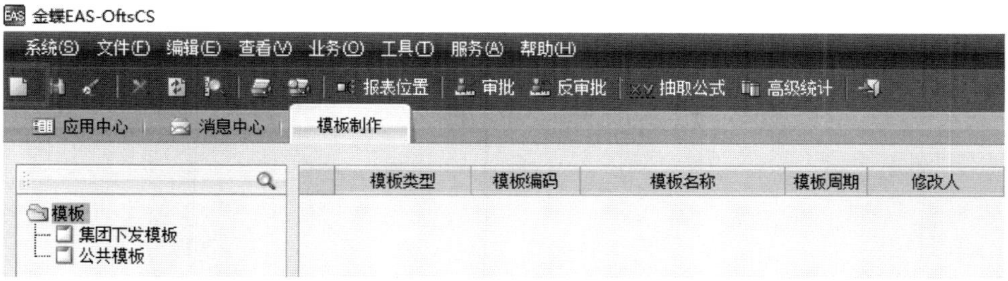

图8-31 模板新增查询

根据实验数据新建模板。公司为环球日化集团+学号，模板编码为学号.001，模板名称为报表模板+学号；勾选公共模板、允许下级组织修改模板，点击【确定】进入公共模板—新建页面，如图8-32所示。

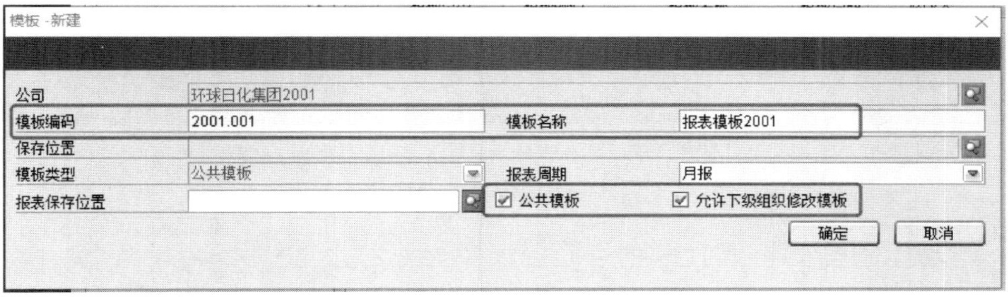

图8-32 公共模板新建

在公共模板—新建页面，点击【文件】—【导入】，选择文件名为报表模板—公共模板导入，如图8-33和图8-34所示。

图8-33 公共模板导入查询

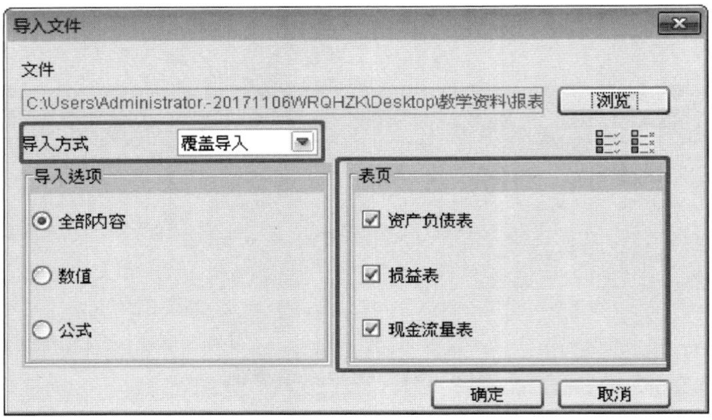

图 8－34　公共模板导入页面

模板导入成功后，在公共模板—新建页面，点击【保存】后再审批，点击【工具】—【审批】，如图 8－35 所示。

图 8－35　公共模板审批

2. 报表制作

本部总账会计樊江波登录 EAS 客户端，新增本部报表。樊江波进入 EAS 客户端，用户名：fjb＋学号，密码：空，点击【登录】进入系统平台页面，如图 8－36 所示。

在系统平台页面，选择组织为环球日化集团本部＋学号，点击【财务会计】—【报表管理】—【报表编制】—【报表制作】进入报表制作页面，如图 8－37 所示。

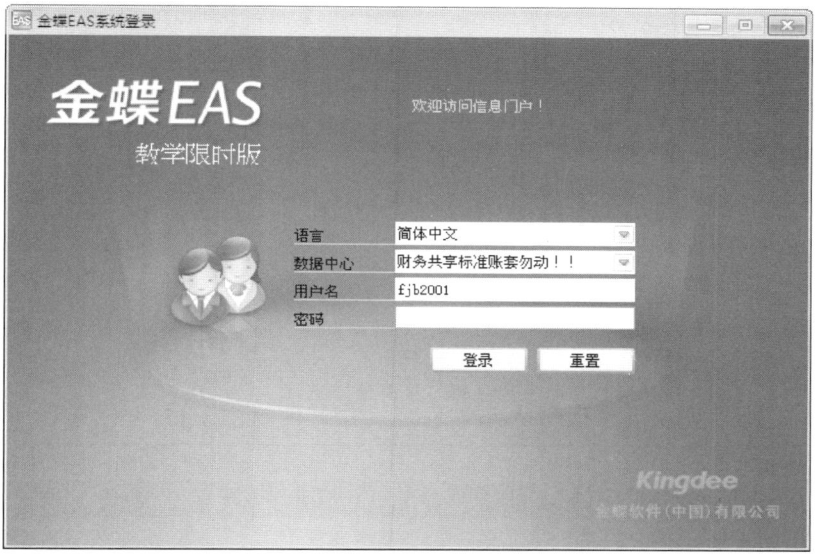

图 8－36 EAS 客户端登录

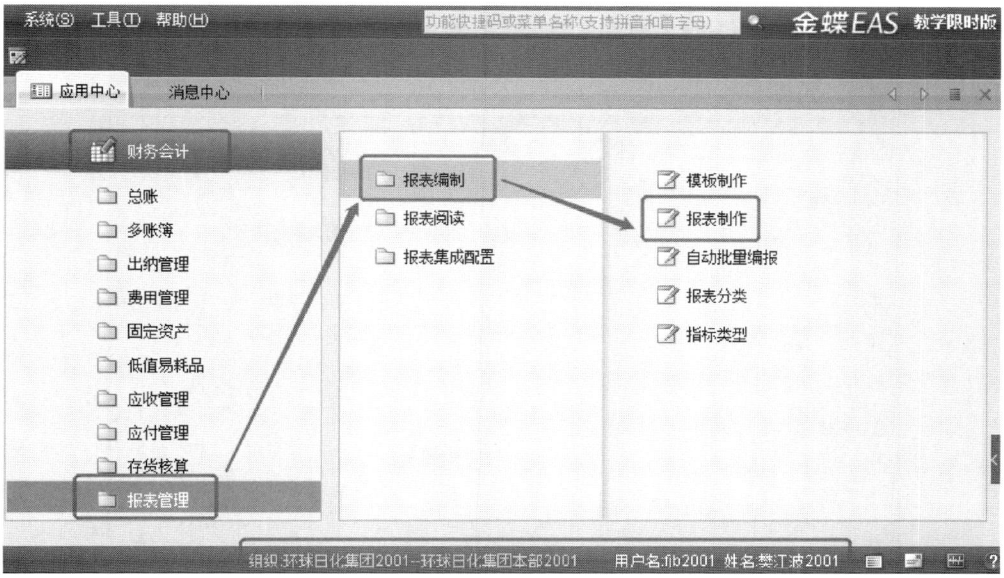

图 8－37 报表制作查询

在报表制作页面，点击【新增】新建报表，如图 8－38 所示。

根据实验数据新建报表。报表名称为三大报表＋学号，期间为 20××年第 1 期，勾选选用普通模板创建报表，模板为学号.001—报表模板＋学号，点击【确定】进入报表新建页面，如图 8－39 所示。

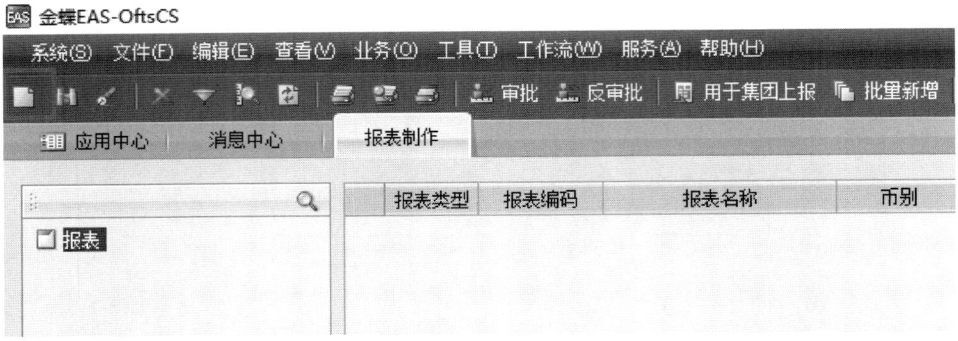

图 8－38　报表新增查询

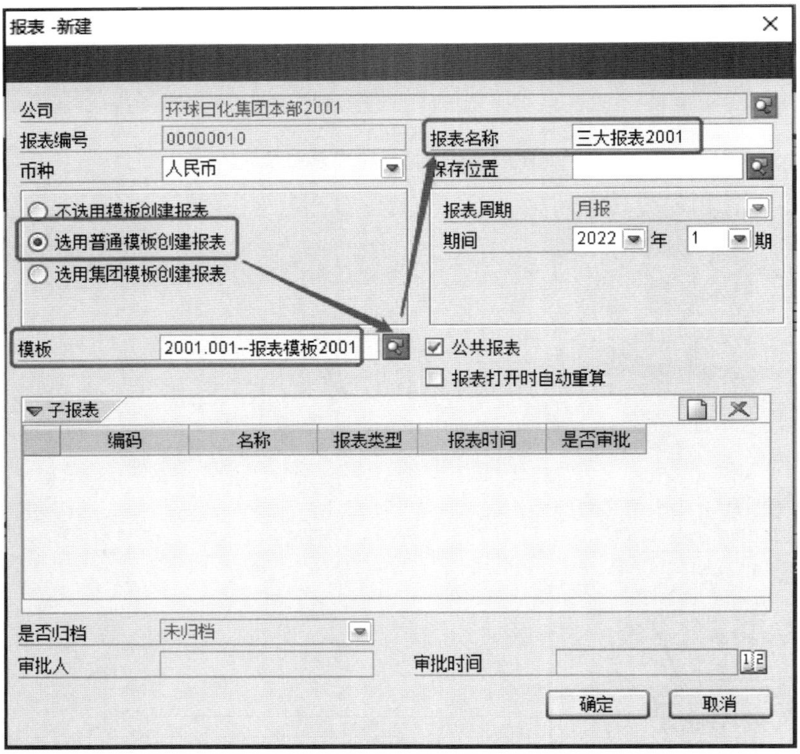

图 8－39　报表新建

在报表新建页面，点击工具栏【计算】，如图 8－40、图 8－41 和图 8－42 所示。

计算完成后，点击工具栏【保存】，如图 8－43 所示。

打开报表制作页面，点击【刷新】。选择相应报表，点击【审批】，如图 8－44 所示。

资产负债表

公司名称：环球日化集团本部2001　　报表日期：2022年1月31日　　会企01表　单位：元

资　　产	年初余额	期末余额	负债和所有者权益（或股东权益）	年初余额	期末余额
流动资产：			流动负债：		
货币资金	3350000.00	3350000.00	短期借款		
交易性金融资产			交易性金融负债		
应收票据			应付票据		
应收账款	100000.00	100000.00	应付账款	100000.00	100000.00
预付款项			预收款项		
应收利息			应付职工薪酬		
应收股利			应交税费		
其他应收款			应付利息		
存货	3196000.00	3196000.00	应付股利		
一年内到期的非流动资产			其他应付款		
其他流动资产			一年内到期的非流动负债		
			其他流动负债		
流动资产合计	6646000.00	6646000.00	流动负债合计	100000.00	100000.00
非流动资产：			非流动负债：		
可供出售金融资产			长期借款		
持有至到期投资			应付债券		
长期应收款			长期应付款		
长期股权投资	125667142.86	125667142.86	专项应付款		
投资性房地产			预计负债		
固定资产净值	11682857.14	11657153.14	递延所得税负债		
在建工程			其他非流动负债		
工程物资			非流动负债合计		
固定资产清理			负债合计	100000.00	100000.00
无形资产			所有者权益（或股东权益）：		
开发支出			实收资本（或股本）	127696000.00	127696000.00
商誉			资本公积		
长期待摊费用			减：库存股		
递延所得税资产			盈余公积	16200000.00	16200000.00
其他非流动资产			未分配利润		-25704.00
非流动资产合计	137350000.00	137324296.00	所有者权益（或股东权益）合计	143896000.00	143870296.00
资产总计	143996000.00	143970296.00	负债和所有者权益（或股东权益）总计	143996000.00	143970296.00

图 8－40　资产负债表

利润表

公司名称：环球日化集团本部2001　　报表日期：2022年1月31日　　会企02表　单位：元

项目	本期金额	本年累计金额
一、营业收入	0.00	0.00
其中：主营业务收入	0.00	0.00
其他业务收入	0.00	0.00
减：营业成本	0.00	0.00
其中：主营业务成本	0.00	0.00
其他业务成本	0.00	0.00
营业税金及附加	0.00	0.00
销售费用	0.00	0.00
管理费用	25704.00	25704.00
财务费用	0.00	0.00
资产减值损失	0.00	0.00
加：公允价值变动收益（损失以“-”号填列）	0.00	0.00
投资收益（损失以“-”号填列）	0.00	0.00
二、营业利润（亏损以“-”号填列）	-25704.00	-25704.00
加：营业外收入	0.00	0.00
减：营业外支出	0.00	0.00
三、利润总额（亏损总额以“-”号填列）	-25704.00	-25704.00
减：所得税费用	0.00	0.00
四、净利润（净亏损以“-”号填列）	-25704.00	-25704.00

图 8－41　损益表

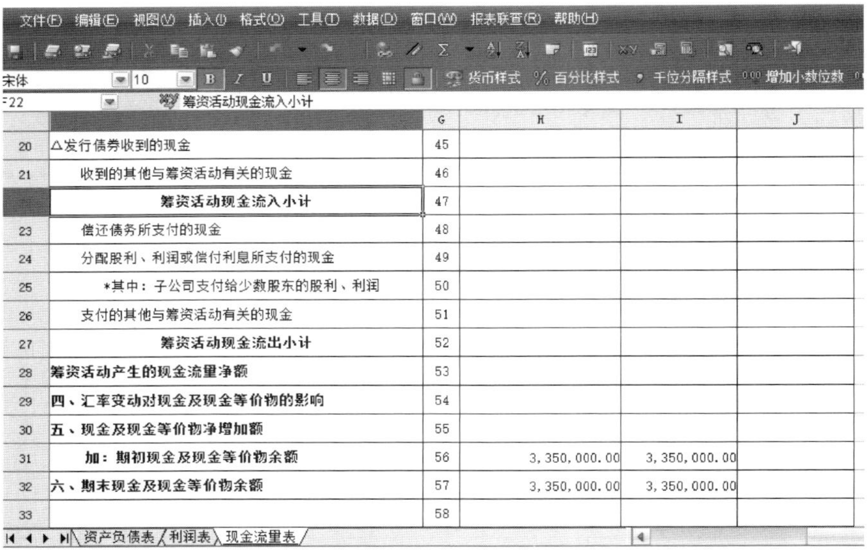

		G	H	I	J
20	△发行债券收到的现金	45			
21	收到的其他与筹资活动有关的现金	46			
	筹资活动现金流入小计	47			
23	偿还债务所支付的现金	48			
24	分配股利、利润或偿付利息所支付的现金	49			
25	*其中：子公司支付给少数股东的股利、利润	50			
26	支付的其他与筹资活动有关的现金	51			
27	筹资活动现金流出小计	52			
28	筹资活动产生的现金流量净额	53			
29	四、汇率变动对现金及现金等价物的影响	54			
30	五、现金及现金等价物净增加额	55			
31	加：期初现金及现金等价物余额	56	3,350,000.00	3,350,000.00	
32	六、期末现金及现金等价物余额	57	3,350,000.00	3,350,000.00	
33		58			

图 8－42　现金流量表

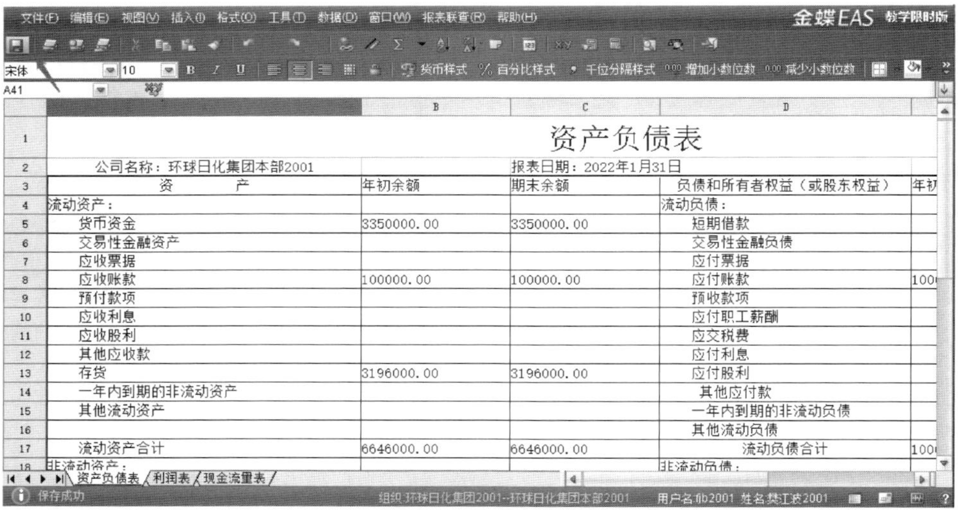

资产负债表

公司名称：环球日化集团本部2001　报表日期：2022年1月31日

资产	年初余额	期末余额	负债和所有者权益（或股东权益）	年初
流动资产：			流动负债：	
货币资金	3350000.00	3350000.00	短期借款	
交易性金融资产			交易性金融负债	
应收票据			应付票据	
应收账款	100000.00	100000.00	应付账款	100
预付款项			预收款项	
应收利息			应付职工薪酬	
应收股利			应交税费	
其他应收款			应付利息	
存货	3196000.00	3196000.00	应付股利	
一年内到期的非流动资产			其他应付款	
其他流动资产			一年内到期的非流动负债	
			其他流动负债	
流动资产合计	6646000.00	6646000.00	流动负债合计	100

图 8－43　报表保存

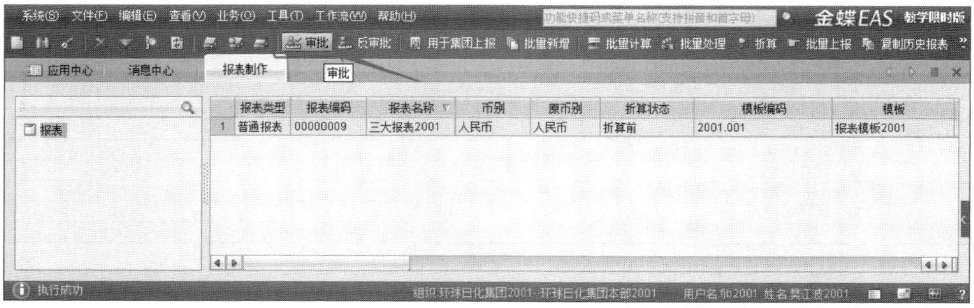

图 8－44　报表审批